Tarifkonkurrenz, Tarifpluralität und der Grundsatz der Tarifeinheit

Schriften zum Arbeitsrecht und Wirtschaftsrecht

Herausgegeben von Abbo Junker

Band 28

PETER LANG
Frankfurt am Main · Berlin · Bern · Bruxelles · New York · Oxford · Wien

Maren Band

Tarifkonkurrenz, Tarifpluralität und der Grundsatz der Tarifeinheit

PETER LANG
Europäischer Verlag der Wissenschaften

Bibliografische Information Der Deutschen Bibliothek
Die Deutsche Bibliothek verzeichnet diese Publikation in der Deutschen Nationalbibliografie; detaillierte bibliografische Daten sind im Internet über <http://dnb.ddb.de> abrufbar.

D 7
ISSN 1433-4666
ISBN 3-631-50179-X

www.peterlang.de

VORWORT

Die vorliegende Arbeit hat der Juristischen Fakultät der Georg-August-Universität zu Göttingen im Wintersemester 2001/2002 als Dissertation vorgelegen. Rechtsprechung und Literatur sind bis Februar 2002 berücksichtigt.

Mein besonderer Dank gilt meinem Doktorvater Herrn Prof. Dr. Abbo Junker, der mir über die Doktorarbeit hinaus stets persönliche und fachliche Förderung hat zukommen lassen. Herrn Prof. Dr. Hansjörg Otto danke ich für die zügige Erstellung des Zweitgutachtens.

Großen Dank schulde ich schließlich meinen Eltern für ihre stetige Unterstützung und Ermutigung.

Göttingen, im Juli 2002 *Maren Band*

INHALTSVERZEICHNIS

ABKÜRZUNGSVERZEICHNIS

a. A.	andere Ansicht
Abs.	Absatz
a. E.	am Ende
AEntG	Gesetz über zwingende Arbeitsbedingungen bei grenzüberschreitenden Dienstleistungen (Arbeitnehmer-Entsendegesetz)
AiB	Arbeitsrecht im Betrieb
AK	Alternativkommentar
Alt.	Alternative
Anh.	Anhang
Anm.	Anmerkung
AOG	Gesetz zur Ordnung der nationalen Arbeit
AP	Arbeitsrechtliche Praxis
ArbR	Arbeitsrecht
ArbRdGegw.	Arbeitsrecht der Gegenwart
AR-Blattei	Arbeitsrechts-Blattei
ArbZG	Arbeitszeitgesetz
ARS	Arbeitsrechtssammlung
Art.	Artikel
Artt.	Artikel (Mehrzahl)
AuA	Arbeit und Arbeitsrecht
AuR	Arbeit und Recht
BAG	Bundesarbeitsgericht
BAGE	Sammlung der Entscheidungen des Bundesarbeitsgerichts
BArbBl.	Bundesarbeitsblatt
BAT	Bundes-Angestellten-Tarifvertrag
Bd.	Band
BB	Betriebsberater
Beil.	Beilage
BeschFG	Gesetz über arbeitsrechtliche Vorschriften zur Beschäftigungsförderung
BetrAVG	Gesetz zur Verbesserung der betrieblichen Altersvorsorge
BetrVG	Betriebsverfassungsgesetz
BGB	Bürgerliches Gesetzbuch
BGH	Bundesgerichtshof
BGHZ	Entscheidungen des Bundesgerichtshofs in Zivilsachen
Bsp.	Beispiel
BUrlG	Mindesturlaubsgesetz für Arbeitnehmer
BVerfG	Bundesverfassungsgericht

BVerfGE	Sammlung der Entscheidungen des Bundesverfassungsgerichts
BVerwG	Bundesverwaltungsgericht
bzw.	beziehungsweise
ca.	circa
CGB	Christlicher Gewerkschaftsbund Deutschlands
CGM	Christliche Gewerkschaft Metall
DAG	Deutsche Angestellten-Gewerkschaft
DB	Der Betrieb
ders.	derselbe
dies.	dieselbe, dieselben
DGB	Deutscher Gewerkschaftsbund
d. h.	das heißt
EFZG	Entgeltfortzahlungsgesetz
EGBGB	Einführungsgesetz zum Bürgerlichen Gesetzbuch
Einl.	Einleitung
ErfKomm	Erfurter Kommentar zum Arbeitsrecht
e.V.	eingetragener Verein
EzA	Entscheidungssammlung zum Arbeitsrecht
f.	folgende (Seite)
ff.	folgende (Seiten)
Fn.	Fußnote
FS	Festschrift
gem.	gemäß
GG	Grundgesetz
GK-BetrVG	Gemeinschaftskommentar zum Betriebsverfassungsgesetz
Grdl.	Grundlagen
GS	Großer Senat
HandwO	Handwerksordnung
HdA	Handbuch des Arbeits- und Sozialrechts
HBV	Gewerkschaft Handel, Banken und Versicherungen
Hrsg.	Herausgeber
HzA	Handbuch zum Arbeitsrecht
IG	Industriegewerkschaft
IG-Bau	Industriegewerkschaft Bau, Agrar, Umwelt
IG-M	Industriegewerkschaft Metall
i. V. m.	in Verbindung mit

JuS	Juristische Schulung
JZ	Juristenzeitung
KassHandB	Kasseler Handbuch zum Arbeitsrecht
LAG	Landesarbeitsgericht
LAGE	Entscheidungen der Landesarbeitsgerichte
MindArbBedG	Gesetz über die Festsetzung von Mindestarbeitsbedingungen
MünchArbR	Münchener Handbuch zum Arbeitsrecht
MünchKomm	Münchener Kommentar zum Bürgerlichen Gesetzbuch
NGG	Gewerkschaft Nahrung, Genuß, Gaststätten
NJW	Neue Juristische Wochenzeitschrift
Nr.	Nummer
NZA	Neue Zeitschrift für Arbeitsrecht
NZA-RR	Rechtsprechungsreport der Neuen Zeitschrift für Arbeitsrecht
NZfA	Neue Zeitschrift für Arbeitsrecht (bis 1933)
OT-Mitgliedschaft	Mitgliedschaft ohne Tarifbindung
ÖTV	Gewerkschaft Öffentliche Dienste, Transport und Verkehr
OT-Verband	Arbeitgeberverband ohne Tarifbindung
RAG	Reichsarbeitsgericht
RdA	Recht der Arbeit
Rdnr.	Randnummer
Rdnrn.	Randnummern
S.	Satz / Seite
SAE	Sammlung arbeitsrechtlicher Entscheidungen
SchwbG	Gesetz zur Sicherung der Eingliederung Schwerbehinderter in Arbeit, Beruf und Gesellschaft
sog.	sogenannte
Sonderbeil.	Sonderbeilage
Sp.	Spalten
Std.	Stunden
st. Rspr.	ständige Rechtsprechung
TVG	Tarifvertragsgesetz
TVR	Tarifvertragsrecht
TVVO	Tarifvertragsverordnung
u. a.	und andere

v.	von
v. a.	vor allem
ver.di	Vereinigte Dienstleistungsgewerkschaft
vgl.	vergleiche
Vorbem.	Vorbemerkungen
z. B.	Zum Beispiel
ZfA	Zeitschrift für Arbeitsrecht
ZTR	Zeitschrift für Tarif-, Arbeits- und Sozialrecht des öffentlichen Dienstes

EINLEITUNG

Ein Blick in die tarifrechtliche Judikatur der letzten Jahrzehnte zeigt, daß es immer wieder zu Kollisionen verschiedener Tarifverträge in einem Betrieb (Tarifpluralität) oder in einem Arbeitsverhältnis (Tarifkonkurrenz) kommt. Die Fragen, die sich im Zusammenhang mit der Tarifkollision stellen – z. B. ob eine Tarifkollision vorliegt, um welche Art der Tarifkollision es sich handelt und wie ihr zu begegnen ist – sind immer noch nicht geklärt und gewinnen aufgrund aktueller Entwicklungen, welche zu einer Häufung von Tarifkollisionen führen, an praktischer Bedeutung. Zudem werfen die aktuellen Tendenzen auch neue Probleme auf. So lenkt das in jüngerer Zeit verstärkt auftretende Phänomen der absichtsvoll herbeigeführten Tarifpluralität den Blick auf den von der Rechtsprechung des BAG entwickelten Grundsatz der Tarifeinheit im Betrieb und auf die Frage, ob wirklich stets nur ein Tarifvertrag in einem Betrieb gelten kann. Ein weiteres Beispiel für die aktuellen Fragen der Tarifkollision ist die Rechtsprechung des BAG zu den Rechtswirkungen des in der DGB-Satzung vorgesehenen Schiedsverfahrens, wonach der Dachverband DGB die Tarifzuständigkeit der Mitgliedsgewerkschaften mit verbindlicher Wirkung begrenzen kann. Zu untersuchen ist, ob auf diesem Wege tatsächlich Tarifkollisionen vermieden werden können.

Die vorliegende Arbeit möchte neue Impulse in die bisherige Diskussion bringen und einen Beitrag zur Beantwortung der neuen Probleme leisten. Im ersten Teil der Arbeit werden zunächst die Grundlagen der Tarifkollision dargelegt. Im Mittelpunkt stehen dabei die Abgrenzung der echten Tarifkollision von den Fällen der nur scheinbaren Tarifkollision sowie die Frage, wie Tarifkollisionen vermieden werden können. Der zweite Teil der Arbeit beschäftigt sich mit der Tarifpluralität und der Frage, ob diese im Sinne eines Grundsatzes der Tarifeinheit im Betrieb auflösungsbedürftig ist. Besonderes Augenmerk ist dabei auf die Rechtsgrundlage und die verfassungsrechtliche Rechtfertigung des Grundsatzes der Tarifeinheit im Betrieb zu legen. Im dritten Teil der Arbeit wird geklärt, ob und inwieweit der Grundsatz der Tarifeinheit bei der Tarifkonkurrenz Geltung beansprucht. Im vierten Teil schließlich ist der Frage nachzugehen, wie die Tarifkonkurrenz zu lösen ist.

ERSTER TEIL. GRUNDLAGEN DER TARIFKOLLISION

Im ersten Teil der Arbeit werden die Grundlagen der Tarifkollision behandelt. Nach der Definition der für den Problemkreis der Tarifkollision zentralen Begriffe (§ 1) und einem Überblick über das praktische Vorkommen von Tarifkollisionen (§ 2), sind die Voraussetzungen der Tarifkollision (§ 3) und die verschiedenen Arten und Fallgruppen der Tarifkollision (§ 4) darzustellen. Schließlich ist der Frage nachzugehen, wie Tarifkollisionen vermieden werden können (§ 5).

§ 1. DEFINITIONEN DER GRUNDLEGENDEN BEGRIFFE

Der Begriff der Tarifkollision umfaßt zwei große Bereiche: Die Tarifkonkurrenz und die Tarifpluralität. Was in Rechtsprechung und Literatur gewöhnlich unter Tarifkonkurrenz und Tarifpluralität sowie unter der Kollisionsregel des Grundsatzes der Tarifeinheit verstanden wird, ist Gegenstand der folgenden Ausführungen.

I. Tarifkonkurrenz

Gemeinhin wird mit dem Begriff Tarifkonkurrenz der Zustand beschrieben, in dem die Regelungen mehrerer Tarifverträge gleichzeitig auf ein Arbeitsverhältnis anwendbar sind[1]. Bei dieser allgemein gehaltenen Definition kann es sich freilich nur um eine vorläufige Begriffsbestimmung handeln. Unter welchen Voraussetzungen mehrere Tarifverträge für dasselbe Arbeitsverhältnis gelten, welche Arten der Tarifkonkurrenz es gibt und wann nur eine scheinbare Tarifkonkurrenz vorliegt, bedarf einer genaueren Betrachtung[2]. Festzuhalten bleibt, daß es bei der

---

[1] Mit im einzelnen unterschiedlichen Formulierungen: BAG vom 20.3.1991 – 4 AZR 455/90, AP Nr. 20 zu § 4 TVG Tarifkonkurrenz (B II 2 a der Gründe); BAG vom 22.9.1993 – 10 AZR 207/92, AP Nr. 21 zu § 4 TVG Tarifkonkurrenz (II 4 b der Gründe); *Bruhn*, S. 172; *Däubler*, TVR Rdnr. 1482; *Dörner*-HzA Rdnr. 255; *Etzel*, NZA 1987 Beil. 1, S. 19; *Gamillscheg*, § 17 III 1 b; *Gramm*, AR-Blattei (D), Tarifvertrag XII, A 1; *Heinze/Ricken*, ZfA 2001, S. 159 (177); *Hromadka/Maschmann*, § 13 Rdnr. 261; *Jacobs*, S. 96; *Junker*, Grundkurs Arbeitsrecht, Rdnr. 559; *Kempen/Zachert*, § 4 TVG Rdnr. 17; *Koberski/Clasen/Menzel*, § 3 TVG Rdnrn. 27 f.; *Konzen*, Anm. zu BAG vom 24.9.1975 – 4 AZR 471/74, SAE 1977, S. 56 (60); *Kraft*, RdA 1992, S. 161 (163); *Löwisch/Rieble*, § 4 TVG Rdnr. 274; *Merten*, BB 1993, S. 572 (573); *B. Müller*, NZA 1989, S. 449; *Nikisch* § 86 I 1; *Otto*, Rdnr. 460; *Stein*, TVR Rdnr. 264; *Wank*, in: Wiedemann, § 4 TVG Rdnr. 264; *Wiedemann/Arnold*, ZTR 1994, S. 399 (400); *Witzig*, S. 3; *Zöllner/Loritz*, § 37 V 1.

[2] Vgl. hierzu unten § 3 I und § 4 I.

Tarifkonkurrenz zu einer Tarifnormenkollision in demselben Arbeitsverhältnis kommt.

II. Tarifpluralität

Von Tarifpluralität wird üblicherweise gesprochen, wenn innerhalb eines Betriebs mehrere Tarifverträge nebeneinander gelten, ohne daß ein Arbeitsverhältnis gleichzeitig von mehreren Tarifverträgen erfaßt wird[3]. Auch bei dieser Definition handelt es sich nur um eine vorläufige Begriffsbestimmung. Unter anderem ist zu prüfen, ob bereits die Möglichkeit ausreicht, daß im Betrieb beschäftigte Arbeitnehmer an unterschiedliche Tarifverträge gebunden sind, ob die arbeitsvertragliche Inbezugnahme eines Tarifvertrags Tarifpluralität begründen kann und ob ein lediglich nachwirkender Tarifvertrag zur Tarifpluralität führen kann[4]. Bei der Tarifpluralität kommt es, anders als bei der Tarifkonkurrenz, gerade nicht zu einer Normenkollision in demselben Arbeitsverhältnis.

III. Grundsatz der Tarifeinheit

Bei der Frage, wie der Tarifkollision zu begegnen ist, spielt der Grundsatz der Tarifeinheit die entscheidende Rolle. Welchen Inhalt der Grundsatz der Tarifeinheit genau hat, ist aber bislang nicht geklärt. Weitgehende Einigkeit besteht insoweit, als grundsätzlich davon ausgegangen wird, daß ein Arbeitsverhältnis nur von den Bestimmungen eines Tarifvertrags erfaßt werden kann, auch wenn beide Tarifverträge ihren Voraussetzungen nach auf das Arbeitsverhältnis anzuwenden wären[5]. Der Grundsatz der Tarifeinheit gilt demnach für die Tarifkonkurrenz.

---

[3] Mit im einzelnen unterschiedlichen Formulierungen: BAG vom 5.9.1990 – 4 AZR 59/90, AP Nr. 19 zu § 4 TVG Tarifkonkurrenz; BAG vom 20.3.1991 – 4 AZR 455/90, AP Nr. 20 zu § 4 TVG Tarifkonkurrenz (B II 2 a der Gründe); BAG vom 26.1.1994 – 10 AZR 611/92, AP Nr. 22 zu § 4 TVG Tarifkonkurrenz (II 4 b der Gründe); *Bruhn,* S. 173; *Däubler,* TVR Rdnr. 1482; *Fuchs*-HdA § 29 Rdnr. 96; *Heinze/Ricken,* ZfA 2001, S. 159 (177); *Hohenstatt,* DB 1992, S. 1678 (1679); *Hromadka/Maschmann,* § 13 Rdnr. 264; *Jacobs,* S. 99; *Kania,* DB 1996, S. 1921; *Kempen/Zachert,* § 4 TVG Rdnr. 118; *Löwisch/Rieble,* § 4 TVG Rdnr. 284; *B. Müller,* NZA 1989, S. 449 (450); *Schaub,* AuR 1996, S. 344 (345); *Salje,* Anm. zu BAG vom 20.3.1991 – 4 AZR 455/90, SAE 1993, S. 74 (79); *Stein,* TVR Rdnr. 265; *Wiedemann/Arnold,* ZTR 1994, S. 443; *Witzig,* S. 4.

[4] Vgl. hierzu unten § 3 II.

[5] BAG vom 29.3.1957 – 1 AZR 208/55, AP Nr. 4 zu § 4 TVG Tarifkonkurrenz; BAG vom 14.6.1989 – 4 AZR 200/89, AP Nr. 16 zu § 4 TVG Tarifkonkurrenz; BAG vom 5.9.1990 – 4 AZR 59/90, AP Nr. 19 zu § 4 TVG Tarifkonkurrenz; LAG Bremen vom 28.8.1990 – 1 Sa 67/79/90, LAGE Nr. 2 zu § 4 TVG Tarifpluralität (II 5 der Gründe); *Bieback,* DB 1989, S. 477

Einige schränken den Grundsatz der Tarifeinheit aber auch schon für die Tarifkonkurrenz ein: Neben den Individualnormen eines Tarifvertrags sollen die Kollektivnormen eines anderen Tarifvertrags anwendbar sein[6].

Besonders umstritten ist die Anwendung des Grundsatzes der Tarifeinheit im Betrieb, also bei der Lösung der Tarifpluralität. Nach ständiger Rechtsprechung des BAG soll der Grundsatz der Tarifeinheit auch für die Tarifpluralität gelten[7]. Die ganz überwiegende Auffassung lehnt die betriebsweite, einheitliche Geltung eines Tarifvertrags dagegen ab[8]. Nur vereinzelt wird danach differenziert, ob die konkurrierenden Tarifverträge von DGB-Gewerkschaften abgeschlossen wurden, oder ob andere Gewerkschaften beteiligt waren[9]. Welchen Umfang der Grundsatz der Tarifeinheit genau hat, ist im weiteren Rahmen der Arbeit zu klären[10].

---

(479); *Däubler,* TVR Rdnr. 1489; *Etzel,* FS Schaub, S. 173 (174); *Fenn,* FS Kissel, S. 213 (214); *Kempen/Zachert,* § 4 TVG Rdnr. 128; *Konzen,* RdA 1978, S. 146 (147); *Kraft,* RdA 1992, S. 161 (165); *Memminger,* S. 30; *Säcker/Oetker,* ZfA 1993, S. 1 (4); *Waas,* Tarifkonkurrenz, S. 25 ff.; *Wank,* in: Wiedemann, § 4 TVG Rdnr. 285.

[6] Vgl. *Jacobs,* S. 249 ff.; *Witzig,* S. 58 ff.

[7] Vgl. nur BAG vom 29.3.1957 – 1 AZR 208/55, AP Nr. 4 zu § 4 TVG Tarifkonkurrenz; BAG vom 14.6.1989 – 4 AZR 200/89, AP Nr. 16 zu § 4 TVG Tarifkonkurrenz, BAG vom 5.9.1990 – 4 AZR 59/90, AP Nr. 19 zu § 4 TVG Tarifkonkurrenz; BAG vom 20.3.1991 – 4 AZR 455/90, AP Nr. 20 zu § 4 TVG Tarifkonkurrenz (B II 2 der Gründe); BAG vom 26.1.1994 – 10 AZR 611/92, AP Nr. 22 zu § 4 TVG Tarifkonkurrenz (II 4 d der Gründe); zustimmend *Heinze/Ricken,* ZfA 2001, S. 159 (174 ff.); *Säcker/Oetker,* ZfA 1993, S. 1 (9 ff.).

[8] LAG Niedersachsen vom 14.6.1989 – 14 Sa 1783/89, LAGE Nr. 1 zu § 4 TVG Tarifpluralität (2 der Gründe); LAG Bremen vom 28.8.1990 – 1 Sa 67/79/90, LAGE Nr. 2 zu § 4 TVG Tarifpluralität (II 5 b der Gründe); *Däubler,* TVR Rdnrn. 1502 ff.; *Franzen,* RdA 2001, S. 1 (8); *Konzen,* RdA 1978, S.146 (150 ff.); *Kraft,* RdA 1992, S. 161 (166 ff.); *Löwisch/Rieble,* § 4 TVG Rdnrn. 290 ff.; *Merten,* BB 1993, S. 572 (573 ff.); *B. Müller,* NZA 1989, S. 449 (451); *Otto,* Rdnr. 461; *Reuter,* JuS 1992, S. 105 (106 ff.); *Wank,* in: Wiedemann, § 4 TVG Rdnr. 277.

[9] *Hanau/Kania,* FS Schaub, S. 239 (253 ff.); *Kania,* DB 1996, S. 1921 ff.

[10] Vgl. Teil 2 und Teil 3.

§ 2. PRAKTISCHES VORKOMMEN

In der Weimarer Zeit waren Tarifkollisionen ein weit verbreitetes Phänomen. Grund hierfür war vor allem, daß in dieser Zeit eine weitaus ausgeprägtere Konkurrenz zwischen den Gewerkschaften herrschte, da die Organisation der Gewerkschaften nach dem Berufsverbandsprinzip dominierte. Nach Erlaß des Tarifvertragsgesetzes im Jahre 1949 nahm die Zahl von Tarifkollisionen rapide ab, da sich die Gewerkschaften in der Bundesrepublik seit diesem Zeitpunkt vornehmlich nach dem Industrieverbandsprinzip organisieren und damit verbunden das Ziel „ein Betrieb – eine Gewerkschaft" anstreben.

Dennoch kommt es auch heute immer wieder zu Tarifkollisionen im Betrieb und im einzelnen Arbeitsverhältnis. In jüngerer Zeit nimmt die Zahl von Tarifkollisionen sogar wieder zu; die sich im Zusammenhang mit der Kollision von Tarifverträgen stellenden Probleme werden daher in Zukunft häufiger auftreten[11]. Eine Ursache dafür sind wirtschaftliche Entwicklungen wie technisch oder kaufmännisch bedingte Änderungen des Betriebszwecks und strategisch motivierte Aus-, Ein- und Umgliederungen von Betrieben[12]. Diese Änderungen in der betrieblichen Betätigung und Organisation führen oftmals zum Tarifwechsel und damit einher gehend zu Tarifkollisionen. Eine besondere Rolle spielt die zunehmende Bedeutung des Firmentarifs. Während sich der Flächentarifvertrag in der Krise befindet[13], erlebt der Firmentarifvertrag eine Hochkonjunktur[14]. In den neuen Bundesländern nähert sich das Verhältnis von Firmen- zu Verbandstarifvertrag in Gesamtzahlen dem Wert von 1:1, in den alten Bundesländern einem Wert von 1:2[15]. Tarifkollisionen werden verstärkt auftreten, weil Arbeitgeber die Flucht aus dem Flächentarifvertrag zunehmend nicht durch einen Verbandsaustritt oder –wechsel, sondern durch den Abschluß spezieller Firmentarifverträge zu erreichen versuchen. Viele Arbeitgeber entschließen sich bewußt dazu, einen Haustarifvertrag abzuschließen, um sich der Geltung des bisherigen Tarifvertrags zu entziehen. So kommt es in jüngerer Zeit vermehrt zur absichtsvoll herbeigeführten, gewillkürten Tarifpluralität[16]. Als Beispiele seien die Fälle IBM (Konkurrenzver-

[11] Vgl. auch *Schliemann,* NZA 2000, Sonderbeil. 24; S. 24; *Wendeling-Schröder,* AuR 2000, S. 339 ff.

[12] *Buchner,* FS Schaub, S. 75 f.

[13] *Franzen,* RdA 2001, S. 1; *Junker,* ZfA 1996, S. 383 ff.; *Zachert,* NZA 2000, Sonderbeil. 24, S. 17 ff.

[14] *Zachert,* NZA 2000, Sonderbeil. 24, S. 17 (18).

[15] Im Jahr 2001 waren in den neuen Bundesländern insgesamt 8663 Tarifverträge gültig, davon 4425 Verbandstarife und 4238 Firmentarife. In den alten Bundesländern waren im selben Jahr insgesamt 46277 gültig, davon 28932 Verbandstarife und 17345 Firmentarife; vgl. WSI-Tarifhandbuch 2001, S. 88 f.

[16] *Schliemann,* NZA 2000, Sonderbeil. 24, S. 24; *Wendeling-Schröder,* AuR 2000, S. 339 (340 f.).

einbarung mit der DAG), Jenoptik (Konkurrenzvereinbarung mit der CGM)[17] und „Kurkliniken" (Konkurrenzvereinbarung mit der DAG, dem deutschen Handels- und Industrieangestelltenverband und dem Verband der weiblichen Angestellten e. V.)[18] genannt. Andere Arbeitgeber wiederum wollen ihre Interessen mit einer „Flucht in den Verbandstarif" durchsetzen[19]. So ist der gewerkschaftseigene Bund-Verlag dem Arbeitgeberverband der Zeitschriftenverlage beigetreten, um den geltenden Haustarif durch den vom Dachverband der deutschen Zeitschriftenverleger abgeschlossenen Verbandstarif abzulösen[20]. Beide Entwicklungen – auf der einen Seite der vermehrte Abschluß von Firmentarifen, auf der anderen Seite die Rückkehr bzw. der Beitritt anderer Arbeitgeber zum Arbeitgeberverband – führen dazu, daß es in Zukunft häufiger zu Kollisionen zwischen Firmen- und Verbandstarifen kommen wird. Eine steigende Zahl von Allgemeinverbindlicherklärungen erhöht zudem die Wahrscheinlichkeit von Tarifkollisionen unter Beteiligung eines gem. § 5 Abs. 4 TVG geltenden Tarifvertrags[21].

Ein weiterer Umstand, der das Entstehen von Tarifkollisionen begünstigt, ist die in den letzten Jahren zu beobachtende Tendenz der Verbände beider Seiten, die Geltungsbereiche der Tarifverträge und gegebenenfalls die Tarifzuständigkeit zu erweitern, wenn bisher von ihnen erfaßte Betriebe den bisherigen Rahmen zu verlassen drohen[22]. Auch die Tatsache, daß die Tarifvertragsparteien ihre Geltungsbereiche nach unterschiedlichen Grundstrukturen beschreiben und unterschiedliche Abgrenzungsmerkmale verwenden, führt zwangsläufig zu Überschneidungen der Geltungsbereiche verschiedener Tarifverträge[23]. Selbst im Verhältnis der Mitgliedsgewerkschaften des DGB kommt es – wie die der jüngeren Rechtsprechung des BAG zur Tarifzuständigkeit zugrunde liegenden Fälle belegen[24] – vermehrt zu Tarifkonflikten. Auf der anderen Seite verringern die Konzentrationstendenzen der Gewerkschaften die Wahrscheinlichkeit von Tarifkollisionen. Bekanntestes Beispiel ist die Integration der Deutschen Angestellten-Gewerkschaft in die Ver-

---

[17] Vgl. BAG vom 28.5.1997 – 4 AZR 546/95, AP Nr. 26 zu § 4 TVG Nachwirkung; BAG vom 28.5.1997 – 4 AZR 545/95, AP Nr. 27 zu § 4 TVG Nachwirkung.

[18] LAG Niedersachsen vom 12.11.1999 – 3 Sa 780/99, rkr, LAGE Nr. 3 zu § 4 TVG Tarifpluralität.

[19] *Löwisch/Rieble*, FS Schaub, S. 457.

[20] LAG Köln vom 14.6.1996 – 4 Sa 177/96, LAGE Nr. 63 zu Art. 9 GG Arbeitskampf.

[21] Im Jahr 2000 gab es etwa 551 für allgemeinverbindlich erklärte Tarifverträge; vgl. WSI-Tarifhandbuch 2001, S. 90 f. Während der Bundesarbeitsminister 1999 einundzwanzig Tarifverträge für allgemeinverbindlich erklärte, waren es im Jahr 2000 schon 25; vgl. Bundestagsdrucksache 14/7289.

[22] *Schliemann*, NZA 2000, Sonderbeil. 24, S. 24 (27).

[23] *Schliemann*, NZA 2000, Sonderbeil. 24, S. 24 (27).

[24] Vgl. BAG vom 25.9.1996 – 1 ABR 4/96, AP Nr. 10 zu § 2 TVG Tarifzuständigkeit; BAG vom 12.11.1996 – 1 ABR 33/96, AP Nr. 11 zu § 2 TVG Tarifzuständigkeit; BAG vom 14.12.1999 – 1 ABR 74/98, AP Nr. 14 zu § 2 TVG Tarifzuständigkeit.

einigte Dienstleistungsgewerkschaft ver.di. Jedoch entstehen auch zunehmend neue Koalitionen[25], wie z. B. die Vereinigung der Vertragsspieler im Profifußball[26], die wiederum dazu beitragen, daß sich das Risiko von Tarifkollisionen erhöht.

[25] *Schliemann,* NZA 2000, Sonderbeil. 24, S. 24.
[26] Die VdV hat nach ihrer Satzung den Schritt zur Gewerkschaft vollzogen. Vgl. dazu *Pröpper,* NZA 2001, S. 1346 ff.

§ 3. Entstehung von Tarifkollisionen

Um die in Rechtsprechung und Literatur üblicherweise verwendeten Definitionen der Tarifkonkurrenz und der Tarifpluralität zu präzisieren, sind im folgenden die genauen Voraussetzungen der Normenkollision im einzelnen Arbeitsverhältnis (Tarifkonkurrenz) und anschließend die Voraussetzungen der Tarifkollision im Betrieb (Tarifpluralität) herauszuarbeiten.

I. Tarifkonkurrenz

Nach herkömmlicher Definition entsteht eine Tarifkonkurrenz, wenn mehrere Tarifverträge Geltung für dasselbe Arbeitsverhältnis beanspruchen. Es stellt sich die Frage, unter welchen Voraussetzungen tatsächlich mehrere Tarifverträge für dasselbe Arbeitsverhältnis „gelten" und wann eine nur scheinbare Tarifkonkurrenz vorliegt.

1. Geltung mehrerer Tarifverträge in einem Arbeitsverhältnis

Voraussetzung für die Geltung mehrerer Tarifverträge in einem Arbeitsverhältnis ist die mehrfache beiderseitige Tarifgebundenheit der Arbeitsvertragsparteien und das Überschneiden der tariflichen Geltungsbereiche.

a) Mehrfache Tarifgebundenheit

Erste Voraussetzung der Tarifkonkurrenz ist, daß beide Parteien eines Arbeitsverhältnisses an mindestens zwei Tarifverträge tarifgebunden sind. Die Tarifbindung kann tarifautonom oder durch Allgemeinverbindlicherklärung hervorgerufen werden.

(1) Tarifautonome Tarifgebundenheit

Gem. § 3 Abs. 1 TVG entsteht die tarifautonome Tarifgebundenheit bei Arbeitnehmern grundsätzlich durch Mitgliedschaft in einer vertragschließenden Gewerkschaft; bei Arbeitgebern wird die Tarifgebundenheit entweder durch Mitgliedschaft in einem vertragschließenden Arbeitgeberverband oder – beim Abschluß eines Firmentarifvertrags – durch Parteistellung begründet.

(a) Inhalts-, Abschluß- und Beendigungsnormen zeichnen sich dadurch aus, daß sie nicht den Betrieb, sondern das einzelne Arbeitsverhältnis betreffen; sie können daher unter dem Begriff Individualnormen zusammengefaßt werden[27]. Gem. § 4 Abs. 1 S. 1 TVG entfalten sie nur Wirkung, wenn sowohl Arbeitgeber als auch Arbeitnehmer tarifgebunden sind. Eine Tarifkonkurrenz in bezug auf Individualnormen kann also nur auftreten, wenn eine beiderseitige und mehrfache Tarifgebundenheit der Arbeitsvertragsparteien besteht[28].

(b) Charakteristisch für die betrieblichen und betriebsverfassungsrechtlichen Normen eines Tarifvertrags ist, daß sie aus tatsächlichen oder rechtlichen Gründen nur betriebseinheitlich gelten können[29]. Betriebliche und betriebsverfassungsrechtliche Normen betreffen also kollektiv wirkende Regelungsbereiche, so daß man sie unter dem Begriff Kollektivnormen zusammenfassen kann[30]. Gem. § 3 Abs. 2 TVG gelten Kollektivnormen für alle Betriebe, deren Arbeitgeber tarifgebunden sind. Nur vereinzelt wird gefordert, daß wenigstens ein Arbeitnehmer Mitglied der vertragschließenden Gewerkschaft sein muß[31]. Das Gesetz stellt aber ausdrücklich auf die Tarifgebundenheit des Arbeitgebers ab und bringt damit deutlich zum Ausdruck, daß die Tarifgebundenheit der Arbeitnehmer als Geltungsgrund für die Kollektivnormen unerheblich sein soll[32]. Das ist auch notwendig, da betriebliche und betriebsverfassungsrechtliche Fragen nur einheitlich für alle betroffenen Arbeitnehmer und daher nur ohne Berücksichtigung der Organisationszugehörigkeit der Arbeitnehmer geregelt werden können[33]. § 3 Abs. 2 TVG ordnet damit eine Ausnahme von dem Grundsatz an, daß die Rechtsnormen eines Tarifvertrags nur zwischen den beiderseits Tarifgebundenen gelten.

Wegen § 3 Abs. 2 TVG genügt bei Kollektivnormen schon die mehrfache Tarifgebundenheit des Arbeitgebers, um eine Tarifkonkurrenz auszulösen[34]. Die Wahrscheinlichkeit einer Tarifkonkurrenz ist bei Kollektivnormen daher erheblich hö-

---

[27] MünchArbR-*Löwisch/Rieble,* § 267 Rdnr. 1.

[28] *Delbos,* S. 15 ff.; *Schneider,* S. 69; *Stein,* TVR Rdnr. 268.

[29] BAG vom 21.1.1987 – 4 AZR 486/86, AP Nr. 46 zu Art. 9 GG; BAG vom 26.4.1990 – 1 ABR 84/87, AP Nr. 57 zu Art. 9 GG (B V 2 b der Gründe); BAG vom 17.6.1997 – 1 ABR 3/97, AP Nr. 2 zu § 3 TVG Betriebsnormen (B 1 a der Gründe); *Kempen/Zachert,* § 3 TVG Rdnr. 12; *Löwisch/Rieble,* § 1 TVG, Rdnrn. 76 ff., 102; *Säcker/Oetker,* Tarifautonomie, S. 140 ff. (145).

[30] *Jacobs,* S. 109.

[31] *Löwisch/Rieble,* § 3 TVG Rdnrn. 60 ff.; MünchArbR-*Löwisch/Rieble,* § 267 Rdnrn. 34 ff.

[32] BAG vom 20.3.1991 – 4 AZR 455/90, AP Nr. 20 zu § 4 TVG Tarifkonkurrenz (B II 2 a der Gründe); *Däubler,* TVR Rdnr. 803; *Dieterich,* S. 86; *Gamillscheg,* § 17 I 2 d; KassHandB-*Dörner,* 6.1 Rdnr. 130; *Koberski/Clasen/Menzel,* § 3 TVG Rdnr. 68; *Oetker,* in: Wiedemann, § 3 TVG, Rdnr. 130.

[33] *Herschel,* ZfA 1973, S. 183 (191); *Oetker,* in: Wiedemann, § 3 TVG Rdnr. 130.

[34] Vgl. dazu auch unten § 4 I 2 b (1); *Dieterich,* S. 104; *Kraft,* RdA 1992, S. 161 (164); *Memminger,* S. 87, 90; *Schulz,* S. 148 f.; *Schneider,* S. 69; *Stein,* TVR Rdnr. 268.

her als bei Individualnormen. Daraus folgt auch, daß bei einem Zusammentreffen mehrerer Kollektivnormen enthaltender Tarifverträge stets Tarifkonkurrenz, aber nie Tarifpluralität entsteht[35]. Die mehrfache Tarifgebundenheit des Arbeitgebers an die Kollektivnormen verschiedener Tarifverträge führt schon zu der für die Tarifkonkurrenz charakteristischen Normenkollision in demselben Arbeitsverhältnis.

(c) In der Vergangenheit war umstritten, ob die Normen über gemeinsame Einrichtungen Inhaltsnormen nach § 1 Abs. 1 TVG sind oder ob sie eine eigenständige tarifliche Normengruppe bilden[36]. Heute besteht Einigkeit darüber, daß die Normen über gemeinsame Einrichtungen einen Sondercharakter haben: Während Inhaltsnormen eine bereits bestehende Rechtsbeziehung – das Arbeitsverhältnis – inhaltlich gestalten, werden durch die Normen über gemeinsame Einrichtungen im Verhältnis zwischen Arbeitgeber und gemeinsamer Einrichtung sowie im Verhältnis zwischen Arbeitnehmer und gemeinsamer Einrichtung neue Rechtsbeziehungen geschaffen[37]. Strittig ist, ob die Geltung der Normen über gemeinsame Einrichtungen die beiderseitige Tarifgebundenheit der Arbeitsvertragsparteien erfordert. Nach einigen Stimmen in der Literatur ist dies nicht erforderlich; stattdessen sollen alle organisierten Arbeitgeber und Arbeitnehmer den Regeln über die gemeinsame Einrichtung unterworfen sein, unabhängig davon, ob sie als Arbeitnehmer bei einem unorganisierten Arbeitgeber tätig sind oder ob ein organisierter Arbeitgeber auch Arbeitnehmer-Außenseiter beschäftigt[38]. Die Konsequenz wäre, daß die Kostenlast für Arbeitnehmer, die bei nicht organisierten Arbeitgebern beschäftigt sind, auf die organisierten Arbeitgeber überbürdet würde. Sinnvoll ist daher allein, die beiderseitige Tarifgebundenheit im einzelnen Arbeitsverhältnis zu fordern[39]. Dafür spricht auch der Wortlaut des § 4 Abs. 2 TVG („tarifgebundene Arbeitgeber und Arbeitnehmer"), eine Erstreckung auf Außenseiter ist danach nicht gewollt[40]. Sofern keine Allgemeinverbindlicherklärung vorliegt[41], kann eine Tarifkonkurrenz in bezug auf Normen über gemeinsame Einrichtungen also nur auftreten, wenn die Arbeitsvertragsparteien zweiseitig und mehrfach tarifgebunden sind. Die Normen über gemeinsame Einrichtungen sind daher letztlich wie Individualnormen zu behandeln.

---

[35] *Jacobs,* S. 248; *Kraft,* GK-BetrVG, § 2 BetrVG Rdnr. 19; *Richardi,* § 2 BetrVG Rdnr. 26.

[36] *Bötticher,* S. 55 ff.; *Schelp,* FS Nipperdey (1965, Bd. 2), S. 579 (591 f.).

[37] *Bötticher,* S. 55 ff.; *Däubler,* TVR Rdnr. 1152; *Hill,* S. 29; *Lieb,* Rdnr. 546; Staudinger-*Richardi,* Vorbem. zu §§ 611 ff. BGB Rdnrn. 673 ff.

[38] *Däubler,* TVR Rdnr. 1153; *Stein,* TVR Rdnr. 577.

[39] BAG vom 29.11.1967 – GS 1/67, AP Nr. 13 zu Art. 9 GG; *Bötticher,* S. 61 ff.; *Koberski/Clasen/Menzel,* § 4 TVG Rdnr. 84; *Lieb,* Rdnr. 548; Staudinger-*Richardi,* Vorbem. Zu §§ 611 ff. BGB Rdnrn. 676 ff.; *Zöllner,* RdA 1967, S. 361 (365).

[40] Staudinger-*Richardi,* Vorbem. zu §§ 611 ff. BGB Rdnr. 676.

[41] Was aber der Regelfall sein dürfte; vgl. *Lieb,* Rdnr. 549; *Stein,* TVR Rdnr. 577.

(2) Allgemeinverbindlicherklärung

Durch die Allgemeinverbindlicherklärung wird die Normwirkung des Tarifvertrags auf Außenseiter erstreckt, so daß der Tarifvertrag dann alle in den Geltungsbereich des Tarifvertrags fallenden Arbeitgeber und Arbeitnehmer ohne Rücksicht auf ihre Mitgliedschaft in einem Verband oder ihre bisherige Tarifgebundenheit erfaßt[42]. Die Wirkung des kraft Allgemeinverbindlicherklärung geltenden Tarifvertrags auf das Arbeitsverhältnis ist keine andere als bei der Geltung der Tarifnormen kraft beiderseitiger Tarifgebundenheit[43]. Wie sich auch schon aus dem Wortlaut des § 5 Abs. 4 TVG („bisher nicht tarifgebundenen") ergibt, dehnt die Allgemeinverbindlicherklärung die Tarifgebundenheit auf die nicht organisierten Arbeitgeber und Arbeitnehmer aus[44]. Auch die Allgemeinverbindlicherklärung eines oder mehrerer Tarifverträge kann daher zur mehrfachen Tarifgebundenheit und damit zur Tarifkonkurrenz führen.

b) Überschneiden der Geltungsbereiche

Die mehrfache Tarifgebundenheit beider Arbeitsvertragsparteien bei Individualnormen und des Arbeitgebers bei Kollektivnormen allein begründet keine Tarifkonkurrenz. Hinzu kommen muß, daß sich die Geltungsbereiche der in Frage stehenden Tarifverträge in jeder Hinsicht überschneiden. Mit dem Geltungsbereich legen die Tarifvertragsparteien fest, welche Normadressaten der Tarifvertrag in welchem Zeitraum erfassen soll. Während sich die Tarifgebundenheit aus dem Gesetz ergibt (§§ 3, 5 Abs. 4 TVG), richtet sich der Geltungsbereich des Tarifvertrags nach den Vereinbarungen der Tarifvertragsparteien.

(1) Der räumliche Geltungsbereich bezeichnet das Tarifgebiet, d. h. die geographischen Grenzen, innerhalb derer der Tarifvertrag gelten soll. Der Tarifvertrag kann für das gesamte Bundesgebiet, ein Bundesland, einen Regierungsbezirk, eine Region, eine Stadt oder ein Unternehmen Geltung beanspruchen[45]; äußerste Grenze für die Bestimmung des räumlichen Geltungsbereichs ist jedoch die räumliche Zuständigkeit der Tarifvertragsparteien[46]. Maßgeblich für die räumliche

---

[42] *Buchner,* FS Schaub, S. 75 (77); *Däubler,* TVR Rdnr. 1243; MünchArbR-*Löwisch/Rieble,* § 268 Rdnr. 13; *Pulte,* AR-Blattei SD, Tarifvertrag X, Allgemeinverbindlichkeit (1550.10), Rdnr. 3.

[43] *Koberski/Clasen/Menzel,* § 5 TVG Rdnr. 153; MünchArbR-*Löwisch/Rieble,* § 268 Rdnr. 13; *Stein,* TVR Rdnr. 222.

[44] *Hueck/Nipperdey,* Bd. II 1, § 34 II 3; *Nikisch,* § 87 III 1; *Wank,* in: Wiedemann, § 5 TVG Rdnr. 127.

[45] MünchArbR-*Löwisch/Rieble,* § 264 Rdnr. 3; *Stein,* TVR Rdnr. 108.

[46] *Zöllner/Loritz,* § 37 II 1.

Erfassung von Arbeitsverhältnissen ist im Zweifel die Lage des Betriebs, in dem der Arbeitnehmer beschäftigt ist, da sich dort der Schwerpunkt des Arbeitsverhältnisses befindet[47].

(2) Mit dem zeitlichen Geltungsbereich legen die Tarifvertragsparteien den Beginn und das Ende der Tarifwirkung, d. h. die Laufzeit des Tarifvertrags, fest. In der Regel beginnt die Tarifgeltung mit dem formgerechten Abschluß des Tarifvertrags[48]. Die Tarifvertragsparteien können den Tarifvertrag aber auch zu einem späteren Zeitpunkt in Kraft setzen oder in den für Gesetze geltenden Grenzen die Rückwirkung des Tarifvertrags vereinbaren[49]. Der zeitliche Geltungsbereich endet mit der Beendigung des Tarifvertrags, die durch Zeitablauf, Bedingungseintritt, Ablösung, Aufhebungsvertrag oder Kündigung erfolgen kann[50]. Nach Beendigung des Tarifvertrags endet seine Normwirkung, also die unmittelbare und zwingende Wirkung gegenüber allen Tarifgebundenen; es folgt die Nachwirkung nach § 4 Abs. 5 TVG[51].

(3) Praktisch besonders bedeutsam ist der branchenmäßige Geltungsbereich[52], da die meisten Tarifverträge ihre Geltung auf Betriebe oder Unternehmen bestimmter Branchen, beispielsweise der Metallindustrie oder des Baugewerbes, beschränken[53]. Die Tarifverträge beanspruchen in der Regel für die Arbeitsverhältnisse des gesamten Betriebs oder Unternehmens Geltung, unabhängig davon, welche Tätigkeiten die Arbeitnehmer ausüben[54]. Die Ausrichtung am branchenmäßigen Geltungsbereich steht heute ganz im Vordergrund, da sowohl die Arbeitgeberverbände als auch die Gewerkschaften (insbesondere die DGB-Gewerkschaften) vorwiegend nach dem Industrieverbandsprinzip organisiert sind[55]. Wichtige Konsequenz ist, daß Tarifkollisionen eher selten auftreten: Das primäre Anknüpfen am branchenmäßigen Geltungsbereich ermöglicht, daß grundsätzlich alle Arbeitnehmer eines Betriebs oder Unternehmens von demselben Tarifvertrag erfaßt werden, die Gefahr einer Kollision mit einem anderen Tarifvertrag also verringert werden kann[56]. Dennoch ist es nicht ausgeschlossen, daß

---

[47] BAG vom 3.12.1985 – 4 AZR 325/84, AP Nr. 5 zu § 1 TVG Tarifverträge: Großhandel.
[48] MünchArbR-*Löwisch/Rieble,* § 264 Rdnr. 16; *Schaub,* § 203 Rdnr. 2.
[49] *Stein,* TVR Rdnrn. 115 f.; *Wank,* in: Wiedemann, § 4 TVG Rdnrn. 235 ff.
[50] MünchArbR-*Löwisch/Rieble,* § 264 Rdnr. 19; *Wank,* in: Wiedemann, § 4 TVG Rdnr. 260.
[51] *Löwisch/Rieble,* § 4 TVG Rdnr. 42; *Wank,* in: Wiedemann, § 4 TVG Rdnr. 260.
[52] Die Terminologie ist uneinheitlich: Andere sprechen vom „fachlichen" oder „betrieblichen" Geltungsbereich.
[53] MünchArbR-*Löwisch/Rieble,* § 264 Rdnr. 6; *Zöllner/Loritz,* § 37 II 2.
[54] *Etzel,* NZA 1987 Beil. 1, S. 19 (22).
[55] *Wank,* in: Wiedemann, § 4 TVG Rdnr. 136.
[56] *Lieb,* Rdnr. 520.

sich die Tarifzuständigkeiten und in der Folge die Geltungsbereiche überschneiden[57] und es zu Tarifkollisionen kommt.

(4) Mit dem fachlichen Geltungsbereich[58] grenzen die Tarifvertragsparteien den Geltungsanspruch des Tarifvertrags nach der Art der Tätigkeit der Arbeitnehmer oder nach Berufen (z. B. Tarifverträge für Angestellte) ab[59]. Die Tarifverträge der nach dem Berufsverbandsprinzip organisierten Koalitionen sind primär am fachlichen Geltungsbereich ausgerichtet, d. h. die Tarifverträge beanspruchen Geltung für alle Berufsangehörigen, unabhängig in welchem Betrieb oder Unternehmen diese beschäftigt sind[60]. Würde die Organisation der Koalitionen nach dem Berufsverbandsprinzip überwiegen, entstünde eine Vielzahl von Tarifkollisionen[61]: Da in einem Betrieb nicht nur Angehörige einer Berufsgruppe arbeiten, sondern auch andere Arten von Tätigkeiten ausgeführt werden, würden stets mehrere Tarifverträge Geltung für einen Betrieb beanspruchen. Bei primär am branchenmäßigen Geltungsbereich orientierten Tarifverträgen kann sekundär, d. h. innerhalb des vorgegebenen branchenmäßigen Geltungsbereich, nach fachlichen Gesichtspunkten differenziert werden, beispielsweise wenn je nach Tätigkeit unterschiedliche Regelungen getroffen werden sollen[62].

(5) Im persönlichen Geltungsbereich eines Tarifvertrags wird die Anwendbarkeit des Tarifvertrags nicht nach fachlichen, sondern nach bestimmten persönlichen Eigenschaften der Beschäftigten wie Lebensalter, Dauer der Betriebszugehörigkeit oder Minderleistungsfähigkeit festgelegt[63].

c) Unbeachtlichkeit des Regelungsgegenstands

Es liegt auf der Hand, daß es zur Tarifkonkurrenz kommt, wenn sich die aufeinandertreffenden Tarifverträge inhaltlich widersprechen. Weniger eindeutig ist es, wenn die Tarifverträge unterschiedliche Regelungsgegenstände betreffen, sich also zu einer widerspruchsfreien Gesamtregelung zusammenfügen ließen. Man könnte insoweit argumentieren, daß die Tarifverträge gar nicht konkurrieren,

---

[57] Vgl. Beispiele in: BAG vom 25.9.1996 – 1 ABR 4/96, AP Nr. 10 zu § 2 TVG Tarifzuständigkeit; BAG vom 12.11.1996 – 1 ABR 33/96, AP Nr. 11 zu § 2 TVG Tarifzuständigkeit; BAG vom 14.12.1999 – 1 ABR 74/98, AP Nr. 14 zu § 2 TVG Tarifzuständigkeit.

[58] Auch hier ist die Terminologie uneinheitlich; andere sprechen vom „persönlichen" Geltungsbereich.

[59] *Etzel*, NZA 1987 Beil. 1, S. 19 (22); *Wank*, in: Wiedemann, § 4 TVG Rdnr. 218.

[60] *Lieb*, Rdnr. 518.

[61] *Wank/Ramrath*, NZA 1993, S. 345 (347).

[62] *Lieb*, Rdnr. 527.

[63] *Wank*, in: Wiedemann, § 4 TVG Rdnr. 218.

wenn sie miteinander kompatibel sind[64]. Tatsächlich entsteht aber eine Tarifkonkurrenz, sobald sich die Geltungsbereiche überschneiden und die Arbeitsvertragsparteien mehrfach tarifgebunden sind, unabhängig davon, ob sich die Tarifverträge ganz, teilweise oder gar nicht widersprechen[65]. Grund dafür ist, daß ein Tarifvertrag in der Regel als abschließende Gesamtregelung gemeint ist[66]; enthält er über bestimmte Gegenstände keine Regelung, wollten die Tarifvertragsparteien eben keine entsprechenden Rechtspositionen gewähren. Gewährt der andere Tarifvertrag die nicht erwähnte Rechtsposition, kommt es also sehr wohl zu einer Konkurrenz der unterschiedlichen Regelungen. Eine Tarifkonkurrenz bei unterschiedlichen Regelungsgegenständen abzulehnen, liefe auf die Anwendung der „Rosinentheorie" hinaus[67]. Anders liegt es nur, wenn die Tarifvertragsparteien ihre Tarifverträge planmäßig aufeinander abstimmen[68].

2. Abgrenzung zur scheinbaren Tarifkonkurrenz

Von der echten Tarifkonkurrenz sind die Fälle zu unterscheiden, in denen es nur vermeintlich zu einer Kollision mehrerer Tarifverträge in bezug auf ein einzelnes Arbeitsverhältnis kommt. Die sogenannten „unechten"[69], „vermeintlichen"[70] oder „scheinbaren"[71] Tarifkonkurrenzen bedürfen keiner Lösung, da sich bei näherer Betrachtung zeigt, daß die Tarifverträge gar nicht kollidieren.

a) Kollision schuldvertraglicher Regelungen

Treffen die schuldrechtlichen Regelungen mehrerer Tarifverträge aufeinander, liegt kein Fall der Tarifkonkurrenz vor: Da die schuldrechtlichen Teile von Tarifverträgen keine Normwirkung entfalten, entsteht keine Normenkollision im Arbeitsverhältnis. Der schuldrechtliche Teil des Tarifvertrags regelt gem. § 1 Abs. 1 TVG nur das Verhältnis der Tarifvertragsparteien untereinander, so daß eine – auf das einzelne Arbeitsverhältnis bezogene – Tarifkonkurrenz nur dann entsteht,

---

[64] *Kothe,* Anm. zu BAG vom 26.1.1994 – 10 AZR 611/92, SAE 96, S. 9 (17).
[65] *Jacobs,* S. 98; *Löwisch/Rieble,* § 4 TVG Rdnr. 295; *Waas,* Tarifkonkurrenz, S.18 ff.
[66] *Löwisch/Rieble,* § 4 TVG Rdnr. 295; *Waas,*Tarifkonkurrenz, S. 20.
[67] Siehe dazu § 11 I.
[68] Siehe dazu § 3 I 2 c.
[69] *Delbos,* S. 5; *Memminger,* S. 15.
[70] *Schneider,* S. 7.
[71] MünchArbR-*Löwisch/Rieble,* § 276 Rdnr. 8; *Witzig,* S. 67.

wenn die normativen Regelungen mehrerer Tarifverträge kollidieren[72]. Die Kollision schuldrechtlicher Regelungen verschiedener Tarifverträge wird über die Grundsätze des vertraglichen Schuldrechts gelöst[73].

b) Tarifverträge derselben Tarifvertragsparteien

Zu einem Zusammentreffen mehrerer Tarifverträge derselben Tarifvertragsparteien kommt es, wenn die Tarifvertragsparteien einen Tarifvertrag durch einen weiteren Tarifvertrag ergänzen, ändern oder ersetzen wollen. Sollen sich die Tarifverträge wie beim Verhältnis Manteltarifvertrag und Lohntarifvertrag ergänzen, kollidieren die Tarifverträge nicht, sondern bilden ein einheitliches Gesamtwerk, das nicht in Einzelteile zerlegt werden kann[74]. Es liegt keine Tarifkonkurrenz vor[75]. Da nach allgemeiner Ansicht im Verhältnis von zwei aufeinander folgenden Tarifverträgen derselben Tarifvertragsparteien das Ablösungsprinzip[76] gilt, können die Tarifvertragsparteien ihren ersten Tarifvertrag auch jederzeit durch einen neuen Tarifvertrag ersetzen oder ändern[77]. Da der neue Tarifvertrag den älteren Tarifvertrag ablöst, entsteht auch hier keine Tarifkonkurrenz[78]. Voraussetzung für die Tarifkonkurrenz ist damit, daß die konkurrierenden Tarifverträge von verschiedenen Tarifvertragsparteien abgeschlossen wurden[79].

---

[72] Vgl. *Gamillscheg,* § 17 III 1 b; *Kraft,* RdA 1992, S. 161 (163); *Memminger,* S. 5; *Nikisch,* § 86 I 1.

[73] *Delbos,* S. 6; *Hueck-Nipperdey,* Bd. II 1, § 33 I (Fn. 4); *Memminger,* S. 5; *Waas,* Tarifkonkurrenz, S. 12 (Fn. 1); *Witzig,* S. 3.

[74] *Hromadka/Maschmann/Wallner,* Rdnr. 128; *Witzig,* S. 6.

[75] *G. Müller,* Tarifautonomie, S. 202; *Schaub,* § 203 Rdnr. 53; *Waas,* Tarifkonkurrenz, S. 15.

[76] Auch Zeitkollisionsregel genannt; vgl. BAG vom 16.5.1995 – 3 AZR 535/94, AP Nr. 15 zu § 4 TVG Ordnungsprinzip; *Hromadka/Maschmann/Wallner,* Rdnr. 128; *Wank,* in: Wiedemann § 4 TVG Rdnr. 261.

[77] BAG vom 16.12.1954 – 2 AZR 58/54, AP Nr. 2 zu § 52 RegelungsG (VI der Gründe); BAG vom 30.1.1985 – 4 AZR 117/83, AP Nr. 9 zu § 1 TVG Tarifverträge: Einzelhandel; BAG vom 16.5.1995 – 3 AZR 535/94, AP Nr. 15 zu § 4 TVG Ordnungsprinzip; *Däubler,* TVR Rdnrn. 1441, 1471; *Etzel,* NZA 1987 Beil. 1, S. 19 (29); *Hromadka,* DB 1996, S. 1872 (1873); *Koberski/Clasen/Menzel,* § 1 TVG Rdnr. 177; *Memminger,* S. 20; *Nikisch* § 86 I 3; *Stein,* TVR Rdnr. 593; *Wank,* in: Wiedemann, § 4 TVG Rdnr. 261.

[78] *Schneider,* S. 122; Staudinger-*Richardi,* Vorbem. zu §§ 611 ff. BGB Rdnr. 759.

[79] BAG vom 5.9.1990 – 4 AZR 59/90, AP Nr. 19 zu § 4 TVG Tarifkonkurrenz; BAG vom 20.3.1991 – 4 AZR 455/90, AP Nr. 20 zu § 4 TVG Tarifkonkurrenz (B II 2 a der Gründe); BAG vom 26.1.1994 – 10 AZR 611/92, AP Nr. 22 zu § 4 TVG Tarifkonkurrenz (II 4 a der Gründe); *Löwisch/Rieble,* § 4 TVG Rdnr. 275; *Waas,* Tarifkonkurrenz, S. 17.

c) Abgestimmte Tarifverträge verschiedener Tarifvertragsparteien

Selbst wenn die aufeinandertreffenden Tarifverträge von unterschiedlichen Tarifvertragsparteien abgeschlossen wurden, resultiert hieraus keine Tarifkonkurrenz, wenn sich die Tarifverträge planmäßig ergänzen[80]. Dazu kann es kommen, wenn die Tarifverträge von Ober- und Unterorganisation desselben Verbands geschlossen wurden. Praktisch bedeutsam ist der Fall, daß die Oberorganisationen Rahmentarifverträge schließen und den Unterorganisationen die Ausfüllung durch Lohntarifverträge und sonstige Tarifverträge über einzelne Materien überlassen[81]. Werden mehrgliedrige Tarifverträge abgeschlossen, ist eine Tarifkonkurrenz sogar bei Tarifverträgen von Tarifvertragsparteien, die in keiner inneren Beziehung zueinander stehen, ausgeschlossen[82]. Zwar handelt es sich in der Regel um mehrere rechtlich selbständige Verträge[83]. Wegen der planmäßigen Ergänzung – die Verträge werden gemeinsam ausgehandelt, sind regelmäßig inhaltsgleich und in derselben Vertragsurkunde zusammengefaßt[84] – entsteht aber keine auflösungsbedürftige Konkurrenz. Wird der mehrgliedrige Tarifvertrag als Einheitstarif geschlossen, entsteht schon keine Konkurrenz, weil nur ein Tarifvertrag vorliegt[85].

d) Einschränkungsklauseln

Treffen zwei Tarifverträge aufeinander, die grundsätzlich beide Geltung für ein konkretes Arbeitsverhältnis beanspruchen, scheidet eine Tarifkonkurrenz dennoch aus, wenn einer der Tarifverträge eine Einschränkungsklausel enthält[86]. Mit einer Einschränkungsklausel bestimmen die Tarifvertragsparteien, daß ihr Tarifvertrag im Falle einer Kollision hinter einem anderen Tarifvertrag zurücktreten soll und schränken damit den Geltungsanspruch ihres Tarifvertrags ein[87]: Wird ein Arbeitsverhältnis bereits von einem Tarifvertrag erfaßt, so beansprucht der die Ein-

---

[80] *Hueck/Nipperdey*, Bd. II 1, § 33 III 1; *Memminger*, S. 22; *Nikisch* § 86 II 3.

[81] *Jacobs*, S. 102; *Memminger*, S. 21; *Witzig*, S. 4.

[82] *Etzel*, NZA 1987 Beil. 1, S. 19; *Schaub*, § 203 Rdnr. 52. Bekanntestes Beispiel für einen mehrgliedrigen Tarifvertrag ist der BAT. Auf Arbeitgeberseite stehen die Bundesrepublik Deutschland, die Tarifgemeinschaft Deutscher Länder und die Vereinigung der kommunalen Arbeitgeberverbände; auf Gewerkschaftsseite standen bisher die ÖTV und die DAG, die beide 2001 in die Gewerkschaft ver.di integriert worden sind.

[83] MünchArb-*Löwisch/Rieble* § 256 Rdnr. 6; *Schaub*, § 199 Rdnr. 52.

[84] *Däubler*, TVR Rdnr. 107; MünchArbR-*Löwisch/Rieble*, § 256 Rdnr. 6.

[85] BAG vom 10.11.1993 – 4 AZR 184/93, AP Nr. 43 zu § 1 TVG Tarifverträge: Einzelhandel (A I der Gründe); *Wiedemann*, in: Wiedemann, § 1 TVG Rdnrn. 177 ff.

[86] *Schliemann*, NZA 2000, Sonderbeil. 24, S. 24 (26); *Wank*, in: Wiedemann, § 4 TVG Rdnr. 280; *Witzig*, S. 68.

[87] *Löwisch/Rieble*, § 4 TVG Rdnr. 45; *Memminger*, S. 69 f.; *Stein*, TVR Rdnr. 274.

schränkungsklausel enthaltende Tarifvertrag für dieses Arbeitsverhältnis von vornherein keine Geltung. Etwas anderes gilt aber dann, wenn beide aufeinandertreffenden Tarifverträge Einschränkungsklauseln enthalten. Würde man die Einschränkungsklauseln in diesem Fall für beachtlich halten, würde gar keiner der Tarifverträge auf das betroffene Arbeitsverhältnis Anwendung finden; das Arbeitsverhältnis wäre tariflos gestellt. Daß das nicht gewollt sein kann, liegt auf der Hand. Enthalten zwei zusammentreffende Tarifverträge jeweils eine Einschränkungsklausel, kommt es daher wieder zu einer auflösungsbedürftigen Tarifkonkurrenz[88].

Praktisch bedeutsam sind Einschränkungsklauseln vor allem bei Allgemeinverbindlicherklärungen. Dort sind Klauseln, nach denen die Allgemeinverbindlicherklärung für bereits anderweitig tarifgebundene Arbeitsverhältnisse keine Wirkung entfalten soll, mittlerweile weit verbreitet[89]. Zulässig sind derartige Klauseln, wenn ein sachlicher Grund für die Einschränkung besteht, sich die Entscheidung der Behörde im Bereich pflichtgemäßen Ermessens hält und die Klauseln dem Bestimmtheitsgebot genügen[90].

e) Arbeitsvertragliche Bezugnahme auf Tarifverträge

In der Praxis wird sehr häufig auf bestehende Tarifverträge Bezug genommen[91]. Aus diesem Grund ist die Frage, ob das Zusammentreffen eines kraft Tarifbindung (§§ 3, 4 und 5 Abs. 4 TVG) geltenden Tarifvertrags mit einem kraft arbeitsvertraglicher Bezugnahme geltenden Tarifvertrag eine Tarifkonkurrenz auslöst, von besonderer praktischer Bedeutung. Die Beantwortung der Frage ist davon abhängig, welche Rechtswirkung der arbeitsvertraglichen Bezugnahmeklausel beizumessen ist. Nur wenn man davon ausgeht, daß durch die Bezugnahme eine Tarifgebundenheit – im Sinne einer normativen Geltung des Tarifvertrags – der Arbeitsvertragsparteien entsteht, kann es zu einer Tarifkonkurrenz kommen, da nur dann gleichrangige Regelungen kollidieren. Wirkt die arbeitsvertragliche Bezugnahme dagegen rein schuldrechtlich, kollidieren eine tarifvertragliche und eine arbeitsvertragliche Regelung, so daß das Zusammentreffen nach dem gesetzlich

---

88 *Haußmann*, S. 130; *Hueck/Nipperdey*, Bd. II 1, § 33 III 2; *Memminger*, S. 70.

89 *Däubler*, TVR Rdnr. 1270; *Junker/Wichmann*, NZA 1996, S. 505 (509); *Otto/Schwarze*, ZfA 1995, S. 639 (692); *Rieble*, Rdnr. 1804; *Stein*, TVR Rdnr. 275.

90 BAG vom 26.10.1983 – 4 AZR 219/81, AP Nr. 3 zu § 3 TVG (I der Gründe); *Otto/Schwarze*, ZfA 1995, S. 639 (690 f.); *Schliemann*, NZA 2000, Sonderbeil. 24, S. 24 (27). Näher dazu unten § 5 I.

91 Nach einer Untersuchung von *Preis* enthalten ca. 90 % aller Arbeitsverträge entsprechende Klauseln; vgl. *Preis*, Grundfragen der Vertragsgestaltung, S. 51 ff.

geregelten Günstigkeitsprinzip des § 4 Abs. 3 TVG zu lösen ist[92]. Vereinzelt wird angenommen, die arbeitsvertragliche Bezugnahme begründe eine normative Wirkung des in Bezug genommenen Tarifvertrags und könne daher zur Tarifkonkurrenz führen[93]. Die normative Wirkung des in Bezug genommenen Tarifvertrags ergebe sich aus einem allgemeinen Rechtsgedanken, der den gesetzlichen Bezugnahmeklauseln (§ 622 Abs. 4 BGB, § 13 Abs. 1 S. 2 BUrlG, § 4 Abs. 4 EFZG, § 17 Abs. 3 BetrAVG) zu entnehmen sei. Erst durch die normative Geltung eines Tarifvertrags für alle Arbeitnehmer – auch für die tariflichen Außenseiter – eines Betriebs werde die Ordnungsfunktion des Tarifvertrags voll verwirklicht[94]. Auch der 4. Senat des BAG nimmt an, daß die vertragliche Bezugnahme eine Tarifkonkurrenz herbeiführen könne; die vertragliche Bezugnahme sei letztlich eine von mehreren Arten, die Bindung an einen Tarifvertrag zu bewirken[95].

Beide Auffassungen sind mit der herrschenden Meinung abzulehnen[96]. Die arbeitsvertragliche Bezugnahme bewirkt keine normative Wirkung des in Bezug genommenen Tarifvertrags, es fehlt sowohl die unmittelbare als auch die zwingende Wirkung[97]: Der in Bezug genommene Tarifvertrag bedarf gerade der einzelvertraglichen Umsetzung, um Wirkung zu entfalten; der Tarifvertrag wirkt also nicht unmittelbar. Da die Arbeitsvertragsparteien die Geltung des Tarifvertrags durch eigene vertragliche Abrede geschaffen haben, können sie die Geltung des Tarifvertrags jederzeit auf gleichem Weg wieder aufheben[98]; der in Bezug ge-

[92] BAG vom 22.9.1993 – 10 AZR 207/92, AP Nr. 21 zu § 4 TVG Tarifkonkurrenz (II 4 b der Gründe); BAG vom 26.1.1994 – 10 AZR 611/92, AP Nr. 22 zu § 4 TVG Tarifkonkurrenz (I 4 d der Gründe); *Hanau/Kania,* FS Schaub, S. 239 (241); *Merten,* BB 1993, S. 572 (577); *Oetker,* Anm. zu BAG vom 28.5.1997 – 4 AZR 663/95, AP Nr. 6 zu § 1 TVG Bezugnahme auf Tarifvertrag.

[93] *Von Hoyningen-Huene,* RdA 1974, S. 138 (149); *B. Müller,* NZA 1989, S. 450 (451).

[94] *Von Hoyningen-Huene,* RdA 1974, S. 138 (149).

[95] BAG vom 20.3.1991 – 4 AZR 455/90, AP Nr. 20 zu § 4 TVG Tarifkonkurrenz (B II 4 der Gründe); BAG vom 28.5.1997 – 4 AZR 545/95, AP Nr. 27 zu § 4 TVG Nachwirkung (2 c der Gründe).

[96] BAG vom 22.9.1993 – 10 AZR 207/92, AP Nr. 21 zu § 4 TVG Tarifkonkurrenz (II 4 b der Gründe); BAG vom 26.1.1994 – 10 AZR 611/92, AP Nr. 22 zu § 4 TVG Tarifkonkurrenz (I 4 d der Gründe); *Buchner,* FS Schaub, S. 75 (79); *Etzel,* NZA 1987 Beil. 1 S. 19 (28, 31); *Gaul,* NZA 1998, S. 9 (15); *Hohenstatt,* DB 1992, S. 1678 (1683); *Hromadka,* DB 1996, S. 1872 (1873); *Jacobs,* S. 181; *Kraft,* FS Zöllner, S. 831 (844, 846); *Löwisch/Rieble,* § 4 TVG Rdnr. 283; *Merten,* BB 1993, S. 572 (577); *Oetker,* in: Wiedemann, § 4 TVG Rdnr. 225; *Reichold,* Anm. zu BAG vom 22.9.1993 – 10 AZR 207/92, SAE 1995, S. 17 (21); *Schleusener,* Anm. zu BAG vom 28.5.1997 – 4 AZR 663/95, SAE 1998, S. 5 (13 f.); *Stein,* TVR Rdnr. 259; *Wiedemann/Arnold,* ZTR 1994, S. 399 (447); *Witzig,* S. 71.

[97] BAG vom 22.9.1993 – 10 AZR 207/92, AP Nr. 21 zu § 4 TVG Tarifkonkurrenz (II 4 b der Gründe); *Oetker,* in: Wiedemann, § 4 TVG Rdnr. 225.

[98] BAG vom 22.9.1993 – 10 AZR 207/92, AP Nr. 21 zu § 4 TVG Tarifkonkurrenz (II 4 b der Gründe).

nommene Tarifvertrag wirkt daher auch nicht zwingend. Die Annahme, die arbeitsvertragliche Bezugnahme könne zur Tarifkonkurrenz führen, widerspricht zudem dem Grundsatz, daß die Normsetzungsmacht der Tarifvertragsparteien auf ihre Mitglieder beschränkt ist[99] und die Arbeitsvertragsparteien sich gerade nicht der Normsetzungsmacht der Tarifvertragsparteien unterworfen haben[100]. Der in Bezug genommene Tarifvertrag könnte nach den Grundsätzen der Tarifkonkurrenz verdrängt[101] und damit die einzelvertraglichen Rechte der nicht tarifgebundenen Arbeitnehmer eingeschränkt werden. Die Verdrängung des vertraglich in Bezug genommenen Tarifvertrags würde massiv in die einzelvertragliche Gestaltungsfreiheit eingreifen und das Günstigkeitsprinzip des § 4 Abs. 3 TVG außer Kraft setzen[102]. Könnte umgekehrt der arbeitsvertraglich in Bezug genommene Tarifvertrag den kraft Tarifbindung geltenden Tarifvertrag verdrängen, hätten es die Arbeitsvertragsparteien entgegen der zwingenden Wirkung der Tarifnormen in der Hand, einen Tarifvertrag durch arbeitsvertragliche Bezugnahme abzubedingen. Im übrigen kann es in der rechtlichen Einordnung keinen Unterschied machen, ob die Arbeitsvertragsparteien einen Tarifvertrag in Bezug nehmen oder gleichlautende Regelungen als Vertragsbestimmungen in den Arbeitsvertrag aufnehmen. Die arbeitsvertragliche Bezugnahme bewirkt aus den genannten Gründen eine rein schuldrechtliche Geltung des in Bezug genommenen Tarifvertrags und kann daher nicht zur Tarifkonkurrenz führen[103].

f) Betriebsübergang

Bei einem Betriebsübergang nach § 613 a Abs. 1 BGB ist an das Entstehen einer Tarifkonkurrenz zu denken, wenn der Erwerber des Betriebs an einen anderen Tarifvertrag als der Veräußerer gebunden ist. § 613 a Abs. 1 S. 2 BGB ordnet an, daß die bisherigen tarifvertraglichen Regelungen fortgelten. Wie sich aus dem Wortlaut der Norm ergibt („so werden sie Inhalt des Arbeitsverhältnisses“), handelt es sich hierbei nur um eine individualrechtliche Fortgeltung[104], so daß schon aus diesem Grund eine Tarifkonkurrenz ausscheidet[105]. Zudem schließt die Rege-

---

[99] *Gaul,* NZA 1998, S. 9 (15); *Hohenstatt,* DB 1992, S. 1678 (1683).

[100] *Oetker,* Anm. zu BAG vom 28.5.1997 – 4 AZR 663/95, AP Nr. 6 zu § 1 TVG Bezugnahme auf Tarifvertrag (unter III 2 a).

[101] Vgl. zur Auflösungsbedürftigkeit der Tarifkonkurrenz unten Teil 3.

[102] *Kraft,* RdA 1992, S. 161 (167); *Wiedemann/Arnold,* ZTR 1994, S. 399 (447).

[103] Gleiches gilt für die Inbezugnahme eines Tarifvertrags durch eine Betriebsvereinbarung. Da keine gleichrangigen Regelungen kollidieren, scheidet eine Tarifkonkurrenz aus.

[104] *Kania,* DB 1995, S. 625; *Kempen,* BB 1991, S. 2206; MünchKomm-*Schaub,* § 613 a BGB Rdnr. 148; *Seiter,* S. 89.

[105] *Jacobs,* S. 317; *von Stebut,* Anm. zu BAG vom 19.3.1986 – 4 AZR 640/84, BAG AP Nr. 49 zu § 613 a BGB.

lung des § 613 a Abs. 1 S. 3 BGB – zumindest bei Tarifverträgen mit gleichem Regelungsinhalt[106] – aus, daß eine Tarifkonkurrenz entsteht. Nach dieser Vorschrift wird der bisher im Betrieb des Veräußerers angewandte Tarifvertrag nicht in das Individualarbeitsverhältnis transformiert, wenn bei dem neuen Betriebsinhaber die Rechte und Pflichten durch die Rechtsnormen eines anderen Tarifvertrags geregelt werden. Der für den Erwerber gültige Tarifvertrag verdrängt den bisherigen Tarifvertrag unabhängig davon, ob die Tarifbindung an den neuen Tarifvertrag vor dem Betriebsübergang bestand oder erst danach entsteht[107]. Aus der Anwendung der § 613 Abs. 1 S. 2 – 4 BGB kann daher keine Tarifkonkurrenz resultieren.

g) Nachwirkung gem. § 4 Abs. 5 TVG

Die Frage, ob das Zusammentreffen eines voll geltenden, d. h. eines unmittelbar und zwingend wirkenden Tarifvertrags (§§ 3, 4 oder § 5 Abs. 4 TVG) mit einem gem. § 4 Abs. 5 TVG nachwirkenden Tarifvertrag eine Tarifkonkurrenz auslöst, wird unterschiedlich beantwortet. Einige bejahen die Frage mit der Begründung, auf die zwingende Wirkung eines Tarifvertrags käme es für das Entstehen einer Tarifkonkurrenz nicht an[108]. Andere verneinen die Frage, da die Nachwirkung bei einem Zusammentreffen mehrerer Tarifverträge ausscheide[109].

Wird der gem. §§ 3, 4 oder § 5 Abs. 4 TVG geltende Tarifvertrag erst abgeschlossen, nachdem der andere Tarifvertrag in das Nachwirkungsstadium eingetreten ist, ersetzt er als „andere Abmachung" im Sinn des § 4 Abs. 5 TVG den nachwirkenden Tarifvertrag, sofern der voll geltende Tarifvertrag das konkrete Arbeitsverhältnis erfaßt[110]. Das Arbeitsverhältnis wird vom neuen Tarifvertrag erfaßt, wenn Arbeitgeber und Arbeitnehmer bezüglich des neuen Tarifvertrags kongruent tarif-

---

[106] BAG vom 20.4.1994 – 4 AZR 342/93, AP Nr. 108 zu § 613 a BGB (IV 3 a der Gründe); Erman-*Hanau,* § 613 a BGB Rdnr. 87; MünchKomm-*Schaub,* § 613 a BGB Rdnr. 181.

[107] BAG vom 19.3.1986 – 4 AZR 640/84, AP Nr. 49 zu § 613 a BGB; *Hergenröder,* AR-Blattei Betriebsinhaberwechsel, 500.1, Rdnr. 557; MünchKomm-*Schaub,* § 613 a BGB Rdnr. 181.

[108] *Jacobs,* S. 301 ff.; *Witzig,* S. 97 ff.

[109] BAG vom 19.1.1962 – 1 AZR 147/61, AP Nr. 11 zu § 5 TVG (II der Gründe) mit zustimmender Anm. *Nikisch*; *Koberski/Clasen/Menzel,* § 4 TVG Rdnr. 192; *Memminger,* S. 86; MünchArbR-*Löwisch/Rieble,* § 276 Rdnr. 10; *Schneider,* S. 122.

[110] BAG vom 27.11.1991 – 4 AZR 211/91, AP Nr. 22 zu § 4 TVG Nachwirkung (A I 3 der Gründe); BAG vom 18.3.1992 – 4 AZR 339/91, AP Nr. 13 zu § 3 TVG; BAG vom 4.9.1996 – 4 AZR 135/95, AP Nr. 5 zu § 1 TVG Bezugnahme auf Tarifvertrag (II a aa der Gründe); *Hromadka/Maschmann/Wallner,* Rdnr. 266.

gebunden sind oder wenn der neue Tarifvertrag allgemeinverbindlich erklärt ist[111]. Bei beiderseitiger Tarifgebundenheit der Arbeitsvertragsparteien löst daher auch ein von anderen Tarifvertragsparteien geschlossener Tarifvertrag den nachwirkenden Tarifvertrag ab[112], so daß eine Tarifkonkurrenz ausgeschlossen ist.

Fraglich ist, ob eine Tarifkonkurrenz auch dann ausgeschlossen ist, wenn der gem. §§ 3, 4 oder 5 Abs. 4 TVG geltende Tarifvertrag bereits in Kraft war, bevor der andere Tarifvertrag in das Nachwirkungsstadium gelangte[113]. Der zwingend geltende Tarifvertrag kann zwar den nachwirkenden Tarifvertrag nicht als „andere Abmachung“ ersetzen, da ein solche Vereinbarung – wie sich auch schon aus der zukunftsgerichteten Formulierung des § 4 Abs. 5 TVG („ersetzt werden“) ergibt – erst im Nachwirkungszeitraum getroffen werden kann[114]. Ausgehend vom Zweck des § 4 Abs. 5 TVG scheidet in der genannten Konstellation jedoch eine Nachwirkung aus: Die Vorschrift soll eine Überbrückungsfunktion erfüllen und verhindern, daß die Arbeitsverhältnisse nach Beendigung des Tarifvertrags inhaltsleer werden oder durch dispositives Gesetzesrecht ergänzt werden müssen[115]. Der tariflose Zustand, den § 4 Abs. 5 TVG verhindern soll, tritt in der in Frage stehenden Konstellation aber gerade nicht ein. Da ein Tarifvertrag unmittelbar und zwingend auf das betroffene Arbeitsverhältnis einwirkt, ist § 4 Abs. 5 TVG nach seinem Sinn und Zweck nicht anwendbar, so daß die Nachwirkung ausscheidet[116]. War der gem. §§ 3, 4 oder 5 Abs. 4 TVG geltende Tarifvertrag bereits in Kraft, bevor der andere Tarifvertrag in das Nachwirkungsstadium gelangte, endet die Tarifkonkurrenz daher mit Beginn der Nachwirkung[117].

---

[111] BAG vom 28.5.1997 – 4 AZR 546/95, AP Nr. 26 zu § 4 TVG Nachwirkung (2 b der Gründe); *Friedrich,* FS Schaub, S. 193 (196).

[112] *Buchner,* RdA 1997, S. 259 (266).

[113] D. h. vor Beginn der Nachwirkung des einen Tarifvertrags war der jetzt noch vollwirksame Tarifvertrag nach den Grundsätzen der Tarifkonkurrenz verdrängt.

[114] *Buchner,* RdA 1997, S. 259 (266); *Friedrich,* FS Schaub, S. 193 (197); *Frieges,* DB 1996, S. 1281; *Jacobs,* S. 136 f.; *Koberski/Clasen/Menzel,* § 4 TVG Rdnr. 187; *Löwisch/Rieble,* § 4 TVG Rdnr. 234.

[115] BAG vom 18.3.1992 – 4 AZR 339/91, AP Nr. 13 zu § 3 TVG; *Friedrich,* FS Schaub, S. 193 (196); *Hromadka/Maschmann,* § 13 Rdnr. 101; *Oetker,* FS Schaub, S. 540; *Wiedemann,* in: Wiedemann, § 4 TVG Rdnr. 327.

[116] Vgl. auch *Hueck/Nipperdey,* Bd. II 1, § 33 IV; *Löwisch/Rieble,* FS Schaub, S. 457 (462), *Nikisch,* Anm. zu BAG vom 19.1.1962 – 1 AZR 147/61, AP Nr. 11 zu § 5 TVG (unter 3); *Schliemann,* NZA 2000, Sonderbeil. 24, S. 24 (30).

[117] Das heißt nicht, daß der nachwirkende Tarifvertrag generell seine Nachwirkung verliert. Für Arbeitsverhältnisse, die nicht zugleich vom voll wirksam Tarifvertrag erfaßt werden, gilt der nachwirkende Tarifvertrag weiter: Es gilt das „Prinzip der Einzelablösung“, vgl. MünchArbR-*Löwisch/Rieble,* § 276 Rdnr. 10.

h) Potentielle Tarifkonkurrenz

In einigen Entscheidungen hat das BAG angenommen, daß eine Tarifkonkurrenz bereits dann entsteht, wenn der Arbeitgeber mehrfach tarifgebunden ist und die bloße Möglichkeit besteht, daß ein Arbeitnehmer im Betrieb beschäftigt wird, der einer der vertragschließenden Gewerkschaft angehört[118]. Die Anknüpfung an die Tarifbindung des Arbeitgebers gewährleiste eine vom Wechsel der Arbeitnehmer unabhängige betriebseinheitliche Anwendung eines Tarifvertrags[119]. Der alleinigen Anknüpfung an die Tarifbindung des Arbeitgebers kann nur für den Bereich der Kollektivnormen zugestimmt werden. Gem. § 3 Abs. 2 TVG reicht für die Geltung von Kollektivnormen die Tarifbindung des Arbeitgebers; schon die mehrfache Tarifgebundenheit des Arbeitgebers begründet eine Tarifkonkurrenz. Individualnormen beanspruchen gem. §§ 3 Abs. 1 und 4 Abs. 1 S. 1 TVG jedoch nur bei beiderseitiger Tarifbindung von Arbeitgeber und Arbeitnehmer Geltung in einem Arbeitsverhältnis. Die Tarifbindung des Arbeitgebers und die bloße Möglichkeit, daß ein tarifgebundener Arbeitnehmer im Betrieb beschäftigt ist, reicht nicht aus, um die Geltung der Individualnormen eines Tarifvertrags zu begründen[120]. Bei dieser Konstellation handelt es sich um eine nur potentielle Tarifkonkurrenz, bei der die für die Tarifkonkurrenz charakteristische Normenkollision im einzelnen Arbeitsverhältnis gerade nicht gegeben ist. Im Bereich der Individualnormen kann eine Tarifkonkurrenz nur bei mehrfacher Tarifgebundenheit beider Arbeitsvertragsparteien entstehen[121].

3. Ergebnis

Eine Tarifkonkurrenz liegt vor, wenn mehrere Tarifverträge Geltung für ein Arbeitsverhältnis beanspruchen. Das ist der Fall, wenn – bei Individualnormen – beide Arbeitsvertragsparteien mehrfach tarifgebunden sind bzw. – bei Kollektivnormen – der Arbeitgeber mehrfach tarifgebunden ist und sich die Geltungsbereiche der Tarifverträge in jeder Hinsicht überschneiden Dabei ist es nicht erforder-

---

[118] BAG vom 24.9.1975 – 4 AZR 471/74, AP Nr. 11 zu § 4 TVG Tarifkonkurrenz; BAG vom 29.11.1978 – 4 AZR 304/77, AP Nr. 12 zu § 4 TVG Tarifkonkurrenz; BAG vom 14.10.1987 – 4 AZR 342/87, AP Nr. 88 zu § 1 TVG Tarifverträge: Bau; BAG vom 14.6.1989 – 4 AZR 200/89, AP Nr. 16 zu § 4 TVG Tarifkonkurrenz.

[119] BAG vom 29.11.1978 – 4 AZR 304/77, AP Nr. 12 zu § 4 TVG Tarifkonkurrenz.

[120] *Wiedemann/Arnold,* ZTR 1994 S. 399 (406).

[121] *Jacobs,* S. 98; *Kempen/Zachert,* § 4 TVG Rdnr. 117; *Konzen,* Anm. zu BAG vom 24.9.1975 – 4 AZR 471/74, SAE 1977, S. 60 f.; *Stein,* TVR Rdnr. 268; *Witzig,* S. 70; so jetzt auch das BAG: BAG vom 5.9.1990 – 4 AZR 59/90, AP Nr. 19 zu § 4 TVG Tarifkonkurrenz, BAG vom 20.3.1991 – 4 AZR 455/90, AP Nr. 20 zu § 4 TVG Tarifkonkurrenz (B II 2 a der Gründe).

lich, daß die Regelungsgegenstände der Tarifverträge identisch sind. Kollidieren lediglich die schuldrechtlichen Teile mehrerer Tarifverträge resultiert daraus keine Tarifkonkurrenz. Treffen Tarifverträge derselben Tarifparteien aufeinander oder ergänzen sich die Tarifverträge verschiedener Tarifparteien planmäßig, entsteht ebenfalls keine Tarifkonkurrenz. Ebenso ist eine Tarifkonkurrenz ausgeschlossen, wenn einer der kollidierenden Tarifverträge eine Einschränkungsklausel enthält. Gleiches gilt, wenn einer der in Frage stehenden Tarifverträge lediglich arbeitsvertraglich in Bezug genommen wurde oder gem. § 613 a Abs. 1 S. 2 BGB Geltung beansprucht. Kein Fall der Tarifkonkurrenz ist das Zusammentreffen eines gem. §§ 3, 4 oder 5 Abs. 4 TVG geltenden Tarifvertrags mit einem gem. § 4 Abs. 5 TVG nachwirkenden Tarifvertrag. Schließlich handelt es sich auch dann lediglich um eine scheinbare Tarifkonkurrenz, wenn nur die bloße Möglichkeit besteht, daß im Betrieb des mehrfach tarifgebundenen Arbeitgebers ein mehrfach tarifgebundener Arbeitnehmer beschäftigt wird.

II. Tarifpluralität

Mit dem Begriff der Tarifpluralität wird die Tarifkollision im Betrieb bezeichnet. Sie entsteht, wenn mehrere Tarifverträge nebeneinander in einem Betrieb Geltung beanspruchen. Abzugrenzen ist die echte Tarifpluralität von den Fällen der scheinbaren Tarifpluralität.

1. Geltung mehrerer Tarifverträge in einem Betrieb

Die Tarifpluralität setzt nach der Rechtsprechung des 4. Senats des BAG voraus, daß der Betrieb des Arbeitgebers von den Geltungsbereichen zweier von verschiedenen Gewerkschaften abgeschlossenen Tarifverträgen erfaßt wird, an die der Arbeitgeber gebunden ist, während für den jeweiligen Arbeitnehmer je nach Tarifbindung nur einer der beiden Tarifverträge Anwendung findet[122]. Diese Definition bedarf zweier Klarstellungen: Es ist keine zwingende Voraussetzung der Tarifpluralität, daß die Arbeitnehmer jeweils nur an einen Tarifvertrag tarifgebunden sind; es kann vielmehr gleichzeitig ein Fall der Tarifkonkurrenz vorliegen, wenn ein Arbeitnehmer an beide konkurrierenden Tarifverträge tarifgebunden

[122] BAG vom 25.4.1987 – 4 AZR 361/87, AP Nr. 18 zu § 1 TVG Tarifverträge: Einzelhandel; BAG vom 5.9.1990 – 4 AZR 59/90, AP Nr. 19 zu § 4 TVG Tarifkonkurrenz; BAG vom 20.3.1991 – 4 AZR 455/90, AP Nr. 20 zu § 4 TVG Tarifkonkurrenz (B II 2 a der Gründe).

(z. B. durch Doppelmitgliedschaft) ist[123]. Ferner ist die Tarifpluralität nicht auf die Fälle beschränkt, in denen die konkurrierenden Tarifverträge von verschiedenen Gewerkschaften abgeschlossen wurden[124]. Tarifpluralität kann auch dann entstehen, wenn beide Tarifverträge von derselben Gewerkschaft abgeschlossen wurden und einer dieser Tarifverträge für allgemeinverbindlich erklärt worden ist[125]: Für die Arbeitsverhältnisse der Gewerkschaftsmitglieder beanspruchen beide Tarifverträge Geltung[126], für die bisher nicht tarifgebundenen Arbeitnehmer gilt der allgemeinverbindliche Tarifvertrag.

In zwei neueren Entscheidungen hat der 4. Senat des BAG entschieden, daß es sich um keinen Fall der Tarifpluralität handelt, wenn ein gem. § 4 Abs. 5 TVG nachwirkender Tarifvertrag mit einem vollwirksamen Tarifvertrag zusammentrifft[127]. Allerdings ist der Grund, mit dem eine Tarifkonkurrenz im Zusammenhang mit einem gem. § 4 Abs. 5 TVG geltenden Tarifvertrag abgelehnt wurde[128], nicht auf die Tarifpluralität übertragbar: Anders als bei der Tarifkonkurrenz wird bei der Tarifpluralität die Nachwirkung nicht ausgeschlossen. Aus Sinn und Zweck des § 4 Abs. 5 TVG – der Vermeidung tarifloser Zustände – folgt, daß nur eine auf das einzelne Arbeitsverhältnis anwendbare Vereinbarung die Nachwirkung ausschließen kann[129]. Die Nachwirkung wird also nicht schon deswegen ausgeschaltet, weil überhaupt ein neuer Tarifvertrag in Kraft tritt[130]. Daher kommt es zu einem Nebeneinander mehrerer Tarifverträge im Betrieb, mit der Besonderheit, daß nur einer zwingend wirkt. Das ändert aber nichts daran, daß zwei gleichrangige Regelungen konkurrieren. Will man sich nicht in erhebliche Wertungswidersprüche verstricken, muß man – und zwar unabhängig davon, ob die Tarifpluralität im Sinne einer Tarifeinheit im Betrieb aufzulösen ist[131] – den Fall, daß ein gem. § 4 Abs. 5 TVG geltender Tarifvertrag mit einem vollwirksamen Tarifvertrag in einem Betrieb kollidiert ebenso behandeln wie den Fall, daß zwei voll-

---

[123] So auch BAG vom 26.1.1994 – 10 AZR 611/92, AP Nr. 22 zu § 4 TVG Tarifkonkurrenz (II 4 b der Gründe); *Schliemann,* NZA 2000, Sonderbeil. 24, S. 24 (26).

[124] *Wiedemann/Arnold,* ZTR 1994, S. 443.

[125] *Wiedemann/Arnold,* ZTR 1994, S. 443.

[126] In den Arbeitsverhältnissen der gewerkschaftsangehörigen Arbeitnehmer entsteht daher Tarifkonkurrenz.

[127] BAG vom 28.5.1997 – 4 AZR 546/95, AP Nr. 26 zu § 4 TVG Nachwirkung (2 c der Gründe); BAG vom 28.5.1997 – 4 AZR 545/95, AP Nr. 27 zu § 4 TVG Nachwirkung (2 c der Gründe).

[128] Vgl. § 3 I 2 g.

[129] Vgl. BAG vom 14.2.1991 – 8 AZR 166/90, AP Nr. 10 zu § 3 TVG; BAG vom 27.11.1991 – 4 AZR 211/91, AP Nr. 22 zu § 4 TVG Nachwirkung (A I 3 b der Gründe); BAG vom 18.3.1992 – 4 AZR 339/91, AP Nr. 13 zu § 3 TVG; LAG Brandenburg vom 17.3.1995 – 5 Sa 671/94, LAGE Nr. 3 zu § 4 TVG Nachwirkung (2 der Gründe).

[130] BAG vom 19.1.1962 – 1 AZR 147/61, AP Nr. 11 zu § 5 TVG (IV 2 der Gründe); BAG vom 28.5.1997 – 4 AZR 546/97, AP Nr. 26 zu § 4 TVG Nachwirkung (2 b aa der Gründe).

[131] Siehe dazu unten Teil 2.

wirksame Tarifverträge aufeinander treffen[132]. Aus diesem Grund ist das Zusammentreffen eines vollwirksamen Tarifvertrags mit einem gem. § 4 Abs. 5 TVG nachwirkenden Tarifvertrag als Fall der Tarifpluralität einzuordnen.

Hinsichtlich der übrigen Anforderungen an die Tarifgeltung und des Überschneidens der Geltungsbereiche kann entsprechend auf die oben gemachten Ausführungen zur Tarifkonkurrenz verwiesen werden[133]: Ein Tarifvertrag beansprucht nur dann Geltung im Betrieb, wenn der Arbeitgeber und mindestens ein Arbeitnehmer – sei es gem. § 3 Abs. 1 TVG, sei es gem. § 5 Abs. 4 TVG – an den Tarifvertrag gebunden sind. Weiterhin ist erforderlich, daß der Betrieb von den Geltungsbereichen der Tarifverträge erfaßt wird und sich die Geltungsbereiche der konkurrierenden Tarifverträge in jeder Hinsicht überschneiden. Die Situation bei der Tarifpluralität zeichnet sich dadurch aus, daß auf jedes Arbeitsverhältnis nur die Individualnormen[134] eines Tarifvertrags anwendbar sind und innerhalb eines Betriebs mehrere Tarifverträge nebeneinander Geltung für verschiedene Arbeitsverhältnisse beanspruchen: Der entscheidende Unterschied zur Tarifkonkurrenz liegt darin, daß es bei der Tarifpluralität gerade nicht zur Normenkollision im einzelnen Arbeitsverhältnis kommt.

2. Abgrenzung zur scheinbaren Tarifpluralität

Hinsichtlich der Frage, wann eine echte Tarifpluralität und wann eine nur scheinbare Tarifpluralität vorliegt, kann zum großen Teil auf die zur Tarifkonkurrenz gemachten Ausführungen Bezug genommen werden[135]. Hier sind daher nur noch knappe Anmerkungen angezeigt: Die Kollision schuldrechtlicher Regelungen mehrerer Tarifverträge führt mangels Normwirkung nicht zur Tarifpluralität.
Ebenso wie eine Normenkollision im einzelnen Arbeitsverhältnis ausscheidet, wenn die in Frage stehenden Tarifverträge von denselben Tarifvertragsparteien geschlossen wurden, kommt es in einem solchen Fall nicht zur Kollision unterschiedlicher Tarifverträge im Betrieb. Gleiches gilt, wenn es sich um abgestimmte Tarifverträge mehrerer Tarifvertragsparteien handelt. Enthält einer der in Frage stehenden Tarifverträge eine Einschränkungsklausel für den Fall, daß ein Betrieb

---

[132] *Jacobs,* S. 100 f.; *Kania,* Anm. zu BAG vom 28.5.1997 – 4 AZR 546/95, AP Nr. 26 zu § 4 TVG Nachwirkung (unter 1). Zu der Tatsache, daß sich das BAG mit seiner Auffassung in Widerspruch zu seiner sonstigen Rechtsprechung zum Grundsatz der Tarifeinheit im Betrieb setzt, vgl. unten § 8.

[133] Vgl. oben § 3 I 1.

[134] Wie bereits oben erörtert, kommt es bei einer Kollision von Kollektivnormen nie zur Tarifpluralität, sondern stets zur Tarifkonkurrenz. Vgl. § 3 I 1 a (1).

[135] Vgl. § 3 I 2.

bereits von einem anderen Tarifvertrag erfaßt wird, scheidet eine Tarifpluralität aus, weil nur ein Tarifvertrag im Betrieb Geltung beansprucht. Entgegen der Rechtsprechung des 4. Senats des BAG handelt es sich auch um keinen Fall der Tarifpluralität, wenn im Betrieb ein kraft Tarifbindung (§ 3 Abs. 1 und § 5 Abs. 4 TVG) geltender Tarifvertrag mit einem kraft arbeitsvertraglicher Bezugnahme geltenden Tarifvertrag zusammentrifft[136]: In diesem Fall kommt es nicht zu einem Nebeneinander zweier Tarifregelungen, es tritt vielmehr eine Individualvereinbarung neben einen Tarifvertrag[137]. Überdies würde die Verdrängung eines arbeitsvertraglich in Bezug genommenen Tarifvertrags die gem. Art. 2 Abs. 1 GG geschützte Vertragsfreiheit und das Günstigkeitsprinzip des § 4 Abs. 3 TVG mißachten[138]. Auch im Zusammenhang mit § 613 a Abs. 1 BGB kann es zu keiner echten Tarifpluralität kommen, da der in den Arbeitsvertrag transformierte Tarifvertrag gem. § 613 a Abs. 1 S. 2 TVG nicht normativ wirkt. Die Rechtsprechung bejaht eine Tarifpluralität zum Teil schon dann, wenn der Arbeitgeber an mehrere Tarifverträge gebunden ist und die Möglichkeit besteht, daß im Betrieb ein Mitglied einer vertragschließenden Gewerkschaft beschäftigt ist oder beschäftigt werden könnte[139]. Die bloße Möglichkeit der Tarifbindung führt aber nicht zur Tarifgeltung nach § 4 Abs. 1 TVG, die potentielle Tarifpluralität führt nicht zu einem Nebeneinander mehrerer Tarifverträge im Betrieb und ist daher kein Fall echter Tarifpluralität[140].

---

[136] Anders aber BAG vom 20.3.1991 – 4 AZR 455/90, AP Nr. 20 zu § 4 TVG Tarifkonkurrenz (B II 4 der Gründe); BAG vom 28.5.1997 – 4 AZR 545/95, AP Nr. 27 zu § 4 TVG Nachwirkung (2 c der Gründe).

[137] BAG vom 22.9.1993 – 10 AZR 207/92, AP Nr. 21 zu § 4 TVG Tarifkonkurrenz (II 4 der Gründe); *Wank*, Anm. zu BAG vom 26.1.1994 – 10 AZR 611/92, EzA Nr. 9 zu § 4 TVG Tarifkonkurrenz (unter 3 d).

[138] *Bruhn*, S. 181; *Dörner*, HzA Rdnr. 262; *Fenn*, FS Kissel, S. 213 (233 f.).

[139] BAG vom 14.6.1989 – 4 AZR 200/89, AP Nr. 16 zu § 4 TVG Tarifkonkurrenz; BAG vom 24.1.1990 – 4 AZR 561/89, AP Nr. 126 zu § 1 TVG Tarifverträge: Bau; BAG vom 26.1.1994 – 10 AZR 611/92, AP Nr. 22 zu § 4 TVG Tarifkonkurrenz (II 4 b der Gründe).

[140] *Jacobs*, S. 100.

3. Ergebnis

Eine Tarifpluralität entsteht, wenn zwei Tarifverträge nebeneinander in einem Betrieb Geltung beanspruchen. Das ist der Fall, wenn der Arbeitgeber an beide Tarifverträge und mindestens je ein Arbeitnehmer an einen der konkurrierenden Tarifverträge gebunden ist. Zur Tarifpluralität kommt es außerdem, wenn ein gem. § 4 Abs. 5 TVG nachwirkender Tarifvertrag neben einem vollwirksamen Tarifvertrag Geltung im Betrieb beansprucht. In allen anderen Fällen handelt es sich um eine bloß scheinbare Tarifpluralität.

§ 4. ARTEN UND FALLGRUPPEN DER TARIFKOLLISION

Der Begriff der Tarifkollision umfaßt die beiden großen Bereiche Tarifkonkurrenz, welche die Normenkollision im einzelnen Arbeitsverhältnis betrifft, und Tarifpluralität, die das Zusammentreffen mehrerer Tarifverträge im Betrieb zum Gegenstand hat.

I. Tarifkonkurrenz

Tarifkonkurrenzen können zum einen nach ihrem Entstehungsgrund und zum anderen nach ihrer Reichweite unterschieden werden.

1. Entstehungsgrund

Nach dem Entstehungsgrund der Tarifkonkurrenz ist zwischen tarifautonom ausgelöster und staatlich veranlaßter Tarifkonkurrenz zu unterscheiden.

a) Tarifautonom ausgelöste Tarifkonkurrenz

Von einer tarifautonom ausgelösten Tarifkonkurrenz spricht man, wenn mehrere mitgliedschaftlich legitimierte Tarifverträge verschiedener Tarifvertragsparteien aufeinandertreffen und beide Arbeitsvertragsparteien an die konkurrierenden Tarifverträge tarifgebunden sind. Die tarifautonome Tarifkonkurrenz kann in den folgenden Fallgruppen auftreten.

(1) Konkurrenz zwischen Firmen- und Verbandstarif

Die Konkurrenz eines Firmentarifs mit einem Verbandstarif kann unter Beteiligung einer oder zweier Gewerkschaften auftreten. Im erst genannten Fall kommt es zur Tarifkonkurrenz, wenn die Gewerkschaft, deren Mitglied der Arbeitnehmer ist, sowohl mit dem Arbeitgeber als auch mit dem Verband des Arbeitgebers jeweils einen Tarifvertrag abgeschlossen hat. Ferner entsteht eine Tarifkonkurrenz, wenn der Arbeitgeber mit einer Gewerkschaft einen Firmentarif vereinbart hat, eine andere Gewerkschaft mit dem Verband des Arbeitgebers einen Verbandstarif abgeschlossen hat und der Arbeitnehmer Mitglied in beiden beteiligten Gewerkschaften ist (Doppelmitgliedschaft des Arbeitnehmers).

(2) Konkurrenz verschiedener Verbandstarife

Eine Tarifkonkurrenz zwischen verschiedenen Verbandstarifen kann in drei Varianten auftreten. Sie entsteht erstens bei einer Doppelmitgliedschaft des Arbeitnehmers, wenn der Verband des Arbeitgebers zwei Tarifverträge mit beiden Gewerkschaften abgeschlossen hat. Zweitens kommt es zur Tarifkonkurrenz, wenn eine Doppelmitgliedschaft des Arbeitgebers besteht und beide Arbeitgeberverbände Tarifverträge mit der Gewerkschaft, dessen Mitglied der Arbeitnehmer ist, abgeschlossen haben. Schließlich kommt es zur Tarifkonkurrenz, wenn zwei verschiedene Arbeitgeberverbände mit zwei verschiedenen Gewerkschaften Tarifverträge abgeschlossen haben und eine beiderseitige Doppelmitgliedschaft der Arbeitsvertragsparteien besteht.

(3) Durch Verbandswechsel hervorgerufene Tarifkonkurrenz

Nicht ganz so offenkundig ist die Einordnung der durch einen Verbandswechsel hervorgerufenen Tarifkonkurrenz als Fallgruppe der tarifautonomen Tarifkonkurrenz. Dieser Fall der Tarifkonkurrenz entsteht, wenn eine der Arbeitsvertragsparteien ihre Koalition verläßt und einem neuen Verband beitritt, dessen Tarifvertrag gem. § 3 Abs. 1 TVG Geltung beansprucht. Die Tarifkonkurrenz ist jedenfalls solange tarifautonom ausgelöst, als der Arbeitgeber oder der Arbeitnehmer – etwa während der Kündigungsfrist – Mitglied in beiden Verbänden ist (Doppelmitgliedschaft).

Fraglich ist aber, ob die anschließende verlängerte Tarifgebundenheit nach § 3 Abs. 3 TVG[141] als Fall staatlich veranlaßter Tarifkonkurrenz zu qualifizieren ist[142]. Dafür spricht nur auf den ersten Blick, daß durch § 3 Abs. 3 TVG die Tarifgebundenheit gesetzlich verlängert wird. Denn auch im Fall der mitgliedschaftlich legitimierten Tarifgebundenheit nach § 3 Abs. 1 TVG führt die Verbandsmitgliedschaft nicht unmittelbar zur Tarifgebundenheit, sondern ist nur Voraussetzung für

[141] Daß § 3 Abs. 3 TVG nicht nur beim Verbandsaustritt, sondern auch beim Verbandswechsel gilt, entspricht allgemeiner Ansicht; vgl. BAG vom 26.10.1983 – 4 AZR 219/81, AP Nr. 3 zu § 3 TVG (I der Gründe); BAG vom 14.6.1994 – 9 AZR 89/93, AP Nr. 2 zu § 3 TVG Verbandsaustritt (III 1 c der Gründe); *Bieback,* DB 1989, S. 477 f.; *Blank,* S. 76; *Bruhn,* S. 220; *Brunssen,* S. 93 ff.; *Däubler,* NZA 1996, S. 225 (230); *Feger,* AiB 1995, S. 490 (499); *B. Gaul,* NZA 1998, S. 9 (11); *Gerhards,* BB 1995, S. 1290; *Jacobs,* S. 159; *Kempen/Zachert,* § 3 TVG Rdnr. 36; *Konzen,* ZfA 1975, S. 401 (426); *Oetker,* in: Wiedemann, § 3 TVG Rdnr. 79.

[142] Bejahend *Bruhn,* S. 198; *Löwisch/Rieble,* § 4 TVG Rdnrn. 281, 301; anders jetzt wohl MünchArbR-*Löwisch/Rieble,* § 276 Rdnr. 3.

die ebenfalls kraft Gesetzes eintretende Tarifgebundenheit[143]. Entscheidend ist vielmehr, daß § 3 Abs. 3 TVG eine durch Mitgliedschaft begründete Tarifbindung verlängert. Mit der Anordnung, daß der Austritt aus einem Verband die Tarifbindung an einen bereits bestehenden Tarifvertrag nicht beseitigt, ist § 3 Abs. 3 TVG zugleich die Aussage zu entnehmen, daß die Mitgliedschaft alle Verträge legitimiert, die im Zeitpunkt des Bestehens der Mitgliedschaft geschlossen wurden[144]. Da § 3 Abs. 3 TVG eine freiwillig begründete Tarifbindung verlängert, handelt es sich bei der Tarifkonkurrenz unter Beteiligung eines gem. § 3 Abs. 3 TVG geltenden Tarifvertrags um einen Fall der tarifautonom ausgelösten Tarifkonkurrenz[145].

b) Staatlich veranlaßte Tarifkonkurrenz

Staatlich veranlaßt ist eine Tarifkonkurrenz, wenn mindestens einer der konkurrierenden Tarifverträge kraft staatlicher Anordnung Geltung beansprucht.
Hauptfall ist die Allgemeinverbindlichkeit (§ 5 TVG), welche die Tarifbindung auf die bisher nicht tarifgebundenen Arbeitgeber und Arbeitnehmer erstreckt[146]. Im Zusammenhang mit einer Allgemeinverbindlicherklärung kann es daher zur Tarifkonkurrenz kommen, wenn ein allgemeinverbindlich erklärter Tarifvertrag mit einem mitgliedschaftlich – gem. § 3 Abs. 1 oder § 3 Abs. 3 TVG – legitimierten Tarifvertrag zusammentrifft oder wenn mehrere allgemeinverbindliche Tarifverträge in Konkurrenz zueinander geraten. Ein weiterer Fall staatlich veranlaßter Tarifkonkurrenz kann im Baugewerbe durch Erlaß einer Rechtsverordnung nach § 1 Abs. 3 a AEntG entstehen. Ebenso wie die Allgemeinverbindlicherklärung erstreckt die vom Bundesministerium für Arbeit und Sozialordnung zu erlassende Rechtsverordnung die Tarifnormwirkung auf Außenseiter[147].

2. Reichweite

Nach der Reichweite der Tarifkonkurrenz kann man zwischen einer auf das einzelne Arbeitsverhältnis bezogenen Tarifkonkurrenz und einer betriebsweiten Tarifkonkurrenz unterscheiden.

---

[143] *Waas,* Tarifkonkurrenz, S. 82.
[144] *Waas,* Tarifkonkurrenz, S. 82.
[145] *Jacobs,* S. 279; *Kempen/Zachert,* § 4 TVG Rdnr. 133; *Schaub,* BB 1995, S. 2003 (2005); *Waas,* Tarifkonkurrenz, S. 82 f.
[146] *Hueck/Nipperdey,* Bd. II 1, § 34 II 3; *Wank,* in: Wiedemann, § 5 TVG Rdnr. 127.
[147] MünchArbR-*Löwisch/Rieble,* § 268 Rdnr. 110, § 276 Rdnr. 7.

a) Tarifkonkurrenz im Arbeitsverhältnis

Die Tarifkonkurrenz ist auf das einzelne Arbeitsverhältnis bezogen, wenn es sich bei den konkurrierenden tariflichen Normen um Individualnormen, d. h. Inhalts-, Abschluß- oder Beendigungsnormen, handelt. Gem. §§ 3 Abs.1, 4 Abs. 1 S. 1 TVG beanspruchen die Individualnormen Geltung zwischen den beiderseits Tarifgebundenen. Die Tarifkonkurrenz entsteht nur in den Arbeitsverhältnissen, in denen sowohl der Arbeitgeber als auch der Arbeitnehmer mehrfach tarifgebunden sind.

b) Betriebsweite Tarifkonkurrenz

Eine betriebsweite Tarifkonkurrenz entsteht zum einen, wenn die Kollektivnormen mehrerer Tarifverträge miteinander konkurrieren. Zum anderen tritt eine betriebsweite Tarifkonkurrenz bei der Konkurrenz mehrerer allgemeinverbindlicher Tarifverträge auf.

(1) Konkurrenz von Kollektivnormen

Gem. § 3 Abs. 2 TVG gelten Kollektivnormen für alle Betriebe, deren Arbeitgeber tarifgebunden ist; auf die Tarifbindung der Arbeitnehmer kommt es nicht an[148]. Fraglich ist, welche Rechtswirkungen damit genau verbunden sind. Weit verbreitet ist die Ansicht, daß die Kollektivnormen eines Tarifvertrags ein sogenanntes „betriebliches Rechtsverhältnis" gestalten[149]. Wäre darunter ein von den einzelnen Arbeitsverhältnissen zu trennendes betriebliches Rechtsverhältnis zwischen dem Arbeitgeber und der Belegschaft zu verstehen, hätte dies zur Konsequenz, daß die Kollektivnormen die einzelnen Arbeitsverhältnisse unberührt ließen und es beim Zusammentreffen mehrerer jeweils Kollektivnormen enthal-

---

[148] Vgl. oben § 3 I 1 a (1).

[149] BAG vom 17.6.1997 – 1 ABR 3/97, AP Nr. 2 zu § 3 TVG Betriebsnormen (B 1 a der Gründe); *Buchner,* RdA 1966, S. 208 ff.; *Dieterich,* S. 87 ff.; ErfKomm-*Schaub,* § 1 TVG Rdnr. 111; *A. Hueck,* BB 1949, S. 530 (532); *Lieb,* Rdnrn. 536 ff.; *Löwisch/Rieble,* § 1 TVG Rdnr. 77; *Memminger,* S. 88 ff.; MünchArbR-*Löwisch/Rieble,* § 261 Rdnr. 8, § 270 Rdnr. 13; *Hueck/Nipperdey*, Bd. II 1, § 15 IV 1, V; *Richardi,* Kollektivgewalt, S. 229 ff. (236); *Scholz,* Anm. zu BAG vom 21.1.1987 – 4 AZR 486/86 und 547/86, AP Nr. 46, 47 zu Art. 9 GG (unter 2); *Schulz,* S. 110 ff.; *Söllner,* S. 139; *Waas* Tarifkonkurrenz, S. 109.

tender Tarifverträge nicht zu einer Normenkollision in den einzelnen Arbeitsverhältnissen käme[150].

Gegen die Existenz eines von den Einzelarbeitsverhältnissen unabhängigen betrieblichen Rechtsverhältnisses spricht vor allem, daß die Belegschaft als solche nicht rechtsfähig ist[151] und demzufolge nicht Partei eines Rechtsverhältnisses sein kann[152]. Folgt man der herrschenden Meinung, daß Träger der Mitbestimmungsrechte der Betriebsverfassung die einzelnen Arbeitnehmer sind, sie die Mitbestimmungsrechte aber nur in Gemeinschaft ausüben können[153], treffen die tarifvertraglichen Kollektivnormen auch jeden einzelnen Arbeitnehmer in seinen rechtlichen Beziehungen zum Arbeitgeber[154]: Das betriebliche Rechtsverhältnis ist danach nichts anderes als ein Solidarverhältnis; es ist Bestandteil des Arbeitsverhältnisses[155]. Daß sich die rechtlichen Wirkungen der Kollektivnormen nicht auf das abstrakte Gebilde der Belegschaft beschränken, ist bei den Ordnungsnormen offenkundig: Sie verpflichten die Arbeitnehmer zu einem bestimmten Verhalten (z. B. sich der Torkontrolle zu unterziehen) und müssen daher zwangsläufig die Individualarbeitsverhältnisse selbst gestalten[156]. Selbst im Zusammenhang mit betriebsverfassungsrechtlichen Normen zeigt sich, daß das betriebliche Rechtsverhältnis nicht gänzlich vom Individualarbeitsverhältnis getrennt ist: Verletzt der Arbeitgeber tariflich geschaffene Mitwirkungsrechte, führt das nach überwiegender Auffassung zur Unwirksamkeit der individuellen Maßnahme[157].

Ein von den Einzelarbeitsverhältnissen unabhängiges betriebliches Rechtsverhältnis ist nicht anzuerkennen. Die Gestaltungswirkungen der Kollektivnormen sind

---

[150] Zu untersuchen wäre dann, ob es zur Tarifkonkurrenz kommt, weil mehrere Tarifverträge für dasselbe Rechtsverhältnis Geltung beanspruchen und ob maßgebliche Kollisionsregel der Grundsatz der Tarifeinheit im Arbeitsverhältnis oder der Grundsatz der Tarifeinheit im Betrieb ist.

[151] *Ganter,* S. 20 ff.; *Gramm,* AR-Blattei, Betriebsverfassung VII, A IV 1; *Hess/Schlochauer/Glaubitz,* vor § 1 BetrVG Rdnr. 28; *Koloczeck,* S. 5; *Kraft,* GK-BetrVG, § 1 BetrVG Rdnr. 42; MünchArbR-*v. Hoyningen-Huene,* § 299 Rdnr. 27; *Nikisch,* § 91 I 5; *Richardi,* Einl. BetrVG Rdnrn. 86, 92; *Schwarze,* S. 137; *Thiele,* GK-BetrVG (4. Auflage), Einl. Rdnr. 70; *Wiedemann,* in: Wiedemann, § 1 TVG Rdnr. 568; *ders.,* Anm. zu BAG vom 17.6.1997 – 1 ABR 3/97, AP Nr. 2 zu § 3 TVG Betriebsnormen (unter 2)

[152] Vgl. *Feichtinger,* S. 51 ff.; *Richardi,* Kollektivgewalt, S. 231 ff.; *Wiedemann,* in: Wiedemann, § 1 TVG Rdnr. 568; *ders.,* Anm. zu BAG vom 17.6.1997 – 1 ABR 3/97, AP Nr. 2 zu § 3 TVG Betriebsnormen (unter 2).

[153] Vgl. *Belling,* S. 109 ff.; *Hueck/Nipperdey,* Bd. II 2, § 52 I 3; *Jacobi,* S. 296; *Konzen,* ZfA 1985, S. 469 (485); *Richardi,* Kollektivgewalt, S. 234; *Schwarze,* S. 137; *Weitnauer,* FS Duden, S. 705 (709 f.); *Wiese,* GK-BetrVG, Einl. Rdnr. 86.

[154] *Richardi,* Kollektivgewalt, S. 234; *Schwarze,* S. 137.

[155] Vgl. *Richardi,* Kollektivgewalt, S. 234.

[156] *Dieterich,* S. 88; *Wlotzke,* S. 30.

[157] Vgl. *Dieterich,* S. 92 f.; *Schwarze,* S. 136.

nicht auf rein betriebliche Rechtsbeziehungen beschränkt; Kollektivnormen entfalten Wirkung für alle Arbeitsverhältnisse eines Betriebs[158]. Kollidieren mehrere Kollektivnormen enthaltende Tarifverträge, kommt es daher betriebsweit zu Normenkollisionen in den einzelnen Arbeitsverhältnissen[159].

(2) Konkurrenz allgemeinverbindlicher Tarifverträge

Gemäß § 5 Abs. 4 TVG wird durch die Allgemeinverbindlicherklärung die Tarifbindung auf die bisher nicht tarifgebundenen Arbeitgeber und Arbeitnehmer erstreckt[160]. Das hat zur Folge, daß innerhalb eines von der Allgemeinverbindlicherklärung erfaßten Betriebs die allgemeinverbindlichen Tarifnormen für alle Arbeitsverhältnisse Geltung beanspruchen. Konkurrieren zwei allgemeinverbindliche Tarifverträge, kommt es demnach zu einer betriebsweiten Tarifkonkurrenz[161]. Anders als bei der Konkurrenz von Kollektivnormen können im Fall einer Konkurrenz mehrerer allgemeinverbindlicher Tarifverträge auch Individualnormen betriebsweit konkurrieren[162].

Die betriebsweite Tarifkonkurrenz – also die Konkurrenz mehrerer Kollektivnormen enthaltender Tarifverträge und die Konkurrenz mehrerer allgemeinverbindlicher Tarifverträge – ist nicht mit der Tarifpluralität zu verwechseln: Die betriebsweite Tarifkonkurrenz hat zwar mit der Tarifpluralität die Betriebsbezogenheit gemeinsam; entscheidend ist aber, daß es bei der betriebsweiten Tarifkonkurrenz zu der für die Tarifkonkurrenz charakteristischen Normenkollision im einzelnen Arbeitsverhältnis kommt, an der es bei der Tarifpluralität gerade fehlt[163].

---

158 *Kempen/Zachert,* § 3 TVG Rdnr. 12; *Koberski/Clasen/Menzel,* § 3 TVG Rdnr. 69; *Lieb,* RdA 1967, S. 445 f.; *Stein,* TVR Rdnr. 161; *Wiedemann,* in: Wiedemann, § 1 TVG Rdnr. 586.

159 Im Ergebnis ebenso *Jacobs,* S. 248 f.; *Witzig,* S. 16, 56.

160 Vgl. oben § 3 I 1a (2); *Hueck/Nipperdey,* Bd. II 1, § 34 II 3; *Wank,* in: Wiedemann, § 5 TVG Rdnr. 127.

161 Kollidiert ein allgemeinverbindlicher Tarifvertrag mit einem mitgliedschaftlich legitimierten Tarifvertrag, entsteht eine Tarifkonkurrenz nur in den Arbeitsverhältnissen, in denen beide Arbeitsvertragsparteien auch an den mitgliedschaftlich legitimierten Tarifvertrag tarifgebunden sind.

162 *Jacobs,* S. 287.

163 Vgl. *Säcker/Oetker,* ZfA 1993, S. 1 (5).

II. Tarifpluralität

Ebenso wie bei der Tarifkonkurrenz kann man bei der Tarifpluralität nach dem Entstehungsgrund der Kollision zwischen tarifautonom ausgelöster und staatlich veranlaßter Tarifpluralität differenzieren. Eine Differenzierung nach der Reichweite scheidet freilich aus, da die Tarifpluralität nie auf ein einzelnes Arbeitsverhältnis, sondern stets auf den ganzen Betrieb bezogen ist.

1. Tarifautonom ausgelöste Tarifpluralität

Alle als Fallgruppen der tarifautonomen Tarifkonkurrenz erörterten Konstellationen[164] können auch als Tarifpluralität auftreten, soweit nur der Arbeitgeber mehrfach tarifgebunden ist und an jeden der in Frage stehenden Tarifverträge je mindestens ein Arbeitnehmer tarifgebunden ist. Tarifpluralität entsteht vor allem in Grenzbereichen von Industriezweigen, wenn mehrere organisationsmäßig zuständige Gewerkschaften den Abschluß von Tarifverträgen mit dem Arbeitgeber und/oder seinem Verband erreichen und an jeden der Tarifverträge mindestens ein Arbeitnehmer im Betrieb tarifgebunden ist. Aus einer Doppelmitgliedschaft des Arbeitgebers resultiert eine Tarifpluralität, wenn beide Verbände mit verschiedenen Gewerkschaften Tarifverträge vereinbart haben und im Betrieb Mitglieder beider Gewerkschaften beschäftigt sind. Auch im Zusammenhang mit einem Verbandswechsel kann es zur Tarifpluralität kommen: Wechselt beispielsweise der Arbeitgeber den Arbeitgeberverband, ist er gem. § 3 Abs. 3 TVG an den Tarifvertrag des bisherigen Verbands und gem. § 3 Abs. 1 TVG an den Tarifvertrag des neuen Verbands gebunden; sind beide Tarifverträge von unterschiedlichen Gewerkschaften abgeschlossen und ist an jeden dieser Tarifverträge mindestens ein Arbeitnehmer im Betrieb tarifgebunden, entsteht Tarifpluralität.

2. Staatlich veranlaßte Tarifpluralität

Am häufigsten entsteht eine Tarifpluralität durch ein Nebeneinander eines tarifautonom geltenden und eines allgemeinverbindlichen Tarifvertrags: Dieser Fall der Tarifpluralität tritt ein, wenn mindestens ein Arbeitnehmer Mitglied der Gewerkschaft ist, die den tarifautonom geltenden Tarifvertrag abgeschlossen hat und der Betrieb vom Geltungsbereich des für allgemeinverbindlich erklärten Tarifvertrags erfaßt wird, die nicht tarifgebundenen Arbeitnehmer also dem Schutz des

---

[164] Vgl. oben § 4 I 1 a.

allgemeinverbindlichen Tarifvertrags unterstehen. Konkurrieren mehrere allgemeinverbindliche Tarifverträge, entsteht keine Tarifpluralität, sondern eine Tarifkonkurrenz, da die konkurrierenden Tarifverträge nicht für unterschiedliche Arbeitsverhältnisse in einem Betrieb, sondern betriebsweit für jedes einzelne Arbeitsverhältnis Geltung beanspruchen. Als staatlich veranlaßte Tarifpluralität ist wiederum der Fall einzuordnen, daß in einem Betrieb neben einem Tarifvertrag eine Rechtsverordnung gem. § 1 Abs. 3 a AEntG Geltung beansprucht.

§ 5. VERMEIDUNG VON TARIFKOLLISIONEN

Es ist zweckmäßig und sinnvoll, wenn für ein Arbeitsverhältnis, aber auch für einen Betrieb, von vornherein nur ein Tarifvertrag Geltung beansprucht. Zu untersuchen ist daher, ob und wie Tarifkonkurrenzen und Tarifpluralitäten verhindert werden können.

I. Einschränkungen des Geltungsbereichs

Tarifverträge enthalten des öfteren Klauseln, in denen festgelegt wird, daß der Tarifvertrag für den Fall der Kollision mit einem anderen Tarifvertrag zurücktreten soll. Es handelt sich bei solchen Klauseln um Einschränkungen des Geltungsbereichs des Tarifvertrags, die als Vorbehalts- oder Einschränkungsklauseln bezeichnet werden[165]. Die Zulässigkeit solcher Klauseln wird unterschiedlich beurteilt. Das BAG hält Einschränkungsklauseln für zulässig, sofern ein sachlicher Grund für die Einschränkung des Geltungsbereichs besteht[166]. Andere halten sie für unzulässig, da die Tarifvertragsparteien nicht auf ihre Rechtsetzungsmacht verzichten könnten[167]. Andere wiederum halten Einschränkungsklauseln allein dann für zulässig, wenn der Geltungsanspruch nur für Tarifverträge derselben Gewerkschaft zurückgenommen wird[168]. In Übereinstimmung mit der ganz herrschenden Meinung sind Einschränkungsklauseln als zulässig zu betrachten. Die Tarifvertragsparteien können den Geltungsbereich des Tarifvertrags im Rahmen ihrer durch die Satzung fixierten Tarifzuständigkeit autonom festlegen und deshalb auch für den Kollisionsfall einschränken[169]. Da die Tarifnormen ihre Entstehung dem Willen der Tarifvertragsparteien verdanken, können die Tarifvertragsparteien die Wirkung der vereinbarten Normen beschränken und im Rahmen ihrer Zuständigkeit den Umfang des Geltungsbereichs festlegen. Aus diesem Grund können die Tarifvertragsparteien auch die Geltung ihres Tarifvertrags für bestimmte Fälle ausschließen und das Zurücktreten der vereinbarten Tarifnormen

---

[165] Vgl. oben § 3 I 2 d.

[166] BAG vom 26.10.1983 – 4 AZR 219/81, AP Nr. 3 zu § 3 TVG; BAG vom 14.10.1987 – 4 AZR 342/87, AP Nr. 88 zu § 1 TVG Tarifverträge: Bau; BAG vom 20.3.1991 – 4 AZR 455/90, AP Nr. 20 zu § 4 TVG Tarifkonkurrenz (B II 1 a der Gründe).

[167] *Waas,* ZTR 2000, S. 341 (344).

[168] *Rieble,* Rdnr. 1842.

[169] *Hromadka/Maschmann/Wallner,* Rdnr. 134; *Brox/Rüthers*, Arbeitsrecht, Rdnr. 294; *Däubler*, TVR Rdnr. 1488; *Hueck/Nipperdey*, Bd. II 1, § 33 III 2; *Konzen,* RdA 1978, S. 146 (150); *Löwisch/Rieble*, § 4 TVG Rdnr. 309; *Schaub*, § 203 Rdnr. 56; *Stein,* TVR Rdnr. 274; *Wank,* in: Wiedemann, § 4 TVG Rdnr. 280.

hinter einen anderen Tarifvertrag anordnen[170]. Um tariflose Zustände zu vermeiden, bedürfen solche Selbstbeschränkungsklauseln zwar eines sachlichen Grundes, als ein solcher ist aber das Ziel, Tarifkollisionen zu vermeiden, anzuerkennen[171]. Enthalten beide konkurrierenden Tarifverträge eine Einschränkungsklausel, heben sich die Einschränkungsklauseln gegenseitig auf und es entsteht eine auflösungsbedürftige Tarifkonkurrenz[172].

Sinnvoll sind Einschränkungsklauseln beispielsweise in Tarifverträgen mit großer regionaler Erstreckung gegenüber Firmentarifen oder Tarifverträgen in kleineren Tarifbezirken, die durch besondere wirtschaftliche Bedingungen gekennzeichnet sind[173]. Im Zusammenhang mit tarifautonom geltenden Tarifverträgen sind Einschränkungsklauseln aber bisher eher selten. Anders liegt es bei allgemeinverbindlichen Tarifverträgen; diese enthalten recht häufig Klauseln, welche die Konkurrenzfrage zugunsten anderer Tarifverträge auflösen[174].
Eine Vereinbarung, die bestimmt, daß der eigene Tarifvertrag Vorrang vor einem anderen genießen soll – eine sog. Vorrangklausel – ist unzulässig: Die Tarifautonomie gibt den Tarifvertragsparteien nicht das Recht, die Geltung der Normen fremder Tarifverträge auszuschließen und fremde tarifliche Rechtsetzungsbefugnisse zu beschränken[175]. Die Rechtsetzungsmacht der Tarifvertragsparteien findet ihre Schranke in der gleichrangigen Regelungsbefugnis der Parteien eines anderen Tarifvertrags[176]. Vorrangklauseln können Tarifkollisionen demnach nicht verhindern.

---

[170] *Heß,* ZfA 1976, S. 45 (56); *Hueck/Nipperdey,* Bd. II 1, § 33 III 2; *Memminger,* S. 68 ff.
[171] BAG vom 26.10.1983 – 4 AZR 219/81, AP Nr. 3 zu § 3 TVG; BAG vom 14.10.1987 – 4 AZR 342/87, AP Nr. 88 zu § 1 TVG Tarifverträge: Bau; BAG vom 20.3.1991 – 4 AZR 455/90, AP Nr. 20 zu § 4 TVG Tarifkonkurrenz (B II 1 a der Gründe); *Hromadka/Maschmann/Wallner,* Rdnr. 134 (Fn. 11); *Schliemann,* NZA 2000, Sonderbeil. 24, S. 24 (27).
[172] Vgl. oben § 3 I 2 d.
[173] *Däubler,* TVR Rdnr. 1488; *Stein,* TVR Rdnr. 274.
[174] *Däubler,* TVR Rdnr. 1270; *Junker/Wichmann,* NZA 1996, S. 505 (509); *Otto/Schwarze,* ZfA 1995, S. 639 (692); *Rieble,* Rdnr. 1804; *Stein,* TVR Rdnr. 275.
[175] LAG Bremen vom 1.8.1956 – I Sa 51/56, AP Nr. 1 zu § 4 TVG Tarifkonkurrenz (I der Gründe); *Delbos,* S. 91; *Hromadka/Maschmann/Wallner,* Rdnr. 134; *Hueck/Nipperdey,* Bd. II 1, § 33 III 2; *Junker/Wichmann,* NZA 1996, S. 505 (509); *Schaub,* AuR 1996, S. 344 (345); *Schliemann,* NZA 2000, Sonderbeil. 24, S. 24 (27); *Schneider,* S. 129; *Stein,* TVR Rdnr. 274 (Fn.10); *Waas,* Tarifkonkurrenz, S. 29; *Wank,* in: Wiedemann, § 4 TVG Rdnr. 280; *Wiedemann/Arnold,* ZTR 1994, S. 399 (400).
[176] *Memminger,* S. 68; *Schneider,* S. 129.

II. Abschluß mehrgliedriger Tarifverträge

Eine Möglichkeit zur Vereinheitlichung von Tarifbedingungen und zur Vermeidung von Tarifkollisionen ist der Abschluß mehrgliedriger Tarifverträge[177]. Bei einem mehrgliedrigen Tarifvertrag sind auf einer oder auf beiden Seiten mehrere Tarifvertragsparteien beteiligt[178]. Dies kann in der Form geschehen, daß mehrere rechtlich selbständige Verträge in einer Vertragsurkunde zusammengefaßt werden[179]. Es ist aber auch möglich, daß nur ein Vertrag – ein sog. „Einheitstarif" – abgeschlossen wird und die Tarifvertragsparteien festlegen, bestimmte oder alle Vertragsrechte nur gemeinsam auszuüben[180]. Regelmäßig sind mehrere selbständige Tarifverträge gewollt, mögen diese auch in einer Urkunde zusammengefaßt und einheitlich bekanntgemacht werden[181]. Denn die Annahme, daß eine Tarifvertragspartei sich in ihrer Tarifmacht dadurch selbst beschränken will, daß die Herrschaft über den Tarifvertrag durch Kündigung, Aufhebung etc. nur gemeinsam mit den anderen Parteien auf derselben Seite ausgeübt werden kann, liegt grundsätzlich fern[182]. Anders liegt es wohl bei einem konzernweiten mehrgliedrigen Tarifvertrag: Hier spricht die angestrebte Einheitlichkeit dafür, daß im Zweifel keine getrennte Kündigung möglich ist[183]. Handelt es sich um mehrere rechtlich selbständige Tarifverträge, können diese in der weiteren Entwicklung getrennte Wege gehen; die beteiligten Tarifvertragsparteien werden selbständig berechtigt und verpflichtet und bleiben deshalb in der Lage, unabhängig voneinander den Tarifvertrag zu ändern und zu kündigen[184].

Ein mehrgliedriger Tarifvertrag entsteht auch dann, wenn sich eine weitere Partei nach Vertragsschluß dem Tarifvertrag anschließt[185]. Umstritten ist, ob dieser sog.

---

[177] Die Zulässigkeit von mehrgliedrigen Tarifverträgen wird nicht in Frage gestellt; vgl. nur BAG vom 10.11.1993 – 4 AZR 184/93, AP Nr. 43 zu § 1 TVG Tarifverträge: Einzelhandel (A I der Gründe); *Wiedemann,* in: Wiedemann, § 1 TVG Rdnr. 176.

[178] *Junker,* Grundkurs Arbeitsrecht, Rdnr. 518; *Nikisch,* § 72 II 1; *Wiedemann,* in: Wiedemann, § 1 TVG Rdnr. 176.

[179] MünchArbR-*Löwisch/Rieble,* § 256 Rdnr. 6; *Schaub,* § 199 Rdnr. 52.

[180] BAG vom 10.11.1993 – 4 AZR 184/93, AP Nr. 43 zu § 1 TVG Tarifverträge: Einzelhandel (A I der Gründe); *Däubler,* TVR Rdnr. 107; *Stein,* TVR Rdnr. 53; *Wiedemann,* in: Wiedemann, § 1 TVG Rdnr. 179; *Windbichler,* S. 471.

[181] *Däubler,* TVR Rdnr. 107; *Hromadka/Maschmann,* § 13 Rdnr. 80; *Oetker,* RdA 1995, S. 82 (100); *Schaub,* § 199 Rdnr. 24; *Stein,* TVR Rdnr. 53.

[182] BAG vom 28.9.1977 – 4 AZR 446/76, AP Nr. 1 zu § 9 TVG 1969; *Hueck/Nipperdey,* Bd. II 1, § 21 II 1; MünchArbR-*Löwisch/Rieble,* § 256 Rdnr. 6; *Nikisch,* § 72 II 2; *Oetker,* RdA 1995, S. 82 (100 f.); *Wiedemann,* in: Wiedemann, § 1 TVG Rdnr. 180.

[183] *Windbichler,* S. 471.

[184] *Hueck/Nipperdey,* Bd. II 1, § 21 II 1; *Schaub,* § 199 Rdnr. 26; *Wiedemann,* in: Wiedemann, § 1 TVG Rdnr. 178.

[185] *Wiedemann,* in: Wiedemann, § 1 TVG Rdnr. 181.

„Anschluß-" oder „Anerkennungstarifvertrag" ebenso wie der zivilrechtliche Vertragsbeitritt ein dreiseitiges Rechtsgeschäft zwischen den bisherigen Tarifvertragsparteien und der sich anschließenden Tarifvertragspartei erfordert[186]. Richtigerweise ist zu differenzieren: Strebt die hinzutretende Tarifvertragspartei mit dem Anschlußtarif einen rechtlich selbständigen Tarifvertrag an, ist die Zustimmung sämtlicher bisheriger Tarifvertragsparteien nicht erforderlich. Es gibt kein „Quasi-Eigentum" der Tarifvertragsparteien an dem von ihnen geschlossenen Tarifvertrag[187]. Das zeigt sich schon daran, daß ein Tarifvertrag unter den Voraussetzungen des § 5 TVG für allgemeinverbindlich erklärt werden kann und der Inhalt eines Tarifvertrags der individualvertraglichen Übernahme offensteht[188]. Der Tarifvertrag als Gesetz im materiellen Sinn genießt keinen urheberrechtlichen Schutz[189]. Will die hinzutretende Tarifvertragsparteien einen Einheitstarifvertrag erreichen, liegt es freilich anders. Wegen der Vergemeinschaftung der tarifvertraglichen Rechte ist in diesem Fall eine Zustimmung sämtlicher Tarifvertragsparteien erforderlich[190].

III. Beschränkungen der Tariffähigkeit

Konkurrenzen zwischen Firmen- und Verbandstarif sowie zwischen Verbandstarifvertrag und Tarifvertrag eines Spitzenverbands wären ausgeschlossen, wenn der Arbeitgeber durch seinen Beitritt zum Arbeitgeberverband und der Arbeitgeberverband oder eine Gewerkschaft durch den Anschluß an den Spitzenverband ihre Tariffähigkeit – also ihre Fähigkeit, Partei eines Tarifvertrags zu sein – verlieren würden.

1. Tariffähigkeit des Arbeitgebers

Die Tariffähigkeit ist dem einzelnen Arbeitgeber mit der gesetzlichen Regelung des § 2 Abs. 1 TVG verliehen worden. Die Redaktoren des TVG wollten mit dieser Anordnung vor allem sicherstellen, daß auch Arbeitgeber, die aus anerkennenswerten Gründen keinem Arbeitgeberverband beitreten, tariflich erreichbar

---

[186] Vgl. MünchArbR-*Löwisch/Rieble,* § 256 Rdnr. 5 einerseits und *Wiedemann,* in: Wiedemann, § 1 TVG Rdnr. 181 andererseits.

[187] BAG vom 11.11.1968 – 1 AZR 16/88, AP Nr. 14 zu Art. 9 GG (2 der Gründe).

[188] BAG vom 11.11.1968 – 1 AZR 16/88, AP Nr. 14 zu Art. 9 GG (2 der Gründe); *Wiedemann,* in: Wiedemann, § 1 TVG Rdnr. 181.

[189] BAG vom 11.11.1968 – 1 AZR 16/88, AP Nr. 14 zu Art. 9 GG (2 der Gründe).

[190] *Wiedemann,* in: Wiedemann, § 1 TVG Rdnr. 181.

sind[191]. Da die Arbeitsverhältnisse eines verbandsangehörigen Arbeitgebers durch Verbandstarifverträge tariflich erfaßt werden können, könnte man mit Hilfe einer teleologischen Reduktion des § 2 Abs. 1 TVG zu dem Ergebnis kommen, der verbandsangehörige Arbeitgeber müßte nicht zusätzlich selbst tariffähig sein[192]. Wäre dieses Ergebnis zutreffend, hätte dies zur Folge, daß ein trotz Bestehens eines Verbandstarifvertrags abgeschlossener Firmentarifvertrag unwirksam wäre; eine Tarifkonkurrenz zwischen Firmen- und Verbandstarifvertrag wäre ausgeschlossen.

Nach ganz herrschender Auffassung hat der Beitritt eines Arbeitgebers zu einem Arbeitgeberverband jedoch keinen Einfluß auf die Tariffähigkeit des Arbeitgebers[193]. Gemäß § 2 Abs. 1 TVG sind Tarifvertragsparteien Gewerkschaften, einzelne Arbeitgeber sowie Vereinigungen von Arbeitgebern. Die Regelung enthält keinerlei Anhaltspunkt dafür, daß der einzelne Arbeitgeber seine Tariffähigkeit verlieren soll, sobald er einem Arbeitgeberverband beitritt[194]; § 2 Abs. 1 TVG knüpft die Tariffähigkeit allein an die Arbeitgebereigenschaft. Wäre eine Einschränkung der Tariffähigkeit des Arbeitgebers vom Gesetzgeber gewollt, hätte es hierfür einer ausdrücklichen Regelung bedurft[195]. Denn dem verbandsangehörigen Arbeitgeber die Möglichkeit zum Abschluß von Tarifverträgen abzusprechen, würde seine Handlungsalternativen einschränken, was faktisch auf eine Reduzierung seiner positiven Koalitionsfreiheit hinausliefe[196].

Gegen den Verlust der Tariffähigkeit spricht auch die Parallele von Tariffähigkeit und Rechtsfähigkeit: Zwar ist die Tariffähigkeit nicht mit der allgemeinen Rechtsfähigkeit gleichzusetzen, da einerseits die meisten rechtsfähigen Subjekte nicht tariffähig sind und andererseits nicht rechtsfähigen Organisationen (v.a. den Ge-

---

[191] *Herschel,* ArbBl. 1949, S. 22 (23).

[192] So *Matthes,* FS Schaub, S. 477 (482).

[193] BAG vom 25.9.1996 – 1 ABR 4/96, AP Nr. 10 zu § 2 TVG Tarifzuständigkeit (B III 4 c der Gründe); BAG vom 24.1.2001 – 4 AZR 655/99, AP Nr. 173 zu § 1 TVG Tarifverträge: Metallindustrie (I 1 c bb (1) der Gründe); BAG vom 4.4.2001 – 4 AZR 237/00, AP Nr. 26 zu § 4 TVG Tarifkonkurrenz (II 1 b cc der Gründe); *Buchner,* DB 1970, S. 2025 (2029); *Däubler,* TVR Rdnr. 64; *D. Gaul,* RdA 1966, S. 172 (175); *Gumpert,* BB 1958, S. 1316 (1317); *Hensche,* RdA 1971, S. 9 (10); *Heß,* ZfA 1976, S. 45 (54, 65); *von Hoyningen-Huene,* ZfA 1980, S. 453 (458); *Kempen/Zachert,* § 2 TVG Rdnr. 70; *Hueck/Nipperdey*, Bd. II 1, § 20 II 2; *Junker,* Grundkurs Arbeitsrecht, Rdnr. 519; *Oetker,* in: Wiedemann, § 2 TVG Rdnr. 112; *Rieble,* NZA 2000, S. 225 (229 f.); *Schaub,* § 199 Rdnr. 5; Staudinger-*Richardi,* Vorbem. zu §§ 611 ff. BGB Rdnr. 620; *Zachert,* NZA 2000, Sonderbeil. 24, S. 17 (22).

[194] Die Tariffähigkeit war von den Redaktoren des TVG auch von Anfang an uneingeschränkt vorgesehen; vgl. *Herschel,* ZfA 1973, S. 183 (190).

[195] *Heß,* ZfA 1976, S. 45 (65); *Waas,* Tarifkonkurrenz, S. 90; *Weiss,* S. 39.

[196] *Zachert,* NZA 2000, Sonderbeil. 24, S. 17 (22).

werkschaften) die Tariffähigkeit zukommt[197]. Dieser Unterschied schließt es jedoch nicht aus, zur Beantwortung sachverwandter Fragen die allgemeinen Grundsätze zur Rechtsfähigkeit heranzuziehen[198]: Die Tariffähigkeit ist als Fähigkeit, Partei eines wirksamen Tarifvertrags zu sein, der Rechtsfähigkeit sehr ähnlich[199] und fungiert für die Gewerkschaften als „Rechtsfähigkeitsersatz“[200]. Daraus ist zu folgern, daß die Tariffähigkeit ebenso wie die Rechtsfähigkeit[201] nicht beschränkt werden oder verloren gehen kann, sie also zwingend verliehen ist[202].

Mit dem Beitritt eines Arbeitgebers zu einem Arbeitgeberverband geht weder für den Arbeitgeber noch für die Gewerkschaft das Bedürfnis nach betriebsnahen Tarifverträgen verloren. Firmentarifverträge ermöglichen flexible Regelungen, die auf die besonderen Gegebenheiten eines Betriebs (z. B. besonders gute oder schlechte wirtschaftliche Situation, betriebsspezifische Arbeitsanforderungen) zugeschnitten sind; trotz Verbandszugehörigkeit des Arbeitgebers kann also der Abschluß eines Firmentarifvertrags erforderlich sein. Es ist sogar davon ausgehen, daß die Tariffähigkeit des einzelnen Arbeitgebers von der durch Art. 9 Abs. 3 GG geschützten Tarifautonomie erfaßt wird[203]. Vorwiegend wird dies damit begründet, daß zur effektiven Verwirklichung der Tarifautonomie den Gewerkschaften auch für den Fall, daß ein Arbeitgeber keinem Arbeitgeberverband angehört, ein tariffähiger Partner zu garantieren ist[204]. Dieser Grund greift zwar nicht ein, wenn der Arbeitgeber Mitglied eines Arbeitgeberverbandes ist. Die spezifisch koalitionsgemäße Betätigung, insbesondere der Abschluß von Tarifverträgen[205], wird den Gewerkschaften aber auch dann erleichtert, wenn der verbandsangehörige Arbeitgeber selbst tariffähig bleibt: Die Gewerkschaften können ihren Tarifpartner frei wählen; sie können entscheiden, ob sie einen Haustarifvertrag oder einen

---

[197] *Gamillscheg*, § 14 I 1; *Zöllner/Loritz*, § 34 vor I.

[198] *Heß*, ZfA 1976, S. 45 (65); *Oetker*, in: Wiedemann, § 2 TVG Rdnr. 12.

[199] Laut *Gamillscheg*, § 14 I 1 ist die Tariffähigkeit „eine besondere Ausprägung der Rechtsfähigkeit“; nach *Heß*, ZfA 1976, S. 45 (65) und *Hueck/Nipperdey* Bd. II 1, § 20 I 2 ist die Tariffähigkeit „die Rechtsfähigkeit auf dem Gebiet des Tarifrechts“; *Zöllner/Loritz*, § 34 vor I. bezeichnen die Tariffähigkeit als „Sonderfall der Rechtsfähigkeit“.

[200] *Oetker*, in: Wiedemann, § 2 TVG Rdnr. 12.

[201] Staudinger-*Habermann/Weick*, § 1 BGB Rdnr. 1.

[202] *Heß*, ZfA 1976, S. 45 (65 f.); *Oetker*, in: Wiedemann, § 2 TVG Rdnr. 111.

[203] BVerfG vom 19.10.1966 – 1 BvL 24/65, BVerfGE 20, S. 312 (C I 1 der Gründe); BVerfG vom 20.10.1981 – 1 BvR 404/78, BVerfGE 58, S. 233 (B II 2 der Gründe); BAG vom 14.7.1981 – 1 AZR 159/78, AP Nr. 1 zu § 1 TVG Verhandlungspflicht (III 2 der Gründe); BAG vom 20.11.1990 – 1 ABR 62/89, AP Nr. 40 zu § 2 TVG (B II 2 c der Gründe).

[204] BVerfG vom 20.10.1981 – 1 BvR 404/78, BVerfGE 58, S. 233 (B II 2 der Gründe); *Gamillscheg*, § 7 II 3 a (1) (e), § 14 I 2 b (2); *Meik*, S. 155; *Oetker*, in: Wiedemann, § 2 TVG Rdnr. 95; *Rieble*, FS Stahlhacke, S. 459 (475); *Zeuner*, FS 25 Jahre Bundesarbeitsgericht, S. 727 (731).

[205] BVerfG vom 26.2.1964 – 1 BvR 79/62, BVerfGE 18, S. 18 (B I 1 der Gründe); BVerfG vom 19.10.1966 – 1 BvL 24/65, BVerfGE 20, S. 312 (C II der Gründe).

Verbandstarifvertrag abschließen wollen. Die Tariffähigkeit des verbandsangehörigen Arbeitgebers hilft den Gewerkschaften, einen Tarifpartner zu finden und mit ihm durch den Abschluß eines Tarifvertrags die Arbeitsbedingungen zu regeln. Die Tariffähigkeit des einzelnen Arbeitgebers begünstigt also unmittelbar den Abschluß von Tarifverträgen und damit mittelbar die Realisierung der Koalitionsfreiheit[206]. Insbesondere für kleinere und neu gegründete Gewerkschaften ist der einzelne Arbeitgeber als Tarifpartner nahezu unverzichtbar: Mag die Gewerkschaft auch noch nicht stark genug sein, ausreichend Druck auf einen Arbeitgeberverband auszuüben, so kann sie dennoch stark genug sein, den einzelnen Arbeitgeber zum Abschluß eines Tarifvertrags zu bewegen[207]. Der Verzicht auf die Tariffähigkeit des einzelnen Arbeitgebers würde ihr die Möglichkeit zum Abschluß von Tarifverträgen und damit auch die Möglichkeit, sich zu einer mitgliedsstarken Gewerkschaft zu entwickeln, nehmen[208].

Letztlich entspricht es auch dem Gebot der Rechtssicherheit, daß der Beitritt zu einem Arbeitgeberverband die Tariffähigkeit des Arbeitgebers nicht berührt. Zu denken ist an die Schwierigkeiten, die bei einem Verbandswechsel oder Verbandsaustritt des Arbeitgebers sowie bei sogenannten „OT-Mitgliedschaften" oder „OT-Verbänden" entstünden, wenn die Tariffähigkeit des Arbeitgebers von seiner Verbandsmitgliedschaft abhinge: Da der Verbandsbeitritt dem Arbeitgeber nicht für alle Zeit seine Tariffähigkeit nehmen kann, müßte bei einem Verbandsaustritt die Tariffähigkeit des Arbeitgebers neu aufleben, bei einem erneuten Verbandsbeitritt müßte die Tariffähigkeit wieder erlöschen; es entstünde ein schwer durchschaubares Hin und Her der Tariffähigkeit des Arbeitgebers. Bei einer „OT-Mitgliedschaft" ist der Arbeitgeber Mitglied in einem tarifwilligen und tariffähigen Arbeitgeberverband, sein Mitgliedschaftsverhältnis unterliegt aber nicht der Tarifbindung[209]. Unter einem „OT-Verband" ist ein Arbeitgeberverband zu verstehen, der auf seine Tariffähigkeit verzichtet und außerhalb der Tarifpolitik liegende arbeits- und sozialpolitische Aufgaben wahrnimmt[210]. Beide Konstellationen sind rechtlich anerkannt[211] und führten dazu, daß der Arbeitgeber trotz Verbandsmitgliedschaft tariflich nicht erreichbar wäre. Schließlich könnte sich der nicht organisierte Arbeitgeber in jeglichem Verhandlungsstadium durch eine „Flucht in den Arbeitgeberverband" dem Abschluß eines Firmentarifvertrags ent-

[206] BVerfG vom 19.10.1966 – 1 BvL 24/65, BVerfGE 20, S. 312 (C I 1 der Gründe).
[207] *Waas*, Tarifkonkurrenz, S. 89.
[208] *Waas*, Tarifkonkurrenz, S. 90.
[209] *Hromadka/Maschmann*, § 13 Rdnrn. 75 ff.
[210] *Schaub*, § 206 Rdnr. 25.
[211] *Buchner*, NZA 1994, S. 2 ff.; *Junker*, Anm. zu BAG vom 23.10.1996 – 4 AZR 409/95, SAE 1997, S. 169 (172 ff.); *S.-J. Otto.*, NZA 1996, S. 624 ff.; *Reuter*, RdA 1996, S. 201 ff.; *Thüsing*, ZTR 1996, S. 481 ff.

ziehen, wenn er schon durch den Verbandsbeitritt seine Tariffähigkeit verlöre. Geht man dagegen davon aus, daß der Arbeitgeber trotz Verbandsmitgliedschaft tariffähig bleibt, folgt daraus, daß die Gewerkschaft grundsätzlich vom Arbeitgeber auch den Abschluß eines Firmentarifvertrags verlangen kann[212].

Die Tariffähigkeit des Arbeitgebers ist aus den genannten Gründen unverzichtbar. Daraus ergibt sich, daß auch eine entsprechende satzungsrechtliche Bestimmung die Tariffähigkeit der Mitglieder eines Arbeitgeberverbands nicht beeinflussen kann[213]. Die satzungsrechtliche Bestimmung hat nur verbandsinterne Folgen; ein entgegen der Verbandssatzung abgeschlossener Firmentarifvertrag ist im Außenverhältnis wirksam[214].

2. Tariffähigkeit des Mitgliedsverbands einer Spitzenorganisation

Zu untersuchen bleibt, ob der Anschluß an eine Spitzenorganisation – d.h. an einen Zusammenschluß von Gewerkschaften oder Arbeitgeberverbänden – die Tariffähigkeit der Mitgliedsverbände aufheben kann.

Spitzenorganisationen können gem. § 2 Abs. 2 TVG als Bevollmächtigte der ihnen angeschlossenen Verbände Tarifverträge abschließen[215]. In einem solchen Fall wird die Tariffähigkeit der angeschlossenen Verbände schon deshalb nicht berührt, weil die Mitgliedsverbände selbst die Tarifparteien des von der Spitzenorganisation als ihrem Vertreter abgeschlossenen Tarifvertrags sind[216]. Durch die Vorschrift des § 2 Abs. 2 TVG wird den Spitzenorganisationen keine Tariffähigkeit verliehen, so daß insoweit ein Verlust der Tariffähigkeit der einzelnen Mitgliedsverbände ausscheidet; anderenfalls wären weder die Mitgliedsverbände noch die Spitzenorganisationen tariffähig. Gem. § 2 Abs. 3 TVG können die Spitzenorganisationen selbst Parteien eines Tarifvertrags sein, sofern der Abschluß von Tarifverträgen zu ihren satzungsgemäßen Aufgaben gehört. Die Mitgliedsverbände der Spitzenorganisationen können also frei über die Tariffähigkeit der

[212] *Schaub,* § 199 Rdnr. 5. Zu dem äußerst umstrittenen Problem, ob und unter welchen Voraussetzungen der Firmentarifvertrag mit einem verbandsangehörigen Arbeitgeber erstreikt werden kann: LAG Köln vom 14.6.1996 – 4 Sa 177/96, NZA 1997, S. 327 ff.; *Hensche,* RdA 1971, S. 9 ff.; *von Hoyningen-Huene,* ZfA 1980, S. 453 ff.; *Krichel,* NZA 1986, S. 731 ff.; *Schleusener,* NZA 1998, S. 239 ff.; *Thüsing,* NZA 1997, S. 294 ff.

[213] *Buchner,* DB 1970, S. 2025 (2030); *Hensche,* RdA 1971, S. 9 (10); *Hueck/Nipperdey,* Bd. II 1, § 20 II 2; *Nikisch,* § 70 II 3; *Weiss,* S. 39.

[214] *Von Hoyningen-Huene,* ZfA 1980, S. 453 (462 f.); *Oetker,* in: Wiedemann, § 2 TVG Rdnr. 114; *Schaub,* § 199 Rdnr. 6; *Zöllner/Loritz,* § 34 II.

[215] *Herschel,* ArbBl. 1949, S. 22 (23).

[216] *Löwisch/Rieble,* § 2 TVG Rdnr. 72.

Spitzenorganisationen entscheiden[217]. Schon das spricht dafür, daß die Mitgliedsverbände zumindest nicht gegen ihren Willen ihre Tariffähigkeit verlieren können.

Aus der Systematik des § 2 TVG ergibt sich kein Hinweis darauf, daß die Tariffähigkeit von Gewerkschaften und Arbeitgeberverbänden verzichtbar sein soll. Vielmehr werden – wie sich aus der Entstehungsgeschichte der Norm ergibt – durch § 2 Abs. 2 und Abs. 3 TVG zusätzliche Befugnisse auf die Spitzenorganisationen übertragen, die neben die unberührt bleibenden Befugnisse der Gewerkschaften und Arbeitgeberverbände treten[218]. Ebensowenig läßt sich aus § 3 Abs. 1 TVG eine Beschränkung der Tariffähigkeit der Mitgliedsverbände herleiten: Die Tarifgebundenheit an den von einer Spitzenorganisation abgeschlossenen Tarifvertrag erstreckt sich nur auf die Mitglieder der den Spitzenorganisationen angehörenden Verbänden, also auf die einzelnen Arbeitgeber und Arbeitnehmer[219]. Eine Tarifbindung der Mitgliedsverbände, welche diese am Abschluß eigener Tarifverträge hindert, entsteht nicht[220]. Wie sich auch aus § 3 Abs. 2 TVG ergibt, soll § 3 TVG nur die Tarifgebundenheit derer normieren, deren Rechtsverhältnisse durch die Normen eines Tarifvertrags geregelt werden, nämlich Arbeitgeber und Arbeitnehmer[221].

Daneben kann auf die bereits oben dargelegten Gesichtspunkte verwiesen werden[222]. Die Ähnlichkeit der Tariffähigkeit zur Rechtsfähigkeit schließt die Möglichkeit zum Verzicht auf die Tariffähigkeit aus. Noch viel weniger als durch den Verbandsbeitritt des einzelnen Arbeitgebers zu einem Arbeitgeberverband das Bedürfnis nach Firmentarifverträgen verloren geht, erlischt das Bedürfnis nach Verbandstarifverträgen, wenn sich Gewerkschaften oder Arbeitgeberverbände zu Spitzenorganisationen zusammenschließen. Zudem ist die Tariffähigkeit der Gewerkschaften und Arbeitgeberverbände für die Funktionsfähigkeit der Tarifauto-

---

[217] *Kempen/Zachert,* § 2 TVG Rdnr. 59; *Meik,* S. 156 f.; *Oetker,* in: Wiedemann, § 2 TVG Rdnr. 338.

[218] Vgl. zur Entstehungsgeschichte des § 2 Abs. 3 TVG: 2. und 3. Lesung des Gesetzes über Tarifverträge, abgedruckt in: ZfA 1973, S. 159; *Herschel,* ZfA 1973, S. 183 (189); *Oetker,* in: Wiedemann § 2 TVG Rdnr. 4. BAG vom 22.2.1957 - 1 AZR 426/56, AP Nr. 2 zu § 2 TVG; *Kempen/Zachert,* § 2 TVG Rdnr. 59.

[219] *Memminger,* S. 65; *Wiedemann/Arnold,* ZTR 1994, S. 399 (407). Im übrigen wird im Zusammenhang mit der Tarifgebundenheit nur auf die Arbeitsvertragsparteien Bezug genommen; eine Tarifbindung der Mitgliedsverbände wird nicht angesprochen; vgl. nur: *Hueck/Nipperdey,* Bd. II 1, § 23 B V 4; *Kempen/Zachert,* § 3 TVG Rdnr. 10; MünchArbR-*Löwisch/Rieble,* § 267 Rdnr. 4; *Oetker,* in: Wiedemann, § 3 TVG Rdnr. 112; *Schaub,* § 206 Rdnr. 19.

[220] BAG vom 22. 2. 1957 – 1 AZR 426/56, AP Nr. 2 zu § 2 TVG; *Schneider,* S. 12.

[221] BAG vom 22. 2. 1957 – 1 AZR 426/56, AP Nr. 2 zu § 2 TVG; *Memminger,* S. 64 f. Auch § 4 Abs. 1 TVG, der von „den beiderseits Tarifgebundenen" spricht, kann nur Arbeitgeber und Arbeitnehmer meinen.

[222] Vgl. § 5 III 1.

nomie unerläßlich[223]; die Mitgliedsverbände können daher nicht über ihre Tariffähigkeit verfügen[224]. Eine Bestimmung in der Satzung der Spitzenorganisation, die den Verlust der Tariffähigkeit der Mitgliedsverbände anordnet, entfaltet nur verbandsinterne Wirkung, ein entgegen der Satzungsvorschrift abgeschlossener Tarifvertrag ist wirksam[225].

IV. Verbrauch der Rechtsetzungsbefugnis

Vereinzelt wird behauptet, daß der Mitgliedsverband einer Spitzenorganisation zwar nicht seine Tariffähigkeit verliert, aber seine Rechtsetzungsbefugnis verbraucht, sobald die Spitzenorganisation einen Tarifvertrag abschließt[226]. Das hätte zur Folge, daß eine Tarifkonkurrenz zwischen Verbandstarifvertrag und Tarifvertrag der Spitzenorganisation in dieser Konstellation nicht auftreten könnte. Andererseits soll die Spitzenorganisation trotz Bestehens eines Verbandstarifvertrags einen Tarifvertrag abschließen können; ein Verbrauch der Rechtsetzungsmacht liege in diesem Fall nicht vor. Daß hingegen die Rechtsetzungsbefugnis des einzelnen Verbands insoweit verbraucht sei, als die Spitzenorganisation eine tarifliche Regelung mitbeschließt, entspreche der Konzeption des Gesetzgebers, was sich aus einem Gegenschluß zu den Regelungen der Handswerksordnung und aus § 2 Abs. 4 TVG ergebe[227].

Der Vergleich mit den Regelungen der Handwerksordnung bezieht sich auf deren § 54 Abs. 3 Nr. 1 und § 82 Nr. 3: Während die Handwerksinnung keine eigenen Tarifverträge abschließen kann, sobald ein Tarifvertrag durch den Innungsverband für den Bereich der Handwerksinnung geschlossen ist (§ 54 Abs. 3 Nr. 1), fehlt in § 82 Nr. 3 HandwO eine entsprechende Einschränkung für den Landesinnungsverband zugunsten des Bundesinnungsverbands. Unabhängig davon, ob aus § 54 Abs. 3 Nr. 1 HandwO der Verbrauch einer Rechtsetzungsbefugnis der Handwerksinnung gefolgert werden kann[228], ergibt der Gegenschluß zu den Regelungen der Handwerksordnung gerade, daß der Beitritt zu einer Spitzenorganisation

---

[223] BVerfG vom 6.5.1964 – 1 BvR 79/62, BVerfGE 18, S. 18 (B I der Gründe); BVerfG vom 20.10.1981 – 1 BvR 404/78, BVerfGE 58, S. 248 (B I der Gründe); *Gamillscheg*, § 14 I 2 a (2); *Kannengießer*, in: Schmidt-Bleibtreu/Klein, Art. 9 GG Rdnr. 15; MünchArbR-*Löwisch/Rieble*, § 255 Rdnr. 55.

[224] *Rieble*, Rdnr. 1838.

[225] *Oetker*, in: Wiedemann, § 2 TVG Rdnr. 345; *Waas*, Tarifkonkurrenz, S. 95 f.

[226] *Wiedemann/Stumpf*, § 2 TVG Rdnr. 212; *Wiedemann/Thüsing*, RdA 1995, S. 280 (284); jetzt auch *Oetker*, in: Wiedemann, § 2 TVG Rdnr. 345.

[227] *Wiedemann/Thüsing*, RdA 1995, S. 280 (284).

[228] Näher liegt eine Einschränkung der Tarifzuständigkeit. So auch *Oetker*, in: Wiedemann, § 2 TVG Rdnr. 344.

grundsätzlich keine Auswirkungen auf eine etwaige Rechtsetzungsbefugnis hat: Denn für andere Berufsverbände fehlt eine den §§ 54 Abs. 3 Nr. 1, 82 Nr. 3 HandwO entsprechende gesetzliche Regelung[229].

Fraglich ist, ob sich aus § 2 Abs. 4 TVG ergibt, daß die Rechtsetzungsbefugnis der Mitgliedsverbände verbraucht ist, sobald die Spitzenorganisation einen Tarifvertrag abschließt. Das wäre allenfalls in Betracht zu ziehen, wenn die aus § 2 Abs. 4 TVG resultierende Friedenspflicht der Mitgliedsverbände[230] so weit ginge, daß den Mitgliedsverbänden nicht nur der Arbeitskampf gegen den von der Spitzenorganisation abgeschlossenen Tarifvertrag verwehrt wäre, sondern auch die kampfweise Durchsetzung eigener Tarifverträge[231]. Aber selbst dann bliebe es den Mitgliedsverbänden unbenommen, freiwillig – also ohne Arbeitskampf – eigene Tarifverträge abzuschließen[232]. Daher kann auch aus § 2 Abs. 4 TVG kein Verbrauch der Rechtsetzungsbefugnis der Mitgliedsverbände einer Spitzenorganisation abgeleitet werden. Im übrigen bleibt unklar, inwiefern sich die Rechtsetzungsbefugnis von der Tariffähigkeit unterscheiden soll. Selbst wenn ein Unterschied bestünde, liefe der Verbrauch der Rechtsetzungsbefugnis für den Fall des Bestehens eines von einer Spitzenorganisation abgeschlossenen Tarifvertrags zumindest auf eine unzulässige Beschränkung der Tariffähigkeit der Mitgliedsverbände hin[233].

V. Begrenzung der Tarifzuständigkeit

Mit der Tarifzuständigkeit legt eine Koalition den maximalen tariflichen Geltungsbereich in räumlicher, branchenmäßiger, fachlicher und persönlicher Hinsicht in ihrer Satzung fest[234]. Eine Koalition kann nur innerhalb des in ihrer Sat-

---

[229] So wird dieser Gegenschluß auch von *Oetker,* in: Wiedemann, § 2 TVG Rdnr. 344 und *Wiedemann/Stumpf* § 2 TVG Rdnr. 212 als Argument gegen den Verlust der Tariffähigkeit des Mitgliedsverband einer Spitzenorganisation herangezogen.

[230] *Koberski/Clasen/Menzel,* § 2 TVG Rdnr. 141; *Löwisch/Rieble,* § 2 TVG Rdnrn. 78 ff.; *Oetker,* in: Wiedemann, § 2 TVG Rdnr. 352; *Wiedemann/Thüsing,* RdA 1995, S. 280 (284).

[231] So *Wiedemann/Thüsing,* RdA 1995, S. 280 (284); evtl. auch *Rieble,* Rdnr. 1838.

[232] *Rieble,* Rdnr. 1838.

[233] Siehe dazu oben § 5 III. Eine Beschränkung der Tariffähigkeit halten auch *Wiedemann/Arnold,* ZTR 1994, S. 399 (407) für unzulässig.

[234] BAG vom 24.7.1990 – 1 ABR 46/89, AP Nr. 7 zu § 2 TVG Tarifzuständigkeit (A 2 a der Gründe); BAG vom 12.12.1995 – 1 ABR 27/95, AP Nr. 8 zu § 2 TVG Tarifzuständigkeit (II 2 a der Gründe); BAG vom 25.9.1996 – 1 ABR 4/96, AP Nr. 10 zu § 2 TVG Tarifzuständigkeit (B III 1 der Gründe); BAG vom 12.11.1996 – 1 ABR 33/96, AP Nr. 11 zu § 2 TVG Tarifzuständigkeit (D 1 a der Gründe); BAG vom 14.12.1999 – 1 ABR 74/98, AP Nr. 14 zu § 2 TVG Tarifzuständigkeit (B III 2 a der Gründe); *Konzen,* FS Kraft, S. 291; MünchArbR-*Löwisch/Rieble,* § 255 Rdnr. 60; *Oetker,* in: Wiedemann, § 2 TVG Rdnr. 47.

zung festgelegten Geschäftsbereichs wirksam Tarifverträge schließen[235]. Wäre für einen Betrieb von vornherein nur eine Gewerkschaft tarifzuständig, könnten in dem betreffenden Betrieb daher nur die Tarifverträge dieser Gewerkschaft wirksam Geltung beanspruchen; Tarifkollisionen wären ausgeschlossen.

1. Industrieverbandsprinzip

Die meisten Gewerkschaften in Deutschland sind nach dem Industrieverbandsprinzip organisiert. Die nach diesem Prinzip organisierten Gewerkschaften nehmen alle in einem bestimmten Wirtschaftszweig tätigen Arbeitnehmer auf, unabhängig davon, welchen Beruf sie ausüben[236]. Durch die Organisation der Koalitionen nach dem Industrieverbandsprinzip sind Tarifkollisionen zwar nicht ausgeschlossen. Auch bei den nach dem Industrieverbandsprinzip organisierten Gewerkschaften kommt es zu Überschneidungen, wenn die Organisationsbereiche der Gewerkschaften nicht klar voneinander abgegrenzt sind oder die Branchenzugehörigkeit eines Betriebs unklar ist. Daneben kann es durch die Allgemeinverbindlicherklärung von Tarifverträgen zu Tarifkollisionen kommen. Dennoch trägt diese Organisationsstruktur zur Verringerung von Tarifkollisionen bei, da Leitbild des Industrieverbandsprinzips das Ziel „ein Betrieb – eine Gewerkschaft" ist.

Fraglich ist, ob die Koalitionen insgesamt rechtsverbindlich auf das Industrieverbandsprinzip festgelegt werden könnten, um so ihre Tarifzuständigkeit auf bestimmte Branchen zu beschränken. Dies ist früher mehrmals unter Hinweis auf die Einfachheit und Ordnung des Tariflebens sowie die Vermeidung einer Zersplitterung des Koalitions- und Tarifwesens gefordert worden[237]. Auch heute wird noch vereinzelt angeregt, das Industrieverbandsprinzip als verbindliche Rechtsregel anzuerkennen[238]. Aufgrund der Tarifpraxis, die seit 50 Jahren nach dem Industrieverbandsprinzip verfahre, könne von einer gewohnheitsrechtlichen Anerkennung des Industrieverbandsprinzips ausgegangen werden[239]. Das ist indessen nicht richtig. Bis heute gibt es in der Bundesrepublik auch Gewerkschaften, die nach dem

---

[235] *Heinze,* DB 1997, S. 2122; *Junker,* Grundkurs Arbeitsrecht, Rdnr. 520; *Oetker,* in: Wiedemann, § 2 TVG Rdnrn. 43 ff.; *Schliemann,* NZA 2000, Sonderbeil. 24, S. 24 (28).

[236] *Gamillscheg,* § 6 I 2 b (2); *Junker,* Grundkurs Arbeitsrecht, Rdnr. 487; *Kempen/Zachert,* § 2 TVG Rdnr. 56; MünchArbR-*Löwisch/Rieble,* § 248 Rdnr. 27; *Oetker,* in: Wiedemann, § 2 TVG Rdnr. 282.

[237] LAG München vom 3.12.1948 – I 73/48, AP 1950 Nr. 1; LAG München vom 28.5.1952 – I 8/52, AP 1953 Nr. 150; *Gumpert,* Anm. zu BAG vom 19.11.1958 – 1 AZR 109/58, BB 1959, S. 487 (488); *Meissinger,* DB 1950, 303, 313; ders., RdA 1951, S. 46 (48); ders., DB 1952, S. 101; ähnlich *Dutti,* DB 1969, S. 218.

[238] *Gaul,* ZTR 1991, S. 443ff.

[239] *Gaul,* ZTR 1991, S. 443 (449).

Berufsverbandsprinzip organisiert sind (z. B. DAG[240], Deutscher Beamtenbund, Vereinigung Cockpit, Marburger Bund und einige Mitgliedsgewerkschaften des CGB). Selbst innerhalb des DGB ist die Organisation nach dem Industrieverbandsprinzips nicht strikt umgesetzt, die IG Medien etwa setzt sich aus Industrie- und Berufsverband zusammen[241]. Die Gewerkschaften sind sich der Tatsache bewußt, daß sie das Recht haben, ihre Organisationsform frei zu wählen[242]. Davon, daß die Koalitionen das Industrieverbandsprinzip als geltendes Rechtsgebot anerkennen, kann also nicht die Rede sein[243]. Daneben herrscht auch in Rechtsprechung[244] und ganz herrschender Literatur[245] Einigkeit darüber, daß das Industrieverbandsprinzip kein zwingender Rechtssatz ist, der die Satzungsautonomie der Koalitionen beschränken kann. Es fehlt an der für die Entstehung von Gewohnheitsrecht erforderlichen gleichförmigen Übung und Rechtsüberzeugung der am Verkehr Beteiligten.

Die Anerkennung des Industrieverbandsprinzips als verbindliches Organisierungsgebot wäre zudem nicht mit der Koalitionsfreiheit des Art. 9 Abs. 3 GG vereinbar. Die Koalitionsfreiheit umfaßt das Recht der Koalitionen, ihre Organisationsform frei zu wählen, ihre internen Verhältnisse autonom zu gestalten und ihren Zuständigkeitsbereich selbst zu bestimmen[246]. Es widerspräche dem freiheitlichen Charakter der Grundrechte, einer Koalition zwar das korporative Daseinsrecht zur

---

240 Im Jahr 2001 in die Dienstleistungsgewerkschaft ver.di integriert.

241 Die IG Medien ist nicht nur für alle Arbeitnehmer der Druckindustrie zuständig, sondern auch für alle Journalisten unabhängig davon, in welchem Betrieb sie arbeiten. Auch die IG-Medien ist im Jahr 2001 in die Dienstleistungsgewerkschaft ver.di aufgegangen. Die Zuständigkeit für alle Journalisten wird jedoch beibehalten, vgl. Anh. 1. Nr. 1.3. der ver.di-Satzung.

242 *Hillebrand,* S. 17.

243 Anders *Gaul,* ZTR 1991, S. 443 (449).

244 BAG vom 27.11.1964 – 1 ABR 13/63, AP Nr. 1 zu § 2 TVG Tarifzuständigkeit (II 1 der Gründe); BAG vom 19.11.1985 – 1 ABR 37/83, AP Nr. 4 zu § 2 TVG Tarifzuständigkeit (B IV 3 b der Gründe); BAG vom 22.11.1988 – 1 ABR 6/87, AP Nr. 5 zu § 2 TVG Tarifzuständigkeit (II 1 der Gründe); BAG vom 12.12.1995 – 1 ABR 27/95, AP Nr. 8 zu § 2 TVG Tarifzuständigkeit (II 2 a der Gründe); BAG vom 25.9.1996 – 1 ABR 4/96, AP Nr. 10 zu § 2 TVG Tarifzuständigkeit (B III 1 der Gründe); BAG vom 12.11.1996 – 1 ABR 33/96, AP Nr. 11 zu § 2 TVG Tarifzuständigkeit (D I a der Gründe).

245 *Blank,* S. 113; *Däubler,* TVR Rdnr. 87; *Gamillscheg,* § 14 II 2 b (1); *Jacobs,* S. 208; *Kempen/Zachert,* § 2 TVG Rdnr. 110; *Konzen,* RdA 1978, S. 146 (153); *Kraft,* FS Schnorr v. Carolsfeld, S. 255 (258); *Oetker,* in: Wiedemann, § 2 TVG Rdnr. 283; *Richardi,* Kollektivgewalt, S. 160; *Säcker/Oetker,* ZfA 1993, S. 1 (10); *Schliemann,* NZA 2000, Sonderbeil. 24, S. 24 (28).

246 BVerfG vom 1.3.1979 – 1 BvR 532, 533/77, 419/78 und 1 BvL 21/78, BVerfGE 50, S. 290 (C III 2 a der Gründe); BVerfG vom 26.6.1991 – 1 BvR 779/85, BVerfGE 84, S. 212 (C I 1 a der Gründe); BAG vom 27.11.1964 – 1 ABR 13/63, AP Nr. 1 zu § 2 TVG Tarifzuständigkeit (II 1 der Gründe); *Gamillscheg,* § 14 II 2 a; *Junker,* Grundkurs Arbeitsrecht, Rdnr. 477; *Konzen,* RdA 1978, S. 146 (153); MünchArbR-*Löwisch/Rieble,* § 244 Rdnr. 9; *Säcker,* S. 61; *Wiedemann,* in: Wiedemann, Einl. Rdnr. 91.

Erreichung eines bestimmten Zwecks zu gewährleisten, ihr aber zugleich die Möglichkeit vorzuenthalten, sich so zu organisieren, wie sie es für richtig befindet[247]. Die Gewerkschaften können demnach frei entscheiden, ob sie sich nach dem Industrie- oder dem Berufsverbandsprinzip organisieren. Die normative Verbindlichkeit des Industrieverbandsprinzips würde dieses Recht der Koalitionen erheblich beeinträchtigen und kann daher nicht als rechtsverbindliches Prinzip normiert werden.

Genausowenig können die Koalitionen gezwungen werden, Industrietarife abzuschließen. Während durch den Zwang zur Organisation nach dem Industrieverbandsprinzip schon die Koalitionsbildungsfreiheit beeinträchtigt würde, wäre der Zwang zum Industrietarif als unmittelbarer Eingriff in die Koalitionsbetätigungsfreiheit zu werten[248]. Zugleich würde der ebenfalls von Art. 9 Abs. 3 GG geschützte Koalitionspluralismus beeinträchtigt, da die Teilhabe kleinerer Gewerkschaften durch einen mittelbaren Zwang, sich nach dem Industrieverbandsprinzip zu organisieren, erschwert würde[249].

2. Satzungsrecht

Wegen der Dominanz der DGB-Gewerkschaften ist die Frage, ob die Tarifzuständigkeit der Mitgliedsgewerkschaften des DGB begrenzt werden kann, von besonderer Bedeutung. Allen Satzungen der DGB-Mitgliedsgewerkschaften ist das Bemühen gemeinsam, den Kreis ihrer Zuständigkeit in den Randbereichen möglichst weit zu ziehen. Daraus ergeben sich zwangsläufig Zuständigkeitsüberschneidungen der Mitgliedsgewerkschaften des DGB[250]. Für die Durchsetzung des in der DGB-Satzung verankerten Grundsatzes „ein Betrieb – eine Gewerkschaft“[251] kommt es daher darauf an, ob der Dachverband DGB Zuständigkeitsstreitigkeiten vermeiden und entstandene Zuständigkeitsstreitigkeiten verbindlich beilegen kann. Diese Ziele werden mit den Regelungen der §§ 15 und 16 der DGB-Satzung verfolgt[252].

---

[247] *Säcker,* S. 61.
[248] *Konzen,* RdA 1978, S. 146 (153).
[249] *Konzen,* RdA 1978, S. 146 (153).
[250] *Blank,* S. 114; *Konzen,* FS Kraft, S. 291 (309); *Schliemann,* NZA 2000, Sonderbeil. 24, S. 24 (28 f.).
[251] Vgl. § 2 Nr. 4 DGB-Satzung, § 15 Nr. 1 DGB-Satzung i. V. m. Ziffer 2 der Richtlinien für die Abgrenzung von Organisationsbereichen, § 16 DGB-Satzung.
[252] Eine den §§ 15, 16 DGB-Satzung entsprechende Regelung findet sich in § 14 der CGB-Satzung. Die nachfolgenden Ausführungen geltend daher entsprechend auch für die dort vorgesehene Kompetenzabgrenzung.

a) Zustimmungsvorbehalt gem. § 15 Nr. 2 DGB-Satzung

Nach § 15 Nr. 2 DGB-Satzung können die in den Satzungen der Mitgliedsgewerkschaften angegebenen Organisationsbereiche und Organisationsbezeichnungen nur nach Zustimmung des Bundesausschusses des DGB geändert werden. Zu untersuchen ist, ob diese Zustimmung Wirksamkeitsvoraussetzung für die Satzungsänderung einer DGB-Mitgliedsgewerkschaft ist. Das BAG hat diese Frage zunächst verneint[253], später aber ausdrücklich offengelassen[254]. Die Literatur lehnt eine verbindliche Wirkung des Zustimmungsvorbehalts wegen der durch Art. 9 Abs. 3 GG garantierten Satzungsautonomie überwiegend ab[255]. Es finden sich jedoch auch Stimmen, die es für denkbar halten, die Änderung der Zuständigkeit an das in § 15 Nr. 2 DGB-Satzung vorgesehene Zustimmungsverfahren zu binden[256].

Der DGB ist eine Vereinigung autonomer und rechtlich selbständiger Einzelgewerkschaften; im Verhältnis zu den Einzelgewerkschaften ist der Dachverband „Dritter"[257]. Die Satzungsautonomie und damit auch das Recht, die Tarifzuständigkeit festzulegen, obliegt daher grundsätzlich den Einzelgewerkschaften. Es ist zweifelhaft, ob diese von Art. 9 Abs. 3 GG geschützte Satzungsautonomie der Mitgliedsgewerkschaften eine Einflußnahme Dritter auf die Satzungsgestaltung – wie sie § 15 Nr. 2 DGB-Satzung vorsieht – überhaupt zuläßt. Der auch für die Autonomieträger zwingende Schutz der Satzungsautonomie schließt zwar nicht jeglichen Dritteinfluß aus, er verwehrt Dritten jedoch die Möglichkeit einer unmittelbaren Satzungsgestaltung, die Satzungsgewalt obliegt allein der Zuständigkeit des obersten Organs des jeweiligen Mitgliedsverbands[258]. Mit der Regelung des § 15 Nr. 2 DGB-Satzung soll dem Dachverband das Recht

---

253 BAG vom 19.11.1985 – 1 ABR 37/83, AP Nr. 4 zu § 2 TVG Tarifzuständigkeit (B IV 2 b der Gründe).

254 BAG vom 25.9.1996 – 1 ABR 4/96, AP Nr. 10 zu § 2 TVG Tarifzuständigkeit (B IV 2 b der Gründe).

255 *Jacobs,* S. 214 ff.; *Konzen,* FS Kraft, S. 291 (310 ff.); *Martens,* Anm. zu BAG vom 19.11.1985 – 1 ABR 37/83, SAE 1987, S. 1 (8); MünchArbR-*Löwisch/Rieble,* § 255 Rdnr. 70; *Reuter,* Anm. zu BAG vom 19.11.1985 – 1 ABR 37/83, AP Nr. 4 zu § 2 TVG Tarifzuständigkeit (unter 3); *Rieble,* Rdnr. 1833; *Weyand,* Anm. zu BAG vom 22.11.1988 – 1 ABR 6/87, SAE 1991, S. 319 (324). Ebenso LAG München vom 29.11.1995 – 5 (7) TaBV 36/92, LAGE Nr. 1 zu § 2 TVG Tarifzuständigkeit (III 2 der Gründe).

256 *Buchner,* gemeinsame Anm. zu BAG vom 25.9.1996 – 1 ABR 4/96 und BAG vom 12.11.1996 – 1 ABR 33/96, SAE 1998, S. 258 (265); nach Auffassung von *Blank,* S. 131 f. soll ein besonders schwerwiegender Verstoß gegen § 15 Nr. 2 DGB-Satzung zur Nichtigkeit der Satzungsänderung und damit auch zur Unwirksamkeit von Tarifverträgen führen.

257 *Blank,* S. 27; *Rieble,* Anm. zu BAG vom 14.12.1999 – 1 ABR 74/98, AP Nr. 14 zu § 2 TVG Tarifzuständigkeit (unter III 1).

258 *Flume,* § 7 I 3; *Jacobs,* S. 214; *Oetker,* in: Wiedemann, § 2 TVG Rdnr. 70; *Rieble,* Rdnr. 1833; *Schmidt,* § 5 I 3.

des § 15 Nr. 2 DGB-Satzung soll dem Dachverband das Recht übertragen werden, die Tarifzuständigkeit seiner Mitgliedsverbände negativ – durch Genehmigungsvorbehalt – zu regeln; das ist eine unzulässige Satzungsgestaltung durch Dritte[259]. Die Bedeutung des zwingenden Schutzes der Satzungsautonomie wird in dem hier untersuchten Fall besonders deutlich, da § 15 Nr. 2 DGB-Satzung nicht Satzungsanpassungen im Randbereich, sondern mit der Änderung der Tarifzuständigkeit – d. h. des potentiellen Geltungsbereichs von Tarifverträgen – den Betätigungskern der Koalitionsfreiheit betrifft[260]. Der in § 15 Nr. 2 DGB-Satzung vorgesehene Zustimmungsvorbehalt kann daher lediglich eine schuldrechtliche Verpflichtung der Einzelgewerkschaften begründen[261]. Selbst wenn man von einer weitergehenden Wirkung ausginge, könnte § 15 Nr. 2 DGB-Satzung keinesfalls allein eine Wirksamkeitsvoraussetzung für Satzungsänderungen der Mitgliedsgewerkschaften schaffen. Wegen des Grundsatzes der Selbstbestimmung müßten die Satzungen der Einzelgewerkschaften zumindest einen entsprechenden Zustimmungsvorbehalt enthalten[262]. Eine explizite Verweisung auf den Zustimmungsvorbehalt des § 15 Nr. 2 DGB-Satzung sucht man in den Satzungen der Mitgliedsgewerkschaften vergebens. Eine zulässige sinngemäße Verweisung müßte widerspruchsfrei und so verständlich und bestimmt sein, daß kein Zweifel darüber besteht, welche Vorschriften der in Bezug genommenen Fremdsatzung gemeint sind[263]. Die pauschale Anerkennung der DGB-Satzung kann im Interesse des Mitgliederschutzes und der eigenen koalitionspolitischen Interessen der Einzelgewerkschaften des DGB – die vielfach von denen des Dachverbands verschieden sind – nicht ausreichen[264]. Auch die in einigen Satzungen enthaltene Verpflichtung, die Beschlüsse des DGB durchzuführen[265], ist keine ausreichend konkrete Verweisung und deutet zudem auf eine bloß innerverbandliche Selbstverpflichtung hin[266]. Eine sinngemäße Verweisung auf den Zustimmungsvorbehalt läßt sich allenfalls der Satzung der Dienstleistungsgewerkschaft ver.di entnehmen, wonach die Gewerkschaft die satzungsrechtliche Funktion des DGB zur Klärung von Organisationsstreitigkeiten zwischen dessen Mitgliedsgewerkschaften anerkennt[267]. Zugleich betont ver.di aber auch die Wahrung ihrer organisatorischen Selbständigkeit gegenüber dem

259 MünchArbR-*Löwisch/Rieble,* § 255 Rdnr. 70.

260 *Jacobs,* S. 214.

261 *Rieble,* Rdnr. 1833 hält selbst die schuldrechtliche Verpflichtung für unzulässig, weil der Gewerkschaftstag dann nicht mehr frei über den Koalitionszweck entscheiden könne.

262 *Konzen,* FS Kraft, S. 291 (311 f.); *Reuter,* Anm. zu BAG vom 19.11.1985 – 1 ABR 37/83, AP Nr. 4 zu § 2 TVG Tarifzuständigkeit (unter 3); *Weyand,* Anm. zu BAG vom 22.11.1988 – 1 ABR 6/87, SAE 1991, S. 319 (325).

263 *Jacobs,* S. 217; *Konzen,* FS Kraft, S. 291 (312).

264 Ebenso *Jacobs,* S. 218; anders wohl *Oetker,* in: Wiedemann, § 2 TVG Rdnr. 70.

265 Vgl. z. B. § 32 der Satzung der IG Metall; § 11 der NGG-Satzung.

266 *Jacobs,* S. 218.

267 § 4 Nr. 3 ver.di-Satzung.

DGB[268], so daß auch hier nur von einer innerverbandlichen Selbstverpflichtung auszugehen ist. Im übrigen könnte die Unterstellung unter den Zustimmungsvorbehalt nicht als eine definitive Entäußerung der Verbandsautonomie verstanden werden, so daß sich die Mitgliedsgewerkschaften über eine entsprechende Satzungsbestimmung zumindest durch späteren satzungsändernden Beschluß hinwegsetzen könnten[269].

Beruht die Tarifzuständigkeit einer Mitgliedsgewerkschaft auf einer Satzungsänderung, die ohne die gem. § 15 Nr. 2 DGB-Satzung vorgeschriebene Zustimmung beschlossen worden ist, kann dieser Verstoß gegen die Satzung des DGB lediglich das Innenverhältnis zum DGB betreffen, er hat aber keinen Einfluß auf die nach außen wirksame Bestimmung der Tarifzuständigkeit[270].

b) Schiedsverfahren gem. § 16 DGB-Satzung

§ 16 DGB-Satzung sieht für den Fall von Zuständigkeitsstreitigkeiten zwischen Mitgliedsgewerkschaften des DGB ein Schiedsverfahren vor. Ob durch dieses Schiedsverfahren die Tarifzuständigkeiten der einzelnen Mitgliedsgewerkschaften verbindlich soweit begrenzt werden können, daß für einen Betrieb nur jeweils eine DGB-Gewerkschaft zuständig ist, wird kontrovers diskutiert. Nach der Rechtsprechung des 1. Senats des BAG wird die Doppelzuständigkeit zweier DGB-Gewerkschaften durch das Schiedsverfahren des § 16 DGB-Satzung ausgeschlossen[271]: Die Entscheidung der Schiedsstelle gem. § 16 Nr. 5 b DGB-Satzung soll zur Einschränkung des satzungsmäßig festgelegten Organisationsbereichs der im Schiedsverfahren unterlegenen Gewerkschaft führen, also rechtlich bindend über die Tarifzuständigkeit der beteiligten Gewerkschaften entscheiden. Darin liege kein Eingriff in die Satzungsautonomie der betroffenen Mitgliedsgewerkschaft; die Schiedsentscheidung finde ihre satzungsmäßige Grundlage in einer im Beitritt zum DGB und der Anerkennung der DGB-Satzung liegenden Selbstbeschränkung[272]. Wird das Schiedsverfahren nicht durch einen Schiedsspruch, sondern

---

268 § 2 Nr. 1 ver.di-Satzung.

269 *Buchner,* gemeinsame Anm. zu BAG vom 25.9.1996 – 1 ABR 4/96 und BAG vom 12.11.1996 – 1 ABR 33/96, SAE 1998, S. 258 (265).

270 LAG München vom 29.11.1995 – 5 (7) TaBV 36/92, LAGE Nr. 1 zu § 2 TVG Tarifzuständigkeit (III 2 der Gründe); *Löwisch/Rieble* § 2 TVG Rdnr. 96.

271 BAG vom 25.9.1996 – 1 ABR 4/96, AP Nr. 10 zu § 2 TVG Tarifzuständigkeit; BAG vom 12.11.1996 – 1 ABR 33/96, AP Nr. 11 zu § 2 TVG Tarifzuständigkeit mit zustimmender Anm. *Oetker;* BAG vom 14.12.1999 – 1 ABR 74/98, AP Nr. 14 zu § 2 TVG Tarifzuständigkeit mit ablehnender Anm. *Rieble.*

272 BAG vom 12.11.1996 – 1 ABR 33/96, AP Nr. 11 zu § 2 TVG Tarifzuständigkeit (D 2 b der Gründe).

durch eine vergleichsweise Einigung der beteiligten Gewerkschaften gem. § 16 Nr. 5 a der DGB-Satzung beendet, soll diese nach neuerer Rechtsprechung des 1. Senats des BAG dieselbe Bindungswirkung auslösen wie ein Schiedsspruch[273]. Die Auffassung des BAG zur Verbindlichkeit des DGB-Schiedsverfahrens wird von einem Teil der Literatur geteilt[274]; sie erfährt aber auch – zum Teil heftige – Kritik[275]: Jede Änderung der Tarifzuständigkeit sei den Einzelgewerkschaften zwingend vorbehalten[276]. Die Schiedsstelle könne nicht in die privatautonome Entscheidungsfreiheit der Koalition eingreifen[277]. Jede Delegation auf Dritte nehme den Mitgliedern das unveräußerliche Recht, die Verfassung ihres Vereins selbst zu bestimmen, ignoriere die Privatnützigkeit der Koalitionsfreiheit und stelle die demokratische Organisation als Voraussetzung der Tariffähigkeit in Frage[278].

Das in § 16 DGB-Satzung vorgesehene Schiedsverfahren geht noch einen Schritt weiter als der in § 15 Nr. 2 DGB-Satzung normierte Zustimmungsvorbehalt: Nach § 16 DGB-Satzung soll dem Dachverband das Recht übertragen werden, die Tarifzuständigkeit der Mitgliedsgewerkschaften positiv durch eigene Regelung und nicht nur negativ durch einen Genehmigungsvorbehalt zu gestalten. Art. 9 Abs. 3 GG garantiert das Recht der Koalitionen, ihren Aktionsrahmen und damit auch ihre Zuständigkeit autonom bestimmen zu können[279] . Ließe man die Beschränkung der Tarifzuständigkeit der Einzelgewerkschaften des DGB durch das in der DGB-Satzung angeordnete Schiedsverfahren zu, würde das Recht der Einzelgewerkschaften, Tarifverträge zu schließen – und damit der Kerngehalt ihrer Betätigungsfreiheit – erheblich eingeschränkt. Der DGB ist gerade kein Zentralverband, der über unselbständige Branchenabteilungen selbst Tarifverträge

---

[273] BAG vom 14.12.1999 – 1 ABR 74/98, AP Nr. 14 zu § 2 TVG Tarifzuständigkeit (B III 2 b der Gründe) mit ablehnender Anm. *Rieble*.

[274] *Blank*, S. 64 ff., 132 f.; *Däubler*, TVR Rdnr. 88; *Hromadka/Maschmann/Wallner*, Rdnr. 28; *Oetker*, gemeinsame Anm. zu BAG vom 25.9.1996 – 1 ABR 4/96 und BAG vom 12.11.1996 – 1 ABR 33/96, AP Nr. 10 und 11 zu § 2 TVG Tarifzuständigkeit; *Schaub*, § 199 Rdnr. 15; *Stein*, TVR Rdnr. 69.

[275] *Heinze*, DB 1997, S. 2122 (2125 f.); *Jacobs*, S. 220 ff.; *Konzen*, FS Kraft, S. 291 (313); *Kutscher*, S. 39 f.; MünchArbR-*Löwisch/Rieble*, § 255 Rdnrn. 70 ff.; *Rieble*, Rdnrn. 1827 ff.; *Rieble*, Anm. zu BAG vom 14.12.1999 – 1 ABR 74/98, AP Nr. 14 zu § 2 TVG Tarifzuständigkeit (unter III 1). Vgl. auch *Heß*, ZfA 1976, S. 45 (53); *Konzen*, ZfA 1975, S. 401 (433 f.); *Salje*, Anm. zu BAG vom 20.3.1991- 4 AZR 455/90, SAE 1993, S. 74 (81).

[276] *Rieble*, Rdnr. 1835.

[277] *Heinze*, DB 1997, S. 2122 (2125).

[278] *Rieble*, Rdnr. 1836.

[279] *Blank*, S. 82; *Konzen*, RdA 1978, S. 146 (153); *Weyand*, Anm. zu BAG vom 22.11.1988 – 1 ABR 6/87, SAE 1991, S. 319 (323).

schließt, sondern ein Verband rechtlich selbständiger Gewerkschaften[280]. Es kann nicht sein, daß eine vereinsrechtliche Schiedsstelle des DGB verfassungsrechtliche Positionen Dritter – und das ist die Bestimmung der Tarifzuständigkeit der Einzelgewerkschaften – verbindlich umgestalten kann und das entgegen der rechtmäßigen autonomen Wahl der betroffenen Koalition selbst[281]. Gegen die Zulässigkeit der in § 16 DGB-Satzung vorgesehenen Verlagerung der Satzungsautonomie spricht auch der Schutz der Mitglieder der Einzelgewerkschaften: Die Tarifzuständigkeit einer Gewerkschaft ist für deren Mitglieder von elementarer Bedeutung[282]. Das einzelne Mitglied hat ein grundlegendes Interesse, an einer Entscheidung beteiligt zu werden, die sein tarifpolitisches Schicksal betrifft. Auch aus diesem Grund kann die Entscheidung über die Tarifzuständigkeit einer Gewerkschaft nicht einem Dritten – wie der DGB-Schiedsstelle – übertragen werden[283]. Eine verbindliche Entscheidung über die Tarifzuständigkeit der Mitgliedsgewerkschaften widerspricht zudem dem Erfordernis der demokratischen Organisation sowie dem Selbstverständnis des DGB und seiner Mitgliedsgewerkschaften, nach dem sowohl der Dachverband als auch die Einzelgewerkschaften eine Steuerung und Lenkung „von unten nach oben" anstreben. Dieses Ziel wird mit einem verbindlichen Schiedsverfahren durch den DGB auf den Kopf gestellt. Jedenfalls aber bedürfte die in § 16 DGB-Satzung vorgesehene Autonomieverlagerung auf die Schiedsstelle einer entsprechenden Verankerung in den Satzungen der Mitgliedsgewerkschaften[284]. Eine Verweisung auf das Schiedsverfahren sucht man in den Satzungen der Mitgliedsgewerkschaften des DGB aber ebenso vergeblich wie eine Verweisung auf den Zustimmungsvorbehalt des § 15 Nr. 2 DGB-Satzung.

Selbst wenn man davon ausginge, daß das Schiedsverfahren des DGB die Tarifzuständigkeit der beteiligten Mitgliedsgewerkschaften im Innenverhältnis verbindlich regeln kann – was angesichts der grundsätzlichen Unverzichtbarkeit der Satzungsautonomie zweifelhaft ist– könnte dem Schiedsverfahren keinesfalls eine verbindliche Außenwirkung zukommen[285]. Auch das BAG ist früher davon ausgegangen, daß der Schiedsspruch nach § 16 DGB-Satzung lediglich das Innenverhältnis der Mitgliedsgewerkschaften untereinander und zum DGB betreffe, daß ein Verstoß gegen die Satzungsbestimmungen des DGB aber keine Außenwir-

---

[280] *Blank,* S. 27; *Rieble,* Anm. zu BAG vom 14.12.1999 – 1 ABR 74/98, AP Nr. 14 zu § 2 TVG Tarifzuständigkeit (unter III 1).

[281] *Heinze,* DB 1997, S. 2122 (2126).

[282] *Martens,* Anm. zu BAG vom 19.11.1985 – 1 ABR 37/83, SAE 1987, S. 1 (8).

[283] *Martens,* Anm. zu BAG vom 19.11.1985 – 1 ABR 37/83, SAE 1987, S. 1 (8).

[284] LAG München vom 29.11.1995 – 5 (7) TaBV 36/92, LAGE Nr. 1 zu § 2 TVG Tarifzuständigkeit (III 2 der Gründe).

[285] *Heinze,* DB 1997, S. 2122 (2126); *Heß,* ZfA 1976, S. 45 (53); MünchArbR-*Löwisch/Rieble,* § 255 Rdnr. 71.

kung habe und sich die Tarifzuständigkeit der Gewerkschaft gegenüber dem Tarifpartner allein aus der eigenen Satzung der Mitgliedsgewerkschaft ergebe[286]. An dieser Auffassung ist festzuhalten. Den Satzungsbestimmungen eine Verbindlichkeit gegenüber dem tariflichen Gegenspieler einzuräumen, ist systemwidrig: Die Befugnis, Satzungsrecht zu setzen, ist den Verbänden nur hinsichtlich ihrer Mitglieder zugewiesen; Satzungsrecht wirkt nur für und gegen die Verbandsmitglieder[287]. Daraus folgt, daß die Verletzung verbandsinterner Regeln zwar eine Verbandswidrigkeit darstellt, die Rechtsbeziehungen zum Tarifpartner und Dritten aber nicht berührt[288]. Es gibt keine Außenwirkung des Schiedsspruchs nach § 16 DBG-Satzung, solange die im Schiedsverfahren unterlegene Gewerkschaft ihre Satzung nicht ändert und auf ihrer Tarifzuständigkeit beharrt[289].

c) Konkurrierende Tarifzuständigkeit ohne Schiedsverfahren

Nach der Rechtsprechung des BAG soll eine Doppelzuständigkeit der konkurrierenden DGB-Gewerkschaften selbst dann ausgeschlossen sein, wenn die Mitgliedsgewerkschaften das nach § 16 Abs. 1 der DGB-Satzung vorgeschriebene Schiedsverfahren noch nicht eingeleitet haben oder auf ein solches ganz verzichten[290]. Die sachgerechte Auslegung der DGB-Satzung ergebe, daß es bei Streitigkeiten zwischen zwei nach ihren Satzungen zuständigen DGB-Gewerkschaften bis zu einer Konfliktlösung bei der alleinigen Zuständigkeit der Gewerkschaft bleiben müsse, die bereits vor der Entstehung der Konkurrenzsituation als zuständig angesehen wurde[291]. Diese Rechtsprechung findet in der Literatur zu Recht keine Zustimmung[292]. Aus der DGB-Satzung ergibt sich gerade nicht, daß es bei Zuständigkeitsstreitigkeiten bis zu einer endgültigen Konfliktlösung bei der Alleinzuständigkeit der bisher zuständigen Gewerkschaft bleiben soll. Die Existenz eines Schiedsverfahren und die Tatsache, daß die DGB-Satzung keine Regelung für den Zeitpunkt vor Einleitung des Schiedsverfahrens enthält, spricht dafür, daß aus Sicht des DGB über die Doppelzuständigkeit zweier Mitgliedsgewerkschaften erst

---

[286] BAG vom 19.11.1985 – 1 ABR 37/83, AP Nr. 4 zu § 2 TVG Tarifzuständigkeit (B IV 2 a der Gründe).

[287] Vgl. *Dütz*, Rdnr. 604, *Hromadka/Maschmann*, § 14 Rdnr. 9.

[288] Vgl. *Hromadka/Maschmann*, § 14 Rdnr. 66.

[289] *Gamillscheg*, § 14 II 2 b (3); *Jacobs*, S. 222.

[290] BAG vom 12.11.1996 – 1 ABR 33/96, AP Nr. 11 zu § 2 TVG Tarifzuständigkeit (D 3 der Gründe).

[291] BAG vom 12.11.1996 – 1 ABR 33/96, AP Nr. 11 zu § 2 TVG Tarifzuständigkeit (D 3 b der Gründe) mit zustimmender Anm. *Oetker* (unter II 3 b).

[292] *Buchner*, gemeinsame Anm. zu BAG vom 25.9.1996 – 1 ABR 4/96 und BAG vom 12.11.1996 – 1 ABR 33/96, SAE 1998, S. 258 (265); *Gamillscheg*, § 14 II 2 b (3); *Jacobs*, S. 223 f.; *Konzen*, FS Kraft, S. 291 (314); MünchArbR-*Löwisch/Rieble*, § 255 Rdnr. 72.

durch das Schiedsverfahren entschieden werden soll[293]. Diese Annahme wird dadurch bestätigt, daß auch die Richtlinien zu §§ 15, 16 DGB-Satzung die bisherige Organisationspraxis nur als ein für die Entscheidung des Schiedsgerichts zu berücksichtigendes Kriterium unter vielen nennen[294]. Zudem bemißt das BAG die Priorität der Tarifzuständigkeit der beteiligten Gewerkschaften nicht nach dem Zeitpunkt der jeweiligen Begründung der satzungsmäßigen Zuständigkeit, sondern danach, von welchem Tarifvertrag der umstrittene Betrieb zunächst aufgrund der Verbandszugehörigkeit des Arbeitgebers erfaßt wurde. Die Tarifzuständigkeit einer Gewerkschaft kann aber nicht davon abhängen, welchem Tarifsystem ein Arbeitgeber aufgrund seiner Verbandszugehörigkeit zuerst unterstand[295]. Vor allem aber findet die Annahme, daß eine Doppelzuständigkeit mehrerer Mitgliedsgewerkschaften des DGB von vornherein ausgeschlossen sein soll, keinerlei Grundlage in den Satzungen der Mitgliedsgewerkschaften.

VI. Ergebnis

Taugliche Mittel zur Vermeidung von Tarifkollisionen sind die Aufnahme von Einschränkungsklauseln in den eigenen Tarifvertrag sowie der Abschluß mehrgliedriger Tarifverträge. Tritt der Arbeitgeber einem Arbeitgeberverband bei, hat dies keinerlei Auswirkung auf seine Tariffähigkeit; das gilt auch, wenn eine satzungsrechtliche Bestimmung des Arbeitgeberverbands den Abschluß von Firmentarifverträgen verbietet. Ebensowenig berührt der Anschluß an einen Spitzenverband die Tariffähigkeit der Mitgliedsverbände, noch verbrauchen die Mitgliedsverbände einer Spitzenorganisation eine von der Tariffähigkeit verschiedene Rechtsetzungsbefugnis, sobald die Spitzenorganisation einen Tarifvertrag abschließt. Das Industrieverbandsprinzip ist kein rechtsverbindliches Prinzip und kann die Koalitionen nicht in der Bestimmung ihrer Tarifzuständigkeit beschränken. Aufgrund der durch Art. 9 Abs. 3 GG geschützten Satzungsautonomie ist eine Verpflichtung der Koalitionen zur Organisation nach dem Industrieverbandsprinzip ausgeschlossen. Ebenfalls wegen der grundrechtlich geschützten Satzungsautonomie kann ein Dachverband die Tarifzuständigkeit eines Mitgliedsverbands nicht mit verbindlicher Wirkung nach außen beschränken. Der DGB kann daher Tarifkollisionen zwischen seinen Mitgliedsgewerkschaften nicht verhindern; die Vermeidung von Tarifkollisionen ist allein vom Willen der Einzelgewerkschaften abhängig.

---

293 *Jacobs*, S. 223; *Konzen*, FS Kraft, S. 291 (314).

294 Nr. 2 a der DGB-Richtlinien für die Abgrenzung von Organisationsbereichen und die Veränderung der Organisationsbezeichnung vom 11.3.1992.

295 *Buchner*, gemeinsame Anm. zu BAG vom 25.9.1996 – 1 ABR 4/96 und BAG vom 12.11.1996 – 1 ABR 33/96, SAE 1998, S. 258 (265).

ZWEITER TEIL. TARIFPLURALITÄT UND GRUNDSATZ DER TARIFEINHEIT

Nachdem die Entstehungsvoraussetzungen und die Möglichkeiten der Vermeidung von Tarifkollisionen dargestellt wurden, ist zu untersuchen, in welchem Umfang Tarifkollisionen auflösungsbedürftig sind. Vorrangig ist zu klären, ob der Grundsatz der Tarifeinheit betriebsweit Geltung beansprucht, die Tarifpluralität also auflösungsbedürftig ist. Denn verwirklicht man die Tarifeinheit auf der Betriebsebene werden Tarifkonkurrenzen in den Arbeitsverhältnissen betriebseinheitlich vermieden; die Heranziehung des Grundsatzes der Tarifeinheit zur Kollisionslösung auf der Ebene des Arbeitsverhältnisses würde damit obsolet[296].

Die Frage, ob die Tarifpluralität auflösungsbedürftig ist, wird äußerst kontrovers beantwortet. Während das BAG in ständiger Rechtsprechung vom Grundsatz der Tarifeinheit im Betrieb ausgeht, meint der weit überwiegende Teil der Literatur, eine Tarifpluralität im Betrieb sei hinzunehmen. Die Lösung des Streits ist davon abhängig, ob der Grundsatz der Tarifeinheit im Betrieb rechtlich anzuerkennen ist. Nur wenn es einen Rechtsgrundsatz gibt, der besagt, daß in einem Betrieb ausschließlich die Rechtsnormen eines Tarifvertrags Anwendung finden dürfen, kann ein Tarifvertrag aus dem Betrieb verdrängt werden[297]. Ist der Grundsatz der Tarifeinheit im Betrieb dagegen nicht als Rechtsprinzip anzuerkennen, können für verschiedene Arbeitsverhältnisse in einem Betrieb unterschiedliche Tarifverträge gelten.

[296] *Fenn,* FS Kissel, S. 312 (214).
[297] *Konzen,* RdA 1978, S. 146 (152).

§ 6. GRUNDSATZ DER TARIFEINHEIT IM BETRIEB IN DER RECHTSPRECHUNG

Da die Lehre vom Grundsatz der Tarifeinheit im Betrieb von der Rechtsprechung des BAG geprägt wurde, wird zur Einführung in diesen äußerst umstrittenen Problemkreis zunächst die Ansicht der Rechtsprechung zur Tarifpluralität und zum Grundsatz der Tarifeinheit im Betrieb dargestellt. Nach der Rechtsprechung des 4. Senats des BAG kann bei einer Tarifpluralität nur einer der kollidierenden Tarifverträge im Betrieb angewandt werden[298]. Die Tarifpluralität soll – ebenso wie die Tarifkonkurrenz – nach dem Spezialitätsprinzip aufgelöst werden: Danach soll der speziellere Tarifvertrag den allgemeineren Tarifvertrag aus dem Betrieb verdrängen; nur der spezielle Tarifvertrag könne die Arbeitsverhältnisse im Betrieb normativ gestalten. Allerdings soll der spezielle Tarifvertrag nicht automatisch auf alle Arbeitsverhältnisse des Betriebs anzuwenden sein, da dies einen Verstoß gegen die negative Koalitionsfreiheit der nicht tarifgebundenen Arbeitnehmer und die Regelungen des TVG über die Tarifbindung zur Folge hätte[299]. Konsequenz ist, daß die nicht an den spezielleren Tarifvertrag gebundenen Arbeitnehmer den Schutz des für sie geltenden allgemeineren Tarifvertrags verlieren[300] und ihre Arbeitsverhältnisse tariflos werden. Der durch die Verdrängung eines bisher geltenden Tarifvertrags entstehende „tariffreie Raum“ ist nach Aussage des BAG hinzunehmen. Die Arbeitnehmer könnten der Gewerkschaft beitreten, die den spezielleren Tarifvertrag abgeschlossen hat und so Tarifschutz erlangen. Den Tarifvertragsparteien, die den verdrängten Tarifvertrag abgeschlossen haben, stünde es frei, einen spezielleren Tarifvertrag abzuschließen; ein Verstoß gegen die Koalitionsfreiheit des Art. 9 Abs. 3 GG liege daher nicht vor[301].

Nach Auffassung des 4. Senats des BAG ist der Grundsatz der Tarifeinheit im Betrieb ein allgemein anerkanntes Rechtsprinzip, das zwar im TVG keinen Niederschlag gefunden habe, sich aber aus den übergeordneten Prinzipien der Rechtssicherheit und Rechtsklarheit ergebe[302]. Die Tarifbindung des Arbeitgebers als Anknüpfungspunkt gewährleiste eine vom Wechsel der Arbeitnehmer und

[298] BAG vom 24.9.1975 – 4 AZR 471/74, AP Nr. 11 zu § 4 TVG Tarifkonkurrenz; BAG vom 29.11.1978 – 4 AZR 304/77, AP Nr. 12 zu § 4 TVG Tarifkonkurrenz; BAG vom 14.6.1989 – 4 AZR 200/89, AP Nr. 16 zu § 4 TVG Tarifkonkurrenz; BAG vom 5.9.1990 – 4 AZR 59/90, AP Nr. 19 zu § 4 TVG Tarifkonkurrenz; BAG vom 20.3.1991 – 4 AZR 455/90, AP Nr. 20 zu § 4 TVG Tarifkonkurrenz.

[299] Der spezielle Tarifvertrag gilt also nur für die Arbeitnehmer, die an diesen Tarifvertrag tarifgebunden sind. Vg. BAG vom 20.3.1991 – 4 AZR 455/90, AP Nr. 20 zu § 4 TVG Tarifkonkurrenz (B II 2 a der Gründe).

[300] Die beiderseitige Tarifbindung an den allgemeineren Tarifvertrag bleibt also wirkungslos.

[301] BAG vom 5.9.1990 – 4 AZR 59/90, AP Nr. 19 zu § 4 TVG Tarifkonkurrenz.

[302] BAG vom 5.9.1990 – 4 AZR 59/90, AP Nr. 19 zu § 4 TVG Tarifkonkurrenz; BAG vom 20.3.1991 – 4 AZR 455/90, AP Nr. 20 zu § 4 TVG Tarifkonkurrenz (B II 2 a der Gründe).

vom Zufall unabhängige betriebseinheitliche Anwendung desjenigen Tarifvertrags, der den Erfordernissen des Betriebs und der darin beschäftigten Arbeitnehmer am besten entspricht[303]. Rechtliche und tatsächliche Unzuträglichkeiten, die sich aus einem Nebeneinander von Tarifverträgen in einem Betrieb ergäben, würden dadurch vermieden[304]. Hilfsweise konstatiert der 4. Senat des BAG eine Regelungslücke des TVG, die mit Hilfe eines Rückgriffs auf das allgemein anerkannte Rechtsprinzip der Tarifeinheit zu schließen sei[305]. Daß der Grundsatz der Tarifeinheit im Betrieb ein allgemeines Rechtsprinzip sei, zeige sich schon daran, daß er nicht nur ausdrücklich in der Begründung eines Entwurfs eines TVG erwähnt worden sei, sondern auch Eingang in § 8 des sog. Stuttgarter Entwurfs vom Juli 1948 gefunden habe[306].

In den Vordergrund seiner Argumentation stellt der 4. Senat des BAG immer wieder praktische, kaum lösbare Schwierigkeiten, die durch die Anwendung mehrerer Tarifverträge in einem Betrieb entstünden[307]. So müßte bei einem Nebeneinander mehrerer Tarifverträge in einem Betrieb zwischen den gem. § 3 Abs. 2 TVG betriebseinheitlich geltenden Kollektivnormen und den nur für bestimmte Arbeitsverhältnisse geltenden Individualnormen differenziert werden. Die Abgrenzung von Kollektiv- und Individualnormen sei aber oftmals tatsächlich schwierig, zumal Überschneidungen möglich seien[308]. Wegen dieser Abgrenzungsschwierigkeiten muß nach Auffassung des 4. Senats ein Tarifvertrag insgesamt – also auch hinsichtlich seiner Individualnormen – aus dem Betrieb verdrängt werden. Eine weitere Schwierigkeit des Nebeneinanders mehrerer Tarifverträge im Betrieb ergebe sich daraus, daß der Arbeitgeber dann erfahren müßte, welcher Arbeitnehmer des Betriebs welcher Gewerkschaft angehört, um die für das jeweilige Arbeitsverhältnis geltenden tarifvertraglichen Verpflichtungen erfül-

303 BAG vom 14.6.1989 – 4 AZR 200/89, AP Nr. 16 zu § 4 TVG Tarifkonkurrenz; BAG vom 5.9.1990 – 4 AZR 59/90, AP Nr. 19 zu § 4 TVG Tarifkonkurrenz; BAG vom 20.3.1991 – 4 AZR 455/90, AP Nr. 20 zu § 4 TVG Tarifkonkurrenz (B II 2 a der Gründe).

304 BAG vom 14.6.1989 – 4 AZR 200/89, AP Nr. 16 zu § 4 TVG Tarifkonkurrenz; BAG vom 5.9.1990 – 4 AZR 59/90, AP Nr. 19 zu § 4 TVG Tarifkonkurrenz.

305 BAG vom 20.3.1991 – 4 AZR 455/90, AP Nr. 20 zu § 4 TVG Tarifkonkurrenz (B II 2 a der Gründe).

306 BAG vom 20.3.1991 – 4 AZR 455/90, AP Nr. 20 zu § 4 TVG Tarifkonkurrenz (B II 2 a der Gründe).

307 BAG vom 29.11.1978 – 4 AZR 304/77, AP Nr. 12 zu § 4 TVG Tarifkonkurrenz; BAG vom 14.6.1989 – 4 AZR 200/89, AP Nr. 16 zu § 4 TVG Tarifkonkurrenz; BAG vom 24.1.1990 – 4 AZR 561/89, AP Nr. 126 zu § 1 TVG Tarifverträge: Bau; BAG vom 5.9.1990 – 4 AZR 59/90, AP Nr. 19 zu § 4 TVG Tarifkonkurrenz; BAG vom 20.3.1991 – 4 AZR 455/90, AP Nr. 20 zu § 4 TVG Tarifkonkurrenz (B II 2 a der Gründe).

308 BAG vom 14.6.1989 – 4 AZR 200/89, AP Nr. 16 zu § 4 TVG Tarifkonkurrenz; BAG vom 5.9.1990 – 4 AZR 59/90, AP Nr. 19 zu § 4 TVG Tarifkonkurrenz; BAG vom 20.3.1991 – 4 AZR 455/90, AP Nr. 20 zu § 4 TVG Tarifkonkurrenz (B II 2 a der Gründe).

len zu können. Eine Pflicht zur Offenbarung der Gewerkschaftsmitgliedschaft gegenüber dem Arbeitgeber sei aber rechtlich nicht begründbar und tatsächlich nicht durchsetzbar[309].

Die mit der Verdrängung eines Tarifvertrags aus einem Betrieb verbundene Folge, daß Arbeitnehmer ihren Tarifschutz verlieren, rechtfertigt der 4. Senat, indem er eine Parallele zu § 87 Abs. 1 Eingangssatz BetrVG zieht[310]: Ebenso wie bei einer Tarifgebundenheit des Arbeitgebers die Mitbestimmungsrechte des Betriebsrats nach § 87 Abs. 1 Eingangssatz BetrVG bei Bestehen einer tariflichen Regelung auch für die nicht tarifgebundenen Arbeitnehmer ausgeschlossen werden, gelte dies entsprechend auch bei der Anwendung eines an die Tarifbindung des Arbeitgebers anknüpfenden Tarifvertrags.

Andere Senate des BAG melden zwar Bedenken gegen den Grundsatz der Tarifeinheit im Betrieb an; im Ergebnis folgen sie jedoch der Rechtsprechung des 4. Senats[311]. Ausschlaggebend dafür seien allein Gründe der Praktikabilität; eine rein dogmatisch begründete Beantwortung würde zu unüberwindlichen praktischen Schwierigkeiten führen[312]. Die Instanzrechtsprechung ist zwiegespalten; einige Kammern der Landesarbeitsgerichte lehnen den Grundsatz der Tarifeinheit im Betrieb ab[313], andere Kammern leisten der Rechtsprechung des BAG Folge[314]. In der Literatur findet der Grundsatz der Tarifeinheit im Betrieb nur vereinzelt Zustimmung[315].

---

309 BAG vom 14.6.1989 – 4 AZR 200/89, AP Nr. 16 zu § 4 TVG Tarifkonkurrenz; BAG vom 5.9.1990 – 4 AZR 59/90, AP Nr. 19 zu § 4 TVG Tarifkonkurrenz.

310 BAG vom 14.6.1989 – 4 AZR 200/89, AP Nr. 16 zu § 4 TVG Tarifkonkurrenz; BAG vom 5.9.1990 – 4 AZR 59/90, AP Nr. 19 zu § 4 TVG Tarifkonkurrenz; BAG vom 20.3.1991 – 4 AZR 455/90, AP Nr. 20 zu § 4 TVG Tarifkonkurrenz (B II 2 a der Gründe).

311 BAG vom 22.9.1993 – 10 AZR 207/92, AP Nr. 21 zu § 4 TVG Tarifkonkurrenz (II 4 c der Gründe); BAG vom 26.1.1994 – 10 AZR 611/92, AP Nr. 22 zu § 4 TVG Tarifkonkurrenz (II 4 d der Gründe); BAG vom 22.3.1994 – 1 ABR 47/93, EzA Nr. 10 zu § 4 TVG Geltungsbereich (B III 1 a der Gründe); BAG vom 25.9.1996 – 1 ABR 4/96, AP Nr. 10 zu § 2 TVG Tarifzuständigkeit (B III 4 b der Gründe).

312 BAG vom 26.1.1994 – 10 AZR 611/92, AP Nr. 22 zu § 4 TVG Tarifkonkurrenz (II 4 d der Gründe).

313 LAG Niedersachsen vom 14.6.1990 – 13 Sa 1783/89, LAGE Nr. 1 zu § 4 TVG Tarifpluralität (2 a der Gründe); LAG Bremen vom 28.8.1990 – 1 Sa 67/79/90, LAGE Nr. 2 zu § 4 TVG Tarifpluralität (II 5 b der Gründe); LAG Berlin vom 2.3.1992 – 9 Sa 95/91, Nr. 6 zu § 256 ZPO (II 2 d der Gründe); LAG Berlin vom 31.1.1994 – 9 Sa 108/93, ZTR 1994, S. 330 (4 der Gründe); LAG Niedersachsen vom 12.11.1999 – 3 Sa 780/99; AuR 2000, S. 357.

314 LAG Schleswig-Holstein vom 4.3.1998 – 2 Sa 456/97, NZA-RR 1999, S. 251 (B I 1 der Gründe); LAG Nürnberg vom 27.4.2000 – 5 Sa 739/99, NZA-RR 2000, S. 593; LAG Niedersachsen vom 11. 8.2000 – 2 Sa 2275/99, ZTR 2001, S. 24.

315 *Heinze/Ricken*, ZfA 2001, S. 159 (174 ff.), *Koch*, Rdnrn. 203 ff.; *Säcker/Oetker*, ZfA 1993, S. 1 ff.

§ 7. KONSEQUENZEN DES GRUNDSATZES DER TARIFEINHEIT IM BETRIEB

Bevor man sich der Frage nach der Rechtsgrundlage des Grundsatzes der Tarifeinheit im Betrieb stellt, muß man sich zur Verdeutlichung des Problems die Konsequenzen des Grundsatzes der Tarifeinheit im Betrieb vor Auge führen.

I. Für die Arbeitsvertragsparteien

Die nicht an den spezielleren Tarifvertrag gebundenen Arbeitnehmer verlieren durch die Anwendung des Grundsatzes der Tarifeinheit im Betrieb ihren Tarifschutz, sie werden praktisch ihrer gewählten Tarifbindung beraubt und wie Nichtorganisierte behandelt[316]. Der verdrängende Tarifvertrag beseitigt die Bindung an ihren Tarifvertrag, ohne selbst für die betroffenen Arbeitsverhältnisse an die Stelle des verdrängten Tarifvertrags treten zu können: Der Geltung des vorrangigen Tarifvertrags für die an den verdrängten Tarifvertrag gebundenen Arbeitsverhältnisse stehen nicht nur die eindeutigen Regelungen der §§ 3, 5 Abs. 4 TVG entgegen[317], wonach ein Tarifvertrag nur in den beiderseits tarifgebundenen Arbeitsverhältnissen gilt. Die Geltung des vorrangigen Tarifvertrags in den bisher an den verdrängten Tarifvertrag gebundenen Arbeitsverhältnissen widerspräche auch der negativen Koalitionsfreiheit[318]. Denn neben dem Recht, einer Gewerkschaft fernzubleiben und aus ihr auszutreten[319], garantiert die negative Koalitionsfreiheit auch, daß tarifliche Außenseiter grundsätzlich von der Normsetzung durch fremde Tarifvertragsparteien verschont bleiben[320].

Als Folgeproblem stellt sich die Frage, welche Arbeitsbedingungen in den tariflos gewordenen Arbeitsverhältnissen gelten sollen. Die Weitergeltung der Arbeitsbe-

[316] Zur Vereinbarkeit mit der individuellen Koalitionsfreiheit siehe unten § 9 II 1.

[317] BAG vom 20.3.1991 – 4 AZR 455/90, AP Nr. 20 zu § 4 TVG Tarifkonkurrenz (B II 2 a der Gründe); LAG Brandenburg vom 17.3.1995 – 5 Sa 671/94, LAGE Nr. 3 zu § 4 TVG Nachwirkung (2.3 der Gründe); *Fenn,* FS Kissel, S. 213 (S. 232, Fn. 89).

[318] BAG vom 20.3.1991 – 4 AZR 455/90, AP Nr. 20 zu § 4 TVG Tarifkonkurrenz (B II 2 a der Gründe); *Fenn,* FS Kissel, S. 213 (S. 232, Fn. 89).

[319] BVerfG vom 1.3.1979 – 1 BvR 532, 533/77, 419/78 und 1 BvL 21/78, BVerfGE 50, S. 290 (C IV 1 der Gründe); BVerfG vom 15.7.1980 – 1 BvR 24/74 und 439/79, BVerfGE 55, S. 7 (B II 2 der Gründe); BVerfG vom 17.2.1981 – 2 BvR 384/78, BVerfGE 57, S. 220 (C II 4 a der Gründe); BAG vom 29.11.1967 – GS 1/67, AP Nr. 13 zu Art. 9 GG (Teil IV, VI 5); *Junker,* Grundkurs Arbeitsrecht, Rdnr. 471; Maunz/Dürig/Herzog-*Scholz,* Art. 9 GG Rdnr. 226; MünchArbR-*Löwisch/Rieble* § 244 Rdnr. 3.

[320] *Biedenkopf,* S. 99 ff.; *Kempen/Zachert,* § 3 TVG Rdnr. 17; MünchArbR-*Löwisch/Rieble,* § 244 Rdnr. 5; *Oetker,* in: Wiedemann, § 3 TVG Rdnrn. 25 ff.; *Schleusener,* S. 72 ff.; *Zöllner,* S. 22 f.

dingungen des verdrängten Tarifvertrags nach § 4 Abs. 5 TVG analog[321] scheidet von vornherein aus; diese Lösung liefe – genau wie die Tarifpluralität – dem Ziel der Tarifeinheit im Betrieb gerade zuwider[322]. Auch eine Angleichung an die Arbeitsbedingungen des vorrangigen Tarifvertrags im Wege arbeitsvertraglicher Bezugnahmeklauseln oder einer Bestimmung der Arbeitsbedingungen nach § 612 Abs. 2 BGB analog[323] ist nicht unproblematisch: Mit der Lösung über § 612 Abs. 2 BGB analog würden die vormals an den verdrängten Tarifvertrag gebundenen Arbeitsverhältnisse letztlich durch Gesetz – und damit ohne ihr Zutun – den Regelungen des für den betroffenen Betrieb vorrangigen Tarifvertrags unterworfen. Diese Folge ist angesichts der negativen Koalitionsfreiheit und dem damit garantierten Recht, von der Normsetzung fremder Tarifvertragsparteien grundsätzlich unbehelligt zu bleiben, äußerst bedenklich[324]. Darüber hinaus versagt die Lösung über § 612 Abs. 2 BGB analog bei anderen Arbeitsbedingungen als bei Arbeitsentgelten, wenn man mit der herrschenden Meinung § 612 Abs. 2 BGB nur auf Arbeitsentgelte anwendet[325]. Es bleibt die Möglichkeit, für die Arbeitsverhältnisse, in denen bisher der verdrängte Tarifvertrag gegolten hat, arbeitsvertragliche Bezugnahmeklauseln mit dem Inhalt zu vereinbaren, daß nunmehr auch für diese Arbeitsverhältnisse der nach dem Grundsatz der Tarifeinheit im Betrieb vorrangige Tarifvertrag gelten soll. Dabei ist freilich zu beachten, daß der arbeitsvertraglich in Bezug genommene Tarifvertrag nicht mit der normativen Wirkung eines Tarifvertrags, sondern als Teil des Arbeitsvertrags gilt. Die Folge ist, daß der in Bezug genommene Tarifvertrag nicht den kollektivrechtlichen Veränderungsschutz genießt, sondern zum Nachteil des Arbeitnehmers abbedungen werden kann, etwa im Wege der Änderungsvereinbarung oder Änderungskündigung. Werden keine Bezugnahmeklauseln vereinbart, bleibt den an den verdrängten Tarifvertrag gebundenen Arbeitnehmern nur der Minimalschutz der gesetzlichen Mindestarbeitsbedingungen (z. B. § 3 BUrlG; § 3 ArbZG).

---

321 Anregung von *Kania,* DB 1996, S. 1921 (1922).

322 *Jacobs,* S. 346.

323 *Kania,* DB 1996, S. 1921 (1922).

324 *Hromadka/Maschmann/Wallner,* Rdnr. 166; *Jacobs,* S. 346.

325 Vgl. BAG vom 26.6.1990 – 5 AZR 112/90, AP Nr. 9 zu § 2 BeschFG 1985 (II 1 der Gründe); *Hanau,* ArbRdGegw. Bd. 34 (1997), S. 21 (28); *Hromadka/Maschmann/Wallner,* Rdnr. 166; *Lieb,* NZA 1994, S. 337 (338); *Rieble,* Anm. zu BAG vom 14.6.1994 – 9 AZR 89/93, SAE 1995, S. 75 (81); Staudinger-*Richardi,* § 612 BGB Rdnr. 36; a. A. *Zöllner,* DB 1995, S. 1401 (1405).

II. Für die Koalitionen

Auch für die Koalitionen, deren Tarifvertrag aus dem Betrieb verdrängt wird, hat der Grundsatz der Tarifeinheit im Betrieb erhebliche Auswirkungen[326]. Diese Koalitionen verlieren ihre Betätigungsmöglichkeit in dem von der Tarifpluralität betroffenen Betrieb; der von ihnen geschlossene Tarifvertrag wird in dem Betrieb rechtlich unbeachtlich. Die Koalitionen, deren Tarifvertrag verdrängt wird, verlieren an Einfluß: Da es den Gewerkschaftsmitgliedern bzw. den Mitgliedern eines Arbeitgeberverbands darauf ankommt, daß ihr Verband für ihre Arbeitsverhältnisse tatsächlich geltende Tarifverträge abschließt, droht den betroffenen Koalitionen ein Mitgliederschwund. Daneben provoziert der Grundsatz der Tarifeinheit im Betrieb einen „Verdrängungswettbewerb" der konkurrierenden Koalitionen: Da nach der Lehre vom Grundsatz der Tarifeinheit im Betrieb jeweils nur ein Tarifvertrag in einem Betrieb gelten kann, wird jede Koalition versuchen, einen spezielleren Tarifvertrag abzuschließen, um so ihre Betätigungsmöglichkeit zu erhalten oder zurückzugewinnen.

III. Tarifeinheit im Betrieb und allgemeinverbindlicher Tarifvertrag

Wird ein allgemeinverbindlicher Tarifvertrag nach den Grundsätzen der Tarifpluralität verdrängt, verlieren die allein durch den allgemeinverbindlichen Tarifvertrag geschützten Arbeitnehmer ihren Tarifschutz, ihre Arbeitsverhältnisse werden tariflos. Damit geht einher, daß der Zweck der Allgemeinverbindlichkeit – die lückenlose Erfassung eines Industriezweigs oder eines einzelnen Unternehmens[327] – gefährdet wird[328]: Nach der Rechtsprechung ist die Tarifpluralität ebenso wie die Tarifkonkurrenz mit Hilfe des Spezialitätsprinzips aufzulösen[329]. Die Folge ist, daß der allgemeinverbindliche Tarifvertrag als der in der Regel allgemeinere Tarifvertrag verdrängt wird. So kann der Grundsatz der Tarifeinheit im Betrieb dazu führen, daß eine ganz überwiegende Mehrheit von Arbeitnehmern den Schutz des allgemeinverbindlichen Tarifvertrags verliert, weil einige wenige Arbeitnehmer an einen speziellen Tarifvertrag gebunden sind.

---

[326] Zur kollektiven Koalitionsfreiheit siehe unten § 9 II 2.

[327] *Hanau/Kania,* Anm. zu BAG vom 20.3.1991 – 4 AZR 455/90, AP Nr. 20 zu § 4 TVG Tarifkonkurrenz (unter II 2 c); *Merten,* BB 1993, S. 572 (575); *Schaub,* § 207 Rdnr. 2; *Wiedemann/Arnold,* ZTR 1994, S. 443 (445).

[328] Siehe näher dazu unten § 9 I 2.

[329] BAG vom 14.6.1989 – 4 AZR 200/89, AP Nr. 16 zu § 4 TVG Tarifkonkurrenz; BAG vom 5.9.1990 – 4 AZR 59/90, AP Nr. 19 zu § 4 TVG Tarifkonkurrenz; BAG vom 20.3.1991 – 4 AZR 455/90, AP Nr. 20 zu § 4 TVG Tarifkonkurrenz (B II 2 a der Gründe).

Die Verdrängung eines allgemeinverbindlichen Tarifvertrags wird bisweilen als Vorteil der Tarifeinheit im Betrieb angesehen, da so eine Schlechterstellung der Organisierten gegenüber den Nichtorganisierten vermieden werde[330]: Würde ein allgemeinverbindlicher Tarifvertrag nicht durch speziellere Firmen- oder Verbandstarife verdrängt, würden die Nichtorganisierten, die weiterhin dem Schutz des allgemeinverbindlichen Tarifvertrags unterfielen, besser stehen als die Organisierten, sofern der allgemeinverbindliche Tarifvertrag bessere Tarifbedingungen enthält.

IV. Mißbrauchsgefahren

Die Auflösung der Tarifpluralität nach dem Grundsatz der Tarifeinheit im Betrieb kann dazu mißbraucht werden, die Tarifgeltung gezielt zu bestimmen und sich unerwünschten Tarifbedingungen zu entziehen.

1. Gewillkürte Tarifpluralität

Die Möglichkeit, den Grundsatz der Tarifeinheit im Betrieb zu mißbrauchen, wird in den Fällen offensichtlich, in denen die Tarifpluralität absichtsvoll herbeigeführt wird. Einzelne Arbeitgeber oder Arbeitgeberverbände können sich bewußt dazu entschließen, einen – gegenüber einem bisher geltenden Tarifvertrag – spezielleren Tarifvertrag abzuschließen, um sich so der Geltung des bisherigen Tarifvertrags zu entziehen[331]. Auf diesem Wege kann der Grundsatz der Tarifeinheit im Betrieb dazu mißbraucht werden, sich von unliebsamen Tarifbedingungen zu lösen; beispielsweise kann ein Haustarifvertrag mit einer für die Belegschaft wenig repräsentativen Gewerkschaft die Mitglieder einer anderen Gewerkschaft des Tarifschutzes eines Flächentarifvertrags berauben[332]. Dieses Ziel wurde wohl in dem sog. Jenoptik-Fall verfolgt. Die Jenoptik AG vereinbarte mit der CGM einen Firmentarif, um den mit der IG-Metall abgeschlossen Flächentarif aus dem Betrieb zu verdrängen. Dieses Ziel wurde allerdings verfehlt, da der Tarifvertrag der IG-Metall sich zum Zeitpunkt des Abschlusses des Firmentarifs bereits im Stadium der Nachwirkung befand und das BAG eine auflösungsbedürftige Tarifpluralität im Zusammenhang mit einem gem. § 4 Abs. 5 TVG geltenden Tarifvertrag verneint.

---

[330] *Ramrath,* Arbeitgeber 1997, S. 866 (867).
[331] *Kittner,* in: Kittner/Zwanziger, § 10 Rdnr. 192; *Wendeling-Schröder,* AuR 2000, S. 339 (341).
[332] *Ramrath,* Arbeitgeber 1997, S. 866.

2. Organisationsgewalt über den Betrieb

Aus der Tarifeinheit im Betrieb ergibt sich schließlich noch eine weitere Möglichkeit für den Arbeitgeber, die Tarifgeltung zu beeinflussen: Da der Arbeitgeber Herr der Organisationseinheit „Betrieb"[333] ist, kann er seine Betrieb so organisieren, daß ein für ihn günstiger Tarifvertrag Anwendung findet[334]. So kann er beispielsweise zwei Betriebe, für die bislang verschiedene Tarifverträge gelten, durch eine einheitliche Leitung zusammenlegen und der einen Belegschaft nach dem Grundsatz der Tarifeinheit im Betrieb ihren Tarifschutz entziehen[335]. Vor allem in Mischbetrieben kann der Arbeitgeber die Belegschaftszusammensetzung verändern und so den für den Betrieb vorrangigen Tarifvertrag bestimmen[336]. Dieser Mißbrauchsmöglichkeit kann freilich in Betrieben, in denen Betriebsräte existieren, durch die Mitbestimmungsrechte des Betriebsrats nach §§ 111, 112 und 99 BetrVG begegnet werden, da die Mitbestimmungsrechte die Organisationsgewalt des Arbeitgebers einschränken.

[333] Da für das Tarifrecht kein eigener Betriebsbegriff festgelegt ist, ist im Zusammenhang mit der Tarifeinheit im Betrieb auf den allgemeinen arbeitsrechtlichen Betriebsbegriff zurückzugreifen, der weitgehend vom Betriebsverfassungsrecht präjudiziert wird.

[334] *Rieble,* Anm. zu BAG vom 22.3.1994 – 1 ABR 47/93, EzA Nr. 10 zu § 4 TVG Geltungsbereich (unter II 3 a).

[335] *Rieble,* Anm. zu BAG vom 22.3.1994 – 1 ABR 47/93, EzA Nr. 10 zu § 4 TVG Geltungsbereich (unter II 3 a).

[336] *Rieble,* Anm. zu BAG vom 22.3.1994 – 1 ABR 47/93, EzA Nr. 10 zu § 4 TVG Geltungsbereich (unter II 3 a).

§ 8. Rechtsgrundlage des Grundsatzes der Tarifeinheit im Betrieb

Ob der Lehre vom Grundsatz der Tarifeinheit im Betrieb zugestimmt werden kann, ist Gegenstand der folgenden Untersuchung. Angesichts der aufgezeigten Konsequenzen des Grundsatzes der Tarifeinheit und der Tatsache, daß die Tarifvertragsparteien in der Tarifgestaltung prinzipiell frei sind[337], kann der Lehre vom Grundsatz der Tarifeinheit im Betrieb nur gefolgt werden, wenn es eine Rechtsgrundlage für die Anwendung des Grundsatzes der Tarifeinheit im Betrieb gibt.

I. Gewohnheitsrecht

Der Grundsatz der Tarifeinheit im Betrieb ist nicht ausdrücklich gesetzlich geregelt. Er hätte aber gesetzesgleiche Wirkung, wenn er als Gewohnheitsrecht anzuerkennen wäre[338]. Das BAG selbst erwähnt diese Möglichkeit nicht. In der Literatur wird aber vereinzelt davon ausgegangen, daß der Grundsatz der Tarifeinheit im Betrieb „längst Gewohnheitsrecht“ sei, da er – so wird ohne jeden Nachweis behauptet – von den am Arbeitsleben praktisch Beteiligten mit gerichtlicher Billigung tagtäglich in dem Bewußtsein angewandt werde, daß es sich um geltendes Recht handele[339]. Gewohnheitsrecht entsteht durch eine gleichmäßige, über längere Zeit tatsächlich bestehende Übung, die Ausdruck einer sie begleitenden Rechtsüberzeugung ist[340]. Fraglich ist, ob der Grundsatz der Tarifeinheit im Betrieb tatsächlich diesen Anforderungen genügt.

1. Weimarer Republik

In der Weimarer Republik fand der Grundsatz der Tarifeinheit Niederschlag in § 2 Abs. 2 TVVO. Die Vorschrift bezog sich allerdings ausdrücklich auf die Tarifkonkurrenz im Arbeitsverhältnis. In der rechtlichen Diskussion der Weimarer Zeit

[337] *Konzen,* RdA 1978, S. 146 (152).

[338] Vgl. BGH vom 30.1.1958 – III ZR 174/56, NJW 1958, S. 709 (a aa der Gründe); *Enneccerus/Nipperdey,* § 38 III 1; *Larenz/Canaris,* S. 258; von Staudinger-*Merten/Kirchhof,* Art. 2 EGBGB Rdnr. 90.

[339] *Koch,* Rdnr. 204.

[340] BVerfG vom 28.6.1967 – 2 BvR 143/61, BVerfGE 22, S. 114 (B III 3 a der Gründe); BVerfG vom 14.2.1973 – 2 BvR 667/72, BVerfGE 34, S. 293 (B III 2 der Gründe); BGH vom 19.6.1962 – I ZB 10/61, BGHZ 37, S. 219 (222); *Hübner,* § 3 Rdnr. 37; *Larenz/Canaris,* S. 176 f.; *Larenz/Wolf;* § 3 Rdnr. 23; Staudinger-*Coing,* Einl. Rdnrn. 232, 239.

bezogen sich die meisten Äußerungen – namentlich die des RAG[341] – zum Grundsatz der Tarifeinheit allein auf die Tarifkonkurrenz[342]. Wurde der Grundsatz der Tarifeinheit im Betrieb angesprochen, wurde er zumeist lediglich als tarifpolitisch sinnvolles Ziel betrachtet[343]; eine Anerkennung des Grundsatzes der Tarifeinheit im Betrieb als zwingendes Rechtsprinzip forderte allein *Nipperdey*[344]. Es kann daher keine Rede davon sein, daß der Grundsatz der Tarifeinheit im Betrieb in der Weimarer Zeit von einer allgemeinen Rechtsüberzeugung getragen wurde.

2. Nationalsozialismus

Während des Nationalsozialismus verfestigte sich der Grundsatz der Tarifeinheit im Betrieb. An die Stelle ausgehandelter Tarifverträge traten von einem „Treuhänder" erlassene, für alle Arbeitsverhältnisse geltende, Tarifordnungen (§ 32 Abs. 2 S. 2 AOG). Das RAG betonte, daß in jedem Betrieb nur eine Tarifordnung Anwendung finden könne[345]. Während des Nationalsozialismus herrschte allerdings eine – mit dem heutigen Tarifrecht in keinster Weise vergleichbare – Zwangsreglementierung des Tarifsystems[346]: Die Gewerkschaften wurden verboten und aufgelöst, die ehemals von den Koalitionen frei ausgehandelten Tarifverträge wurden durch staatlich verordnete und kontrollierte Tarifordnungen ersetzt. Die im Nationalsozialismus herrschende Rechtsüberzeugung kann daher nicht zur Begründung eines für das heutige Tarifrecht geltenden Gewohnheitsrechts herangezogen werden[347].

---

[341] RAG vom 19.1.1929 – RAG 270/28, ARS 5, S. 85 (86); RAG vom 26.1.1929 – RAG 383/28, ARS 5, S. 274 (277); RAG vom 3.5.1930 – RAG 550/29, ARS 9, S. 264 (267); RAG vom 1.7.1931 – RAG 19/31, ARS 12, S. 529 (532 f.)

[342] *Anthes,* bei: *Kaskel,* S. 166 ff.; *Becker,* S. 19 ff.; *Grote,* bei: *Kaskel,* S. 158 ff.; *Wischmeyer,* S. 3 ff., 32 ff.

[343] *Molitor,* NZfA 1930, Sp. 208 ff.; *Schulze-Nicolai,* S. 32 f.

[344] *Nipperdey,* Anm. zu RAG vom 19.1.1929 – RAG 270/28, ARS 5, S. 85 (87); *Nipperdey,* Anm. zu RAG vom 3.5.1930 – RAG 550/29, ARS 9, S. 264 (268).

[345] RAG vom 22.7.1936 – RAG 52/36, RAS 27, S. 241 (245); RAG vom 5.5.1937 – RAG 14/37, ARS 30, S. 99 (102); RAG vom 19.10.1938 – RAG 113/38, ARS 34, S. 171 (173); RAG vom 14.6.1939 – RAG 239/38, ARS 37, S. 13 (17); RAG vom 12.8.1941 – RAG 18/41, ARS 42, S. 402 (408 f.).

[346] Das TVG knüpft in seiner Grundlage an die TVVO der Weimarer Republik an; das TVG sollte die Entwicklung des Weimarer Tarifrechts weiterführen, die durch die nationalsozialistische Epoche abgebrochen worden war. Vgl. *Konzen,* RdA 1978, S. 146 (151); *Wiedemann-Stumpf,* Geschichte des TVG, Rdnr. 2.

[347] *Bruhn,* S. 175; *Konzen,* RdA 1978, S. 146 (152).

3. Entwicklung nach 1945

Es bleibt zu klären, ob der Grundsatz der Tarifeinheit im Betrieb unter der Geltung des TVG zu Gewohnheitsrecht erstarkt ist. Seither vertritt nur das BAG nachdrücklich die Auffassung, daß in einem Betrieb allein ein Tarifvertrag gelten könne[348]. Grundlage für eine gewohnheitsrechtliche Anerkennung des Grundsatzes der Tarifeinheit im Betrieb kann daher lediglich eine ständige Rechtsprechung des BAG sein. Eine ständige Rechtsprechung kann zur Grundlage eines Gewohnheitsrechts werden, wenn sie sich über eine erhebliche Zeit als konstant erweist und von einer allgemeinen Rechtsüberzeugung in den beteiligten Kreisen und der Rechtslehre getragen wird[349].

Ausgangspunkt für die Judikatur des BAG zum Grundsatz der Tarifeinheit im Betrieb ist eine Entscheidung des damals für Fragen des Tarifrechts zuständigen 1. Senats. Der Senat stellte unter ausdrücklicher Bezugnahme auf *Nipperdey* fest, der Grundsatz der Tarifeinheit beziehe sich nicht nur auf das einzelne Arbeitsverhältnis, sondern besage auch, daß in jedem Betrieb grundsätzlich nur ein Tarifvertrag anzuwenden sei[350]. In den ersten Entscheidungen des 4. Senat des BAG wurde der Grundsatz der Tarifeinheit im Betrieb dagegen lediglich als Auslegungsregel zur Abgrenzung des Geltungsbereichs von Tarifverträgen derselben Gewerkschaften herangezogen[351]: Im Zweifel solle nach dem die Gerichte bindenden Willen der Tarifvertragsparteien in einem Betrieb nur ein Tarifvertrag gelten[352]. Es folgten Entscheidungen, in denen der 4. Senat feststellte, die Anwendung des Grundsatzes der Tarifeinheit im Betrieb sei im Interesse der Rechtssicherheit und Rechtsklarheit „in Kauf zu nehmen“[353] bzw. „hinzunehmen“[354]. Erst 1990 konstatierte der 4. Senat ausdrücklich, der Grundsatz der Tarifeinheit im Betrieb sei ein allgemeines Rechtsprinzip, das unmittelbar aus den übergeordneten

---

348 BAG vom 29.3.1957 – 1 AZR 208/55, AP Nr. 4 zu § 4 TVG Tarifkonkurrenz; BAG vom 24.9.1975 – 4 AZR 471/74, AP Nr. 11 zu § 4 TVG Tarifkonkurrenz; BAG vom 29.11.1978 – 4 AZR 304/77, AP Nr. 12 zu § 4 TVG Tarifkonkurrenz; BAG vom 14.6.1989 – 4 AZR 200/89, AP Nr. 16 zu § 4 TVG Tarifkonkurrenz; BAG vom 5.9.1990 – 4 AZR 59/90, AP Nr. 19 zu § 4 TVG Tarifkonkurrenz; BAG vom 20.3.1991 – 4 AZR 455/90, AP Nr. 20 zu § 4 TVG Tarifkonkurrenz. Zustimmend *Koch,* Rdnrn. 203 f.; *Säcker/Oetker,* ZfA 1993, S. 1 (6 ff.)

349 BVerfG vom 19.12.1962 – 1 BvR 163/56, BVerfGE 15, S. 226 (III 3 der Gründe); BAG vom 10.6.1980 – 1 AZR 822/79, AP Nr. 64 zu Art. 9 GG Arbeitskampf (A II 4 der Gründe); *Larenz/Canaris,* S. 258.

350 BAG vom 29.3.1957 – 1 AZR 208/55, AP Nr. 4 zu § 4 TVG Tarifkonkurrenz.

351 BAG vom 3.2.1965 – 4 AZR 461/63, AP Nr. 11 zu § 4 TVG Geltungsbereich; BAG vom 24.9.1975 – 4 AZR 471/74, AP Nr. 11 zu § 4 TVG Tarifkonkurrenz.

352 BAG vom 24.9.1975 – 4 AZR 471/74, AP Nr. 11 zu § 4 TVG Tarifkonkurrenz; BAG vom 26.10.1983 – 4 AZR 219/81, AP Nr. 3 zu § 3 TVG.

353 BAG vom 29.11.1978 – 4 AZR 304/77, AP Nr. 12 zu § 4 TVG Tarifkonkurrenz.

354 BAG vom 14.6.1989 – 4 AZR 200/89, AP Nr. 16 zu § 4 TVG Tarifkonkurrenz.

Prinzipien der Rechtssicherheit und Rechtsklarheit folge[355]. Im Verlauf seiner Rechtsprechung wandelte sich das Verständnis des 4. Senats von der Rechtsnatur des Grundsatzes der Tarifeinheit im Betrieb: Aus der Auslegungsregel wurde ein allgemeines Rechtsprinzip.

Auch die Voraussetzungen für die Anwendbarkeit des Grundsatzes der Tarifeinheit im Betrieb werden in der Rechtsprechung des BAG nicht einheitlich und widerspruchsfrei dargelegt. So begann der Senat erst 1987 ausdrücklich zwischen der auf das einzelne Arbeitsverhältnis bezogenen Tarifkonkurrenz und der auf den Betrieb bezogenen Tarifpluralität zu differenzieren[356]. Etwa zur gleichen Zeit stellte der 4. Senat erstmals heraus, daß der Grundsatz der Tarifeinheit im Betrieb auch auf Tarifverträge verschiedener Gewerkschaften anzuwenden sei[357]. Der 4. Senat dehnte seine Rechtsprechung weiter aus, als er den Grundsatz der Tarifeinheit im Betrieb auch auf arbeitsvertraglich in Bezug genommene Tarifverträge anwandte[358]; später schränkte der 4. Senat diese Rechtsprechung dahingehend ein, daß im Fall konstitutiver Bezugnahmeklauseln der Grundsatz der Tarifeinheit im Betrieb nicht eingreife[359]. Mit der wiederholten Feststellung, daß in einem Betrieb ein nachwirkender Tarifvertrag neben einem voll wirksamen Tarifvertrag gelten könnte[360], setzte sich der 4. Senat in Widerspruch zu seiner sonstigen Rechtsprechung, daß in einem Betrieb nur ein Tarifvertrag Anwendung finden könne.

Die Betrachtung der Judikatur des BAG zeigt, daß von einer konstanten und widerspruchsfreien Rechtsprechung zum Grundsatz der Tarifeinheit im Betrieb keine Rede sein kann. Auch die weitere Voraussetzung für die Entstehung von Gewohnheitsrecht – das Bestehen einer allgemeinen Rechtsüberzeugung – ist

---

355 BAG vom 5.9.1990 – 4 AZR 59/90, AP Nr. 19 zu § 4 TVG Tarifkonkurrenz; BAG vom 20.3.1991 – 4 AZR 455/90, AP Nr. 20 zu § 4 TVG Tarifkonkurrenz (B II 2 a der Gründe).

356 BAG vom 25.11.1987 – 4 AZR 361/87, AP Nr. 18 zu § 1 TVG Tarifverträge: Einzelhandel; BAG vom 14.6.1989 – 4 AZR 200/89, AP Nr. 16 zu § 4 TVG Tarifkonkurrenz; BAG vom 5.9.1990 – 4 AZR 59/90, AP Nr. 19 zu § 4 TVG Tarifkonkurrenz.

357 BAG vom 14.6.1989 – 4 AZR 200/89, AP Nr. 16 zu § 4 TVG Tarifkonkurrenz; BAG vom 24.1.1990 – 4 AZR 561/89, AP Nr. 126 zu § 1 TVG Tarifverträge: Bau. Die vorherigen Entscheidungen betrafen kollidierende Tarifverträge derselben Gewerkschaften.

358 BAG vom 20.3.1991 – 4 AZR 455/90, AP Nr. 20 zu § 4 TVG Tarifkonkurrenz (B II 4 der Gründe).

359 BAG vom 28.5.1997 – 4 AZR 663/95, AP Nr. 6 zu § 1 TVG Bezugnahme auf Tarifvertrag (II 1 a der Gründe).

360 BAG vom 27.11.1991 – 4 AZR 211/91, AP Nr. 22 zu § 4 TVG Nachwirkung (A I 3 b der Gründe); BAG vom 28.5.1997 – 4 AZR 546/95, AP Nr. 26 zu § 4 TVG Nachwirkung (2 c der Gründe); BAG vom 28.5.1997 – 4 AZR 545/95, AP Nr. 27 zu § 4 TVG Nachwirkung (2 c der Gründe).

offenkundig nicht gegeben: Die überwältigende Mehrheit in der Literatur[361] sowie ein erheblicher Teil der Instanzrechtsprechung[362] halten das Nebeneinander mehrerer Tarifverträge in einem Betrieb für nicht auflösungsbedürftig und lehnen den Grundsatz der Tarifeinheit im Betrieb ab. Der Grundsatz der Tarifeinheit im Betrieb ist damit auch unter der Geltung des TVG nicht zu Gewohnheitsrecht erstarkt.

II. Rechtsprinzip mit Normwirkung

Zur Begründung seiner Ansicht verweist der 4. Senat des BAG vornehmlich auf die übergeordneten Prinzipien der Rechtssicherheit und Rechtsklarheit, aus denen der Grundsatz der Tarifeinheit im Betrieb unmittelbar folge[363]. Rechtliche und tatsächliche Unzuträglichkeiten, die sich aus dem Nebeneinander mehrerer Tarifverträge in einem Betrieb ergäben, würden durch die Anwendung des Grundsatzes der Tarifeinheit im Betrieb vermieden[364]. Damit postuliert der Senat ein dem geschriebenen Recht übergeordnetes Rechtsprinzip der Tarifeinheit mit eigenständiger Normwirkung[365]. Das zeigt sich auch deutlich daran, daß das BAG nur hilfsweise auf eine Lückenausfüllung durch Rückgriff auf den Grundsatz der Tarifeinheit verweist[366]. Die ganz überwiegende Auffassung mißt im Gegensatz dazu dem Grundsatz der Tarifeinheit im Betrieb nicht den Charakter eines unmittelbar gel-

---

[361] *Bruhn,* S. 188 ff.; *Däubler,* TVR Rdnrn. 1502 ff.; *Fenn,* FS Kissel, S. 213 (229 ff.); *Haußmann,* S. 143 ff.; *Jacobs,* S. 351 ff.; *Kempen/Zachert,* § 4 TVG Rdnr. 130; *Konzen,* RdA 1978, S. 146 (150 ff.); *Kraft,* RdA 1992, S. 161 (165 ff.); *Löwisch/Rieble,* § 4 TVG Rdnrn. 290 ff.; *Merten,* BB 1993, S. 572 (573 ff.); *B. Müller,* NZA 1989, S. 449 (451 ff.); *Otto,* Rdnrn. 461; *Reuter,* JuS 1992, S. 105 (106 ff.); *Salje,* Anm. zu BAG vom 20.3.1991 – 4 AZR 455/90, SAE 1993, S. 79 ff.; *Vogg,* Anm. zu BAG vom 20.3.1991 – 4 AZR 455/90, EzA Nr. 7 zu § 4 TVG Tarifkonkurrenz; *Stein,* TVR Rdnr. 284; *Waas,* Tarifkonkurrenz, S. 123 ff.; *Wank,* in: Wiedemann, § 4 TVG Rdnr. 277; *Wiedemann/Arnold,* ZTR 1994, S. 443 (444 ff.); *Witzig,* S. 31 ff.

[362] LAG Niedersachsen vom 14.6.1990 – 14 Sa 1783/89, LAGE Nr. 1 zu § 4 TVG Tarifpluralität (2 a der Gründe); LAG Niedersachsen vom 26.11.1999 – 3 Sa 780/99, LAGE Nr. 3 zu § 4 TVG Tarifpluralität; LAG Bremen vom 28.8.1990 – 1 Sa 67/79/90, LAGE Nr. 2 zu § 4 TVG Tarifpluralität (II 5 b der Gründe); LAG Berlin vom 31.1.1994 – 9 Sa 108/93, ZTR 1994, S. 330; LAG Brandenburg vom 17.3.1995 – 5 Sa 671/94, LAGE Nr. 3 zu § 4 TVG Nachwirkung (2.3 der Gründe).

[363] BAG vom 5.9.1990 – 4 AZR 59/90, AP Nr. 19 zu § 4 TVG Tarifkonkurrenz; BAG vom 20.3.1991 – 4 AZR 455/90, AP Nr. 20 zu § 4 TVG Tarifkonkurrenz (B II 2 a der Gründe).

[364] BAG vom 5.9.1990 – 4 AZR 59/90, AP Nr. 19 zu § 4 TVG Tarifkonkurrenz; BAG vom 20.3.1991 – 4 AZR 455/90, AP Nr. 20 zu § 4 TVG Tarifkonkurrenz (B II 2 a der Gründe).

[365] *Hanau/Kania,* Anm. zu BAG vom 20.3.1991 – 4 AZR 455/90, AP Nr. 20 zu § 4 TVG Tarifkonkurrenz (unter II 2 a); *Kraft,* RdA 1992, S. 161 (166); *Merten,* BB 1993, S. 572 (576).

[366] BAG vom 20.3.1991 – 4 AZR 455/90, AP Nr. 20 zu § 4 TVG Tarifkonkurrenz (B II 2 a der Gründe).

tenden, zwingenden Rechtssatzes zu[367]. Dem ist aus methodenrechtlicher Sicht zu folgen: Rechtsprinzipien enthalten lediglich allgemeine Richtlinien für die Rechtsgestaltung; sie können zwar Grundlage für die Entwicklung von Rechtssätzen sein, scheiden aber für die unmittelbare Entscheidung von Rechtsstreitigkeiten aus[368]. Selbst wenn man den Grundsatz der Tarifeinheit im Betrieb als Rechtsprinzip betrachtete, hätte er als solches daher keine normative Wirkung.

III. Richterliche Rechtsfortbildung

Für den Fall, daß man seiner Auffassung – der Grundsatz der Tarifeinheit im Betrieb sei ein übergeordnetes Rechtsprinzip – nicht folgt, führt das BAG an, daß das TVG eine Regelungslücke enthalte, die nach den allgemeinen Grundsätzen zu schließen sei[369]. Damit ist die Frage aufgeworfen, ob das Prinzip der Tarifeinheit im Betrieb durch richterliche Rechtsfortbildung legitimiert ist. Zu unterscheiden sind zwei Arten der Rechtsfortbildung. Zunächst ist zu prüfen, ob das TVG eine planwidrige Lücke enthält, die im Wege der gesetzesimmanenten Rechtsfortbildung zu schließen ist. Sollte dies zu verneinen sein, ist zu untersuchen, ob der Grundsatz der Tarifeinheit im Betrieb mit Hilfe einer gesetzesübersteigenden Rechtsfortbildung legitimiert werden kann. Liegen weder die Voraussetzungen für eine gesetzesimmanente noch für eine gesetzesübersteigende Rechtsfortbildung vor, stellt die Anwendung des Grundsatzes der Tarifeinheit im Betrieb eine unzulässige richterliche Rechtsfortbildung dar.

1. Gesetzesimmanente Rechtsfortbildung

Die Anwendung des Grundsatzes der Tarifeinheit im Betrieb könnte durch eine gesetzesimmanente Rechtsfortbildung gerechtfertigt sein. Voraussetzungen dafür sind, daß das TVG eine planwidrige Regelungslücke enthält und bei der Lückenausfüllung die Grenzen richterlicher Rechtsfortbildung beachtet wurden.

---

[367] *Bruhn,* S. 195; *Hanau/Kania,* Anm. zu BAG vom 20.3.1991 – 4 AZR 455/90, AP Nr. 20 zu § 4 TVG Tarifkonkurrenz (unter II 2 a); *Jacobs,* S. 355; *Kempen/Zachert,* § 4 TVG Rdnr. 130; *Konzen,* RdA 1978, S. 146 (153); *Kraft,* RdA 1992, S. 161 (166); *Merten,* BB 1993, S. 572 (576); *Reuter,* JuS 1992, S. 105 (106); *Wiedemann,* FS Fleck, S. 447 (451); *Wiedemann/Arnold,* ZTR 1994, S. 399 (403); *Witzig,* S. 49.

[368] *Esser,* S. 20; *Köhler,* § 1 II 1; *Larenz,* S. 421, 479; *Larenz/Wolf,* § 3 Rdnr. 32.

[369] BAG vom 20.3.1991 – 4 AZR 455/90, AP Nr. 20 zu § 4 TVG Tarifkonkurrenz (B II 2 a der Gründe).

a) Lückenfeststellung

Eine Gesetzeslücke ist eine planwidrige Unvollständigkeit eines Gesetzes[370]. Ob ein Gesetz planwidrig unvollständig ist, ist anhand der Regelungsabsicht und der gesetzesimmanenten Teleologie des Gesetzes festzustellen[371]. Das TVG wäre rechtlich lückenhaft, wenn eine Norm fehlt, die das Verhältnis mehrerer, für verschiedene Arbeitsverhältnisse geltender Tarifverträge in einem Betrieb – entweder im Sinn des Grundsatzes der Tarifeinheit im Betrieb oder im Sinn der Zulässigkeit einer Tarifpluralität – regelt.

Dem geltenden Tarifrecht läßt sich selbst mit Blick auf die Ordnungsfunktion des Tarifvertrags kein Hinweis auf eine Tarifeinheit im Betrieb entnehmen[372]. Der Tarifvertrag hat keine generelle Ordnungsaufgabe[373]. Die Ordnungswirkung des Tarifvertrags ist durch die Beschränkung der Rechtsetzungsmacht der Tarifparteien auf ihre Mitglieder begrenzt[374]. Ein Tarifvertrag ordnet nur die Arbeitsverhältnisse, deren Arbeitsvertragsparteien tarifgebunden sind. Schon aus diesem Grund kann aus der Ordnungsfunktion des Tarifvertrags nicht auf die Tarifeinheit im Betrieb geschlossen werden. Überdies würde die Tarifeinheit im Betrieb die Ordnungsfunktion des Tarifvertrags zu Lasten des Hauptzwecks des Tarifvertrags – dem Arbeitnehmerschutz[375] – betonen[376], da durch die Verdrängung eines Tarifvertrags aus einem Betrieb die an diesen Tarifvertrag gebundenen Arbeitnehmer ihren Tarifschutz verlieren würden. Das TVG enthält demnach keine Regelung, die das Verhältnis mehrerer Tarifverträge in einem Betrieb nach dem Grundsatz der Tarifeinheit im Betrieb regelt.

Das TVG ist nach dem Normgefüge der § 3 Abs. 1 – 3, § 4 Abs. 1 und § 5 Abs. 4 TVG vielmehr auf das Nebeneinander mehrerer Tarifverträge angelegt. Allein aus der Anordnung der §§ 3 Abs. 1, 4 Abs. 1 S. 1 TVG – wonach die Individualnormen gelten zwischen den beiderseits Tarifgebundenen – wird deutlich, daß das

[370] *Engisch,* S. 141; *Larenz/Canaris,* S. 194; *Rüthers,* FS Molitor, S. 293 (300).
[371] *Bydlinski,* S. 473; *Kamanabrou,* S. 84; *Larenz,* S. 373; *Larenz/Canaris,* S. 195; *Larenz/Wolf,* § 4 Rdnr. 68.
[372] a. A. *Heinze/Ricken,* ZfA 2001, S. 159 (174).
[373] Es ist schon strittig, ob dem Tarifvertrag überhaupt eine Ordnungsfunktion zukommt. Vgl. *Wiedemann,* in: Wiedemann, Einl. TVG Rdnr. 17 mit zahlreichen Nachweisen.
[374] *Bruhn,* S. 180; *Jacobs,* S. 374; *Konzen,* RdA 1978, S. 146 (153).
[375] *Bruhn,* S. 179; *Däubler,* TVR Rdnr. 18; *Kempen/Zachert,* Grundlagen des TVG, Rdnrn. 91 ff.; *Konzen,* RdA 1978, S. 146 (153); *Löwisch/Rieble,* Grundlagen des TVG, Rdnr. 4; *Reuß,* RdA 1968, S. 410; *Wiedemann,* in: Wiedemann, Einl. zum TVG Rdnrn. 3 ff.
[376] *Bruhn,* S. 179; *Konzen,* RdA 1978, S. 146 (153).

TVG ein Nebeneinander mehrerer Tarifverträge im Betrieb zuläßt[377]. Die Regelungen der §§ 3 Abs. 1, 4 Abs. 1 TVG zeigen, daß das TVG tarifliche Außenseiter anerkennt und damit grundsätzlich die Geltung unterschiedlicher Arbeitsbedingungen im Betrieb erlaubt[378]. Läßt das TVG damit unterschiedliche Arbeitsbedingungen für Tarifgebundene und Außenseiter zu, ist nicht einzusehen, warum das TVG unterschiedliche Arbeitsbedingungen für an verschiedene Tarifverträge gebundene Arbeitnehmer verbieten soll. Die Beschränkung der Geltung der Individualnormen auf die beiderseits Tarifgebundenen führt vielmehr unausweichlich zur Geltung verschiedener Tarifverträge in einem Betrieb, wenn der Arbeitgeber mehrfach tarifgebunden ist und die Arbeitnehmer jeweils an einen dieser Tarifverträge gebunden sind[379]. Durch die Anwendung des Grundsatzes der Tarifeinheit im Betrieb würde von der gesetzlichen Vorgabe der §§ 3 Abs. 1, 4 Abs. 1 S. 1 TVG abgewichen: Obwohl nach der gemeinsamen Tarifbindung der Arbeitsvertragsparteien auf ein Arbeitsverhältnis ein Tarifvertrag anzuwenden ist, soll dieser Tarifvertrag verdrängt werden können, nur weil im Betrieb auf andere Arbeitsverhältnisse ein anderer Tarifvertrag anzuwenden ist. Die Tarifgeltung für die einzelnen Arbeitsverhältnisse würde damit von der tariflichen Situation des Betriebs abhängig gemacht werden. Das widerspräche der Systematik des TVG, wonach grundsätzlich für die Tarifgeltung die Tarifgebundenheit der Arbeitsvertragsparteien entscheidend ist[380]. Nur für die notwendigerweise betriebseinheitlich geltenden Kollektivnormen enthält das TVG mit der Norm des § 3 Abs. 2 TVG eine Sonderregel[381]. Hätte das TVG die Tarifeinheit im Betrieb für Individualnormen regeln sollen, hätte es nahegelegen, die Bindung an Individualnormen nicht anders zu gestalten als die Bindung an Kollektivnormen[382]. Die betriebseinheitliche Geltung von Individualnormen ist daher mit einem Umkehrschluß zu § 3 Abs. 2 TVG abzulehnen[383]: Ordnet das TVG nur für Kollektivnormen die betriebseinheitliche

---

[377] *Buchner,* FS Kissel, S. 97 (103 f.); *Däubler,* TVR Rdnr. 1503; *Hanau/Kania,* Anm. zu BAG vom 20.3.1991 – 4 AZR 455/90, AP Nr. 20 zu § 4 TVG Tarifkonkurrenz (unter II 2 a); *Reichold,* Anm. zu BAG vom 22.9.1993 – 10 AZR 207/92, SAE 1995, S. 21 (22).

[378] So selbst *Säcker/Oetker,* ZfA 1993, S. 1 (7).

[379] *Däubler,* TVR Rdnr. 1503; *Gamillscheg,* § 17 III 3 c (1); *Hanau/Kania,* Anm. zu BAG vom 20.3.1991 – 4 AZR 455/90, AP Nr. 20 zu § 4 TVG Tarifkonkurrenz (unter II 2 a); *Jacobs,* S. 376; *Kraft,* RdA 1992, S. 161 (166), *Reichold,* Anm. zu BAG vom 22.9.1993 – 10 AZR 207/92, SAE 1995, S. 21 (22).

[380] *Hohenstatt,* DB 1992, S. 1678 (1680); *Wank,* in: Wiedemann, § 4 TVG Rdnr. 277; *Wendeling-Schröder,* Anm. zu LAG Niedersachsen vom 12.11.1999 – 3 Sa 780/99, LAGE Nr. 3 zu § 4 TVG Tarifpluralität (unter III 1).

[381] *Hohenstatt,* DB 1992, S. 1678 (1680); *Wank,* Anm. zu BAG vom 26.1.1994 – 10 AZR 611/92, EzA Nr. 9 zu § 4 TVG Tarifkonkurrenz (unter 2 b), a. A. wohl *Heinze/Ricken,* ZfA 2001, S. 159 (174), die davon ausgehen, daß TVG sei betriebsbezogen definiert.

[382] *Haußmann,* S. 143 f.

[383] *Haußmann,* S. 144; *Jacobs,* S. 376; *Wendeling-Schröder,* Anm. zu LAG Niedersachsen vom 12.11.1999 – 3 Sa 780/99, LAGE Nr. 3 zu § 4 TVG Tarifkonkurrenz (unter III 1).

Geltung an, so folgt daraus, daß verschiedene Arbeitsverhältnisse eines Betriebs von den Individualnormen verschiedener Tarifverträge erfaßt werden können. Dafür spricht auch die Regelung des § 8 TVG, wonach der Arbeitgeber verpflichtet ist, die für seinen Betrieb „maßgebenden Tarifverträge" an geeigneter Stelle im Betrieb auszulegen; auch an dieser Stelle setzt das TVG die Möglichkeit des Nebeneinanders mehrerer Tarifverträge in einem Betrieb voraus. Nach der Systematik des TVG ist davon auszugehen, daß das TVG das Nebeneinander mehrerer Tarifverträge im Betrieb (Tarifpluralität) akzeptiert, daß also keine Norm fehlt, die das Verhältnis mehrerer Tarifverträge in einem Betrieb regelt.

Diese Deutung wäre unzutreffend, wenn der Gesetzgeber die Fälle der Tarifpluralität entweder bewußt nicht regeln wollte oder gar nicht vor Augen hatte[384]. Grundsätzlich stellt die bewußte Nichtregelung zwar keine Regelungslücke dar[385]; eine Ausname gilt aber, wenn der Gesetzgeber eine Entscheidung ausdrücklich der Rechtsprechung und Wissenschaft überlassen und damit der Regelungsbedürftigkeit Ausdruck verliehen hat[386]. Ein Hinweis auf einen derartigen Willen des Gesetzgebers könnte sich aus § 8 des sog. Stuttgarter Entwurfs vom Juli 1948 sowie der Begründung des Entwurfs eines TVG vom 7.9.1948 ergeben[387]. Während § 8 des sog. Stuttgarter Entwurfs noch eine ausdrückliche Kollisionsregel vorsah, hieß es in der Entwurfsbegründung, von einer entsprechenden Regelung sei abzusehen, da wegen der faktischen Organisation der Gewerkschaften nach dem Industrieverbandsprinzip zu erwarten sei, daß Probleme der Tarifkonkurrenz nur eine geringe Bedeutung haben würden. Soweit Kollisionen dennoch entstünden, sollten sie von Wissenschaft und Rechtsprechung im Sinne der Tarifeinheit entschieden werden[388]. Damit wird auf den Sektor der Rechtsfortbildung verwiesen, auf den ersten Blick scheint die Entwurfsbegründung für eine dem Gesetzgeber bewußte Regelungslücke des TVG sprechen. Ein Rückgriff auf die Entwurfsbegründung verbietet sich allerdings aus zweierlei Gründen: Die Begründung des

---

[384] So *Koch,* Rdnr. 203.

[385] Da in der bewußten Nichtregelung eine negative Entscheidung des Gesetzgebers liegt, fehlt es an der Planwidrigkeit. Sollte sich die Entscheidung des Gesetzgebers später als rechtspolitisch fehlerhaft erweisen, kann sie nur durch eine neue Entscheidung des Gesetzgebers korrigiert werden. Vgl. *Larenz/Canaris,* S. 194.

[386] *Hübner,* § 6 Rdnr. 106; *Jacobs,* S. 367; *Larenz,* S. 379; *Larenz/Canaris,* S. 199; *Schmalz,* Rdnr. 325.

[387] Auf diese Materialien verweist das BAG; vgl. BAG vom 20.3.1991 – 4 AZR 455/90; AP Nr. 20 zu § 4 TVG Tarifkonkurrenz (B II 2 a der Gründe). Der Stuttgarter Entwurf und die Entwurfsbegründung sind abgedruckt in: ZfA 1973, S. 140 und 146, sowie bei *Oetker* in: Wiedemann, Geschichte des TVG, Rdnrn. 27 und 32.

[388] Entwurfsbegründung des Gewerkschaftsrats, abgedruckt in: ZfA 1973, S. 146 sowie bei *Oetker,* in: Wiedemann, Geschichte des TVG, Rdnr. 32.

Entwurfs eines TVG ist nicht dem historischen Gesetzgeber zuzuordnen[389], sie entstammt vielmehr dem Gewerkschaftsrat der Vereinigten Zonen und spiegelt allein dessen Willen wider[390]. Vor allem bezieht sich sowohl der Begründungsentwurf als auch § 8 des sog. Stuttgarter Entwurfs allein auf die Tarifkonkurrenz im einzelnen Arbeitsverhältnis und deren Lösung im Sinne der Tarifeinheit, nicht auf die Tarifpluralität und den Grundsatz der Tarifeinheit im Betrieb. Die Entstehungsgeschichte des TVG bietet daher keinen Beleg dafür, daß der Gesetzgeber die Fälle der Tarifpluralität bewußt nicht regeln wollte. Es bleibt die Frage, ob der Gesetzgeber das Problem der Tarifpluralität übersehen hat, ob also eine unbewußte Regelungslücke vorliegt[391]. Angesichts der Situation in der Weimarer Zeit und der Tatsache, daß die DAG bereits seit 1945 als nicht nach dem Industrieverbandsprinzip organisierte Gewerkschaft neben den DGB-Gewerkschaften existierte, war dem Gesetzgeber das Problem der Tarifpluralität bekannt[392]. Ebenso bekannt muß dem Gesetzgeber gewesen sein, daß die Systematik der §§ 3 Abs. 1 – 3, 4 Abs. 1 und 5 Abs. 4 TVG Tarifpluralität ermöglicht. Von einer unbewußten Regelungslücke kann daher ebenfalls nicht ausgegangen werden. Es ist vielmehr anzunehmen, daß die Regelungsabsicht des Gesetzgebers dem entspricht, was sich aus dem Normgefüge des TVG ergibt: Auf jedes Arbeitsverhältnis ist der Tarifvertrag anzuwenden, an den die Arbeitsvertragsparteien beiderseitig tarifgebunden sind und zwar auch dann, wenn es dadurch zu einer Tarifpluralität im Betrieb kommt[393].

Weist das TVG damit keine anfängliche Lücke auf, bleibt die Frage, ob das Gesetz nachträglich lückenhaft geworden ist. Eine nachträgliche Lücke liegt vor, wenn erst nach Erlaß des Gesetzes infolge tatsächlich oder rechtlich veränderter Umstände neue Fragen auftauchen, die der Gesetzgeber nicht kennen konnte[394]. In diesem Sinne wird bisweilen vorgetragen, daß das TVG in dem Zeitpunkt rechtlich lückenhaft wurde, in dem sich infolge der Entwicklung des Tarifwesens herausstellte, daß Tarifpluralität im Betrieb entsteht[395]. Wie aber schon erwähnt, wurde die DAG bereits 1945 – fast zeitgleich mit den DGB-Gewerkschaften – gegründet; schon zu diesem Zeitpunkt mußte mit dem Entstehen von Tarif-

[389] Das übersieht das BAG, vgl. BAG vom 20.3.1991 – 4 AZR 455/90, AP Nr. 20 zu § 4 TVG Tarifkonkurrenz (B II 2 a der Gründe). Die Gesetzgebungszuständigkeit hatte der Wirtschaftsrat.

[390] Entwurfsbegründung des Gewerkschaftsrats, abgedruckt in: ZfA 1973, S. 146 sowie bei *Oetker*, in: Wiedemann, Geschichte des TVG, Rdnr. 32.

[391] Vgl. *Hübner*, § 6 Rdnr. 106; *Larenz/Canaris*, S. 199.

[392] *Wendeling-Schröder*, Anm. zu LAG Niedersachsen vom 12.11.1999 – 3 Sa 780/99, LAGE Nr. 3 zu § 4 TVG Tarifpluralität (unter III 1).

[393] *Witzig*, S. 45.

[394] *Larenz*, S. 379; *Larenz/Canaris*, S. 200; *Wank*, S. 97.

[395] *Säcker/Oetker*, ZfA 1993, S. 1 (8).

pluralitäten gerechnet werden. Das Problem der Tarifpluralität ist daher weder erst nach der Verabschiedung des TVG entstanden noch war es dem Gesetzgeber unbekannt[396]. Eine nachträgliche Lücke des TVG hinsichtlich der Regelung der Tarifpluralität liegt nicht vor.

Als Ergebnis ist festzuhalten, daß das TVG das Verhältnis mehrerer Tarifverträge in einem Betrieb lückenlos im Sinne der Tarifpluralität regelt[397]. Eine planwidrige Regelungslücke besteht nicht. Der Gesetzgeber hat sich für die Möglichkeit eines Nebeneinanders mehrerer Tarifverträge in einem Betrieb und gegen die Tarifeinheit im Betrieb entschieden. Diese Entscheidung mag allenfalls einen rechtspolitischen Fehler darstellen. Ein rechtspolitischer Fehler kann aber nicht durch eine gesetzesimmanente Rechtsfortbildung revidiert werden[398].

b) Lückenausfüllung

Da hinsichtlich der Tarifpluralität schon keine Regelungslücke des TVG vorliegt, scheidet eine Legitimation des Grundsatzes der Tarifeinheit im Betrieb durch eine gesetzesimmanente Rechtsfortbildung eigentlich aus. Die umfassende Auseinandersetzung mit der Lehre vom Grundsatz der Tarifeinheit im Betrieb verlangt jedoch die Prüfung, ob die von ihren Befürwortern angenommene Regelungslücke[399] mit den anerkannten Mitteln zur Lückenausfüllung geschlossen werden könnte. Die Ausfüllung einer Gesetzeslücke hat in erster Linie durch Analogieschluß zu erfolgen, kraft dessen die Rechtsfolgen einer Norm auf einen ähnlichen, nicht geregelten Fall erstreckt werden[400]. Die Ähnlichkeit bestimmt sich nach dem Zweck und den Interessenbewertungen der auf ihre analoge Anwendbarkeit zu prüfenden Regelung[401]. Fehlt es an einer analogiefähigen Vorschrift,

---

396 *Wendeling-Schröder*, Anm. zu LAG *Niedersachsen* vom 12. 11.1999 – 3 Sa 780/99, LAGE Nr. 3 zu § 4 TVG Tarifpluralität (unter III 1); *Witzig*, S. 44.

397 Im Ergebnis ebenso LAG Niedersachsen vom 12.11. 1999 – 3 Sa 780/99, LAGE Nr. 3 zu § 4 TVG Tarifpluralität mit zustimmender Anm. *Wendeling-Schröder*; *Hanau/Kania*, Anm. zu BAG vom 20.3.1991 – 4 AZR 455/90, AP Nr. 20 zu § 4 TVG Tarifkonkurrenz (unter II 2 a); *Däubler*, TVR Rdnr. 1503; *Haußmann*, S. 144 f.; *Jacobs*, S. 376; *Kraft*, RdA 1992, S. 161 (166); *Kraft*, FS Zöllner, S. 831 (836); *Merten*, BB 1993, S. 572 (576); *Reuter*, JuS 1992, S. 105 (107); *Wank*, in: Wiedemann, § 4 TVG Rdnr. 277; *Wiedemann/Arnold*, ZTR 1994, S. 443 (446); *Witzig*, S. 45.

398 *Larenz/Canaris*, S. 194.

399 BAG vom 20.3.1991 – 4 AZR 455/90, AP Nr. 20 zu § 4 TVG Tarifkonkurrenz (B II 2 a der Gründe); *Koch*, Rdnr. 203; *Säcker/Oetker*, ZfA 1973, S. 1 (8).

400 *Bydlinski*, S. 475; *Hübner*, § 106 Rdnr. 107; *Köhler*, § 4 IV 1 a; *Larenz/Canaris*, S. 202; *Larenz/Wolf*, § 4 Rdnr. 69.

401 *Bydlinski*, S. 475; *Hübner*, § 106 Rdnr. 107; *Köhler*, § 4 IV 1 a; *Larenz*, S. 381.

bleibt die Möglichkeit, die Lücke durch Rückgriff auf ein allgemein anerkanntes Rechtsprinzip zu schließen[402].

(1) Analogie zu § 87 Abs. 1 Eingangssatz BetrVG

Das BAG zieht zur Rechtfertigung der Lehre vom Grundsatz der Tarifeinheit im Betrieb einen Vergleich zu § 87 Abs. 1 Eingangssatz BetrVG heran[403]. Ebenso wie bei § 87 Abs. 1 Eingangssatz BetrVG durch das Bestehen einer tariflichen Regelung die Mitbestimmung des Betriebsrats betriebsweit ausgeschlossen sein soll, um dadurch ein Nebeneinander einer betrieblichen und einer tariflichen Regelung zu vermeiden, soll bei der Tarifpluralität durch die Geltung eines Tarifvertrags die Geltung eines weiteren Tarifvertrags in einem Betrieb ausgeschlossen sein.

Dem Vergleich des BAG liegt die Ansicht zugrunde, daß schon die alleinige Tarifbindung des Arbeitgebers die Mitbestimmung des Betriebsrats nach § 87 Abs. 1 BetrVG für alle Arbeitnehmer des Betriebs ausschließt. Diese Ansicht ist unstrittig, soweit es um tarifliche Kollektivnormen geht[404]. Allerdings besteht keine Einigkeit darüber, ob die einseitige Tarifbindung des Arbeitgebers auch dann ausreicht, wenn es sich bei den mitbestimmungsausschließenden tariflichen Regelungen um Individualnormen handelt. Das BAG und ihm folgend ein Teil der Literatur halten die Tarifbindung des Arbeitgebers auch in diesen Fällen für allein maßgebend[405]. Anderenfalls käme es im Betrieb zu einem Nebeneinander einer

[402] BAG vom 20.3.1991 – 4 AZR 455/90, AP Nr. 20 zu § 4 TVG Tarifpluralität (B II 2 a der Gründe); *Bieback,* DB 1989, S. 477 (479); *Bydlinski,* S. 481; *Larenz,* S. 381; *Larenz/Canaris,* S. 202; *Wank,* S. 104.

[403] BAG vom 14.6.1989 – 4 AZR 200/89, AP Nr. 16 zu § 4 TVG Tarifkonkurrenz; BAG vom 5.9.1990 – 4 AZR 59/90, AP Nr. 19 zu § 4 TVG Tarifkonkurrenz; BAG vom 20.3.1991 – 4 AZR 455/90, AP Nr. 20 zu § 4 TVG Tarifkonkurrenz (B II 2 a der Gründe). Auch *Heinze/Ricken,* ZfA 2001, S. 159 (175) sehen in § 87 Abs. 1 Eingangssatz BetrVG den Grundsatz der Tarifeinheit im Betrieb verankert.

[404] *Fitting/Kaiser/Heither/Engels,* § 87 BetrVG Rdnr. 42; *Richardi,* § 87 BetrVG Rdnr. 155, *Schmidt-Eriksen,* S. 223; *Wank,* in: Wiedemann, § 4 TVG Rdnr. 606; *Wendeling-Schröder,* AuR 2000, S. 339 (342); *Wiese,* GK-BetrVG § 87 BetrVG Rdnr. 68. In diesem Fall liegt eine betriebsweite Tarifkonkurrenz vor, die nach einhelliger Auffassung aufgelöst werden muß. Ein Anhaltspunkt für die Lösung der Tarifpluralität kann dem Vergleich zu § 87 Abs. 1 BetrVG insoweit nicht entnommen werden.

[405] BAG vom 24.2. 1987 – 1 ABR 18/85, AP Nr. 21 zu § 77 BetrVG 1972 (B II 6 c der Gründe); BAG vom 24.11.1987 – 1 ABR 25/86, AP Nr. 6 zu § 87 BetrVG Auszahlung (II 1 b der Gründe); BAG vom 20.10.1988 – 1 ABR 57/87, AP Nr. 9 zu § 87 BetrVG Auszahlung (B III 1 der Gründe); *Däubler/Kittner/Klebe,* § 87 BetrVG Rdnr. 30; *Hess/Schlochauer/Glaubitz,* § 87 BetrVG Rdnr. 55; *Reuter,* RdA 1994, S. 152 (166).

tariflichen und einer mitbestimmten Regelung über die gleiche Angelegenheit, was zu praktischen Schwierigkeiten führe[406]. Dem Schutzzweck des § 87 Abs. 1 BetrVG[407] sei durch das Erfordernis der Tarifbindung des Arbeitgebers genüge getan, da die Arbeitnehmer durch ihren Beitritt zur tarifvertragsschließenden Gewerkschaft den unabdingbaren tariflichen Schutz jederzeit erlangen könnten[408]. Nach richtiger Ansicht wird die Mitbestimmung im Bereich der Individualnormen jedoch nur für diejenigen Arbeitsverhältnisse ausgeschlossen, in denen sowohl Arbeitgeber als auch Arbeitnehmer tarifgebunden sind[409]. Die Verdrängung der Mitbestimmung auch für die nicht tarifgebundenen Arbeitnehmer würde diesen den ihnen kraft Gesetzes zustehenden Schutz der betrieblichen Mitbestimmung versagen, ohne daß an seine Stelle ein Tarifschutz treten würde[410]: Da die nicht tarifgebundenen Arbeitnehmer nicht dem Schutz des Tarifvertrags unterstehen, besteht für sie das Bedürfnis nach der Mitbestimmung des Betriebsrats unverändert fort. Eine derart weitreichende Außenwirkung des Tarifvertrags, die dem Arbeitnehmer den Schutz der notwendigen Mitbestimmung entzieht, hätte einer ausdrücklichen Regelung bedurft[411]. Mit Blick auf die negative Koalitionsfreiheit der nicht organisierten Arbeitnehmer vermag auch der Verweis auf die Möglichkeit, der tarifvertragsschließenden Gewerkschaft beizutreten, nicht zu überzeugen[412]. Die Mitbestimmung des Betriebsrats nach § 87 Abs. 1 BetrVG wird nur für die tarifgebundenen Arbeitnehmer ausgeschlossen, während sie für die nicht tarifgebundenen Arbeitnehmer bestehen bleibt. Daraus folgt die Möglichkeit eines Nebeneinanders von betrieblicher und tariflicher Regelung im Betrieb. Der Vergleich zwischen der Tarifeinheit im Betrieb und dem Ausschluß der Mitbestimmung nach § 87 Abs. 1 Eingangssatz BetrVG ist daher sehr zweifelhaft. Überträgt man die Rechtsfolgen des § 87 Abs. 1 Eingangssatz BetrVG auf die Tarifplurali-

---

[406] BAG vom 24.2.1987 – 1 ABR 18/85, AP Nr. 21 zu § 77 BetrVG 1972 (B II 6 c der Gründe).

[407] § 87 BetrVG soll die individualrechtlichen Gestaltungsmöglichkeiten des Arbeitgebers zum Schutz der Arbeitnehmer beschränken und durch kollektive betriebliche Regelungen ersetzen. Vgl. BAG vom 24.2.1987 – 1 ABR 18/85, AP Nr. 21 zu § 77 BetrVG 1972 (B II 6 c der Gründe); *Hess/Schlochauer/Glaubitz*, § 87 BetrVG Rdnr. 46; *Jahnke*, S. 160; *Wiese*, GK-BetrVG § 87 BetrVG Rdnr. 56.

[408] BAG vom 24.2.1987 – 1 ABR 18/85, AP Nr. 21 zu § 77 BetrVG 1972 (B II 6 c der Gründe); BAG vom 24.11.1987 – 1 ABR 25/86, AP Nr. 6 zu § 87 BetrVG Auszahlung (II 1 b der Gründe); BAG vom 20.10.1988 – 1 ABR 57/87, AP Nr. 9 zu § 87 BetrVG Auszahlung (B III 1 der Gründe); *Däubler/Kittner/Klebe*, § 87 BetrVG Rdnr. 30; *Hess/Schlochauer/Glaubitz*, § 87 BetrVG Rdnr. 55; *Reuter*, RdA 1994, S. 152 (166).

[409] *Gast*, S. 28; *v. Hoyningen-Huene*, DB 1994, S. 2026 (2030); *Jacobs*, S. 383; *Jahnke*, S. 162 ff.; *Löwisch*, § 87 BetrVG Rdnr. 31; *Hueck/Nipperdey*, Bd. II 2, § 70 B IV 1 b (für § 56 BetrVG 1952); *Rieble*, Rdnr. 1799; *Wiese*, GK-BetrVG § 87 BetrVG Rdnr. 68; *ders.*, FS 25 Jahre BAG, S. 661 (671 f.); *Witzig*, S. 39.

[410] *Löwisch*, § 87 BetrVG Rdnr. 31; *Wiese*, FS 25 Jahre BAG, S. 661 (671).

[411] *Hohenstatt*, DB 1992, S. 1678 (1681); *Jahnke*, S. 163.

[412] *V. Hoyningen-Huene*, DB 1994, S. 2026 (2030); *Löwisch*, § 87 BetrVG Rdnr. 31.

tät, müssen die konkurrierenden Tarifverträge im Betrieb nebeneinander und für die jeweils tarifgebundenen Arbeitnehmer gelten; die Verdrängung eines Tarifvertrags aus dem Betrieb läßt sich dem Vergleich zu § 87 Abs. 1 Eingangssatz BetrVG dagegen nicht entnehmen. Selbst wenn man davon ausgeht, daß für den Ausschluß der Mitbestimmung nach § 87 Abs. 1 Eingangssatz BetrVG Anknüpfungspunkt allein die Tarifbindung des Arbeitgebers ist, kann das nicht auf die Tarifpluralität übertragen werden, da § 3 Abs. 1 TVG für die Anwendbarkeit von Individualnormen ausdrücklich die Tarifgebundenheit von Arbeitgeber und Arbeitnehmer verlangt[413].

Eine Analogie zu § 87 Abs. 1 Eingangssatz BetrVG scheitert darüber hinaus daran, daß der doppelte Schutzzweck des § 87 Abs. 1 BetrVG nicht mit dem Grundsatz der Tarifeinheit im Betrieb vergleichbar ist. § 87 Abs. 1 BetrVG dient zum einen dem Schutz der Arbeitnehmer. Die individualrechtlichen Gestaltungsmöglichkeiten des Arbeitgebers sollen zurückgedrängt und durch kollektive Regelungen ersetzt werden[414]. Dieser Schutzzweck des § 87 Abs. 1 BetrVG ist nicht auf die Lösung der Tarifpluralität im Sinne des Grundsatzes der Tarifeinheit im Betrieb übertragbar: Durch die Verdrängung eines Tarifvertrags aus dem Betrieb, verlieren die an diesen Tarifvertrag gebundenen Arbeitnehmer ihren Tarifschutz. Die betreffenden Arbeitsverhältnisse werden tariflos und dadurch den individualrechtlichen Gestaltungsmöglichkeiten des Arbeitgebers preisgegeben. Zum anderen wird mit der Regelung des § 87 Abs. 1 BetrVG den Tarifparteien ein Vorrang vor den Betriebsparteien eingeräumt, die Regelung dient also auch dem Schutz der Tarifautonomie[415]. Auch dieser Schutzzweck ist nicht auf den Grundsatz der Tarifeinheit im Betrieb übertragbar: Wendet man nämlich den Grundsatz der Tarifeinheit im Betrieb an, wird ein von den Tarifparteien in Ausübung ihrer Tarifautonomie abgeschlossener Tarifvertrag aus dem Betrieb verdrängt. Die Koalitionsbetätigung der Tarifparteien wird also durch die Anwendung des Grundsatzes der Tarifeinheit im Betrieb beschränkt. Diese Beschränkung kann aber nicht mit einem Vergleich zu einer Vorschrift, welche die Tarifautonomie gerade schützen will, gerechtfertigt werden[416]. Der Schutz der Gewerkschaften

---

[413] *Merten*, BB 1993, S. 572 (575); *Vogg*, Anm. zu BAG vom 20.3.1991 – 4 AZR 455/90, EzA Nr. 7 zu § 4 TVG Tarifkonkurrenz (unter 2 g); *Wiedemann/Arnold*, Anm. zu BAG vom 14.6.1989 – 200/89, AP Nr. 16 zu § 4 TVG Tarifkonkurrenz (unter 2 c); *Witzig*, S. 39.

[414] BAG vom 24.2.1987 – 1 ABR 18/85, AP Nr. 21 zu § 77 BetrVG 1972 (B II 6 c der Gründe); *Fitting/Kaiser/Heither/Engels* § 87 BetrVG Rdnr. 37; *Hess/Schlochauer/Glaubitz*, § 87 BetrVG Rdnr. 46; *Jahnke*, S. 160; *Wiese*, GK-BetrVG § 87 BetrVG Rdnr. 56.

[415] *Kraft*, RdA 1992, S. 161 (168); *Merten*, BB 1993, S. 572 (575); *Moll*, S. 18 ff.; *Otto*, NZA 1992, S. 97 (103); *Richardi*, § 87 BetrVG Rdnr. 143; *Waas*, Tarifkonkurrenz, S. 131 f.; *Wiedemann/Arnold*, Anm. zu BAG vom 14.6.1989 – 4 AZR 200/89, AP Nr. 16 zu § 4 TVG Tarifkonkurrenz (unter 2 c).

[416] *Witzig*, S. 40.

vor dem Betriebsrat als „beitragsfreier Ersatzgewerkschaft“ ist nicht vergleichbar mit dem Schutz der Gewerkschaften vor der Konkurrenz durch andere Gewerkschaften[417]. § 87 Abs. 1 Eingangssatz BetrVG ist auf das Verhältnis von Tarifvertrag und Betriebsvereinbarung, also auf das Verhältnis rangverschiedener Regelungen, zugeschnitten[418]. Die Tarifpluralität betrifft dagegen das Zusammentreffen zweier ranggleicher Regelungen, eine Analogie scheidet letztlich auch aus diesem Grund aus.

Der Vergleich mit § 87 Abs. 1 Eingangssatz BetrVG kann nach alldem nicht zur Rechtfertigung des Grundsatzes der Tarifeinheit im Betrieb herangezogen werden[419].

(2) Analogie zu § 613 a Abs. 1 S. 3 BGB

§ 613 a Abs. 1 S. 3 BGB ordnet an, daß die in § 613 a Abs. 1 S. 2 BGB vorgesehene Weitergeltung des bisher im Veräußererbetrieb geltenden Tarifvertrags ausgeschlossen ist, wenn die Rechte und Pflichten bei dem neuen Inhaber durch die Rechtsnormen eines anderen Tarifvertrags geregelt werden. Aus dieser Anordnung des § 613 a Abs. 1 S. 3 BGB wird vielfach geschlossen, daß der Gesetzgeber die Tarifeinheit im Betrieb anerkannt habe[420].

Ein Analogieschluß von § 613 a Abs. 1 S. 3 BGB auf die Tarifeinheit im Betrieb wäre nur plausibel, wenn es im Rahmen des § 613 a Abs. 1 S. 3 BGB – ebenso wie nach Auffassung des BAG bei der Lösung der Tarifpluralität – allein auf die Tarifbindung des Arbeitgebers ankäme[421]. Dies wird indessen nur selten unter Hinweis auf den Wortlaut des § 613 a Abs. 1 S. 3 BGB („bei dem neuen Inhaber . . . geregelt werden“) und dessen Normzweck – der Vereinheitlichung der

---

[417] *Jacobs,* S. 381.

[418] *Merten,* BB 1993, S. 572 (575); *Vogg,* Anm. zu BAG vom 20.3.1991 – 4 AZR 455/90, EzA Nr. 7 zu § 4 TVG Tarifkonkurrenz (unter 2 g); *Wiedemann/Arnold,* Anm. zu BAG vom 14.6.1989 – 4 AZR 200/89, AP Nr. 16 zu § 4 TVG Tarifkonkurrenz (unter 2 c).

[419] *Hohenstatt,* DB 1992, S. 1678 (1681); *Jacobs,* S. 382; *Kraft,* RdA 1992, S. 161 (168); *Merten,* BB 1993, S. 572 (575); *Vogg,* Anm. zu BAG vom 20.3.1991 – 4 AZR 455/90, EzA Nr. 7 zu § 4 TVG Tarifkonkurrenz (unter 2 g); *Wiedemann/Arnold,* ZTR 1994, S. 443 (445); *Waas,* Tarifkonkurrenz, S. 131; *Witzig,* S. 40.

[420] BAG vom 19.3.1986 – 4 AZR 640/84, AP Nr. 49 zu § 613 a BGB; BAG vom 15.10.1986 – 4 AZR 289/84, AP Nr. 4 zu § 3 TVG; *Hromadka/Maschmann/Wallner,* Rdnrn. 326, 350; *Kamlah,* S. 112; *Moll,* RdA 1996, S. 275 (280); *Säcker/Oetker,* ZfA 1993, S. 1 (9); *Schaub,* § 206 Rdnr. 30; *Zöllner,* DB 1995, S. 1401 (1404).

[421] *Jacobs,* S. 385.

Arbeitsbedingungen im Erwerberbetrieb – vertreten[422]. Nach ganz überwiegender Ansicht – und zwar auch nach der Rechtsprechung des BAG – greift die Verdrängungswirkung des § 613 a Abs. 1 S. 3 BGB jedoch nur ein, wenn eine beiderseitige Tarifgebundenheit von Arbeitgeber und Arbeitnehmer besteht[423]. Der Wortlaut des § 613 a Abs. 1 S. 3 BGB ist zwar nicht eindeutig; „geregelt werden" kann abstrakt – bezogen auf den Betrieb – oder konkret – bezogen auf das einzelne Arbeitsverhältnis – verstanden werden. Die Richtigkeit der herrschenden Auffassung ergibt sich aber aus dem systematischen Zusammenhang des § 613 a Abs. 1 BGB. Satz 3 dieser Norm ist eine Ausnahme zu § 613 a Abs. 1 S. 2 BGB, der ausdrücklich auf das einzelne Arbeitsverhältnis bezogen ist, so daß davon auszugehen ist, daß Satz 3 die in Satz 2 angeordnete Fortgeltung auch nur dann ausschließen soll, wenn der neue Tarifvertrag in dem einzelnen Arbeitsverhältnis gilt[424]. Dafür spricht auch, daß der Gesetzgeber innerhalb dieser zusammenhängenden und zeitgleich ergangenen Regelungen in zwei aufeinanderfolgenden Sätzen (§ 613 a Abs. 1 S. 1 und S. 2 BGB) dasselbe Verbum („geregelt sein" bzw. „geregelt werden") verwendet und damit kaum zwei Regelungsmechanismen mit unterschiedlichen Voraussetzungen bezeichnen will[425]. Nach § 613 a Abs. 1 S. 4 Alt. 2 BGB entfällt die in Satz 2 vorgesehene Fortgeltung der bisherigen Tarifbedingungen, wenn bei fehlender beiderseitiger Tarifgebundenheit an den Tarifvertrag des Erwerbers dessen Anwendung zwischen ihm und dem Arbeitnehmer vereinbart wird. Regelt § 613 a Abs. 1 S. 4 Alt. 2 BGB damit die Möglichkeit der Einschränkung des Satzes 2 bei fehlender beiderseitiger Tarifgebundenheit, ist daraus zu schließen, daß Satz 3 den Ausschluß der Fortgeltung nach Satz 2 bei bestehender beiderseitiger Tarifgebundenheit regelt; anderenfalls wäre die Regelung des Satzes 4 praktisch bedeutungslos[426]. Zudem stimmt die herrschende Ansicht mit dem Schutzzweck des § 613 a Abs. 1 BGB überein. Zwar ist nicht zu leugnen, daß die Regelung auch der Anpassung und Vereinheitlichung der Arbeitsbedingungen im Erwerberbetrieb dient[427]. In erster Linie soll durch § 613 a Abs. 1 BGB jedoch für eine

---

422 *Moll,* RdA 1996, S. 275 (280); *Röder,* DB 1981, S. 1980 (1982); *Zöllner,* S. 1401 (1403).

423 BAG vom 20.4.1994 – 4 AZR 342/93, AP Nr. 108 zu § 613 a BGB (IV 2 a der Gründe); BAG vom 16.5.1995 – 3 AZR 535/94, AP Nr. 15 zu § 4 TVG Ordnungsprinzip (II 2 b der Gründe); BAG vom 19.11.1996 – 9 AZR 640/95, AP Nr. 153 zu § 613 a BGB (2 der Gründe); BAG vom 30.8.2000 – 4 AZR 581/99, AP Nr. 12 zu § 1 TVG Bezugnahme auf Tarifvertrag (I 2 b der Gründe); BAG vom 21.2.2001 – 4 AZR 18/00, BB 2001, S. 1847 (B I 2 b der Gründe) Erman-*Hanau,* § 613 a BGB Rdnr. 89; *Gamillscheg,* § 17 V 4 c (1); *Gaul,* S. 321 ff.; *Kania,* DB 1994, S. 529 (530); *Müller-Ehlen,* S. 119; MünchArbR-*Wank,* § 124 Rdnrn. 180 f.; MünchKomm-*Schaub,* § 613 a BGB Rdnr. 184; *Preis/Steffan,* FS Kraft, S. 477 (485 f.); *Seiter,* S. 94; *Waas,* Betriebsübergang, S. 64 ff., 81; *Wiedemann,* FS Fleck, S. 447 (455).

424 *Kania,* DB 1994, S. 529 (530).

425 BAG vom 21.2.2001 – 4 AZR 18/00, BB 2001, S. 1847 (B I 2 b ee (1) der Gründe).

426 *Hanau,* ArbRdGegw. Bd. 34 (1997), S. 21 (28 f.); *Jacobs,* S. 325; *Preis/Stefan,* S. 477 (486).

427 *Hromadka/Maschmann/Wallner,* Rdnr. 326; MünchKomm-*Schaub,* § 613 a BGB Rdnr. 180; *Seiter,* S. 94; *Waas,* Betriebsübergang, S. 71.

Übergangszeit der Bestandsschutz der bisherigen Arbeitsbedingungen gewährleistet werden[428]. Würde man in bezug auf die Verdrängungswirkung des § 613 a Abs. 1 S. 3 BGB allein auf die Tarifbindung des Arbeitgebers abstellen, wäre der Hauptzweck des § 613 a Abs. 1 BGB vereitelt, da der Bestand der bisherigen Arbeitsbedingungen allein von der Willkür des Arbeitgebers abhängig wäre. Durch das Erfordernis der beiderseitigen Tarifgebundenheit bleibt dem Arbeitnehmer ein Mitspracherecht, ob für sein Arbeitsverhältnis die neuen tariflichen Arbeitsbedingungen gelten sollen[429].

Damit hat allenfalls die Lösung der Tarifkonkurrenz im Sinne des Grundsatzes der Tarifeinheit in der Regelung des § 613 a Abs. 1 S. 3 BGB Niederschlag gefunden[430]. Ein Vergleich zur Tarifpluralität ist hingegen nicht möglich, da § 613 a Abs. 1 S. 3 BGB gerade die beiderseitige Tarifgebundenheit voraussetzt und damit unterschiedliche Arbeitsbedingungen im Betrieb ermöglicht[431]. Auch wenn man anerkennt, daß die Regelung des § 613 a Abs. 1 S. 3 BGB der Vereinheitlichung von Arbeitsbedingungen dient, scheidet eine Analogie wegen der fehlenden Vergleichbarkeit aus: Während bei der Tarifpluralität ein kraft Tarifbindung (§§ 3, 5 Abs. 4 TVG) geltender Tarifvertrag verdrängt werden soll, handelt es sich bei § 613 a Abs. 1 S. 3 BGB lediglich um die Einschränkung einer gesetzlichen Regelung, nach der es zur vorläufigen Weitergeltung einer tariflichen Regelung kommt, deren Geltungsvoraussetzungen an sich nicht mehr erfüllt sind[432]. Der Regelung des § 613 a Abs. 1 S. 3 BGB läßt sich die Wertung entnehmen, daß der im Veräußererbetrieb geltende Tarifvertrag nur dann verdrängt werden soll, wenn der Arbeitnehmerschutz durch eine anderweitige kollektivvertragliche Regelung gesichert ist[433]. Dieser Schutzgedanke ist mit der Lösung der Tarifpluralität im Sinne des Grundsatzes der Tarifeinheit im Betrieb nicht vereinbar. Bei der Anwendung des Grundsatzes der Tarifeinheit im Betrieb wird den an den verdrängten Tarifvertrag gebundenen Arbeitnehmern ihr Tarifschutz genommen, ohne daß sie den Schutz des für den Betrieb vorrangigen Tarifvertrags erlangen.

---

[428] BAG vom 21.2.2001 – 4 AZR 18/00, BB 2001, S. 1847 (B I 2 b ee (4) (b) der Gründe); Erman-*Hanau,* § 613 a BGB Rdnr. 3; *Kamlah,* S. 27; *Kania,* DB 1996, S. 1921 (1923); *Müller-Ehlen,* S. 119; MünchArbR-*Wank,* § 124 Rdnr. 177; MünchKomm-*Schaub,* § 613 a BGB Rdnrn. 6, 168; *Preis/Stefan,* S. 477 (486 f.); Soergel-*Raab,* § 613 a BGB Rdnr. 6; Staudinger-*Richardi,* § 613 a BGB Rdnrn. 10, 144 f.

[429] *Müller-Ehlen,* S. 119.

[430] Bei dem Zusammentreffen eines gem. § 613 a Abs. 1 S. 2 BGB weitergeltenden Tarifvertrag und einem anderen Tarifvertrag i. S. des § 613 a Abs. 1 S. 3 BGB handelt es sich nicht um eine echte Tarifkonkurrenz, da der gem. § 613 a Abs. 1 S. 2 BGB weitergeltende Tarifvertrag nur individualrechtlich fortgilt. Vgl. oben § 3 I 2 f.

[431] Erman-*Hanau,* § 613 a BGB Rdnr. 89.

[432] *Waas,* Tarifkonkurrenz, S. 130.

[433] *Jacobs,* S. 385; *Säcker/Oetker,* ZfA 1993, S. 1 (10).

Am Rande ist noch anzumerken, daß sich der 4. Senat des BAG, indem er für die Verdrängungswirkung des § 613 a Abs. 1 S. 3 BGB die beiderseitige Tarifgebundenheit von Arbeitgeber und Arbeitnehmer fordert[434], in Widerspruch zu seiner Rechtsprechung zum Grundsatz der Tarifeinheit im Betrieb setzt. Aus dem Erfordernis der beiderseitigen Tarifgebundenheit im Rahmen des § 613 a Abs. 1 S. 3 BGB folgt gerade, daß es zu einem Nebeneinander verschiedener Arbeitsbedingungen im Betrieb kommen kann, was nach sonstiger Auffassung des 4. Senats des BAG zu kaum überwindbaren Schwierigkeiten führt.

Da es an der erforderlichen Rechtsähnlichkeit zwischen § 613 a Abs. 1 S. 3 BGB und dem Grundsatz der Tarifeinheit im Betrieb fehlt, scheidet eine Analogie aus[435]. Die Regelung des § 613 a Abs. 1 S. 3 BGB zeigt im Gegenteil, daß das Nebeneinander verschiedener Arbeitsbedingungen im Betrieb vom Gesetzgeber anerkannt wird.

(3) Rückgriff auf ein Rechtsprinzip der Tarifeinheit

Scheidet damit eine Analogie mangels analogiefähigen Rechtssatzes aus, bleibt zu klären, ob der Grundsatz der Tarifeinheit im Betrieb mit Hilfe eines Rückgriffs auf ein allgemein anerkanntes Rechtsprinzip legitimiert werden kann. Ein solches allgemein anerkanntes Rechtsprinzip ist nach Auffassung des BAG der Grundsatz der Tarifeinheit, was sich schon daran zeige, daß der Grundsatz der Tarifeinheit nicht nur ausdrücklich in der Begründung eines Entwurfs eines TVG erwähnt worden sei, sondern auch Eingang in § 8 des sog. Stuttgarter Entwurfs von 1948 gefunden habe[436]. Wie bereits dargestellt, beziehen sich beide Quellen auf den Grundsatz der Tarifeinheit im Arbeitsverhältnis[437], sie können daher nicht – zumindest nicht unmittelbar – als Begründung für ein allgemeines Rechtsprinzip der Tarifeinheit im Betrieb herangezogen werden.

Als allgemeine Rechtsprinzipien betrachtet man z. B. die Prinzipien des Verkehrs- und Vertrauensschutzes, das Prinzip der Verhältnismäßigkeit und die Grundsätze der Verschuldenshaftung[438]. Sie zeichnen sich dadurch aus, daß sich in ihnen die

[434] BAG vom 20.4.1994 – 4 AZR 342/93, AP Nr. 108 zu § 613 a BGB (IV 2 a der Gründe); BAG vom 30.8.2000 – 4 AZR 581/99, AP Nr. 12 zu § 1 TVG Bezugnahme auf Tarifvertrag (I 2 b der Gründe); BAG vom 21.2.2001 – 4 AZR 18/00, BB 2001, S. 1847 (B I 2 der Gründe).

[435] *Jacobs,* S. 384 f.; *Waas,* Tarifkonkurrenz, S. 130 f.

[436] BAG vom 20.3.1991 – 4 AZR 455/90, AP Nr. 20 zu § 4 TVG Tarifkonkurrenz (B II 2 a der Gründe). Zustimmend *Koch,* Rdnr. 203.

[437] Vgl. oben § 8 III 1 a.

[438] *Larenz,* Richtiges Recht, S. 24; *Zippelius,* S. 55.

grundlegenden Wertentscheidungen und Gerechtigkeitsvorstellungen der Rechtsordnung widerspiegeln[439]. Eine entsprechende Wertentscheidung, die Arbeitnehmern ihren Tarifschutz nimmt, weil im Betrieb noch ein anderer Tarifvertrag gilt und dadurch praktische Schwierigkeiten entstehen könnten, gibt es aber gerade nicht. Im Gegenteil, die Anwendung des Grundsatzes der Tarifeinheit im Betrieb – mit der Folge des Verlustes des selbst gewählten Tarifschutzes – scheint den Gerechtigkeitserwartungen eher zu widersprechen. Im übrigen mutet es zirkulär an, wenn man den Grundsatz der Tarifeinheit im Betrieb mit Rückgriff auf ein allgemein anerkanntes Rechtsprinzip der Tarifeinheit im Betrieb rechtfertigen will[440].

Es bleibt daher nur noch die Frage, ob vom Grundsatz der Tarifeinheit im Arbeitsverhältnis auf den Grundsatz der Tarifeinheit im Betrieb geschlossen werden kann[441]. Diese Frage muß verneint werden, da es an der Vergleichbarkeit zwischen der Tarifeinheit im Arbeitsverhältnis und der Tarifeinheit im Betrieb fehlt: Der Grundsatz der Tarifeinheit im Arbeitsverhältnis ist notwendig, um Normenkollisionen im einzelnen Arbeitsverhältnis zu beseitigen. Der Grundsatz der Tarifeinheit im Betrieb soll hingegen keine Normenkollisionen auflösen, sondern dient der Vermeidung praktischer Schwierigkeiten aufgrund des Nebeneinanders mehrerer Tarifverträge im Betrieb[442]. Während bei der Tarifkonkurrenz dem Arbeitnehmer der Schutz eines Tarifvertrags erhalten bleibt, wird bei der Tarifpluralität dem an den verdrängten Tarifvertrag gebundenen Arbeitnehmer jeglicher Tarifschutz genommen. Eine Lückenausfüllung durch den Grundsatz der Tarifeinheit als allgemeines Rechtsprinzip scheidet nach alldem aus[443].

(4) Rückgriff auf die Prinzipien der Rechtssicherheit und Rechtsklarheit

Nach Auffassung des 4. Senats des BAG folgt aus den Prinzipien der Rechtssicherheit und Rechtsklarheit das Gebot, in einem Betrieb nur einen Tarifvertrag einheitlich anzuwenden[444]. Die Tarifbindung des Arbeitgebers als Anknüpfungspunkt gewährleiste eine vom Wechsel der Arbeitnehmer und vom Zufall unab-

---

[439] Vgl. BVerfG vom 14.2.1973 – 1 BvR 112/65, BVerfGE 34, S. 269 (C IV 1 der Gründe); *Bydlinski*, S. 485 ff.; *Vogel*, S. 77.

[440] *Fenn*, FS Kissel, S. 213 (230).

[441] Bejahend *Säcker/Oetker*, ZfA 1993, S. 1 (9 ff.).

[442] In welchem Umfang tatsächlich praktische Schwierigkeiten aufgrund eines Nebeneinanders mehrerer Tarifverträge im Betrieb auftreten, ist noch zu erörtern. Vgl. § 8 III 2 a.

[443] So im Ergebnis auch *Jacobs*, S. 386 ff.; *Kraft*, RdA 1992, S. 161 (166 f.).

[444] BAG vom 14.6.1989 – 4 AZR 200/89, AP Nr. 16 zu § 4 TVG Tarifkonkurrenz; BAG vom 5.9.1990 – 4 AZR 59/90, AP Nr. 19 zu § 4 TVG Tarifkonkurrenz; BAG vom 20.3.1991 – 4 AZR 455/90, AP Nr. 20 zu § 4 TVG Tarifkonkurrenz (B II 2 a der Gründe).

hängige Anwendung desjenigen Tarifvertrags, der den Erfordernissen des Betriebs und der Arbeitnehmer am besten entspricht[445]. Durch die Anwendung des Grundsatzes der Tarifeinheit im Betrieb würden rechtliche und tatsächliche Unzuträglichkeiten, die aus dem Nebeneinander mehrerer Tarifverträge im Betrieb entstünden, vermieden[446].

Die Gebote der Rechtssicherheit und Rechtsklarheit folgen aus dem in Artt. 1, 20 und 79 Abs. 3 GG verankerten Rechtsstaatsprinzip[447] und besagen, daß rechtliche Regelungen hinreichend klar, bestimmt und eindeutig abzufassen sind, um den Normunterworfenen zu gestatten, sich ein eigenes Bild von ihrer Rechtslage zu machen[448]. Als mit Verfassungsrang ausgestattete Prinzipien sind die Gebote der Rechtssicherheit und Rechtsklarheit grundsätzlich geeignet, eine Gesetzeslücke im Wege der gesetzesimmanenten Rechtsfortbildung zu schließen; insoweit ist dem 4. Senat recht zu geben[449].

Allerdings werden die Gebote der Rechtssicherheit und der Rechtsklarheit durch den Grundsatz der Tarifeinheit im Betrieb gerade gefährdet[450]: Kann nur ein Tarifvertrag in einem Betrieb angewandt werden, entstehen langwierige Abgrenzungsschwierigkeiten, welcher Tarifvertrag vorrangig ist und daher im Betrieb gilt[451]. Das gilt um so mehr, als die Kriterien nach denen der vorrangige Tarifvertrag festgestellt werden müßte, keineswegs unumstritten sind[452]. Für den Arbeitgeber besteht Unklarheit darüber, welchen Tarifvertrag er anwenden soll[453]. Die Arbeitnehmer müssen stets um ihre Rechtspositionen besorgt sein, weil der für sie geltende Tarifvertrag aus dem Betrieb verdrängt werden könnte[454]. Die Anwendung des Grundsatzes der Tarifeinheit im Betrieb bewirkt nur, daß die an den ver-

---

445 BAG vom 14.6.1989 – 4 AZR 200/89, AP Nr. 16 zu § 4 TVG Tarifkonkurrenz; BAG vom 5.9.1990 – 4 AZR 59/90, AP Nr. 19 zu § 4 TVG Tarifkonkurrenz; BAG vom 20.3.1991 – 4 AZR 455/90, AP Nr. 20 zu § 4 TVG Tarifkonkurrenz (B II 2 a der Gründe).

446 BAG vom 29.11.1978 – 4 AZR 304/77, AP Nr. 12 zu § 4 TVG Tarifkonkurrenz, BAG vom 14.6.1989 – 4 AZR 200/89, AP Nr. 16 zu § 4 TVG Tarifkonkurrenz; BAG vom 5.9.1990 – 4 AZR 59/90, AP Nr. 19 zu § 4 TVG Tarifkonkurrenz; BAG vom 20.3.1991 – 4 AZR 455/90, AP Nr. 20 zu § 4 TVG Tarifkonkurrenz (B II 2 a der Gründe).

447 BVerfG vom 24.7.1957 – 1 BvL 23/52, BVerfGE 7, S. 89 (B II der Gründe); BVerfG vom 19.12.1961 – 2 BvL 6/59, BVerfGE 13, S. 261 (B III 1 der Gründe).

448 BVerfG vom 12.1.1967 – 1 BvR 169/63, BVerfGE 21, S. 73 (C III 1 a der Gründe); Maunz-Dürig/*Herzog*, Art 20 GG VII Rdnr. 63.

449 Vgl. *Fenn*, FS Kissel, S. 213 (230); *Jacobs*, S. 390.

450 *Bruhn*, S. 192; *Fenn*, FS Kissel, S. 212 (230); *Stein*, TVR Rdnr. 284.

451 *Fenn*, FS Kissel, S. 212 (230); *Löwisch/Rieble*, § 4 TVG Rdnr. 293.

452 *Vogg*, Anm. zu BAG vom 20.3.1991 – 4 AZR 455/90, EzA Nr. 7 zu § 4 TVG Tarifkonkurrenz (unter 2 a).

453 *Löwisch/Rieble*, § 4 TVG Rdnr. 293.

454 *Bruhn*, S. 194; *Stein*, TVR Rdnr. 284.

drängten Tarifvertrag gebundenen Arbeitnehmer ihren Tarifschutz verlieren, nicht aber die Geltung des für den Betrieb vorrangigen Tarifvertrags in ihren Arbeitsverhältnissen[455]. Dadurch entsteht Unklarheit darüber, welche Arbeitsbedingungen für die tariflos gewordenen Arbeitsverhältnisse gelten sollen[456] und die Rechtsunsicherheit wächst.

Wird dagegen entsprechend der gesetzlichen Regelung der §§ 3 Abs. 1, 4 Abs. 1 S. 1 TVG verfahren, ist eine rechtlich eindeutige und klare Einordnung möglich[457]: Auf jedes Arbeitsverhältnis wird gerade der Tarifvertrag angewandt, an den die Arbeitsvertragsparteien gemeinsam tarifgebunden sind. Die beiderseitige Tarifgebundenheit festzustellen, macht weit weniger Mühe, als herauszufinden, welcher Tarifvertrag für den Betrieb Vorrang hat. Darüber hinaus besteht für die Arbeitnehmer eine höhere Planungssicherheit, da nicht die Gefahr besteht, daß der für sie geltende Tarifvertrag aus dem Betrieb verdrängt wird[458]. Den Erfordernissen der Rechtssicherheit und Rechtsklarheit wird durch die Tarifpluralität also gerade Rechnung getragen[459].

Die vom 4. Senat des BAG befürchteten rechtlichen und tatsächlichen Unzuträglichkeiten können die Rechtsfortbildung unter Rückgriff auf die Prinzipien der Rechtssicherheit und Rechtsklarheit nicht rechtfertigen. Die Gebote der Rechtssicherheit und Rechtsklarheit sollen nicht vor den „Widrigkeiten des täglichen Lebens"[460] oder „kleineren Reibereien rein tatsächlicher Art"[461] schützen, sondern die Verläßlichkeit der Rechtsordnung garantieren[462]. Aus den Prinzipien der Rechtssicherheit und Rechtsklarheit kann daher nicht auf den Grundsatz der Tarifeinheit im Betrieb geschlossen werden.

---

[455] Vgl. oben § 7 I am Anfang.

[456] Zu denken ist an eine arbeitsvertragliche Bezugnahme auf den für den Betrieb vorrangigen Tarifvertrag oder an die Bestimmung der Arbeitsbedingungen nach § 612 Abs. 2 BGB. Vgl. oben § 7 I.

[457] *Kraft,* RdA 1992, S. 161 (166); *Wendeling-Schröder,* AuR 2000, S. 339 (342); *Witzig,* S. 43.

[458] *Wendeling-Schröder,* AuR 2000, S. 339 (342).

[459] LAG Niedersachsen vom 12.11.1999 – 3 Sa 780/99, LAGE Nr. 3 zu § 4 TVG Tarifpluralität mit zustimmender Anm. *Wendeling-Schröder*; *Kraft,* RdA 1992, S. 161 (166); *Stein,* TVR Rdnr. 284; *Vogg,* Anm. zu BAG vom 20.3.1991 – 4 AZR 455/90, EzA Nr. 7 zu § 4 TVG Tarifkonkurrenz (unter 2 a).

[460] *Jacobs,* S. 391.

[461] *Witzig,* S. 43.

[462] Maunz-Dürig/*Herzog,* Art 20 GG VII Rdnrn. 57 f.; *Schmidt-Aßmann,* in: Handbuch des Staatsrechts, § 24 Rdnr. 81.

c) Ergebnis

Der Grundsatz der Tarifeinheit im Betrieb ist nicht durch eine gesetzesimmanente Rechtsfortbildung legitimiert. Selbst wenn man eine Regelungslücke des TVG unterstellt, ist eine Lückenausfüllung im Wege des Analogieschlusses oder des Rückgriffs auf ein allgemeines Rechtsprinzip ausgeschlossen.

2. Gesetzesübersteigende Rechtsfortbildung

Scheidet eine gesetzesimmanente Rechtsfortbildung aus, bleibt die Frage, ob der Grundsatz der Tarifeinheit im Betrieb mit Hilfe einer gesetzesübersteigenden Rechtsfortbildung rechtlich begründet werden kann. Eine gesetzesübersteigende Rechtsfortbildung ist im Hinblick auf den Gewaltenteilungsgrundsatz nur ausnahmsweise zulässig[463]; sie kann nur mit Rücksicht auf dringende Bedürfnisse des Rechtsverkehrs, auf die Natur der Sache oder ein rechtsethisches Prinzip gerechtfertigt sein[464]. Zu untersuchen ist daher, ob der Grundsatz der Tarifeinheit im Betrieb aus einem der genannten Gründe durch eine Rechtsfortbildung über den Plan des TVG hinaus legitimiert ist.

a) Bedürfnisse des Rechtsverkehrs

Eine gesetzesübersteigende Rechtsfortbildung ist zulässig, wenn ein unabweisbares Bedürfnis des Rechtsverkehrs die Anerkennung eines bestimmten Rechtsinstituts fordert[465]. Nach Auffassung des BAG resultieren aus einem Nebeneinander mehrerer Tarifverträge im Betrieb „kaum lösbare“ oder gar „unüberwindliche“ praktische Schwierigkeiten[466]. Reine Praktikabilitätserwägungen können eine gesetzesübersteigende Rechtsfortbildung zwar nicht rechtfertigen[467]. Es stellt sich jedoch die Frage, ob die durch ein Nebeneinander mehrerer Tarifverträge entstehenden Schwierigkeiten so gravierend sind, daß ein dringendes Bedürfnis des

---

[463] BVerfG vom 14.2.1973 – 1 BvR 112/65, BVerfGE 34, S. 269 (C IV der Gründe); BVerfG vom 11.10.1978 – 1 BvR 84/74, BVerfGE 49, S. 304 (B II 2 der Gründe); BVerfG vom 19.10.1983 – 2 BvR 485, 486/80, BVerfGE 65, S. 182 (B II der Gründe).

[464] *Larenz*, S. 413 ff.; *Larenz/Canaris*, S. 232 ff.; *Larenz-Wolf*, § 4 Rdnr. 71; *Wank*, S. 98.

[465] *Larenz*, S. 414 ff.; *Larenz/Canaris*, S. 233 ff.

[466] BAG vom 20.3.1991 – 4 AZR 455/90, AP Nr. 20 zu § 4 TVG Tarifkonkurrenz (B II 2 a der gründe); BAG vom 26.1.1994 – 10 AZR 611/92, AP Nr. 22 zu § 4 TVG Tarifkonkurrenz (II 4 d der Gründe). So auch *Heinze/Ricken*, ZfA 2001, S. 159 (178).

[467] *Köhler*, § 4 IV 2; *Larenz/Canaris*, S. 247; *Reuter*, JuS 1992, S. 105 (106).

Rechtsverkehrs besteht, welches zwingend die Anwendung nur eines Tarifvertrags in einem Betrieb erfordert.

(1) Abgrenzbarkeit von Individual- und Kollektivnormen

Die Anwendung des Grundsatzes der Tarifeinheit auf die Tarifpluralität begründet das BAG mit der Erwägung, daß die Abgrenzung zwischen Individual- und Kollektivnormen oftmals tatsächlich schwierig sei[468]. Beanspruchen für einen Betrieb zwei Tarifverträge Geltung, muß jedenfalls hinsichtlich der in diesen Tarifverträgen enthaltenen Kollektivnormen entschieden werden, welchem Tarifvertrag der Vorrang einzuräumen ist, da insoweit stets eine Tarifkonkurrenz vorliegt[469]. Bliebe die verdrängende Wirkung eines Tarifvertrags auf die Kollektivnormen beschränkt, müßten die Kollektivnormen von den Individualnormen abgegrenzt werden, da die Individualnormen der beiden konkurrierenden Tarifverträge dann nebeneinander in einem Betrieb gelten könnten. Diese Abgrenzung will das BAG mit der Anwendung des Grundsatzes der Tarifeinheit im Betrieb vermeiden; wegen der Abgrenzungsschwierigkeiten zwischen Individual- und Kollektivnormen soll ein Tarifvertrag in seiner Gesamtheit aus dem Betrieb verdrängt werden.

Die Argumentation des BAG kann die Anwendung des Grundsatzes der Tarifeinheit im Betrieb nicht rechtfertigen. Die Differenzierung zwischen Individual- und Kollektivnormen ist vom Gesetz vorgegeben (§§ 1 Abs. 1, 3 Abs. 1 und 2, 4 Abs. 1 und 2 TVG) und kann nicht wegen tatsächlicher Schwierigkeiten in der Abgrenzung – für die das BAG selbst keinen Beweis erbringt, sondern diese schlicht behauptet – korrigiert werden[470]. In der bisherigen Rechtsprechung hat das BAG die Abgrenzung stets vorgenommenen[471] und damit deutlich gemacht, daß die Unterscheidung zwischen Individual- und Kollektivnormen sehr wohl möglich ist[472]. Die Differenzierung zwischen Individual- und Kollektivnormen ist

---

[468] BAG vom 5.9.1990 – 4 AZR 59/90, AP Nr. 19 zu § 4 TVG Tarifkonkurrenz; BAG vom 20.3.1991 – 4 AZR 455/90, AP Nr. 20 zu § 4 TVG Tarifkonkurrenz (B II 2 a der Gründe).

[469] Vgl. oben § 3 I 1 a (1).

[470] *Jacobs,* S. 403; *Merten,* BB 1993, S. 572 (574); *Säcker/Oetker,* ZfA 1993, S. 1 (6); *Wendeling-Schröder,* Anm. zu LAG Niedersachsen vom 12.11.1999 – 3 Sa 780/99, LAGE Nr. 3 zu § 4 TVG Tarifpluralität (unter III 2); *Wiedemann/Arnold,* ZTR 1994, S. 443 (446).

[471] Vgl. nur BAG vom 21.1.1987 – 4 AZR 486/86, AP Nr. 46 zu Art. 9 GG; BAG vom 21.1.1987 – 4 AZR 547/86, AP Nr. 47 zu Art. 9 GG; BAG vom 26.4. 1990 – 1 ABR 84/87, AP Nr. 57 zu Art. 9 GG (B V 3 a der Gründe); BAG vom 7.11.1995 – 3 AZR 676/94, AP Nr. 1 zu § 3 TVG Betriebsnormen (II 1 der Gründe).

[472] Anderenfalls müßte den auf der Differenzierung zwischen Individual- und Kollektivnormen aufbauenden Normen des TVG ein Verstoß gegen das Gebot der Normenklarheit entgegengehalten werden, vgl. *Waas,* Tarifkonkurrenz, S. 122.

im Hinblick auf die Feststellung des personellen Geltungsbereichs der Tarifnormen und vor allem in Hinblick auf die negative Koalitionsfreiheit der tariflichen Außenseiter fundamental und aus Rechtsgründen unverzichtbar[473]. Auch das BAG hat bislang zu Recht betont, daß die in § 3 Abs. 2 TVG vorgesehene Ausnahme zur beiderseitigen Tarifbindung als Geltungsvoraussetzung einer tariflichen Norm nur in engen Schranken zuzulassen sei und die Rechtsetzungsbefugnis der Tarifparteien im Grundsatz auf ihre Mitglieder beschränkt werden müsse[474]. Aus diesem Grund muß für jede Tarifnorm einzeln festgestellt werden, ob es sich um eine Individual- oder eine Kollektivnorm handelt[475]. Der Schutz der tariflichen Außenseiter mutet dem Rechtsanwender die hiermit verbundenen Abgrenzungsschwierigkeiten gerade zu[476]. Sind Individual- und Kollektivnormen schwer voneinander abzugrenzen, so ist die Lösung dieser Abgrenzungsschwierigkeiten nicht in der Tarifeinheit im Betrieb zu suchen, sondern in der Verbesserung der Abgrenzungskriterien[477].

Im übrigen würde auch die Anwendung des Grundsatzes der Tarifeinheit im Betrieb die Unterscheidung zwischen Individual- und Kollektivnormen nicht entbehrlich machen. Bei der Frage, ob ein nicht organisierter Arbeitnehmer einer tariflichen Regelung untersteht, muß auch bei der Geltung nur eines Tarifvertrags im Betrieb entschieden werden, ob es sich um eine Individual- oder Kollektivnorm handelt, da nur die Kollektivnormen gem. § 3 Abs. 2 TVG auf die Außenseiter einwirken.

(2) Kenntnis der Gewerkschaftszugehörigkeit

Praktische Schwierigkeiten aus einem Nebeneinander mehrerer Tarifverträge in einem Betrieb treten nach Ansicht des BAG bei der Ermittlung der für die einzelnen Arbeitnehmer geltenden Tarifnormen auf: Gelten in einem Betrieb mehrere Tarifverträge nebeneinander, muß geklärt werden, welcher Arbeitnehmer nach welchem Tarifvertrag zu behandeln ist. Diese Klärung setzt eine – nach Auffassung des BAG rechtlich nicht begründbare und tatsächlich nicht durchsetzbare –

---

[473] *Merten*, BB 1993, S. 572 (574); *Säcker/Oetker*, ZfA 1993, S. 1 (6).
[474] BAG vom 27.4.1988 – 7 AZR 593/87, AP Nr. 4 zu § 1 BeschFG 1985 (I 3 b der Gründe); BAG vom 26.4.1990 – 1 ABR 84/87, AP Nr. 57 zu Art. 9 GG (B V 2 der Gründe).
[475] BAG vom 21.1.1987 – 4 AZR 486/86, AP Nr. 46 zu Art. 9 GG; BAG vom 21.1.1987 – 4 AZR 547/86, AP Nr. 47 zu Art. 9 GG.
[476] *Säcker/Oetker*, ZfA 1993, S. 1 (6).
[477] *Reuter*, JuS 1992, S. 105 (106).

Pflicht der Arbeitnehmer zur Offenbarung der Gewerkschaftsmitgliedschaft voraus[478].

Dem BAG ist insoweit zuzustimmen, als der Arbeitgeber vor der Einstellung eines Arbeitnehmers nicht nach dessen Gewerkschaftszugehörigkeit fragen darf, da nicht auszuschließen ist, daß sich der Arbeitgeber in seiner Einstellungsentscheidung negativ beeinflussen läßt[479]. Vor Abschluß des Arbeitsvertrags besteht daher keine Pflicht des Arbeitnehmers, seine Gewerkschaftsmitgliedschaft zu offenbaren. Es bestehen jedoch keine durchgreifenden Bedenken dagegen, dem Arbeitgeber nach Abschluß des Arbeitsvertrags ein Recht zur Frage nach der Gewerkschaftszugehörigkeit einzuräumen und dem Arbeitnehmer die Pflicht zur wahrheitsgemäßen Beantwortung dieser Frage aufzuerlegen[480]. Fragen nach tatsächlichen Umständen und Verhältnissen, die zwar nicht für die Einstellungsentscheidung, aber für die Durchführung des Arbeitsverhältnisses erforderlich sind, dürfen nach Abschluß des Arbeitsvertrags nachgeschoben werden[481]. Die Kenntnis des Arbeitgebers von der Gewerkschaftszugehörigkeit des Arbeitnehmers ist zur Durchführung des Arbeitsverhältnisses erforderlich, um die zutreffende tarifliche Behandlung des Arbeitnehmers sicherzustellen[482]. Außerdem ist der Arbeitnehmer nach Abschluß des Arbeitsvertrags gegen etwaige Benachteiligungen aufgrund seiner Gewerkschaftsmitgliedschaft durch das Maßregelungsverbot des § 612 a BGB geschützt[483].

Selbst wenn man dem Arbeitgeber auch nach Abschluß des Arbeitsvertrags kein Fragerecht einräumen will, führt die Tarifpluralität nicht zu unüberwindlichen Schwierigkeiten. Solange die Gewerkschaftszugehörigkeit eines Arbeitnehmers unbekannt ist, ist der Arbeitgeber berechtigt, den Arbeitnehmer wie einen Nicht-

---

[478] BAG vom 14.6.1989 – 4 AZR 200/89, AP Nr. 16 zu § 4 TVG Tarifkonkurrenz; BAG vom 5.9.1990 – 4 AZR 59/90, AP Nr. 19 zu § 4 TVG Tarifkonkurrenz.

[479] *Danne,* Anm. zu BAG vom 4.9.1996 – 4 AZR 135/95, SAE 1998, S. 111 (115); ErfKomm-*Preis,* § 611 BGB Rdnr. 386; MünchArbR-*Buchner,* § 41 Rdnrn. 18, 113; *Otto,* Personale Freiheit, S. 39 ff.; Staudinger-*Richardi,* § 611 Rdnr. 99.

[480] Ein Fragerecht bejahen *Danne,* Anm. zu BAG vom 4.9.1996 – 4 AZR 135/95, SAE 1998, S. 111 (115); *Hanau/Kania,* Anm. zu BAG vom 20.3.1991 – 4 AZR 455/90, AP Nr. 20 zu § 4 TVG Tarifkonkurrenz (unter II 2 a); *Jacobs,* S. 406; *Knevels,* BB 1965, S. 336 ff.; MünchArbR-*Buchner,* § 41 Rdnr. 121; Staudinger-*Richardi,* § 611 Rdnr. 99; *Wank,* Anm. zu BAG vom 26.1.1994 – 10 AZR 611/92, EzA Nr. 9 zu § 4 TVG Tarifkonkurrenz (unter 3 e).

[481] *Danne,* Anm. zu BAG vom 4.9.1996 – 4 AZR 135/95, SAE 1998, S. 111 (115); MünchArbR-*Buchner,* § 41 Rdnr. 121.

[482] *Danne,* Anm. zu BAG vom 4.9.1996 – 4 AZR 135/95, SAE 1998, S. 111 (115); MünchArbR-*Buchner,* § 41 Rdnr. 121, Staudinger-*Richardi,* § 611 BGB Rdnr. 99.

[483] *Hanau/Kania,* Anm. zu BAG vom 20.3.1991 – 4 AZR 455/90, AP Nr. 20 zu § 4 TVG Tarifkonkurrenz (unter II 2 a); *Jacobs,* S. 406.

organisierten zu behandeln[484]. Will der Arbeitnehmer nach dem für ihn geltenden Tarifvertrag behandelt werden, muß er dem Arbeitgeber seine Gewerkschaftszugehörigkeit mitteilen[485]. Insoweit kann eine Parallele zum Schwerbehindertenrecht gezogen werden[486]: Solange der Arbeitnehmer seine Schwerbehinderteneigenschaft nicht nachweist, darf ihn der Arbeitgeber wie einen Nichtschwerbehinderten behandeln[487]. Entsprechendes gilt bei der Tarifpluralität; wenn man nicht schon eine Pflicht zur Offenbarung der Gewerkschaftsmitgliedschaft annehmen möchte, besteht doch zumindest eine Obliegenheit zur Offenbarung, wenn der Arbeitnehmer tarifliche Rechte beanspruchen will[488]. Dieses Ergebnis wird durch den allgemeinen Grundsatz bestätigt, daß derjenige, der sich auf eine ihm günstige Rechtsfolge beruft, deren Voraussetzungen darlegen und beweisen muß[489]. Daraus folgt, daß ein Arbeitnehmer, der tarifliche Rechte vor Gericht geltend macht, seine Tarifbindung darlegen und beweisen muß[490].

Schließlich ist noch anzumerken, daß sich das Problem der Feststellung der Gewerkschaftszugehörigkeit der Arbeitnehmer auch bei Anwendung des Grundsatzes der Tarifeinheit im Betrieb nicht erübrigen würde[491]. Da die Individualnormen gem. § 4 Abs. 1 S. 1 TVG nur zwischen den beiderseits tarifgebundenen Arbeitsvertragsparteien gelten, müßte der Arbeitgeber auch bei der Geltung nur eines Tarifvertrags im Betrieb wissen, ob der einzelne Arbeitnehmer der tarifschließenden Gewerkschaft angehört oder ob er tariflicher Außenseiter ist. Die Anwendung des Grundsatzes der Tarifeinheit im Betrieb würde also nicht zu einer praktikableren Lösung führen[492].

---

[484] *Däubler,* TVR Rdnr. 1504; *Kothe,* Anm. zu BAG vom 26.1.1994 – 10 AZR 611/92, SAE 1996, S. 9 (16); *Wank,* in: Wiedemann, § 4 TVG Rdnr. 277; *ders.,* Anm. zu BAG vom 26.1.1994 – 10 AZR 611/92, EzA Nr. 9 zu § 4 TVG Tarifkonkurrenz (unter 3 e).

[485] *Löwisch/Rieble,* § 4 TVG Rdnr. 292; MünchArbR-*Buchner,* § 41 Rdnr. 18.

[486] *Reuter,* JuS 1992, S. 105 (107).

[487] BAG vom 5.7.1990 – 2 AZR 8/90, AP Nr. 1 zu § 15 SchwbG 1986 (I 2 der Gründe); *Schaub,* § 178 Rdnr. 29.

[488] *Jacobs,* S. 406; *Löwisch/Rieble,* § 3 TVG, Rdnr. 95, § 4 TVG Rdnr. 292; *Reuter,* JuS 1992, S. 105 (107); *Witzig,* S. 41 f.

[489] BGH vom 14.1.1991 – II ZR 190/89, BGHZ 113, S. 222 (I 3 der Gründe); BGH vom 24.2.1993 – IV ZR 239/91, BGHZ 121, S. 357 (III 3 b der Gründe); *Schaub,* Arbeitsgerichtsverfahren, § 97 III 1; Stein/Jonas/*Leipold,* § 286 V Rdnr. 38.

[490] *Jacobs,* S. 406; *Löwisch/Rieble,* § 3 TVG Rdnr. 95, § 4 TVG Rdnr. 292; *Witzig,* S. 41.

[491] *Bruhn,* S. 194; *Hanau/Kania,* Anm. zu BAG vom 20.3.1991 – 4 AZR 455/90, AP Nr. 20 zu § 4 TVG Tarifkonkurrenz (unter II 2 a); *Löwisch/Rieble,* § 4 TVG Rdnr. 293.

[492] *Löwisch/Rieble,* § 4 TVG Rdnr. 292.

(3) § 87 Abs. 1 Eingangssatz BetrVG

Vereinzelt wird die Frage aufgeworfen, ob im Hinblick auf § 87 Abs. 1 Eingangssatz BetrVG unauflösbare Schwierigkeiten entstehen, wenn mehrere Tarifverträge mit mitbestimmungsrelevanter Wirkung in einem Betrieb Geltung beanspruchen[493]. Unterschiedliche Tarifverträge werden in aller Regel die Mitbestimmung des Betriebsrats unterschiedlich ausgestalten. So kann ein Tarifvertrag durch eine entsprechende Regelung die Mitbestimmung ausschließen, während der andere Tarifvertrag lediglich Vorgaben für die Mitbestimmung macht. Die konkurrierenden Tarifverträge können unterschiedliche Arbeitszeiten vorsehen oder die Ordnung des Betriebs unterschiedlich regeln. Fraglich ist, ob unauflösbare Schwierigkeiten entstehen, wenn die Betriebspartner die unterschiedlichen Vorgaben der unterschiedlichen Tarifverträge berücksichtigen müssen. Diese Frage ist zu verneinen: Die Angelegenheiten des § 87 Abs. 1 BetrVG betreffen überwiegend betriebliche und betriebsverfassungsrechtliche Fragen im Sinn des § 3 Abs. 2 TVG, bei denen unstreitig die alleinige Tarifbindung des Arbeitgebers ausreicht, um den Normen im ganzen Betrieb Geltung zu verschaffen[494]. Ist der Arbeitgeber an die Kollektivnormen unterschiedlicher Tarifverträge gebunden, entsteht eine auflösungsbedürftige Tarifkonkurrenz[495], so daß im Bereich der Kollektivnormen nur ein Tarifvertrag mit mitbestimmungsrelevanter Wirkung in einem Betrieb gelten kann. In den verbleibenden – die tariflichen Individualnormen betreffenden – Angelegenheiten des § 87 Abs. 1 BetrVG kann und muß es dabei bleiben, daß in einem Betrieb mehrere Tarifverträge mit mitbestimmungsrelevanter Wirkung nebeneinander gelten[496]. Würde einer der Tarifverträge verdrängt werden, um die Mitbestimmung des Betriebsrats zu vereinfachen, würde der Tarifvorrang in sein Gegenteil verkehrt werden. Die Tarifparteien müssen keine Rücksicht auf betriebsverfassungsrechtliche Vorgaben nehmen; umgekehrt müssen die Betriebsparteien die Ergebnisse des Tarifwettbewerbs als Ausgangspunkt ihrer Regelungsbefugnis hinnehmen[497]. Sehen daher beispielsweise die in einem Betrieb kollidierenden Tarifverträge unterschiedliche Arbeitszeiten vor, müssen die

---

[493] Vgl. hierzu *Wendeling-Schröder,* Anm. zu LAG Niedersachsen vom 12.11.1999 – 3 Sa 780/99, LAGE Nr. 3 zu § 4 TVG Tarifpluralität (unter III 5), *Wendeling-Schröder,* AuR 2000, S. 339 (341 f.).

[494] *Fitting/Kaiser/Heither/Engels,* § 87 BetrVG Rdnr. 42; *Richardi,* § 87 BetrVG Rdnr. 155, *Schmidt-Eriksen,* S. 223; *Wank,* in: Wiedemann, § 4 TVG Rdnr. 606; *Wendeling-Schröder,* AuR 2000, S. 339 (342); *Wiese,* GK-BetrVG, § 87 BetrVG Rdnr. 68.

[495] Vgl. unten § 12.

[496] *Wendeling-Schröder,* AuR 2000, S. 339 (342).

[497] *Rieble,* Anm. zu BAG vom 22.3.1994 – 1 ABR 47/93, EzA Nr. 10 zu § 4 TVG Geltungsbereich (unter II 3).

Betriebspartner diese bei der Verteilung der Arbeitszeit berücksichtigen[498]. Im übrigen müssen die Betriebspartner oftmals auch bei der Anwendung nur eines Tarifvertrags in einem Betrieb verschiedene Arbeitszeiten in das Konzept der betrieblichen Arbeitszeit integrieren[499]. Unüberwindliche Schwierigkeiten, die sich aus der Anwendung mehrerer Tarifverträge im Betrieb ergeben, sind daher auch im Zusammenhang mit § 87 Abs. 1 BetrVG nicht zu erkennen.

(4) Mehraufwand in der Verwaltung

Ein unabweisbares Bedürfnis des Rechtsverkehrs läßt sich auch nicht aus dem Gesichtspunkt entnehmen, daß die Personalverwaltung bei der Tarifpluralität einen größeren Sachaufwand erfordert und sich dadurch die Verwaltungskosten des Arbeitgebers erhöhen[500]. Zum einen ist die Steigerung des Verwaltungsaufwands geradezu regelmäßige Folge arbeitsrechtlicher Schutzgesetze[501]. Zum anderen und vor allem ist der durch die Tarifpluralität entstehende Mehraufwand bei weitem nicht so hoch, wie von den Kritikern offenbar angenommen. Unabhängig vom Grundsatz der Tarifeinheit im Betrieb gelten in den einzelnen Arbeitsverhältnissen eines Betriebs ohnehin unterschiedliche Arbeitsbedingungen: Aufgrund der in der Praxis üblichen außertariflichen und übertarifliche Entgeltbestandteile hat der Arbeitgeber in jedem Fall individuelle Verdienstabrechnungen zu erstellen[502]. Häufig verwenden die Arbeitgeber zudem Standardanstellungsverträge, die in gewissen Abständen geändert werden[503]. Das führt dazu, daß in einem Betrieb verschiedene „Generationen“ von Anstellungsverträgen und damit verschiedene Arbeitsbedingungen nebeneinander gelten[504]. Weiterhin ist darauf hinzuweisen, daß der Arbeitgeber in jedem Fall zwischen zwei Arbeitnehmergruppen – den Nichtorganisierten und den Organisierten – zu unterscheiden hat. Der Arbeitgeber

---

[498] Vgl. LAG Hamburg vom 7.6.1995 – 4 Sa 115/94, AuR 1996, S. 75; für die Mitglieder der DAG galt eine Arbeitszeit von 38 Std., für die Mitglieder der IG-Metall eine Arbeitszeit von 36 Std.; *Rieble,* Anm. zu BAG vom 22.3.1994 – 1 ABR 47/93, EzA Nr. 10 zu § 4 TVG Geltungsbereich (unter II 3).

[499] Vgl. BAG vom 18.8.1987 – 1 ABR 30/86, AP Nr. 23 zu § 77 BetrVG; nach dem Metalltarifvertrag galten für verschiedene Arbeitnehmergruppen drei unterschiedliche Arbeitszeiten (37, 38,5 und 40 Std.).

[500] Die Erhöhung der Verwaltungskosten heben hervor: *G. Müller,* Ablösung, S. 52; *Säcker/Oetker,* ZfA 1993, S. 1 (12).

[501] *Reuter,* JuS 1992, S. 105 (107).

[502] LAG Brandenburg vom 17.3.1995 – 5 Sa 671/94, LAGE Nr. 3 zu § 4 TVG Nachwirkung (2.3 der Gründe); *Wendeling-Schröder,* Anm. zu LAG Niedersachsen vom 12.11.1999 – 3 Sa 780/99, LAGE Nr. 3 zu § 4 TVG Tarifpluralität (unter III 3).

[503] *Haußmann,* S. 144.

[504] *Haußmann,* S. 144.

wird daher nicht unverhältnismäßig belastet, wenn noch eine weitere Arbeitnehmergruppe – die der „Andersorganisierten“ – hinzukommt[505]. Das gilt um so mehr, als die Tarifpluralität durch die mehrfache Tarifbindung des Arbeitgebers ausgelöst wird und damit verbundene Mehrbelastungen dem Arbeitgeber zuzurechnen sind[506]. Überdies sind die Mehrbelastungen im Zeitalter der elektronischen Datenverarbeitung denkbar gering. Aufgrund der heute sehr leistungsfähigen elektronischen Datenverarbeitung bereitet es keine große Mühe, die Arbeitsbedingungen für die unterschiedlich tarifgebundenen Arbeitnehmer unterschiedlich zu regeln[507]. Um Lohn- und Urlaubsabrechnungen für an verschiedene Tarifverträge gebundene Arbeitnehmer zu erstellen, reicht es aus, eine Schlüsselzahl in das Datenverarbeitungssystem einzugeben, die angibt, ob und welchem Tarifvertrag ein Arbeitnehmer unterfällt[508]. Es ist daher nicht zu befürchten, daß sich der Aufwand in der Personalverwaltung durch das Nebeneinander mehrerer Tarifverträge in einem Betrieb übermäßig erhöht[509].

(5) Betriebsfrieden

Vereinzelt wird vorgetragen, das Nebeneinander mehrerer Tarifverträge in einem Betrieb könne zu Störungen des Betriebsfriedens führen[510]. Behandelt der Arbeitgeber die Arbeitnehmer nach verschiedenen Tarifverträgen, würden die Gerechtigkeitserwartungen der Belegschaft verletzt[511]. Dazu ist anzumerken, daß jeder Arbeitnehmer in der Wahl, ob und welcher Gewerkschaft er beitritt, frei ist und die Konsequenzen dieser Entscheidung zu tragen hat. Ist er mit seiner Wahl unzufrieden, bleibt es ihm unbenommen, einer Gewerkschaft beizutreten oder die Gewerkschaft zu wechseln. Im übrigen wird die befürchtete Unruhe wohl um ein Vielfaches übertroffen, wenn – wie es Konsequenz des Grundsatzes der Tarifeinheit im Betrieb ist – einige Arbeitnehmer jeglichen Tarifschutz verlieren. Ein dringendes Bedürfnis des Rechtsverkehrs nach einer Tarifeinheit im Betrieb ergibt

---

[505] *Löwisch/Rieble,* § 4 TVG Rdnr. 292.

[506] *Heß,* ZfA 1976, S. 45 (59); *Löwisch/Rieble,* § 4 TVG Rdnr. 292; *Rieble,* Anm. zu BAG vom 22.3.1994 – 1 ABR 47/93, EzA Nr. 10 zu § 4 TVG Geltungsbereich (unter II 1); *Waas,* Tarifkonkurrenz, S. 125.

[507] *Jacobs,* S. 401; *Kittner,* in: Kittner/Zwanziger, § 10 Rdnr. 192; *Salje,* Anm. zu BAG vom 20.3.1991 – 4 AZR 455/90, SAE 1993, S. 74 (80); *Wendeling-Schröder,* AuR 2000, S. 339 (341).

[508] *Bruhn,* S. 195; *Witzig,* S. 41.

[509] *Bruhn,* S. 195; *Jacobs,* S. 401; *Kothe,* Anm. zu BAG vom 26.1.1994 – 10 AZR 611/92, SAE 1996, S. 9 (16); *Reuter,* JuS 1992, S. 105 (107); *Salje,* Anm. zu BAG vom 20.3.1991 – 4 AZR 455/90, SAE 1993, S. 74 (80); *Wendeling-Schröder,* AuR 2000, S. 339 (341); *Witzig,* S. 41.

[510] *G. Müller,* Ablösung, S. 52; *Witzig,* S. 42.

[511] *Witzig,* S. 42.

sich aus der Unzufriedenheit mit der eigenen gewerkschaftlichen Vertretung jedenfalls nicht[512].

(6) Ergebnis

Das Nebeneinander mehrerer Tarifverträge im Betrieb hat allenfalls gut zu bewältigende praktische Schwierigkeiten zur Folge. Derartige, schlichte praktische Schwierigkeiten können keine Rechtsfortbildung rechtfertigen, anderenfalls bliebe von der Verbindlichkeit des gesetzlichen Arbeitsrechts kaum noch etwas übrig[513]. Daß die vom BAG ins Feld geführten praktischen Schwierigkeiten nicht unüberwindbar oder kaum lösbar sind, offenbaren selbst einige Entscheidungen des BAG, in denen sich das BAG in Widerspruch zu seiner sonstigen Rechtsprechung setzt: So geht der 1. Senat in einer Entscheidung offensichtlich davon aus, daß trotz der Geltung eines Tarifvertrags in einem Betrieb die Individualnormen eines anderen Tarifvertrags für die entsprechend Tarifgebundenen gelten können[514]. Der 10. Senat hat trotz Festhaltens am Grundsatz der Tarifeinheit im Betrieb keine Bedenken, im Betrieb verschiedene Tarifverträge für Angestellte und Arbeiter gelten zu lassen[515]. Der 4. Senat hält das Nebeneinander von vollwirksamen und nachwirkenden Tarifverträgen im Betrieb für möglich[516]. Der 4. und der 1. Senat schließlich sind der Auffassung, daß tarifliche Regelungen, die abweichend vom Grundsatz der Tarifeinheit im Betrieb zur Anwendung verschiedener Tarifverträge im Betrieb führen, zulässig sind[517]. Gibt es in den genannten Fällen nach Ansicht des BAG offenbar keine unüberwindlichen praktischen Schwierigkeiten, leuchtet nicht ein, warum das in den anderen Fällen der Tarifpluralität anders sein soll.

Abschließend ist festzuhalten, daß es kein zwingendes Bedürfnis des Rechtsverkehrs gibt, welches die Anwendung des Grundsatzes der Tarifeinheit im Betrieb erfordert. Eine gesetzesübersteigende Rechtsfortbildung mit Rücksicht auf ein zwingendes Bedürfnis des Rechtsverkehrs scheidet daher aus.

---

[512] Im Ergebnis ebenso *Jacobs,* S. 408; *Witzig,* S. 42.

[513] *Hohenstatt,* DB 1992, S. 1679 (1680); *Reuter,* JuS 1992, S. 105 (106).

[514] BAG vom 26.10.1971 – 1 AZR 113/68, AP Nr. 44 zu Art. 9 GG Arbeitskampf (A II 3 der Gründe, zu b und zu f).

[515] BAG vom 26.1.1994 – 10 AZR 611/92, AP Nr. 22 zu § 4 TVG Tarifkonkurrenz (III der Gründe).

[516] BAG vom 28.5.1997 – 4 AZR 546/95, AP Nr. 26 zu § 4 TVG Nachwirkung (2 c der Gründe); BAG vom 28.5.1997 – 4 AZR 545/95, AP Nr. 27 zu § 4 TVG Nachwirkung (2 c der Gründe).

[517] BAG vom 5.9.1990 – 4 AZR 59/90, AP Nr. 19 zu § 4 TVG Tarifkonkurrenz (a. E.); BAG vom 22.3.1994 – 1 ABR 47/93, EzA Nr. 10 zu § 4 TVG Geltungsbereich (B III 2 der Gründe).

b) Natur der Sache

Eine gesetzesübersteigende Rechtsfortbildung ist mit Rücksicht auf die Natur der Sache zulässig, wenn die Eigengesetzlichkeit eines Sachverhalts so zwingend ist, daß selbst eine entgegenstehende gesetzliche Regelung zurückzutreten hat[518]. Von einer solchen Eigengesetzlichkeit kann man bei Kollektivnormen ausgehen, die dadurch gekennzeichnet sind, daß sie nur einheitlich in einem Betrieb gelten können. Die Geltung unterschiedlicher Kollektivnormen in verschiedenen Arbeitsverhältnissen eines Betriebs kommt von der Natur der Sache her nicht in Betracht; aus diesem Grund ist in § 3 Abs. 2 TVG die betriebseinheitliche Geltung von Kollektivnormen allerdings auch schon angeordnet[519]. Anders liegt es bei den Individualnormen, die gerade auf das Einzelarbeitsverhältnis bezogen sind. Die Natur der Sache fordert keinesfalls die Geltung der Individualnormen nur eines Tarifvertrags in einem Betrieb, da im Fall der Tarifpluralität die einzelnen Arbeitsverhältnisse nur von den Individualnormen eines Tarifvertrags erfaßt werden, es also zu keiner Normenkollision kommt. Eine gesetzesübersteigende Rechtsfortbildung mit Rücksicht auf die Natur der Sache scheidet aus.

c) Rechtsethisches Prinzip

Eine gesetzesübersteigende Rechtsfortbildung wäre zulässig, wenn es sich bei dem Grundsatz der Tarifeinheit im Betrieb um ein sog. rechtsethisches Prinzip handelte. Rechtsethische Prinzipien sind richtunggebende Maßstäbe rechtlicher Normierung, die vermöge ihrer eigenen Überzeugungskraft rechtliche Entscheidungen zu rechtfertigen vermögen[520]. Als Beispiele für rechtsethische Prinzipien seien der Grundsatz von Treu und Glauben sowie Verfassungsprinzipien genannt[521]. Rechtsethische Prinzipien unterscheiden sich von den auf Zweckmäßigkeitsgründen beruhenden rechtstechnischen Prinzipien durch ihren materialen Gerechtigkeitsgehalt[522]. Da der Grundsatz der Tarifeinheit im Betrieb allein auf Zweckmäßigkeitserwägungen und auf tarifpolitischen Zielvorstellungen beruht[523], kann er allenfalls als ein rechtstechnisches Prinzip betrachtet werden, ein rich-

---

[518] *Jacobs,* S. 371 f.; *Schmalz,* Rdnr. 357.

[519] Beim Zusammentreffen der Kollektivnormen mehrerer Tarifverträge kommt es – anders als bei den Individualnormen – auch stets zur Tarifkonkurrenz.

[520] *Larenz,* S. 421; *Larenz/Canaris,* S. 240.

[521] *Larenz/Wolf,* § 4 Rdnr. 71.

[522] *Larenz,* S. 421; *Larenz/Canaris,* S. 240.

[523] *Hanau/Kania,* Anm. zu BAG vom 20.3.1991 – 4 AZR 455/90, AP Nr. 20 zu § 4 TVG Tarifkonkurrenz (unter II 2 a); *Kraft,* RdA 1992, S. 161 (168); *Wank,* Anm. zu BAG vom 26.1.1994 – 10 AZR 611/92, EzA Nr. 9 zu § 4 TVG Tarifkonkurrenz (unter 2 b).

tunggebender Maßstab ist der Grundsatz der Tarifeinheit im Betrieb keinesfalls. Sonstige rechtsethische Prinzipien, die den Grundsatz der Tarifeinheit im Betrieb rechtfertigen könnten, sind nicht ersichtlich. Zwar sind die aus dem Rechtsstaatsprinzip (Artt. 1, 20 und 79 Abs. 3 GG) abgeleiteten Prinzipien der Rechtssicherheit und Rechtsklarheit als rechtsethische Prinzipien zu betrachten, auf sie kann aber nicht zurückgegriffen werden, um den Grundsatz der Tarifeinheit im Betrieb zu legitimieren. Wie oben bereits dargestellt, fordern die Gebote der Rechtssicherheit und Rechtsklarheit nicht die Auflösung der Tarifpluralität nach dem Grundsatz der Tarifeinheit im Betrieb. Umgekehrt bewirkt die Tarifeinheit im Betrieb ein höheres Maß an Rechtsunsicherheit und Rechtsunklarheit als die Tarifpluralität[524]. Eine gesetzesübersteigende Rechtsfortbildung mit Rücksicht auf ein rechtsethisches Prinzip scheidet daher aus.

d) Ergebnis

Es besteht kein dringendes Bedürfnis des Rechtsverkehrs, welches eine Tarifeinheit im Betrieb fordert. Ebensowenig kann der Grundsatz der Tarifeinheit im Betrieb aus der Natur der Sache gefolgert werden. Der Grundsatz der Tarifeinheit im Betrieb läßt sich schließlich auch nicht aus einem rechtsethischen Prinzip ableiten. Daraus ergibt sich, daß die Tarifeinheit im Betrieb nicht durch eine gesetzesübersteigende Rechtsfortbildung gerechtfertigt werden kann.

IV. Organisationsprinzipien des DGB und seiner Mitgliedsgewerkschaften

Die bisherige Untersuchung hat gezeigt, daß es keine Rechtsgrundlage gibt, die es rechtfertigt, alle Fälle der Tarifpluralität einheitlich im Sinne der Tarifeinheit im Betrieb aufzulösen. Es bleibt daher die Frage, ob es differenzierte Lösungsmöglichkeiten gibt.

In den Satzungen des DGB und seiner Mitgliedsgewerkschaften hat sich das Industrieverbandsprinzip zumindest mittelbar niedergeschlagen: Nach der DGB-Satzung ist es Aufgabe des DGB, die Organisationsbereiche der Einzelgewerkschaften abzugrenzen und Streitigkeiten zwischen den Mitgliedsgewerkschaften zu schlichten[525]. In den Einzelsatzungen werden die Organisationsbereiche der

---

[524] Vgl. oben § 8 III 1 b (4).
[525] §§ 2 Nr. 4, 15 und 16 DGB-Satzung.

einzelnen Gewerkschaften für bestimmte Branchen festgelegt[526]. Die Organisation der DGB-Gewerkschaften nach dem Industrieverbandsprinzip dient der Verwirklichung des Prinzips „ein Betrieb – eine Gewerkschaft". Zu untersuchen ist, ob dieses Organisationsprinzip für den Fall des Zusammentreffens von Tarifverträgen unterschiedlicher DGB-Gewerkschaften als tragfähige Rechtsgrundlage für die Anwendung des Grundsatzes der Tarifeinheit im Betrieb dienen kann.

Ein Teil der Literatur hält die Anwendung des Grundsatzes der Tarifeinheit im Betrieb auf konkurrierende DGB-Tarifverträge für gerechtfertigt[527]. In den Organisationsprinzipien des DGB und seiner Mitgliedsgewerkschaften sei für diesen Fall der Tarifpluralität eine ausreichende Rechtsgrundlage für den Grundsatz der Tarifeinheit im Betrieb zu finden[528]. Das Industrieverbandsprinzip bilde für die DGB-Gewerkschaften ein historisch gewachsenes und seit 1992 auch satzungsmäßig verankertes Organisationsprinzip[529]. Kern des Industrieverbandsprinzips sei gerade, daß in jeder Branche nur ein Tarifvertrag gelten soll, der dann alle Arbeitnehmer im Betrieb erfaßt[530]. Das zeige sich sowohl in der grundsätzlichen branchenmäßigen Abgrenzung der Organisationsbereiche nach § 15 DGB-Satzung als auch in den satzungsmäßigen Regelungen der Einzelgewerkschaften, wonach bei Ausscheiden aus dem Organisationsbereich einer DGB-Gewerkschaft der Übertritt in die branchenmäßig zuständige DGB-Gewerkschaft nahegelegt werde[531]. Aufgrund des im DGB geltenden Prinzips der Tarifeinheit müßten alle von DGB-Gewerkschaften abgeschlossenen Tarifverträge dahin ausgelegt werden, daß sie ihre Wirkung ganz verlieren, wenn der Betrieb in den Geltungsbereich eines anderen Tarifvertrags derselben Gewerkschaft oder einer anderen DGB-Gewerkschaft fällt[532]. In einem Betrieb soll – entsprechend dem Grundsatz der Tarifeinheit im Betrieb – nur ein DGB-Tarif, nämlich der speziellere, Anwendung finden[533].

---

[526] Vgl. z. B. § 2 Satzung der IG BAU; § 4 Satzung der IG HBV; § 2 Satzung der IG NGG; § 3 Satzung der IG Medien; § 3 Satzung der IG Metall.

[527] ErfKomm-*Schaub,* § 4 TVG Rdnr. 114; *Hanau,* ArbRdGegw. Bd. 34 (1997), S. 21 (29); *Hanau/Kania,* FS Schaub, S. 239 (253); *Kania,* DB 1996, S. 1921 ff.; *Kania,* Anm. zu BAG vom 28.5.1997 – 4 AZR 546/95, AP Nr. 26 zu § 4 TVG Nachwirkung; *Kania,* NZA 2000, Sonderbeil. zu Heft 3, S. 45 (48); *Schaub,* § 203 Rdnr. 66; ähnlich auch schon *Dutti,* DB 1969, S. 2188 ff.

[528] *Hanau/Kania,* FS Schaub, S. 239 (253).

[529] *Hanau/Kania,* FS Schaub, S. 239 (253).

[530] *Kania,* DB 1996, S. 1921 (1922).

[531] *Kania,* DB 1996, S. 1921 (1922). *Kania* nennt lediglich § 7 der IG HBV-Satzung, die übrigen Einzelsatzungen enthalten entweder keine oder unverbindlichere Regelungen. Z. B. § 6 der Satzung IG Metall, wonach Mitglieder auf veränderte Zuständigkeiten „hingewiesen" werden.

[532] *Hanau,* ArbRdGegw. Bd. 34 (1997), S. 21 (29).

[533] *Kania,* Anm. zu BAG vom 28.5.1997 – 4 AZR 546/95, AP Nr. 26 zu § 4 TVG Nachwirkung (unter 3).

Dieser Auffassung wird entgegengehalten, daß der DGB selbst keine Tarifpartei sei[534] und ihm kein Recht zum Eingriff in die Tarifpolitik seiner Mitglieder zukomme[535]. Ein wesentlicher Kritikpunkt knüpft an die fehlende normative Verbindlichkeit des Industrieverbandsprinzips an, die mit einem Grundsatz der Tarifeinheit im Betrieb nicht korrigiert werden dürfe[536]. Dem ist zuzustimmen. Da das Industrieverbandsprinzip selbst nicht rechtsverbindlich ist, kann auch ein Bekenntnis zu dem Industrieverbandsprinzip durch eine entsprechende Organisation nicht dazu führen, ein Rechtsprinzip der Tarifeinheit im Betrieb anzuerkennen. Das ist auch vom DGB nicht gewollt, das Prinzip „ein Betrieb – eine Gewerkschaft" dient gemäß der Satzung des DGB lediglich als Orientierungspunkt für die Abgrenzung der Organisationsbereiche der Mitgliedsgewerkschaften[537]. Eine weitergehende Bedeutung kann auch den Regelungen der Einzelsatzungen zum Übertritt in eine andere DGB-Gewerkschaft nicht entnommen werden; ein Zwang zum Übertritt im Sinne des Grundsatzes der Tarifeinheit im Betrieb besteht nach den Satzungen gerade nicht[538]. Den Mitgliedsgewerkschaften des DGB kann nicht der generelle Wille unterstellt werden, den Geltungsanspruch ihres Tarifvertrags für den Fall des Zusammentreffens mit einem anderen DGB-Tarifvertrag zurücknehmen zu wollen. Daß die gegenteilige Auslegung[539] nicht dem Willen der DGB-Gewerkschaften entspricht, zeigt sich an den immer wieder auftretenden Streitigkeiten der Mitgliedsgewerkschaften des DGB, in denen sich die Gewerkschaften um die Tarifzuständigkeit und darüber, welcher Tarifvertrag in einem Betrieb Anwendung finden soll, streiten[540]. Den Satzungen des DGB und seiner Mitgliedsgewerkschaften kann zwar der Wille entnommen werden, Tarifkollisionen nach Möglichkeit zu vermeiden. Von diesem Willen kann aber nicht auf den weitergehenden Willen geschlossen werden, bei einer dennoch eintretenden Tarifkollision einem Tarifvertrag seine Geltung für einen Betrieb zu entziehen. Die Satzungsregelungen des DGB und seiner Mitgliedsgewerkschaften, in denen sich das

---

[534] Der DGB hat keine eigene Tarifhoheit; vgl. *Gamillscheg,* § 11 I 2 c.

[535] *Löwisch/Rieble,* FS Schaub, S. 457 (Fn. 14); ähnlich auch *Gamillscheg,* § 11 I 2 c: „Welche Tarifpolitik die einzelnen Gewerkschaften betreiben, liegt bei ihnen".

[536] *Jacobs,* S. 389; vgl. auch oben § 5 V 1.

[537] Vgl. § 15 Nr. 1 DGB-Satzung i. V. m. Ziffer 2 der Richtlinien für die Abgrenzung von Organisationsbereichen.

[538] Die Satzungen enthalten entweder bloße Empfehlungen (§ 7 der Satzung der HBV, § 8 der Satzung der IG Medien) oder Hinweise (§ 6 der Satzung der IG Metall). In einigen Satzungen fehlen entsprechende Regelungen ganz; z. B. enthält § 5 der Satzung der IG NGG nur eine Regelung für die Aufnahme der Mitglieder anderer DGB-Gewerkschaften.

[539] *Hanau,* ArbRdGegw. Bd. 34 (1997), S. 21 (29).

[540] Vgl. z.B. den Streit der IG-Metall und der IG-Chemie um die Tarifzuständigkeit für die metallverarbeitenden Betriebe eines Unternehmens der Chemiebranche, BAG vom 25.9.1996 – 1 ABR 4/96, AP Nr. 10 zu § 2 TVG Tarifzuständigkeit. Daß es diese Streitigkeiten zwischen den DGB-Gewerkschaften gibt, sehen auch *Hanau,* ArbRdGegw. Bd. 34 (1997), S. 21 (30) und *Kania,* DB 1996, S. 1921 (1922).

Industrieverbandsprinzip niedergeschlagen hat, beziehen sich auf die Tarifzuständigkeit, betreffen also nur das Vorfeld der Tarifkollisionen[541]. Sie stellen keinesfalls eine tragfähige Rechtsgrundlage für die Auflösung dennoch entstandener Tarifkollisionen nach dem Grundsatz der Tarifeinheit im Betrieb dar. Schließlich wäre die Anwendung des Grundsatzes der Tarifeinheit im Betrieb auf die Tarifpluralität zwischen zwei DGB-Tarifverträgen nicht mit der Koalitionsfreiheit der einzelnen Mitglieder der Einzelgewerkschaften des DGB vereinbar[542]: Die Mitglieder der Einzelgewerkschaften haben sich für den Beitritt zu einer bestimmten Einzelgewerkschaft des DGB entschieden, nicht für die Mitgliedschaft in irgendeiner DGB-Gewerkschaft. Es gibt daher bei der Tarifpluralität zwischen DGB-Tarifverträgen ebensowenig eine Berechtigung, dem Arbeitnehmer den von ihm gewählten Tarifschutz zu nehmen und zum Gewerkschaftsübertritt aufzufordern, wie bei der Tarifpluralität zwischen DGB-Tarifverträgen und anderen Tarifverträgen[543].

V. Ergebnis

Es gibt keine Rechtsgrundlage für den Grundsatz der Tarifeinheit im Betrieb. Er ist weder gewohnheitsrechtlich anerkannt noch stellt er ein zwingendes Rechtsprinzip dar. Insbesondere ist der Grundsatz der Tarifeinheit im Betrieb nicht durch richterliche Rechtsfortbildung gerechtfertigt. Auch die Organisationsprinzipien des DGB und seiner Mitgliedsgewerkschaften können nicht als Rechtsgrundlage für die Auflösung der Kollision zweier DGB-Tarifverträge im Sinne einer Tarifeinheit im Betrieb herangezogen werden.

---

[541] Schon insoweit ist umstritten, ob eine Beschränkung der Tarifzuständigkeit zulässig ist. Vgl. oben § 5 V 2.

[542] *Schliemann,* NZA 2000, Sonderbeil. 24, S. 24 (32).

[543] Vgl. zur individuellen Koalitionsfreiheit, § 9 II 1.

§ 9. VEREINBARKEIT DES GRUNDSATZES DER TARIFEINHEIT IM BETRIEB MIT DER RECHTSORDNUNG

Es bleibt die Frage, ob der Grundsatz der Tarifeinheit im Betrieb mit der Rechtsordnung vereinbar ist. Sollte dies zu bejahen sein, ist darüber nachzudenken, ob es nicht sinnvoll wäre, den Grundsatz der Tarifeinheit im Betrieb de lege ferenda im TVG festzulegen. Steht die Lehre vom Grundsatz der Tarifeinheit im Betrieb dagegen nicht mit der Rechtsordnung im Einklang, ist ihr vollends jegliche Gefolgschaft zu verweigern.

I. Tarifvertragsgesetz

Zunächst ist zu erörtern, ob und wieweit der Grundsatz der Tarifeinheit im Betrieb mit den Regelungen des TVG vereinbar ist. Dies ist im Hinblick auf die Systematik des TVG und insbesondere mit Blick auf § 5 TVG problematisch.

1. Systematik des TVG

Der Grundsatz der Tarifeinheit im Betrieb ist – wie sich bereits aus den Ausführungen zur Lückenlosigkeit des TVG ergibt[544] – nicht mit der Systematik des TVG in Einklang zu bringen. Das Normgefüge der §§ 3, 4 und § 5 Abs. 4 TVG ist gerade auf das Nebeneinander mehrerer Tarifverträge angelegt; die Tarifeinheit im Betrieb verstößt gegen die eindeutige Anordnung, daß bei beiderseitiger Tarifgebundenheit der Arbeitsvertragsparteien ein vom Geltungsbereich einschlägiger Tarifvertrag auf das betreffende Arbeitsverhältnis anzuwenden ist[545]. Zudem würde mit dem Grundsatz der Tarifeinheit im Betrieb der Sache nach § 3 Abs. 2 TVG entgegen der ausdrücklichen Regelung auch auf Individualnormen angewandt; das Regel-Ausnahme-Verhältnis des § 3 Abs. 1 zu § 3 Abs. 2 TVG würde auf den Kopf gestellt[546].

---

[544] Vgl. oben § 8 III 1 a.

[545] LAG Niedersachsen vom 14.6.1990 – 14 Sa 1783/89, LAGE Nr. 1 zu § 4 TVG Tarifpluralität (2 a der Gründe); *Däubler,* TVR Rdnr. 1503; *Jacobs,* S. 468 f.

[546] *Gamillscheg,* § 17 I 2 a (10); *Kraft,* RdA 1992, S. 161 (166); *Wiedemann,* Anm. zu BAG vom 29.11.1978 – 4 AZR 304/77, AP Nr. 12 zu § 4 TVG Tarifkonkurrenz (unter 1).

2. § 5 TVG

Im Mittelpunkt der Rechtsprechung des BAG zum Grundsatz der Tarifeinheit im Betrieb stehen die Kollisionen von Firmen- oder Verbandstarifverträgen mit allgemeinverbindlichen Tarifverträgen[547]. Das BAG nimmt dabei ausdrücklich in Kauf, daß durch die Verdrängung des allgemeinverbindlichen Tarifvertrags für die nicht organisierten Arbeitnehmer ein tariffreier Raum entsteht. Diese Folge kann so weit gehen, daß ein Spezialtarifvertrag sämtliche Unternehmen seines Geltungsbereichs dem allgemeinverbindlichen Tarifvertrag entzieht und dies, obwohl der Spezialtarifvertrag selbst für die weit überwiegende Zahl der betroffenen Arbeitnehmer keine Wirkung entfaltet[548]. Ob die Anwendung des Grundsatzes der Tarifeinheit im Betrieb mit dem Zweck der Allgemeinverbindlicherklärung vereinbar ist, ist angesichts dieser Auswirkungen fraglich. Das BAG verneint eine Verletzung des Zwecks der Allgemeinverbindlicherklärung lapidar mit dem Hinweis, die nicht tarifgebundenen Arbeitnehmer könnten der tarifschließenden Gewerkschaft beitreten[549]. Ausführlicher begründen *Säcker/Oetker* ihre Ansicht, daß das durch die Anwendung des Grundsatzes der Tarifeinheit im Betrieb eintretende Schutzdefizit für die tariflichen Außenseiter mit dem Zweck der Allgemeinverbindlicherklärung in Einklang stünde. Die Allgemeinverbindlicherklärung solle in erster Linie die Effektivität tariflicher Normsetzung sichern, wenn der jeweilige Tarifvertrag seine Ordnungsaufgabe im Einzelfall nicht allein erfüllen könne[550]. Dieser Zweck würde verfehlt werden, wenn die Allgemeinverbindlicherklärung eine Tarifpluralität im Betrieb herbeiführen würde, da in diesem Fall die Allgemeinverbindlicherklärung die Effektivität eines Tarifvertrags nicht sichere, sondern erheblich beeinträchtigen würde[551].

Tatsächlich aber ist die Anwendung des Grundsatzes der Tarifeinheit im Betrieb nicht mit dem Zweck der Allgemeinverbindlicherklärung vereinbar. Die Allgemeinverbindlicherklärung dient der lückenlosen Erfassung der Arbeitsverhältnisse eines Industriezweigs oder eines einzelnen Unternehmens durch einen Tarifver-

---

547 BAG vom 24.9.1975 – 4 AZR 471/74, AP Nr. 11 zu § 4 TVG Tarifkonkurrenz; BAG vom 29.11.1978 – 4 AZR 304/77, AP Nr. 12 zu § 4 TVG Tarifkonkurrenz; BAG vom 14.6.1989 – 4 AZR 200/89, AP Nr. 16 zu § 4 TVG Tarifkonkurrenz; BAG vom 14.1.1990 – 4 AZR 561/89, AP Nr. 126 zu § 1 TVG Tarifverträge: Bau; BAG vom 5.9.1990 – 4 AZR 59/90, AP Nr. 19 zu § 4 TVG Tarifkonkurrenz; BAG vom 26.1.1994 – 10 AZR 611/92, AP Nr. 22 zu § 4 TVG Tarifkonkurrenz.

548 *Wiedemann*, Anm. zu BAG vom 24.9.1975 – 4 AZR 471/74, AP Nr. 11 zu § 4 TVG Tarifkonkurrenz (unter 1 b aa).

549 BAG vom 24.1.1990 – 4 AZR 561/89, AP Nr. 126 zu § 1 TVG Tarifverträge: Bau .

550 *Säcker/Oetker*, ZfA 1993, S. 1 (18).

551 *Säcker/Oetker*, ZfA 1993, S. 1 (18).

trag[552]. Durch die Schaffung einheitlicher Arbeitsbedingungen sollen Lohndrückerei und Schmutzkonkurrenz vermieden und den nicht organisierten Arbeitnehmern angemessene Arbeitsbedingungen garantiert werden[553]. Diesen Zwecken läuft es zuwider, wenn man die verdrängende Wirkung eines speziellen Tarifvertrags auch auf die Arbeitsverhältnisse erstreckt, für die nur der allgemeinverbindliche Tarifvertrag gilt. Die Anwendung des Grundsatzes der Tarifeinheit im Betrieb steuert dem Ziel der lückenlosen Erfassung aller Arbeitsverhältnisse entgegen, da nach den Grundsätzen der Tarifeinheit im Betrieb in aller Regel der allgemeinverbindliche Tarifvertrag als der allgemeinere Tarifvertrag verdrängt werden würde. Für die nur dem allgemeinverbindlichen Tarifvertrag unterfallenen Arbeitsverhältnisse entstünde eine tariffreie Zone. Das zeigt zugleich, daß die Anwendung des Grundsatzes der Tarifeinheit im Betrieb auch dem weiteren Zweck der Allgemeinverbindlicherklärung – für die nicht organisierten Arbeitnehmer einen durch einen Tarifvertrag normierten Standard sicherzustellen[554] – widerspricht: Für die betroffenen Arbeitnehmer entfällt jeglicher Tarifschutz[555]. Damit geht einher, daß durch die Anwendung des Grundsatzes der Tarifeinheit im Betrieb auch das Ziel der Allgemeinverbindlicherklärung, Schmutzkonkurrenz zu vermeiden, verfehlt zu werden droht. Deutlich wird das etwa, wenn man sich vor Augen führt, daß dem Arbeitgeber durch die Anwendung des Grundsatzes der Tarifeinheit im Betrieb die „Flucht aus dem allgemeinverbindlichen Tarifvertrag[556]" ermöglicht wird: Der Arbeitgeber kann einen allgemeinverbindlichen Tarifvertrag durch einen nach den Grundsätzen der Tarifeinheit im Betrieb vorrangigen Firmentarifvertrag ersetzen, an den nur wenige Arbeitnehmer gebunden sind, mit der Folge, daß für die übrigen Arbeitnehmer keine tariflichen Arbeitsbedingungen gelten. Der allgemeinverbindliche Tarifvertrag kann auf diese Weise oder durch den Beitritt zu einem Ar-

---

[552] *Hanau/Kania,* Anm. zu BAG vom 20.3.1991 – 4 AZR 455/90, AP Nr. 20 zu § 4 TVG Tarifkonkurrenz (unter II 2 c); *Merten,* BB 1993, S. 572 (575); *Schaub,* § 207 Rdnr. 2; *Wiedemann/Arnold,* ZTR 1994, S. 443 (445).

[553] BVerfG vom 24.5.1977 – 2 BvL 11/74, BVerfGE 44, S. 322 (A I 3 der Gründe); BVerwG vom 3.11.1988 – 7 C 115.86, AP Nr. 23 zu § 5 TVG (II 4 a der Gründe); *Däubler,* TVR Rdnr. 1244; *Hohenstatt,* DB 1992, S. 1678 (1682); *Kempen/Zachert,* § 5 TVG Rdnrn. 1 f.; *Meik,* S. 186; MünchArbR-*Löwisch/Rieble,* § 268 Rdnr. 6; *Wank,* in: Wiedemann, § 5 TVG Rdnrn. 2 ff.; *Wiedemann/Arnold,* Anm. zu BAG 14.6.1989 – 4 AZR 200/89, AP Nr. 16 zu § 4 TVG Tarifkonkurrenz (unter 2 b).

[554] BVerfG vom 24.5.1977 – 2 BvL 11/74, BVerfGE 44, S. 322 (A I 3 der Gründe); *Däubler,* TVR Rdnr. 1244; *Kraft,* gemeinsame Anm. zu BAG vom 22.9.1993 – 10 AZR 207/92 und BAG vom 26.1.1994 – 10 AZR 611/92, AuR 1994, S. 388 (392); *Meik,* S. 186; MünchArbR-*Löwisch/Rieble,* § 268 Rdnr. 6.

[555] *Hanau/Kania,* Anm. zu BAG vom 20.3.1991 – 4 AZR 455/90, AP Nr. 20 zu § 4 TVG Tarifkonkurrenz (unter II 2 c); *Wiedemann/Arnold,* Anm. zu BAG 14.6.1989 – 4 AZR 200/89, AP Nr. 16 zu § 4 TVG Tarifkonkurrenz (unter 2 b); *dies.,* ZTR 1994, S. 443 (445).

[556] *Jacobs,* S. 471.

beitgeberverband, der einen speziellen Tarifvertrag abgeschlossen hat, ausgehöhlt werden.

Im Zusammenhang mit gemeinsamen Einrichtungen verfolgt die Allgemeinverbindlicherklärung darüber hinaus den Zweck, den Bestand der Einrichtungen zu sichern und ihre Funktionsfähigkeit zu gewährleisten[557]. Wird infolge der Anwendung des Grundsatzes der Tarifeinheit im Betrieb der allgemeinverbindliche Tarifvertrag verdrängt, widerspricht das auch diesem Zweck der Allgemeinverbindlicherklärung [558]: Da die gemeinsame Einrichtung aus dem gesamten Betrieb – auch für die Arbeitsverhältnisse, die dem speziellen Tarifvertrag nicht unterfallen – verdrängt wird, wird ein sinnvolles Funktionieren der gemeinsamen Einrichtung unmöglich gemacht.

Zwar ist *Säcker/Oetker* zuzustimmen, daß die Allgemeinverbindlicherklärung auch die Effektivität der tarifvertraglichen Normsetzung sichern soll[559]. Dies spricht aber ebenfalls gegen die Tarifeinheit im Betrieb. Denn mit der Sicherung der Effektivität der tarifvertraglichen Normsetzung ist nichts anderes gemeint, als daß durch die Allgemeinverbindlicherklärung im Geltungsbereich eines Tarifvertrags alle Arbeitsverhältnisse in ihren Mindestbedingungen inhaltlich gleich gestaltet werden sollen[560]. Nach den Grundsätzen der Tarifeinheit im Betrieb würde aber in der Regel der allgemeinverbindliche Tarifvertrag als der allgemeinere Tarifvertrag verdrängt werden, also gerade der Tarifvertrag, der die inhaltliche Gleichgestaltung der Arbeitsverhältnisse gewährleisten und dessen Normsetzung durch die Allgemeinverbindlicherklärung gesichert werden sollte.

Gem. § 5 Abs. 1 S. 1 Nr. 2 TVG setzt die Allgemeinverbindlicherklärung eines Tarifvertrags ein öffentliches Interesse voraus. Dieses öffentliche Interesse an der Allgemeinverbindlicherklärung wird durch die Verdrängung eines allgemeinverbindlichen Tarifvertrags nach dem Grundsatz der Tarifeinheit im Betrieb mißachtet[561]. Allein durch die Tatsache, daß in einem Betrieb ein weiterer Tarifvertrag Geltung beansprucht, erlischt nicht das öffentliche Interesse an der Allgemeinverbindlicherklärung, da durch die Geltung eines Spezialtarifvertrags, der nur einige Arbeitsverhältnisse erfaßt, die mit der Allgemeinverbindlicherklärung verfolgten

---

[557] BVerwG vom 3.11.1988 – 7 C 115.86, AP Nr. 23 zu § 5 TVG (II 4 a der Gründe); BAG vom 28.3.1990 – 4 AZR 536/89, AP Nr. 25 zu § 5 TVG; *Gamillscheg*, § 19 2 b; *Wank*, in: Wiedemann, § 5 TVG Rdnr. 3; *Wiedemann/Arnold*, ZTR 1994, S. 443 (445); *Wonneberger*, S. 92 ff.

[558] *Jacobs*, S. 472.

[559] BVerfG vom 24.5.1977 – 2 BvL 11/74, BVerfGE 44, S. 322 (B II 1 b bb der Gründe); BVerwG vom 3.11.1988 – 7 C 115.86, AP Nr. 23 zu § 5 TVG (II 4 a der Gründe).

[560] BVerfG vom 24.5.1977 – 2 BvL 11/74, BVerfGE 44, S. 322 (B II 1 b bb der Gründe).

[561] *Bruhn*, S. 186; *Jacobs*, S. 472; *Kempen/Zachert*, § 4 TVG Rdnr. 130.

Ziele nicht erreicht werden können. Im Extremfall, nämlich wenn die Allgemeinverbindlicherklärung der Beseitigung eines sozialen Notstandes dient (§ 5 Abs. 1 S. 2 TVG), müßten die Nichtorganisierten bei der Verdrängung des allgemeinverbindlichen Tarifvertrags nach dem Grundsatz der Tarifeinheit im Betrieb weiter unter diesem Notstand leiden, nur weil für einige Arbeitsverhältnisse im Betrieb ein anderer Tarifvertrag Geltung beansprucht[562].

Nach dem Zweck der Allgemeinverbindlicherklärung darf ein für allgemeinverbindlich erklärter Tarifvertrag nur soweit verdrängt werden, als er tatsächlich durch einen anderen Tarifvertrag ersetzt wird[563]. Die Anwendung des Grundsatzes der Tarifeinheit im Betrieb verstößt daher gegen den Zweck der Allgemeinverbindlicherklärung[564] und nimmt den nicht organisierten Arbeitnehmern den durch § 5 Abs. 4 TVG gesetzlich normierten Tarifschutz[565]. Die Auflösung der Tarifpluralität im Sinne der Tarifeinheit im Betrieb ist daher nicht mit der Regelung des § 5 TVG vereinbar.

II. Art. 9 Abs. 3 GG

Für die Gesetzgebung de lege ferenda ist die Frage entscheidend, ob und wieweit der Grundsatz der Tarifeinheit im Betrieb mit der Koalitionsfreiheit des Art. 9 Abs. 3 GG vereinbar ist. Zunächst ist zu klären, inwieweit Arbeitsvertragsparteien durch die Verdrängung eines Tarifvertrags in ihrer individuellen Koalitionsfreiheit verletzt werden. Sodann ist zu untersuchen, ob die beteiligten Koalitionen durch den Grundsatz der Tarifeinheit im Betrieb in ihrem Recht auf kollektive Koalitionsfreiheit beeinträchtigt werden.

---

[562] *Hanau/Kania,* Anm. zu BAG vom 20.3.1991 – 4 AZR 455/90, AP Nr. 20 zu § 4 TVG Tarifkonkurrenz (unter II 2 c); MünchArbR-*Löwisch/Rieble,* § 276 Rdnr. 18.

[563] *Wiedemann,* Anm. zu BAG vom 24.9.1975 – 4 AZR 471/74, AP Nr. 11 zu § 4 TVG Tarifkonkurrenz (unter 1 b aa).

[564] *Blank,* S. 84 f.; *Fenn,* FS Kissel, S. 213 (235); *Hanau/Kania,* Anm. zu BAG vom 20.3.1991 – 4 AZR 455/90, AP Nr. 20 zu § 4 TVG Tarifkonkurrenz (unter II 2 c); *Jacobs,* S. 471; *Kempen/Zachert,* § 4 TVG Rdnr. 130; *Konzen,* Anm. zu BAG vom 24.9.1975 – 4 AZR 471/74, SAE 1977, S. 56 (61); *Merten,* BB 1993, S. 572 (575); *Stein,* TVR Rdnr. 284; *Wank,* Anm. zu BAG vom 26.1.1994 – 10 AZR 611/92, EzA Nr. 9 zu § 4 TVG Tarifkonkurrenz (unter 2 b); *Wiedemann,* Anm. zu BAG vom 24.9.1975 – 4 AZR 471/74, AP Nr. 11 zu § 4 TVG Tarifkonkurrenz (unter 1 b aa); *Wiedemann/Arnold,* ZTR 1994, S. 443 (445).

[565] *Bruhn,* S. 186; *Merten,* BB 1993, S. 572 (575); MünchArbR-*Löwisch/Rieble,* § 276 Rdnr. 18; *Wank,* in: Wiedemann, § 4 TVG Rdnr. 277.

1. Individuelle Koalitionsfreiheit

In der Untersuchung, ob durch den Grundsatz der Tarifeinheit im Betrieb die individuelle Koalitionsfreiheit des an den verdrängten Tarifvertrag gebundenen Arbeitnehmers verletzt wird, ist zu differenzieren zwischen den Arbeitnehmern, denen ihr selbst gewählter Tarifschutz genommen wird und den Arbeitnehmern, denen der Schutz eines allgemeinverbindlichen Tarifvertrags entzogen wird. Daneben ist der Frage nachzugehen, ob es mit der Koalitionsfreiheit des Arbeitgebers vereinbar ist, wenn aufgrund des Grundsatzes der Tarifeinheit im Betrieb ein Tarifvertrag aus seinem Betrieb verdrängt wird.

a) Verlust des selbst gewählten Tarifschutzes

Konsequenz des Grundsatzes der Tarifeinheit im Betrieb ist, daß die Mitglieder derjenigen Gewerkschaft, deren Tarifvertrag aus dem Betrieb verdrängt wird, ihren Tarifschutz verlieren. Die an den verdrängten Tarifvertrag gebundenen Arbeitnehmer sind gezwungen, entweder der Gewerkschaft beizutreten, die den vorrangigen Tarifvertrag abgeschlossen hat – wozu das BAG ausdrücklich ermuntert – oder ohne den Schutz eines Tarifvertrags zu leben. Die Verletzung der individuellen Koalitionsfreiheit liegt nahe. Zu untersuchen sind zwei Aspekte: Im Hinblick auf die positive Koalitionsfreiheit ist der Verlust des Tarifschutzes und im Hinblick auf die negative Koalitionsfreiheit der mittelbare Druck zum Koalitionswechsel verfassungsrechtlich zu bewerten.

(1) Positive Koalitionsfreiheit

Zum Teil wird eine Beeinträchtigung der individuellen Koalitionsfreiheit derArbeitnehmer, die durch die Verdrängung eines Tarifvertrags aus dem Betrieb ihren Tarifschutz verlieren, verneint: Ein Arbeitnehmer könne stets Tarifschutz nur über die Mitgliedschaft in der Gewerkschaft erlangen, die den für seinen Arbeitgeber verbindlichen Tarifvertrag zustande gebracht hat[566]. Richtig wäre diese Ansicht, wenn sich der Schutzbereich des Art. 9 Abs. 3 GG darin erschöpfen würde, dem Arbeitnehmer den Beitritt in eine Gewerkschaft und die Betätigung in dieser Gewerkschaft zu gewährleisten. Der Verlust des durch die Mitgliedschaft in einer Gewerkschaft vermittelten Tarifschutzes infolge der Anwendung des Grundsatzes

[566] *Reuter*, JuS 1992, S. 105 (108).

der Tarifeinheit im Betrieb würde den Schutzbereich der individuellen Koalitionsfreiheit dann nicht berühren.

(a) Eingriff in den Schutzbereich

Die individuelle positive Koalitionsfreiheit garantiert die Freiheit, eine Koalition zu gründen, ihr beizutreten, in ihr zu verbleiben und sich für sie zu betätigen[567]. Diese Freiheit wäre sinnlos, wenn sie nicht zugleich garantierte, die Früchte der Ausübung der Koalitionsfreiheit ernten zu können, da dieses gerade der Zweck der Mitgliedschaft in einer Gewerkschaft und das Ziel der Betätigung der individuellen Koalitionsfreiheit ist. Anderenfalls liefe die Koalitionsfreiheit leer, die Mitgliedschaft in einer Gewerkschaft wäre funktionslos. Aus diesem Grund umfaßt der Schutzbereich des Art. 9 Abs. 3 GG auch das Recht der gewerkschaftlich organisierten Arbeitnehmer, den Ertrag ihrer Mitgliedschaft nutzen zu können, der in erster Linie darin besteht, den Schutz des von ihrer Gewerkschaft ausgehandelten Tarifvertrags in Anspruch nehmen zu können[568]. Durch die Anwendung des Grundsatzes der Tarifeinheit im Betrieb ist daher der Schutzbereich des Art. 9 Abs. 3 GG betroffen. Daran ändert auch der Hinweis des BAG auf die Möglichkeit des tariflos gewordenen Arbeitnehmers zum Wechsel in die für den Betrieb maßgebende Gewerkschaft[569] nichts, denn Art. 9 Abs. 3 GG schützt auch die Entscheidung einer bestimmten Gewerkschaft beizutreten und ihren Tarifschutz zu beanspruchen[570]. Daher ist der Schutzbereich der individuellen positiven Koaliti-

---

[567] BVerfG vom 30.11.1965 – 2 BvR 54/62, BVerfGE 19, S. 303 (B I 2 a der Gründe); BVerfG vom 1.3.1979 – 1 BvR 532, 533/77, 419/78 und 1 BvL 21/78, BVerfGE 50, S. 290 (C IV 1 der Gründe); BVerfG vom 26.6.1991 – 1 BvR 779/85, BVerfGE 84, S. 212 (C I 1 a der Gründe); *Hromadka/Maschmann,* § 12 Rdnrn. 35 ff.; *Junker,* Grundkurs Arbeitsrecht, Rdnr. 470; MünchArbR-*Löwisch/Rieble* § 244 Rdnr. 2.

[568] BAG vom 26.1.1994 – 10 AZR 611/92, AP Nr. 22 zu § 4 TVG Tarifkonkurrenz (II 4 der Gründe); LAG Bremen vom 28.8.1990 – 1 Sa 67/79/90, LAGE Nr. 2 zu § 4 TVG Tarifpluralität (II 5 b der Gründe); LAG Brandenburg vom 17.3.1995 – 5 Sa 671/94, LAGE Nr. 3 zu § 4 TVG Nachwirkung (2.3 der Gründe); *Däubler,* TVR Rdnr. 1505; *Dütz,* Rdnr. 584; *Fenn,* FS Kissel, S. 213 (232 f.); *Hanau/Kania,* Anm. zu BAG vom 20.3.1991 – 4 AZR 455/90, AP Nr. 20 zu § 4 TVG Tarifkonkurrenz (unter II 2 b); *Jacobs,* S. 413; *Stein,* TVR Rdnr. 284; *Wendeling-Schröder,* Anm. zu LAG Niedersachsen vom 12.11.1999 – 3 Sa 780/99, LAGE Nr. 3 zu § 4 TVG Tarifpluralität (unter III 1); *Witzig,* S. 46 f.

[569] BAG vom 14.6.1989 – 4 AZR 200/89, AP Nr. 16 zu § 4 TVG Tarifkonkurrenz; BAG vom 5.9.1990 – 4 AZR 59/90, AP Nr. 19 zu § 4 TVG Tarifkonkurrenz; BAG vom 20.3.1991 – 4 AZR 455/90, AP Nr. 20 zu § 4 TVG Tarifkonkurrenz (B II 2 a der Gründe).

[570] LAG Bremen vom 28.8.1990 – 1 Sa 67/79/90, LAGE Nr. 2 zu § 4 TVG Tarifpluralität (II 5 c der Gründe); LAG Brandenburg vom 17.3.1995 – 5 Sa 671/94, LAGE Nr. 3 zu § 4 TVG Nachwirkung (2.3 der Gründe); *Jacobs,* S. 444; MünchArbR-*Löwisch/Rieble,* § 245 Rdnr. 11; *Rieble,* Rdnr. 1796.; *Wendeling-Schröder,* Anm. zu LAG Niedersachsen vom 12.11.1999 – 3 Sa 780/99, LAGE Nr. 3 zu § 4 TVG Tarifpluralität (unter III 1).

onsfreiheit auch dann eröffnet, wenn ein Tarifschutz nur durch einen Wechsel in eine andere Gewerkschaft zu erreichen ist[571].

Wird die Tarifpluralität im Sinne des Grundsatzes der Tarifeinheit im Betrieb aufgelöst, verlieren die Mitglieder der Gewerkschaft, die den verdrängten Tarifvertrag abgeschlossen hat, ihren selbst gewählten Tarifschutz, ohne daß an seine Stelle der Schutz des verdrängenden Tarifvertrag tritt[572]. Die an den verdrängten Tarifvertrag gebundenen Arbeitnehmer werden auf den Status von Nichtorganisierten zurückgeworfen[573]; ihnen werden die Früchte der Ausübung ihrer individuellen Koalitionsfreiheit entzogen[574]. Damit wird den Arbeitnehmern, die kraft Mitgliedschaft an den verdrängten Tarifvertrag gebunden sind, der verfassungsrechtlich gewährleistete Tarifschutz genommen; es liegt ein Eingriff in die Koalitionsfreiheit vor.

Klarstellend ist anzumerken, daß ein Eingriff in die individuelle positive Koalitionsfreiheit nur dann gegeben ist, wenn die Geltung des durch den Grundsatz der Tarifeinheit im Betrieb verdrängten Tarifvertrags auf beiderseitiger tarifautonomer Tarifgebundenheit von Arbeitnehmer und Arbeitgeber beruht[575]. Ist allein der Arbeitnehmer kraft Mitgliedschaft an den verdrängten Tarifvertrag gebunden, der Arbeitgeber aber nur kraft Allgemeinverbindlicherklärung, beruht die Geltung des verdrängten Tarifvertrags im Arbeitsverhältnis nicht auf der Gewerkschaftsmitgliedschaft des Arbeitnehmers, sondern auf der Allgemeinverbindlicherklärung. Die Koalitionsfreiheit kann aber nur berührt sein, wenn die Geltung des verdrängten Tarifvertrags auf der Ausübung der Koalitionsfreiheit beruht[576].

(b) Verfassungsrechtliche Rechtfertigung

Der durch den Grundsatz der Tarifeinheit im Betrieb hervorgerufene Eingriff in die positive Koalitionsfreiheit ist wegen der Vorbehaltslosigkeit der Grundrechtsgarantie des Art. 9 Abs. 3 GG nur verfassungsmäßig, wenn er Grundrechten Dritter oder anderen mit Verfassungsrang ausgestatteten Rechtsgütern dient und verhältnismäßig ist[577].

---

[571] *Däubler,* TVR Rdnr. 1505.
[572] Vgl. dazu oben § 7 I.
[573] *Bruhn,* S. 182; *Löwisch/Rieble,* § 4 TVG Rdnr. 290.
[574] *Fenn,* FS Kissel, S. 213 (232); *Kraft,* RdA 1992, S. 161 (168).
[575] *Jacobs,* S. 442 f.
[576] *Hohenstatt,* DB 1992, S. 1678 (1682); *Jacobs,* S. 443.
[577] BVerfG vom 26.6.1991 – 1 BvR 779/85, AP Nr. 117 zu Art. 9 GG Arbeitskampf (C I 3 a der Gründe); *Fenn,* FS Kissel, S. 213 (233).

Die Prinzipien der Rechtssicherheit und Rechtsklarheit, welche das BAG immer wieder zur Rechtfertigung des Grundsatzes der Tarifeinheit im Betrieb anführt[578], sind zwar mit Verfassungsrang ausgestattet und könnten insofern das Grundrecht aus Art. 9 Abs. 3 GG einschränken. Wie oben bereits dargestellt, erhöht die Anwendung des Grundsatzes der Tarifeinheit im Betrieb aber Rechtssicherheit und Rechtsklarheit gerade nicht[579]. Die Prinzipien der Rechtssicherheit und Rechtsklarheit können den Eingriff in die positive Koalitionsfreiheit daher nicht rechtfertigen.

Vereinzelt wird zur Rechtfertigung der Tarifeinheit im Betrieb die Funktionsfähigkeit der Tarifautonomie vorgebracht[580]. Dahinter steht der Gedanke, daß nur durch die Tarifeinheit im Betrieb ein sinnvolles Funktionieren des Tarifvertragssystems sichergestellt werden kann. Die Tarifautonomie ist Teil der von Art. 9 Abs. 3 GG verfassungsrechtlich gewährleisteten kollektiven Koalitionsfreiheit[581] und damit grundsätzlich als Schranke der individuellen Koalitionsfreiheit geeignet. Fraglich ist allerdings, ob die Tarifeinheit im Betrieb tatsächlich der Tarifautonomie förderlich ist. Nur wenn der Schutzbereich der Tarifautonomie durch das Nebeneinander mehrerer Tarifverträge in einem Betrieb berührt ist, muß ein Ausgleich zwischen der individuellen Koalitionsfreiheit und der Funktionsfähigkeit der Tarifautonomie im Wege der praktischen Konkordanz gefunden werden.

Mit der Tarifautonomie wird ein gesetzlich geregeltes und geschütztes Tarifvertragssystem garantiert, dessen Partner frei gebildete Koalitionen im Sinne des Art. 9 Abs. 3 GG sein müssen[582]. Den Koalitionen ist durch Art. 9 Abs. 3 GG die im öffentlichen Interesse liegende Aufgabe zugewiesen, insbesondere Löhne und andere materielle Arbeitsbedingungen in einem von staatlicher Rechtsetzung freigelassenen Raum in eigener Verantwortung und im wesentlichen ohne staatliche Einflußnahme durch Tarifverträge sinnvoll zu regeln[583]. Die autonome und sinn-

---

578 BAG vom 14.6.1989 – 4 AZR 200/89, AP Nr. 16 zu § 4 TVG Tarifkonkurrenz; BAG vom 5.9.1990 – 4 AZR 59/90, AP Nr. 19 zu § 4 TVG Tarifkonkurrenz; BAG vom 20.3.1991 – 4 AZR 455/90, AP Nr. 20 zu § 4 TVG Tarifkonkurrenz (B II 2 a der Gründe).

579 Vgl. oben § 8 III 1 b (4).

580 *Säcker/Oetker*, ZfA 1993, S. 1 (11).

581 St. Rspr. des BVerfG, vgl. nur BVerfG vom 18.11.1954 – 1 BvR 629/52, BVerfGE 4, S. 96 (C 2 b der Gründe); BVerfG vom 19.10.1966 – 1 BvL 24/65, BVerfGE 20, S. 312 (C I der Gründe); *Jahnke*, S. 29 f.; *Junker*, ZfA 1996, S. 383 (388 f.); *Säcker/Oetker*, Grundlagen der Tarifautonomie, S. 33.

582 BVerfG vom 18.11.1954 – 1 BvR 629/52, BVerfGE 4, S. 96 (C 2 b der Gründe); BVerfG vom 19.10.1966 – 1 BvL 24/65, BVerfGE 20, S. 312 (C I der Gründe); BVerfG vom 20.10.1981 – 1 BvR 404/78, BVerfGE 58, S. 233 (B I 1 der Gründe).

583 BVerfG vom 6.5.1964 – 1 BvR 79/62, BVerfGE 18, S. 18 (B II 1 der Gründe); BVerfG vom 24.5.1977 – 2 BvL 11/74, BVerfGE 44, S. 322 (II 1 b aa der Gründe).

volle Ordnung des Arbeitslebens ist daher eine Teilaufgabe der Tarifautonomie[584]. Fraglich ist, ob diese Aufgabe der Koalitionen durch die Tarifpluralität beeinträchtigt wird. Das wäre allenfalls anzunehmen, wenn mit der sinnvollen Ordnung des Arbeitslebens eine einheitliche Ordnung für alle Arbeitsverhältnisse in einem Betrieb gemeint ist. Allerdings ist dabei zugleich zu bedenken, daß der Grundsatz der Tarifeinheit im Betrieb nicht geeignet ist, eine einheitliche Ordnung im Betrieb herzustellen, da für die an den verdrängten Tarifvertrag gebundenen Arbeitnehmer nicht der vorrangige, sondern gar kein Tarifvertrag gilt; es kommt also trotz Anwendung des Grundsatzes der Tarifeinheit im Betrieb zu unterschiedlichen Arbeitsbedingungen im Betrieb. Vor allem ist zu berücksichtigen, daß die durch Art. 9 Abs. 3 GG geschützte Tarifautonomie ursprünglich nur und auch heute in erster Linie dem Arbeitnehmerschutz dient[585]. Diese Hauptaufgabe der Tarifautonomie wird durch die Verdrängung eines geltenden Tarifvertrags infolge der Anwendung des Grundsatzes der Tarifeinheit im Betrieb gefährdet. Mit der Tarifpluralität hingegen wird erreicht, daß für jeden Arbeitnehmer gerade der Tarifvertrag gilt, den er gewählt hat. Man kann insoweit sogar davon sprechen, daß die Funktionsfähigkeit der Tarifautonomie nicht den Schutz der Gewerkschaften vor Konkurrenz – worauf die Tarifeinheit im Betrieb hinausläuft – verlangt, sondern die Förderung von Konkurrenz: Nur wenn die Arbeitnehmer über Alternativen verfügen, müssen die Tarifvertragsparteien Lösungen suchen, die allen Betroffenen gerecht werden[586]. Die sinnvolle Regelung des Arbeitslebens mit gerechten Lösungen für alle Beteiligten wird daher eher durch die Tarifpluralität als durch die Tarifeinheit im Betrieb gefördert. Das zeigen die Fälle der „gewillkürten Tarifpluralität" besonders deutlich: Die Rechtsprechung zum Grundsatz der Tarifeinheit im Betrieb kann von Arbeitgebern dazu ausgenutzt werden, sich durch den Abschluß eines speziellen Haustarifvertrags der Geltung eines allgemeineren Tarifvertrags zu entziehen. Die Anwendung des Grundsatzes der Tarifeinheit im Betrieb kann auf diesem (mißbräuchlichem) Wege die Funktionsfähigkeit der Tarifautonomie gefährden. Viel spricht also schon dafür, daß die Tarifeinheit im Betrieb der Tarifautonomie gerade nicht dienlich ist.

Selbst wenn man aber davon ausgeht, daß der Schutzbereich der Tarifautonomie durch die Tarifpluralität betroffen ist, überwiegt in der praktischen Konkordanz in

---

[584] BVerfG vom 18.11.1954 – 1 BvR 629/52, BVerfGE 4, S. 96 (C 2 b bb der Gründe); BVerfG vom 6.5.1964 – 1 BvR 79/62, BVerfGE 18, S. 18 (B II 1 der Gründe); BVerfG vom 20.10.1981 – 1 BvR 404/78, BVerfGE 58, S. 233 (B I 1 der Gründe); *Gamillscheg,* § 7 II 1 d; *Wiedemann,* in: Wiedemann, Einl. zum TVG Rdnrn. 13 ff.

[585] BVerfG vom 26.6.1991 – 1 BvR 779/85, BVerfGE 84, S. 212 (C I 3 b aa der Gründe); *Däubler,* TVR Rdnr. 18; *Gamillscheg,* § 12 7 a (1); *Wiedemann,* in: Wiedemann, Einl. zum TVG Rdnrn. 3 f.

[586] *Reuter,* JuS 1992, S. 105 (110).

jedem Fall das Recht der individuellen Koalitionsfreiheit: In die Abwägung zwischen den grundrechtlich geschützten Positionen ist einzubeziehen, inwieweit eine reale Gefahr für die jeweils gewährleistete Rechtsposition prognostiziert werden kann[587]. Die durch die Tarifeinheit im Betrieb erfolgende Beeinträchtigung des Grundrechts der individuellen Koalitionsfreiheit ist von erheblichem Gewicht: Dem Arbeitnehmer werden durch den Verlust des selbst gewählten Tarifschutzes die Früchte der Ausübung seiner Koalitionsfreiheit – also das Kernstück seiner Koalitionsfreiheit – genommen. Insoweit liegt sogar die Beeinträchtigung des Wesensgehalts der individuellen Koalitionsfreiheit nicht fern[588]. Die Funktionsfähigkeit der Tarifautonomie auf der anderen Seite wird – wenn überhaupt – nur marginal beeinträchtigt: Führt man sich die heutige Tariflandschaft mit der Dominanz von Industrieverbandsprinzip und Industrietarifen vor Augen, droht durch die Tarifpluralität keine Zersplitterung des Tarifwesens: Die Funktionsfähigkeit der Tarifautonomie ist nicht in Gefahr, wenn bei der ohnehin selten auftretenden Tarifpluralität in einem Betrieb zwei Tarifverträge für die entsprechend tarifgebundenen Arbeitsverhältnisse gelten. Das gilt um so mehr, wenn man sich ins Gedächtnis ruft, daß die durch die Tarifpluralität hervorgerufenen Schwierigkeiten bei weitem nicht so gravierend wie vom BAG angenommen, sondern durchaus handhabbar sind[589]. Mit dem Hinweis auf die Funktionsfähigkeit der Tarifautonomie kann der durch die Tarifeinheit im Betrieb entstehende Eingriff in die individuelle positive Koalitionsfreiheit daher nicht gerechtfertigt werden.

Sonstige Grundrechte Dritter oder mit Verfassungsrang ausgestattete Rechtsgüter, welche die individuelle positive Koalitionsfreiheit einschränken könnten, sind nicht erkennbar. Zu denken wäre allenfalls an das Vereinfachungsinteresse des Arbeitgebers[590]. Dieses ist allerdings nicht verfassungsrechtlich – etwa durch die Unternehmensfreiheit oder das Recht am eingerichteten und ausgeübten Gewerbebetrieb – geschützt: Die bloße betriebswirtschaftliche Nützlichkeit wird von den Schutzbereichen der Artt. 12 und 14 GG nicht erfaßt[591].

(c) Ergebnis

Die Lehre vom Grundsatz der Tarifeinheit im Betrieb erklärt die Mitgliedschaft in einer Gewerkschaft ohne eine rechtliche Grundlage für unbeachtlich und ist daher

[587] BVerfG vom 1.3.1979 – 1 BvR 532, 533/77, 419/78 und 1 BvL 21/78, BVerfGE 50, S. 290 (C I 2 der Gründe); *Otto*, Koalitionsspezifische Betätigung, S. 20.
[588] *Jacobs*, S. 445.
[589] Vgl. oben § 8 III 2 a.
[590] *Jacobs*, S. 445.
[591] *Jacobs*, S. 445.

nicht mit der positiven Koalitionsfreiheit der Arbeitnehmer vereinbar, die kraft Mitgliedschaft an den Tarifvertrag der aus dem Betrieb verdrängten Gewerkschaft gebunden sind[592].

(2) Negative Koalitionsfreiheit

Das BAG verweist die durch die Verdrängung ihres Tarifvertrags tariflos gestellten Arbeitnehmer auf die Möglichkeit, der Gewerkschaft beizutreten, die den für den Betrieb vorrangigen Tarifvertrag abgeschlossen hat[593]. Damit wird ein indirekter Druck zum Gewerkschaftswechsel ausgeübt, dessen Vereinbarkeit mit der negativen Koalitionsfreiheit zu untersuchen ist.

Zwar ist nicht unumstritten, ob die negative Koalitionsfreiheit durch Art. 9 Abs. 3 GG garantiert ist oder als Teil der allgemeinen Handlungsfreiheit durch Art. 2 Abs. 1 GG geschützt wird[594]; mit der herrschenden Meinung in Rechtsprechung[595] und Literatur[596] ist aber davon auszugehen, daß der Schutzbereich des Art. 9 Abs. 3 GG als notwendige Kehrseite der positiven Koalitionsfreiheit auch die negative Koalitionsfreiheit umfaßt. Die negative Koalitionsfreiheit schützt vor einem Organisationszwang und umfaßt das Recht des einzelnen, einer Koalition

---

[592] Im Ergebnis ebenso LAG Bremen vom 28.8.1990 – 1 Sa 67/79/90, LAGE Nr. 2 zu § 4 TVG Tarifpluralität (II 5 b der Gründe); LAG Brandenburg vom 17.3.1995 – 5 Sa 671/94, LAGE Nr. 3 zu § 4 TVG Nachwirkung (2.3 der Gründe); *Däubler,* TVR Rdnr. 1505; *Fenn,* FS Kissel, S. 213 (232 f.); *Jacobs,* S. 442 ff.; MünchArbR-*Löwisch/Rieble,* § 276 Rdnrn. 17 ff.; *Otto,* Rdnr. 461; *Rieble,* Anm. zu BAG vom 22.3.1994 – 1 ABR 47/93, EzA Nr. 10 zu § 4 TVG Geltungsbereich (unter II 1), *Stein,* Rdnr. 284; *Wendeling-Schröder,* AuR 2000, S. 339 (342); *Witzig,* S. 46 f.

[593] BAG vom 20.3.1991 – 4 AZR 455/90, AP Nr. 20 zu § 4 TVG Tarifkonkurrenz (B II 2 a der Gründe).

[594] *Gamillscheg,* § 8 4 b; *Säcker,* S. 35 ff.

[595] BVerfG vom 1.3.1979 – 1 BvR 532, 533/77, 419/78 und 1 BvL 21/78, BVerfGE 50, S. 290 (C IV 1 der Gründe); BVerfG vom 14.11.1995 – 1 BvR 601/92, BVerfGE 93, S. 352 (B I 1 der Gründe); BAG vom 29.11.1967 – GS 1/67, AP Nr. 13 zu Art. 9 GG (Teil IV, VI 5); BAG vom 21.1.1987 – 4 AZR 486/86, AP Nr. 46 zu Art. 9 GG; BAG vom 21.1.1987 – 4 AZR 547/86, AP Nr. 47 zu Art. 9 GG.

[596] *Bleckmann,* § 30 Rdnr. 90; *Brox/Rüthers,* Rdnr. 242; ErfkKomm-*Kissel,* Art. 9 GG Rdnr. 17; *Hesse,* Rdnr. 415; *Junker,* Anm. zu BAG vom 23.10.1996 – 4 AZR 409/95, SAE 1997, S. 169 (178 f.); *Meik,* S. 123 ff.; von Münch/Kunig-*Löwer,* Art. 9 GG Rdnr. 79; MünchArbR-*Löwisch/Rieble,* § 244 Rdnr. 3; *Pieroth/Schlink,* Rdnr. 736; Maunz/Dürig/Herzog-*Scholz,* Art. 9 GG Rdnr. 226; *Wiedemann,* in: Wiedemann, Einl. zum TVG Rdnr. 294; *Zöllner/Loritz,* § 8 IV 5.

fernzubleiben oder aus ihr auszutreten[597]. Danach darf auf einen Arbeitnehmer kein Zwang ausgeübt werden, sich den Bestimmungen eines Tarifvertrags zu unterwerfen, der von einer ihm fremden Gewerkschaft abgeschlossen wurde und von seiner Gewerkschaft abgelehnt wird[598]. Daraus wird bisweilen geschlossen, daß durch die Anwendung des Grundsatzes der Tarifeinheit im Betrieb die negative Koalitionsfreiheit der an den verdrängten Tarifvertrag gebundenen Arbeitnehmer verletzt wird[599]. Bei genauerer Betrachtung zeigt sich jedoch, daß der auf dem tariflos gestellten Arbeitnehmer lastende Druck nicht dasjenige Maß übersteigt, das auf jedem nicht organisierten Arbeitnehmer lastet, der sich Tarifschutz nur durch einen Koalitionsbeitritt verschaffen kann[600]. Dieses Maß an Druck wird auch von § 3 Abs. 1 TVG denknotwendig in Kauf genommen und ist verfassungsrechtlich unbedenklich[601]. Dem auf den Status eines Nichtorganisierten zurückgeworfenen Arbeitnehmer wird lediglich ein Anreiz gegeben, sich der für den Betrieb maßgeblichen Gewerkschaft anzuschließen, wenn er wieder den Schutz eines Tarifvertrags genießen will. Es wird jedoch nicht mit sozialinadäquatem Druck ein Koalitionszwang ausgeübt, was Voraussetzung für einen Eingriff in die negative Koalitionsfreiheit wäre[602]. Verfassungswidrig ist – unter dem Gesichtspunkt der positiven Koalitionsfreiheit – der Entzug des selbst gewählten Tarifschutzes als solches und nicht die Tatsache, daß neuerlicher Tarifschutz nur durch den Wechsel in eine andere Gewerkschaft erreicht werden kann.

Die negative Koalitionsfreiheit der Arbeitnehmer, die kraft Mitgliedschaft an den verdrängten Tarifvertrag gebunden sind, wird durch den Grundsatz der Tarifeinheit im Betrieb nicht verletzt.

---

[597] BVerfG vom 1.3.1979 – 1 BvR 532, 533/77, 419/78 und 1 BvL 21/78, BVerfGE 50, S. 290 (C IV 1 der Gründe) ; BVerfG vom 15.7.1980 – 1 BvR 24/74 und 439/79, BVerfGE 55, S. 7 (B II 2 der Gründe); BVerfG vom 17.2.1981 – 2 BvR 384/78, BVerfGE 57, S. 220 (C II 4 a der Gründe); BAG vom 29.11.1967 – GS 1/67, AP Nr. 13 zu Art. 9 GG (Teil IV, VI 5); *Junker*, Grundkurs Arbeitsrecht, Rdnr. 471; Maunz/Dürig/Herzog-*Scholz*, Art. 9 GG Rdnr. 226; MünchArbR-*Löwisch/Rieble* § 244 Rdnr. 3.

[598] BAG vom 15.2.1957 – 1 AZR 391/55, AP Nr. 33 zu § 1 KSchG.

[599] LAG Niedersachsen vom 14.6.1990 – 14 Sa 1783/89, LAGE Nr. 1 zu § 4 TVG Tarifpluralität (2 a der Gründe); *Blank*, S. 73; *Bruhn*, S. 183; *Hohenstatt*, DB 1992, S. 1678 (1681); *Wank*, Anm. zu BAG vom 26.1.1994 – 10 AZR 611/92, EzA Nr. 9 zu § 4 TVG Tarifkonkurrenz (unter 2 b).

[600] *Fenn*, FS Kissel, S. 213 (233); *Jacobs*, S. 447; ähnlich *Waas*, Tarifkonkurrenz, S. 135 (Fn. 433).

[601] *Fenn*, FS Kissel, S. 213 (233).

[602] Vgl. Maunz/Dürig/Herzog-*Scholz*, Art. 9 GG Rdnr. 227.

b) Verlust des Schutzes des allgemeinverbindlichen Tarifvertrags

Vereinzelt wird davon ausgegangen, daß die Koalitionsfreiheit derjenigen Arbeitnehmer, für die der verdrängte Tarifvertrag nur kraft Allgemeinverbindlicherklärung gilt, durch die Verdrängung des allgemeinverbindlichen Tarifvertrags ebenfalls beeinträchtigt wird[603]. Voraussetzung dafür wäre, daß Art. 9 Abs. 3 GG ein Recht darauf gibt, daß der Tarifschutz kraft Allgemeinverbindlicherklärung erhalten bleibt. Daß der Schutzbereich der individuellen Koalitionsfreiheit so weit geht, dem nicht organisierten Arbeitnehmer zwingend den Schutz des allgemeinverbindlichen Tarifvertrags zu erhalten, ist indessen nicht anzunehmen. Der nicht organisierte Arbeitnehmer hat das Recht der positiven Koalitionsfreiheit gerade nicht ausgeübt. Er kann sich daher nicht auf dieses Recht berufen, um weiterhin den Schutz des allgemeinverbindlichen Tarifvertrags zu genießen. Auch die negative Koalitionsfreiheit ist nicht berührt. Wer die Freiheit für sich in Anspruch nimmt, einer Koalition nicht beizutreten, kann sich umgekehrt nicht darauf verlassen, daß ihm ein Tarifschutz gewährleistet wird. Der nicht organisierte Arbeitnehmer wird keinem unzulässigen Beitrittsdruck ausgesetzt, nur weil er erst mit dem Eintritt in eine Gewerkschaft in den Genuß tariflicher Rechte kommt.

Art. 9 Abs. 3 GG gibt kein Recht darauf, daß der kraft Allgemeinverbindlicherklärung geltende Tarifschutz erhalten bleibt. Die Koalitionsfreiheit der Arbeitnehmer, für die der verdrängte Tarifvertrag nur kraft Allgemeinverbindlicherklärung gilt, ist daher durch die Anwendung des Grundsatzes der Tarifeinheit im Betrieb nicht berührt[604].

c) Koalitionsfreiheit des Arbeitgebers

Neben der individuellen Koalitionsfreiheit des Arbeitnehmers schützt Art. 9 Abs. 3 GG in gleicher Weise die individuelle Koalitionsfreiheit des Arbeitgebers[605]. Ist der Arbeitgeber kraft Mitgliedschaft oder eigener Parteistellung an den verdrängten Tarifvertrag gebunden, werden ihm durch den Grundsatz der Tarifeinheit im

---

[603] So wohl *Merten,* BB 1993 S. 572 (575, Fn. 41).

[604] *Fenn,* FS Kissel, S. 213 (233); wohl auch *Hohenstatt,* DB 1992, S. 1678 (1681).

[605] BVerfG vom 18.11.1954 – 1 BvR 629/52, BVerfGE 4, S. 96 (C 2 b aa der Gründe); BVerfG vom 26.6.1991 – 1 BvR 779/85, BVerfGE 84, S. 212 (C I 1 a der Gründe); BAG vom 10.6.1980 – 1 AZR 822/79, AP Nr. 64 zu Art. 9 GG Arbeitskampf (A III 1 der Gründe); BAG vom 26.4.1988 – 1 AZR 399/86, AP Nr. 101 zu Art. 9 GG Arbeitskampf (B II 2 d der Gründe); *Gamillscheg,* § 4 II 1; *Hromadka/Maschmann,* § 12 Rdnr. 34; *Hueck/Nipperdey,* Bd. I, § 8 I; *Junker,* Grundkurs Arbeitsrecht, Rdnr. 469; Maunz/Dürig/Herzog-*Scholz,* Art. 9 GG Rdnrn. 183 ff.

Betrieb – ebenso wie dem Arbeitnehmer – die Früchte der Ausübung seiner Koalitionsfreiheit genommen: Ist der Arbeitgeber beispielsweise Mitglied in mehreren Arbeitgeberverbänden, die jeweils Tarifverträge mit verschiedenen Gewerkschaften abgeschlossen haben, hat er deren Geltung durch Ausübung seiner Koalitionsfreiheit mitgliedschaftlich legitimiert. Das gilt allerdings nur dann, wenn mindestens ein Arbeitnehmer kraft Mitgliedschaft an den verdrängten Tarifvertrag gebunden ist, da die Ausübung der Koalitionsfreiheit nur dann kausal für die Geltung des verdrängten Tarifvertrags war. In diesen Fällen verletzt die Anwendung des Grundsatzes der Tarifeinheit im Betrieb auch die individuelle positive Koalitionsfreiheit des Arbeitgebers, aus dessen Betrieb ein tarifautonom geltender Tarifvertrag verdrängt wird[606].

2. Kollektive Koalitionsfreiheit

Nach der allgemein anerkannten Lehre vom Doppelgrundrecht sind Träger des Grundrechts der Koalitionsfreiheit nicht nur die einzelnen Mitglieder einer Koalition, sondern auch die Koalitionen selbst[607]. Es ist daher zu untersuchen, ob die Verdrängung eines Tarifvertrags aus einem Betrieb mit der kollektiven Koalitionsfreiheit derjenigen Koalitionen vereinbar ist, die den verdrängten Tarifvertrag abgeschlossen haben. Die Rechtsfolge des Grundsatzes der Tarifeinheit im Betrieb muß für den Fall, daß der verdrängte Tarifvertrag aufgrund originärer Tarifbindung galt, im Hinblick auf die Bestandsgarantie und die Betätigungsgarantie des Art. 9 Abs. 3 GG verfassungsrechtlich beleuchtet werden. Fand der verdrängte Tarifvertrag dagegen lediglich kraft Allgemeinverbindlicherklärung Anwendung im Betrieb, scheidet eine Beeinträchtigung der kollektiven Koalitionsfreiheit von vornherein aus: Art. 9 Abs. 3 GG schützt nicht die Ausweitung des sich tarifautonom ergebenden Anwendungsbereichs eines Tarifvertrags durch Vornahme und Fortbestand einer Allgemeinverbindlicherklärung[608]. Daher ist die Verdrängung

[606] So ausdrücklich auch *Bruhn*, S. 185; *Jacobs*, S. 447.

[607] BVerfG vom 14.4.1964 – 2 BvR 69/62, BVerfGE 17, S. 319 (B II 2 b der Gründe); BVerfG vom 1.3.1979 – 1 BvR 532, 533/77 u.a., BVerfGE 50, S. 290 (C IV 1 der Gründe); BVerfG vom 26.6.1991 – 1 BvR 779/85, BVerfGE 84, S. 212 (C I 1 a der Gründe); *Biedenkopf*, S. 88; *Hromadka/Maschmann*, § 12 Rdnrn. 40 ff; *Junker*, Grundkurs Arbeitsrecht, Rdnr. 475; *G. Müller*, Tarifautonomie, S. 20; von Münch/Kunig-*Löwer*, Art. 9 GG Rdnr. 68; *Otto*, FS Zeuner, S. 121 (127); *Scholz*, in: Handbuch des Staatsrechts, Bd.VI, § 151 Rdnr. 88; *Wiedemann*, in: Wiedemann, Einl. zum TVG Rdnrn. 89 f. Nur wenn auch die Koalition selbst in ihrem Bestand und ihrer Betätigung geschützt ist, kann das Grundrecht der Koalitionsfreiheit sinnvoll verwirklicht werden.

[608] Vgl. auch oben § 9 II 1 b; *Fenn*, FS Kissel, S. 213 (234); *Hohenstatt*, DB 1992, S. 1678 (1681); *Jacobs*, S. 449.

eines nur kraft Allgemeinverbindlichkeit geltenden Tarifvertrags im Hinblick auf die kollektive Koalitionsfreiheit unbedenklich.

a) Bestandsgarantie

Ob der Grundsatz der Tarifeinheit im Betrieb mit der Bestandsgarantie des Art. 9 Abs. 3 GG vereinbar ist, wird mit Blick auf verschiedene Teilgarantien der Bestandsgarantie angezweifelt. Einige bewerten den Grundsatz der Tarifeinheit im Betrieb als Verletzung der Organisationsautonomie, andere halten den Grundsatz der Tarifeinheit im Betrieb für unvereinbar mit dem Koalitionspluralismus.

(1) Organisationsautonomie

Mitunter wird davon ausgegangen, daß der Grundsatz der Tarifeinheit im Betrieb die durch Art. 9 Abs. 3 GG geschützte Organisationsautonomie der Koalitionen beeinträchtigt: Durch die Tarifeinheit im Betrieb würden die Industrietarife zu Lasten der Fachtarife privilegiert; daraus wiederum resultiere ein mittelbarer Zwang für die Gewerkschaften, sich nach dem Industrieverbandsprinzip und nicht nach dem Berufsverbandsprinzip zu organisieren[609]. Der Grundsatz der Tarifeinheit im Betrieb verletze das Recht der Koalitionen, den satzungsgemäßen Geltungsbereich ihrer Tarifverträge nach ihren eigenen Vorstellungen autonom zu gestalten[610].

Mit dem Schutz der Organisationsautonomie wird jeder Koalition das Recht gewährleistet, frei und eigenverantwortlich über ihre Organisationsform, ihre Zuständigkeit und das Verfahren der inneren Willensbildung zu entscheiden[611]. Die Koalitionen haben daher in der Tat das Recht, frei zwischen Industrie- und Berufsverbandsprinzip zu wählen und den Geltungsbereich ihrer Tarifverträge nach ihren Vorstellungen festzulegen. Dieses Recht wird durch den Grundsatz der Tarifeinheit im Betrieb aber nicht berührt: Der Grundsatz der Tarifeinheit im Betrieb verhält sich zur Organisationsfreiheit der Koalitionen neutral. Er selbst enthält keine Aussage dazu, welcher Tarifvertrag der für einen Betrieb maßgebliche

---

[609] *Bruhn,* S. 187 f.

[610] *Hohenstatt,* DB 1992, S. 1678 (1681); *Wiedemann/Arnold,* ZTR 1994, S. 443 (446).

[611] BVerfG vom 26.6.1991 – 1 BvR 779/85, BverfGE 84, S. 212 (C I 1 a der Gründe); BVerfG vom 14.11.1995 – 1 BvR 601/92, AP Nr. 80 zu Art. 9 GG (B I 1 der Gründe); *Badura,* C Rdnr. 99; *Gamillscheg,* § 6 I 2 b; *Junker,* Grundkurs Arbeitsrecht, Rdnr. 477; von Münch/Kunig-*Löwer,* Art. 9 GG Rdnr. 80; *Säcker,* S. 61; *Scholz,* in: Handbuch des Staatsrechts, Bd. VI, § 151 Rdnr. 90.

sein soll, sondern besagt allein, daß in einem Betrieb nur ein Tarifvertrag anzuwenden ist. Welcher Tarifvertrag das ist, wird erst in einem zweiten Schritt ermittelt, nämlich nach der Rechtsprechung des BAG mit Hilfe des Spezialitätsprinzips. Wenn überhaupt, könnte also nur das Spezialitätsprinzip die Organisationsautonomie beeinträchtigen. Aber selbst das Spezialitätsprinzip privilegiert nicht den Industrietarif gegenüber dem Fachtarif[612], wie z. B. ein Fall zeigt, in dem das BAG einem DAG-Tarif, den Vorrang gegenüber einem HBV/DAG-Tarif einräumte[613]. Die Verdrängung eines Tarifvertrags aus einem Betrieb beeinträchtigt nicht die freie Organisationswahl, sondern wird erst auf einer anderen Ebene – nämlich im Rahmen der Effizienz der tariflichen Normsetzung und der Normwirkung – relevant. Durch den Grundsatz der Tarifeinheit im Betrieb werden die Gewerkschaften weder faktisch dazu gezwungen, sich nach dem Industrieverbandsprinzip zu organisieren noch hindert der Grundsatz der Tarifeinheit im Betrieb die Koalitionen daran, den Geltungsbereich ihrer Tarifverträge nach ihrem Ermessen festzulegen. Der Grundsatz der Tarifeinheit im Betrieb greift daher nicht in die durch Art. 9 Abs. 3 GG gewährleistete Organisationsautonomie der Koalitionen ein.

(2) Koalitionspluralismus

Im Rahmen der Koalitionsbestandsgarantie des Art. 9 Abs. 3 GG wird neben der Organisationsautonomie auch die freie Koalitionskonkurrenz und die freie Koalitionspluralität gewährleistet: Art. 9 Abs. 3 GG schützt den freien Wettbewerb der Koalitionen in der Mitgliederwerbung und der Mitgliedererhaltung und damit den sog. Koalitionspluralismus[614].

Ein Teil der Literatur geht davon aus, daß der Grundsatz der Tarifeinheit im Betrieb mit dem Koalitionspluralismus vereinbar ist[615]: Die Koalitionsfreiheit in ihrer kollektiven Dimension umfasse den Koalitionspluralismus lediglich als verfassungsrechtlich gesicherte Möglichkeit, nicht aber im Sinne einer Gewährleis-

---

[612] *Jacobs,* S. 455.

[613] Vgl.BAG vom 20.3.1991 – 4 AZR 455/90, AP Nr. 20 zu § 4 TVG Tarifkonkurrenz.

[614] BVerfG vom 6.5.1964 – 1 BvR 79/62, BVerfGE 18, S. 18 (B III 2 d der Gründe); BVerfG vom 15.7.1980 – 1 BvR 24/74 und 439/79, BVerfGE 55, S. 7 (B II 2 c der Gründe); BAG vom 14.2.1967 – 1 AZR 494/65, AP Nr. 10 zu Art. 9 GG (2 a der Gründe); BAG vom 11.11.1968 – 1 AZR 16/68, AP Nr. 14 zu Art. 9 GG (4 a der Gründe); AK-*Kittner,* Art. 9 Abs. 3 GG Rdnrn. 75 f.; *Gamillscheg,* § 6 I 1 a (1); *Hottgenroth,* S. 80; *Konzen,* RdA 1978, S. 146 (153 f.); *Löwisch,* RdA 1975, S. 53 (56); Maunz/Düring/Herzog-*Scholz,* Art. 9 GG Rdnr. 253; *Salje,* Anm. zu BAG vom 20.3.1991 – 4 AZR 455/90, SAE 1993, S. 74 (81).

[615] *G. Müller,* Ablösung, S. 52; *Säcker/Oetker,* ZfA 1993, S. 1 (12); *Waas,* Tarifkonkurrenz, S. 133 f.

tungspflicht, welche die Förderung des Koalitionspluralismus zum verfassungsrechtlichen Gebot erhebt[616]. Der Gesetzgeber könne vielmehr die betrieblichen Bedürfnisse nach einer möglichst einheitlichen tariflichen Gestaltung der betrieblichen Arbeitsbedingungen als vorrangig werten[617]. Ein verfassungskonformes Tarifvertragssystem müsse zumindest so ausgeformt sein, daß es noch in der Lage sei, eine sinnvolle Ordnung der Arbeits- und Wirtschaftsbedingungen herbeizuführen[618]. Ein Nebeneinander verschiedener tariflicher Arbeitsbedingungen stünde der sinnvollen Ordnung der Arbeits- und Wirtschaftsbedingungen jedoch als „kontraproduktiv" entgegen[619].

Verbreiteter ist die Auffassung, daß der Grundsatz der Tarifeinheit im Betrieb nicht mit dem verfassungsrechtlich gewährleisteten Koalitionspluralismus in Einklang zu bringen ist[620]. Zur Begründung wird vereinzelt angeführt, der Grundsatz der Tarifeinheit im Betrieb nehme kleineren Koalitionen praktisch jede Entfaltungsmöglichkeit[621]. Überzeugen kann diese Argumentation nicht: Der Grundsatz der Tarifeinheit im Betrieb an sich verhält sich gegenüber den Betätigungsmöglichkeiten kleinerer Gewerkschaften vollkommen neutral, da er allein besagt, daß nur ein Tarifvertrag in einem Betrieb gelten kann, nicht aber, welcher Tarifvertrag das ist[622]. In Verbindung mit dem Spezialitätsprinzip[623] und im Zusammenhang mit den Fällen der sog. „gewillkürten Tarifpluralität"[624] kann der Grundsatz der Tarifeinheit im Betrieb der Entfaltung kleinerer Gewerkschaften sogar förderlich sein. Durchschlagend ist aber das Argument, daß die Tarifpluralität als zwangsläufige Folge des verfassungsrechtlich gewährleisteten Koalitionspluralismus dem Grundsatz der Tarifeinheit im Betrieb vorgeht[625]. Art. 9 Abs. 3 GG bezweckt nicht den Schutz der Koalitionen vor Konkurrenz, sondern die Förderung von Konkurrenz[626]. Mit dem Koalitionspluralismus schützt Art. 9 Abs. 3 GG den frei-

---

[616] *Säcker/Oetker,* ZfA 1993, S. 1 (12).
[617] *Säcker/Oetker,* ZfA 1993, S. 1 (12).
[618] *Säcker/Oetker,* ZfA 1993, S. 1 (12).
[619] *G. Müller,* Ablösung, S. 52; *Säcker/Oetker,* ZfA 1993, S. 1 (12).
[620] *Blank,* S. 73; *Hottgenroth,* S. 87; *Jacobs,* S. 453 f., *Kraft,* RdA 1992, S. 161 (168 f.); *Wiedemann/Stumpf,* § 4 TVG Rdnr. 164; *Witzig,* S. 48 f. Für den Fall des Zusammentreffens von DGB- mit Nicht-DGB-Tarif: *Kania,* DB 1996, S. 1921.
[621] *Witzig,* S. 47 f.
[622] Insoweit zutreffend *Waas,* Tarifkonkurrenz, S. 134.
[623] Vgl. BAG vom 20.3.1991 – 4 AZR 455/90, AP Nr. 20 zu § 4 TVG Tarifkonkurrenz, Vorrang eines DAG-Tarifs vor einem HBV/DAG-Tarif. Vgl. weiterhin die viel diskutierten Fälle, in denen Firmentarife mit der CGM geschlossen wurden, um den IGM-Tarif zu verdrängen; BAG vom 28.5.1997 – 4 AZR 545/95 und 4 AZR 546/95, AP Nr. 26, 27 zu § 4 TVG Nachwirkung.
[624] Vgl. auch insoweit die Fälle in: BAG vom 28.5.1997 – 4 AZR 545/95 und 4 AZR 546/95, AP Nr. 26, 27 zu § 4 TVG Nachwirkung.
[625] *Blank,* S. 71; *Jacobs,* S. 454; *Witzig,* S. 49.
[626] Vgl. oben § 9 II 1 a (1) (b).

en Wettbewerb der Koalitionen[627]. Dieser Wettbewerb wird durch die Anwendung des Grundsatzes der Tarifeinheit im Betrieb verzerrt[628]: Während die Tarifpluralität das Kräfteverhältnis der Koalitionen genau widerspiegelt, indem für jedes Arbeitsverhältnis gerade der Tarifvertrag gilt, an den die Arbeitsvertragsparteien kraft beiderseitiger Tarifbindung gebunden sind, wird nach dem Grundsatz der Tarifeinheit im Betrieb ein an sich geltender Tarifvertrag verdrängt und somit das Kräfteverhältnis der konkurrierenden Koalitionen verfälscht. Diese Fremdsteuerung des Koalitionswettbewerbs setzt sich fort: Da es den Arbeitnehmern darauf ankommt, daß ihre Gewerkschaft für sie tatsächlich geltende Tarifbedingungen vereinbaren kann, droht der für einen Betrieb unterlegenen Gewerkschaft ein Mitgliederschwund[629]. Der verfassungsrechtlich gewährleistete freie Wettbewerb wird mit der Anwendung des Grundsatzes der Tarifeinheit im Betrieb nicht den Koalitionen überlassen, sondern durch die Gerichte gesteuert und damit unterdrückt. Selbst das BAG weist – paradoxerweise zur Rechtfertigung des Grundsatzes der Tarifeinheit im Betrieb – darauf hin, daß ohnehin durch den Wettbewerb entschieden werde, ob sich eine Koalition im Arbeitsleben behaupten könne[630]. Dann ist aber erst recht nicht einzusehen, warum der Wettbewerb der Koalitionen durch den Grundsatz der Tarifeinheit im Betrieb manipuliert werden soll. Anders als von *Säcker/Oetker* angenommen, steht die Tarifpluralität der sinnvollen Ordnung der Arbeits- und Wirtschaftsbedingungen nicht entgegen[631]; umgekehrt gewährleistet sie, daß sich die Tarifvertragsparteien nicht zu Lasten von Minderheiten einigen und so gerechte Lösungen für alle Beteiligten gefunden werden[632]. Nur wenn die Arbeitnehmer die Wahl zwischen mehreren Gewerkschaften haben, wird die Gefahr einseitiger Machtstellungen gebannt[633].

Der Eingriff in den von Art. 9 Abs. 3 GG geschützten Koalitionspluralismus kann nur durch Grundrechte Dritter oder andere mit Verfassungsrang ausgestattete Rechtsgüter gerechtfertigt werden. Die Suche nach solchen Rechtsgütern bleibt

---

[627] BVerfG vom 6.5.1964 – 1 BvR 79/62, BVerfGE 18, S. 18 (B III 2 d der Gründe); BVerfG vom 15.7.1980 – 1 BvR 24/74 und 439/79, BVerfGE 55, S. 7 (B II 2 c der Gründe); BAG vom 14.2.1967 – 1 AZR 494/65, AP Nr. 10 zu Art. 9 GG (2 a der Gründe); BAG vom 11.11.1968 – 1 AZR 16/68, AP Nr. 14 zu Art. 9 GG (4 a der Gründe); AK-*Kittner,* Art. 9 Abs. 3 GG Rdnrn. 75 f.; *Konzen,* RdA 1978, Maunz/Düring/Herzog-*Scholz,* Art. 9 GG Rdnr. 253; *Salje,* Anm. zu BAG vom 20.3.1991 – 4 AZR 455/90, SAE 1993, S. 74 (81).

[628] *Franzen,* ZfA 2001, S. 1 (8); *Jacobs,* S. 454; *Salje,* Anm. zu BAG vom 20.3.1991 – 4 AZR 455/90, SAE 1993, S. 74 (81).

[629] Vgl. oben § 7 II.

[630] BAG vom 20.3.1991 – 4 AZR 455/90, AP Nr. 20 zu § 4 TVG Tarifkonkurrenz (B II 2 b der Gründe).

[631] *Säcker/Oetker,* ZfA 1993, S. 1 (12).

[632] *Reuter,* JuS 1992, S. 105 (110); vgl. auch schon oben § 9 II 1 a (1) (b).

[633] *Jacobs,* S. 454.

aber auch hier vergebens. Weder die Prinzipien der Rechtssicherheit und Rechtsklarheit noch die Funktionsfähigkeit der Tarifautonomie–sind geeignet, den Eingriff in den verfassungsrechtlich geschützten Koalitionspluralismus rechtfertigen[634].

b) Betätigungsgarantie

Neben dem Bestand der Koalition garantiert Art. 9 Abs. 3 GG auch die Koalitionsbetätigungsfreiheit, also das Tätigwerden der Koalitionen zur Erreichung des Koalitionszwecks[635]. Der 4. Senat des BAG vertritt – ausgehend von der Kernbereichslehre – die Auffassung, durch die Anwendung des Grundsatzes der Tarifeinheit im Betrieb werde die kollektive Betätigungsfreiheit nicht verletzt[636]. Der Kernbereich der gewerkschaftlichen Betätigung werde durch den Grundsatz der Tarifeinheit im Betrieb bei weitem nicht berührt: Zum einen werde nur ein geringer Teil des Geltungsbereichs eines Tarifvertrags betroffenen; zum anderen werde ohnehin durch den Wettbewerb bestimmt, ob sich eine Koalition im Arbeitsleben behaupten könne[637]. Das BAG verweist die durch einen spezielleren Tarifvertrag verdrängten Tarifvertragsparteien darauf, selbst einen spezielleren Tarifvertrag abzuschließen, dafür zu werben und sich entsprechend zu betätigen[638]. Tatsächlich spricht aber viel dafür, daß der Grundsatz der Tarifeinheit im Betrieb nicht mit der kollektiven Betätigungsfreiheit der Koalitionen zu vereinbaren ist.

(1) Eingriff in den Schutzbereich der kollektiven Betätigungsfreiheit

Die Kernbereichslehre – wonach Art. 9 Abs. 3 GG jedenfalls die kollektive Betätigungsfreiheit der Koalitionen nur insoweit schützen sollte, als sie für die Erhaltung und Sicherung der Koalition als unerläßlich betrachtet werden

---

[634] Vgl. insoweit die Ausführungen zur Rechtfertigung des Eingriffs in die individuelle Koalitionsfreiheit § 9 II 1 a (1) (b).

[635] BVerfG vom 14.4.1961 – 1 BvR 69/62, BVerfGE 17, S. 319 (B II 2 b der Gründe); BVerfG vom 26.5.1970 – 2 BvR 664/65, BVerfGE 28, S. 295 (B II 1 a der Gründe); BVerfG vom 4.7.1995 – 1 BvF 2/86 u. a., BVerfGE 92, S. 365 (C I der Gründe); *Badura,* C Rdnr. 99; *Otto,* Koalitionsspezifische Betätigung, S. 40 f.; *Wiedemann,* in: Wiedemann, Einl. zum TVG Rdnr. 92.

[636] BAG vom 20.3.1991 – 4 AZR 455/90, AP Nr. 20 zu § 4 TVG Tarifkonkurrenz (B II 2 b der Gründe).

[637] BAG vom 20.3.1991 – 4 AZR 455/90, AP Nr. 20 zu § 4 TVG Tarifkonkurrenz (B II 2 b der Gründe).

[638] BAG vom 20.3.1991 – 4 AZR 455/90, AP Nr. 20 zu § 4 TVG Tarifkonkurrenz (B II 2 b der Gründe).

müsse[639] – hat das BVerfG mittlerweile aufgegeben[640]. In Übereinstimmung mit der Literatur[641] geht das BVerfG nunmehr davon aus, daß der Schutzbereich des Art. 9 Abs. 3 GG nicht von vornherein auf den Bereich des Unerläßlichen beschränkt ist, sondern alle koalitionsspezifischen Verhaltensweisen erfaßt[642]. Zu dem Grundrecht der kollektiven Betätigungsfreiheit gehört vor allem das Recht, Tarifverträge abzuschließen[643]. Dieses Abschlußrecht wäre nur eine „inhaltsleere Hülse", wenn ein rechtsgültig abgeschlossener Tarifvertrag nicht auch die Arbeitsverhältnisse der Koalitionsmitglieder gestalten würde[644]: Es leuchtet unmittelbar ein, daß nicht der Abschluß eines Tarifvertrags als solches von zentraler Bedeutung für die Koalitionsbetätigung ist, sondern vor allem die Normwirkung dieses Tarifvertrags gegenüber den Koalitionsmitgliedern, da nur so deren Arbeits- und Wirtschaftsbedingungen gewahrt und gefördert werden können. Daher umfaßt der Schutzbereich der Koalitionsbetätigungsfreiheit auch das Recht der Koalitionen auf effektive tarifliche Rechtsetzung für ihre Mitglieder[645] und damit das Recht der Koalitionen auf Normwirkung der von ihnen abgeschlossenen Tarifverträge gegenüber ihren Mitgliedern[646].

Nach der Lehre von der Tarifeinheit im Betrieb wird ein Tarifvertrag, den eine Gewerkschaft mit einem Arbeitgeberverband oder einem einzelnen Arbeitgeber ausgehandelt hat und dessen Normen für ihre Mitglieder bereits gelten, aus einem

---

[639] BVerfG vom 18.11.1954 – 1 BvR 629/52, BVerfGE 4, S. 96 (C 2 b aa der Gründe); BVerfG vom 30.11.1965 – 2 BvR 54/62, BVerfGE 19, S. 303 (B I 2 e der Gründe); BVerfG vom 18.12.1974 – 1 BvR 430/65 und 259/66, BVerfGE 38, S. 281 (C II 3 c der Gründe); BVerfG vom 1.3.1979 – 1 BvR 532, 533/77 u. a., BVerfGE 50, S. 290 (C IV 1 der Gründe); BVerfG vom 17.2.1981 – 2 BvR 384/78, BVerfGE 57, S. 220 (C II 4 a der Gründe).

[640] Grundlegend BVerfG vom 14.11.1995 – 1 BvR 601/92, BVerfGE 93, S. 353 (B I 3 der Gründe).

[641] AK-*Kittner,* Art. 9 III GG Rdnrn. 32 f.; *Caspar,* S. 77 f.; *Däubler,* AuR 1992, S. 1 (4, 7); Dreier-*Bauer,* Art. 9 GG Rdnrn. 77 ff.; ErfKomm-*Kissel,* Art. 9 GG Rdnr. 23; *Hanau,* ArbRdGgw. Bd. 17 (1980), S. 37 (49 ff.); *Henssler,* ZfA 1998, S. 1 (8 ff.); *Herschel,* AuR 1981, S. 265 (266 ff.).

[642] BVerfG vom 14.11.1995 – 1 BvR 601/92, BVerfGE 93, S. 353 (B I 3 der Gründe); BVerfG vom 24.4.1996 – 1 BvR 712/86, BVerfGE 94, S. 268 (C I 1 der Gründe).

[643] BVerfG vom 30.11.1965 – 2 BvR 54/62, BVerfGE 19, S. 303 (B I 2 c der Gründe); BVerfG vom 24.5.1977 – 2 BvL 11/74, BVerfGE 44, S. 322 (B II 1 b aa der Gründe); BVerfG vom 1.3.1979 – 1 BvR 532, 533/77 u. a., BVerfGE 50, S. 290 (C IV 1 der Gründe); BVerfG vom 26.6.1991 – 1 BvR 779/85, BVerfGE 84, S. 212 (C I 1 a der Gründe); BVerfG vom 24.4.1996 – 1 BvR 712/86, BVerfGE 94, S. 268 (C I 1 der Gründe); *Badura,* C Rdnr. 100; *Blank,* S. 73; Dreier-*Bauer,* Art. 9 GG Rdnr. 78; *Junker,* Grundkurs Arbeitsrecht, Rdnr. 479; AK-*Kittner,* Art. 9 Abs. 3 GG Rdnr. 65; von Münch/Kunig-*Löwer,* Art. 9 GG Rdnr. 80; *Pieroth/Schlink,* Rdnr. 738; *Säcker/Oetker,* Tarifautonomie, S. 33; *Wiedemann,* in: Wiedemann, Einl. zum TVG Rdnr. 92.

[644] *Witzig,* S. 47.

[645] *Waas,* Tarifkonkurrenz, S. 134.

[646] *Jacobs,* S. 419 f.; das übersehen *Heinze/Ricken,* ZfA 2001, S. 159 (179).

Betrieb verdrängt und ihm so jegliche Wirkung gegenüber den Gewerkschaftsmitgliedern in dem betroffenen Betrieb genommen. Der Gewerkschaft, die den verdrängten Tarifvertrag abgeschlossen hat, wird so faktisch die Möglichkeit genommen, die Interessen ihrer Mitglieder effektiv zu vertreten[647]. Die Verdrängung eines Tarifvertrags ist für eine Gewerkschaft von enormer Bedeutung, da die Geltung eines Tarifvertrags für die Arbeitnehmer der entscheidende Gesichtspunkt ist, einer Gewerkschaft beizutreten oder aus ihr auszutreten. Für den Arbeitnehmer ist es nutzlos, Mitglied einer Gewerkschaft zu sein, deren Tarifvertrag für sein Arbeitsverhältnis keine Geltung entfaltet. Man kann insoweit davon sprechen, daß die Befugnis der Koalitionen zur effektiven tariflichen Rechtsetzung gegenüber ihren Mitgliedern geradezu das Kernstück der Betätigungsfreiheit ist. Durch den Grundsatz der Tarifeinheit im Betrieb wird dieses Kernstück beeinträchtigt: Zwar wird nicht die Normsetzungskompetenz der Gewerkschaften als solche beschnitten, es wird aber die Normwirkung des in Ausübung ihrer Koalitionsfreiheit ausgehandelten Tarifvertrags beseitigt. Die Gewerkschaft, die den nach dem Grundsatz der Tarifeinheit im Betrieb verdrängten Tarifvertrag abgeschlossen hat, wird so um die Früchte ihrer Tarifpolitik gebracht. Mit der „Annullierung“ eines bestehenden Tarifvertrags wird daher in die Koalitionsbetätigungsfreiheit des Art. 9 Abs. 3 GG eingegriffen[648].

(2) Verfassungsrechtliche Rechtfertigung

Der Eingriff in das vorbehaltslos gewährte Grundrecht der Koalitionsfreiheit kann nur durch Grundrechte Dritter oder andere mit Verfassungsrang ausgestattete Rechtsgüter gerechtfertigt sein. Die Suche nach solchen Rechtsgütern bleibt aber auch hier vergebens. Weder die Prinzipien der Rechtssicherheit und Rechtsklarheit noch die Funktionsfähigkeit der Tarifautonomie können die Anwendung des Grundsatzes der Tarifeinheit im Betrieb rechtfertigen[649]. Der Grundsatz der Tarifeinheit im Betrieb ist nicht mit der durch Art. 9 Abs. 3 GG gewährleisteten kollektiven Betätigungsfreiheit der Gewerkschaft, deren Tarifvertrag aus einem Betrieb verdrängt wird, vereinbar[650].

---

[647] Für die Konkurrenz zwischen DGB-Tarif und Nicht-DGB-Tarif *Kania,* DB 1996, S. 1921.

[648] *Däubler,* TVR Rdnr. 1505; *B. Müller,* NZA 1989, S. 449 (452).

[649] Vgl. insoweit die Ausführungen zur Rechtfertigung des Eingriffs in die individuelle Koalitionsfreiheit. § 9 II 1 a (1) (b).

[650] Im Ergebnis ebenso LAG Niedersachsen vom 14.6.1990 – 14 Sa 1783/89, LAGE Nr. 1 zu § 4 Tarifpluralität (2 a der Gründe); *Blank,* S. 73 f.; *Däubler,* TVR Rdnr. 1505; *Fenn,* FS Kissel, S. 213 (234 f.); *Hohenstatt,* DB 1992, S. 1678 (1681), *Hottgenroth,* S. 87; *Jacobs,* S. 448 ff.; *Konzen,* RdA 1978, S. 146 (153 f.); *Kraft,* RdA 1992, S. 161 (168 f.); *Löwisch/Rieble,* § 4 TVG Rdnr. 290; *Merten,* BB 1993, S. 572 (575); *Salje,* Anm. zu BAG vom 20.3.1991 – 4 AZR

c) Koalitionsfreiheit der Arbeitgeberverbände

Neben der kollektiven Koalitionsfreiheit der Gewerkschaften schützt Art. 9 Abs. 3 GG in gleicher Weise die kollektive Koalitionsfreiheit der Arbeitgeberverbände[651]. Wird daher ein von einem Arbeitgeberverband abgeschlossener Tarifvertrag, der kraft Mitgliedschaft in einem Betrieb Geltung beansprucht, aus diesem Betrieb verdrängt, wird dadurch auch die kollektive Betätigungsfreiheit des betroffenen Arbeitgeberverbands verletzt[652].

455/90, SAE 1993, S. 74 (81);
26.1.1994 – 10 AZR 611/92, EzA Nr. 9 zu § 4 TVG Tarifkonkurrenz (unter 2 b); *Witzig*, S. 47 ff.; *Zöllner/Loritz*, § 37 V 2.

[651] BVerfG vom 4.7.1995 – 1 BvF 2/86 u.a., BVerfGE 92, S. 365 (C I 1 b der Gründe); *Junker*, Anm. zu BAG vom 23.10.1996 – 4 AZR 409/95, SAE 1997, S. 169 (178 f.).

[652] *Däubler*, TVR Rdnr. 1505; *Jacobs*, S. 456.

§ 10. ERGEBNIS

Die Auflösung der Tarifpluralität nach dem Grundsatz der Tarifeinheit im Betrieb entbehrt jeglicher Rechtsgrundlage; er ist insbesondere nicht durch richterliche Rechtsfortbildung gerechtfertigt. Vielmehr ist die Tarifpluralität – das Nebeneinander mehrerer Tarifverträge im Betrieb – der Systematik des TVG immanent. Darüber hinaus ist der Grundsatz der Tarifeinheit im Betrieb nicht mit der Rechtsordnung vereinbar. Er widerspricht sowohl dem Tarifvertragsgesetz als auch der verfassungsrechtlich gewährleisteten Koalitionsfreiheit: Er ist weder mit der positiven Koalitionsfreiheit der Arbeitnehmer und Arbeitgeber vereinbar, die kraft Mitgliedschaft an den verdrängten Tarifvertrag gebunden sind, noch mit dem durch Art. 9 Abs. 3 GG ebenfalls geschützten Koalitionspluralismus und der kollektiven Betätigungsfreiheit der Koalitionen, deren Tarifvertrag infolge des Grundsatzes der Tarifeinheit im Betrieb verdrängt wird. Aus diesen Gründen kann der Grundsatz der Tarifeinheit im Betrieb auch nicht de lege ferenda im TVG normiert werden.

Der Lehre vom Grundsatz der Tarifeinheit im Betrieb kann nicht gefolgt werden. Die Tarifpluralität ist daher nicht auflösungsbedürftig. In einem Betrieb können für unterschiedliche Arbeitsverhältnisse unterschiedliche Tarifverträge Geltung entfalten. Da der Grundsatz der Tarifeinheit im Betrieb generell nicht rechtlich begründet werden kann, ist die Suche nach differenzierten Lösungen – wie sie jüngst etwa für die Fälle der gewillkürten Tarifpluralität angeregt wurde[653] – entbehrlich. Die Tarifpluralität muß in keiner ihrer möglichen Erscheinungsformen aufgelöst werden.

---

[653] *Schliemann,* NZA 2000, Sonderbeil. 24, S. 24 (32).

DRITTER TEIL. TARIFKONKURRENZ UND GRUNDSATZ DER TARIFEINHEIT

Steht damit fest, daß der Grundsatz der Tarifeinheit für die Tarifpluralität keine Geltung beansprucht, bleibt zu untersuchen, ob und wieweit der Grundsatz der Tarifeinheit bei der Normenkollision im einzelnen Arbeitsverhältnis – der Tarifkonkurrenz von Individual- und Kollektivnormen – zu beachten ist. Die Tarifgebundenheit an Individualnormen auf der einen und Kollektivnormen auf der anderen Seite hat nicht nur andere Voraussetzungen, sondern auch andere Auswirkungen: Bei Kollektivnormen genügt anders als bei Individualnormen gem. § 3 Abs. 2 TVG bereits die Tarifbindung des Arbeitgebers, um dem Tarifvertrag für den ganzen Betrieb Geltung zu verschaffen[654]. Individualnormen hingegen gelten nur in den Arbeitsverhältnissen, in denen beiderseitige Tarifgebundenheit besteht. Die Folge ist, daß eine Tarifkonkurrenz von Individualnormen verschiedener Tarifverträge immer auf das einzelne Arbeitsverhältnis bezogen ist, während die Tarifkonkurrenz von Kollektivnormen mehrerer Tarifverträge stets betriebsweit auftritt. Um diesem Unterschied Rechnung zu tragen, liegt es nahe, auch bei der Lösung der Tarifkonkurrenz zwischen Individualnormen und Kollektivnormen zu differenzieren. Voraussetzung dafür ist freilich, daß es möglich ist, die konkurrierenden Tarifverträge entlang der „Grenze" Individualnormen und Kollektivnormen aufzuspalten. Dann könnten für ein Arbeitsverhältnis die Individualnormen eines Tarifvertrags und die Kollektivnormen eines anderen Tarifvertrags gelten. Wäre eine solche Aufspaltung hingegen unzulässig – könnte also nur ein Tarifvertrag in seiner Gesamtheit wirken – hätte dies zur Folge, daß sich die Kriterien zur Auflösung der Tarifkonkurrenz an betrieblichen Gesichtspunkten zu orientieren hätten.

In einem ersten Schritt ist daher festzustellen, ob der Grundsatz der Tarifeinheit sowohl bei der Tarifkonkurrenz von Individualnormen als auch bei der Tarifkonkurrenz von Kollektivnormen die Lösung der Tarifkonkurrenz verlangt. In einem zweiten Schritt ist zu untersuchen, ob Tarifverträge in einen individualrechtlichen und einen kollektivrechtlichen Teil aufgespalten werden können.

---

[654] Vgl. oben § 3 I 1 a (1).

§ 11. TARIFEINHEIT BEI INDIVIDUALNORMEN

Zunächst ist zu klären, ob ein Arbeitsverhältnis gleichzeitig von den Individualnormen mehrerer Tarifverträge bestimmt werden kann oder ob auf ein Arbeitsverhältnis jeweils nur die Individualnormen eines Tarifvertrags anzuwenden sind. Gefragt ist damit nach dem Grundsatz der Tarifeinheit im einzelnen Arbeitsverhältnis.

I. Kombination mehrerer Tarifverträge

Vereinzelt wird von der Möglichkeit der Kombination beider Tarifverträge („Rosinentheorie") ausgegangen [655]: Aus dem Schutzzweck des Tarifvertrags folge, daß bei einem Aufeinandertreffen zweier Tarifverträge stets die jeweiligen für den Arbeitnehmer günstigeren Einzelbestimmungen anzuwenden seien[656]. Zuzugeben ist, daß der Schutzzweck des Tarifvertrags verlangt, die strukturelle Unterlegenheit des Arbeitnehmers durch kollektives Handeln auszugleichen, um so ein annähernd gleichgewichtiges Aushandeln der Arbeitsbedingungen zu ermöglichen[657]. Dieser Zweck ist aber bereits erfüllt, wenn die Bestimmungen eines Tarifvertrags Eingang in das Arbeitsverhältnis gefunden haben; die vertragschließende Gewerkschaft hat die Unterlegenheit des Arbeitnehmers durch Abschluß des für den Arbeitnehmer geltenden Tarifvertrags ausgeglichen. Der Schutzzweck des Tarifvertrags verlangt daher nicht die Kombination der Regelungen verschiedener Tarifverträge in einem Arbeitsverhältnis.

Ebensowenig kann die Kombination der Regelungen mehrerer Tarifverträge mit dem Günstigkeitsprinzip des § 4 Abs. 3 Alt. 2 TVG begründet werden: Der Wortlaut des § 4 Abs. 3 TVG („ abweichende Abmachungen") ist zwar insoweit offen, dennoch gilt das Günstigkeitsprinzip nach ganz überwiegender Meinung nicht bei einem Zusammentreffen tarifvertraglicher Regelungen[658]. Das tarifvertragliche

---

[655] *Hagemeier,* in: Hagemeier/Kempen/Zachert/Zilius, § 4 TVG Rdnr. 114 (a. A. *Kempen/Zachert,* § 4 TVG Rdnr. 134); *Kronenberg,* S. 26; für den Spezialfall der Doppelmitgliedschaft des Arbeitgebers: *B. Müller,* NZA 1989, S. 449 (452).

[656] *Hagemeier,* in: Hagemeier/Kempen/Zachert/Zilius, § 4 TVG Rdnr. 114.

[657] BVerfG vom 26.6.1991 – 1 BvR 779/85, BverfGE 84, S. 212 (C I 3 b aa der Gründe); *Kempen/Zachert,* § 2 TVG Rdnr. 6; *Löwisch/Rieble,* TVG Grundl. Rdnr. 4.

[658] BAG vom 22.2.1957 – 1 AZR 536/55, AP Nr. 2 zu § 4 Tarifkonkurrenz; BAG vom 24.1.2001 – 4 AZR 655/99, AP Nr. 173 zu § 1 TVG Tarifverträge: Metallindustrie (I 1 c bb (1) der Gründe); *Delbos,* S. 84; *Hueck/Nipperdey,* Bd. II 1, § 33 III 3; *Hromadka/Maschmann/Wallner,* Rdnr. 135; *Jacobs,* S. 242 f.; *Löwisch/Rieble,* § 4 TVG Rdnr. 166; *Memminger,* S. 72 ff.; *Nikisch,* § 82 I 1; *Wank,* in: Wiedemann, § 4 TVG Rdnr. 283; *Witzig,* S. 20 ff.

Günstigkeitsprinzip dient mit der zugunsten des Arbeitnehmers wirkenden Unabdingbarkeit des Tarifvertrags in erster Linie dem Schutz des Arbeitnehmers vor der Übermachtstellung des Arbeitgebers[659] und sichert zugleich das individuelle Selbstbestimmungsrecht der Arbeitsvertragsparteien[660]. Individualvertragliche Abmachungen dürfen nur soweit eingeschränkt werden, als es zum Schutz des Arbeitnehmers erforderlich ist. Treffen zwei tarifvertragliche Regelungen aufeinander, paßt keine dieser Schutzrichtungen des Günstigkeitsprinzips: Jede tarifvertragliche Regelung erfüllt bereits für sich den Schutzzweck des § 4 Abs. 3 Alt. 2 TVG zugunsten des Arbeitnehmers; da von einem Verhandlungsgleichgewicht zwischen den Tarifvertragsparteien auszugehen ist, muß keine Unterlegenheit des Arbeitnehmers ausgeglichen werden[661]. Auch die Sicherung des Selbstbestimmungsrechts der Arbeitsvertragsparteien steht bei einem Zusammentreffen tariflicher Regelungen mangels individualvertraglicher Abmachung nicht in Frage[662]. Daraus folgt, daß mit dem doppelten Schutzzweck des § 4 Abs. 3 Alt. 2 TVG die Anwendbarkeit des Günstigkeitsprinzips auf das Zusammentreffen tarifvertraglicher Regelungen nicht begründet werden kann.

Die Kombination der Individualnormen mehrerer Tarifverträge läßt sich weder mit dem Schutzzweck des Tarifvertrags noch mit dem Günstigkeitsprinzip rechtfertigen.

II. Grundsatz der Tarifeinheit

Die Rechtsprechung[663] und der ganz überwiegende Teil der Literatur[664] gehen vom Grundsatz der Tarifeinheit im Arbeitsverhältnis aus, wonach ein Arbeitsver-

---

659 *Kempen/Zachert*, § 4 TVG Rdnr. 164; *Stein*, TVR Rdnr. 589; *Wank*, in: Wiedemann, § 4 TVG Rdnr. 386.

660 *Biedenkopf*, S. 75; *Richardi*, Kollektivgewalt, S. 360; *Stein*, TVR Rdnr. 589; *Wlotzke*, S. 17.

661 *Witzig*, S. 23.

662 *Jacobs*, S. 243.

663 Vgl. BAG vom 29.3.1957 – 1 AZR 208/55, AP Nr. 4 zu § 4 Tarifkonkurrenz; BAG vom 24.9.1975 – 4 AZR 471/74, AP Nr. 11 zu § 4 TVG Tarifkonkurrenz; BAG vom 29.11.1978 – 4 AZR 304/77, AP Nr. 12 zu § 4 TVG Tarifkonkurrenz; BAG vom 14.6.1989 – 4 AZR 200/89, AP Nr. 16 zu § 4 TVG Tarifkonkurrenz; BAG vom 20.3.1991 – 4 AZR 455/90, AP Nr. 20 zu § 4 TVG Tarifkonkurrenz (B II 2 a der Gründe); BAG vom 22.9.1993 – 10 AZR 207/92, AP Nr. 21 zu § 4 TVG Tarifkonkurrenz (II 4 der Gründe); BAG vom 26.1.1994 – 10 AZR 611/92, AP Nr. 22 zu § 4 TVG Tarifkonkurrenz (II 4 a der Gründe); LAG Niedersachsen vom 14.6.1990 – 14 Sa 1783/89, LAGE Nr. 1 zu § 4 TVG Tarifpluralität (2 a der Gründe); LAG Bremen vom 28.8.1990 – 1 Sa 67/79/90, LAGE Nr. 2 zu § 4 TVG Tarifpluralität (II 5 der Gründe).

664 Vgl. etwa *Bieback*, DB 1989, S. 477 (479); *Däubler*, TVR Rdnr. 1489, *Dutti*, BB 1968, S. 1335 (1336 f.); *Etzel*, NZA 1987, Beil. 1, S. 19; *Fenn*, FS Kissel, S. 213 (236 ff.); *Gerhards*, BB

hältnis nur von den Individualnormen eines Tarifvertrags geregelt werden kann. Zur Begründung wird vor allem der abschließende Regelungswillen der Tarifvertragsparteien angeführt; ihm widerspricht es, die Regelungen verschiedener Tarifverträge zu kombinieren[665]: Die Individualnormen eines Tarifvertrags sind regelmäßig als einheitliches und in sich abgeschlossenes Regelwerk zu verstehen, das durch gegenseitige Zugeständnisse und Kompromisse ausgehandelt wird und dessen Regelungen in einem inneren Zusammenhang stehen[666]. Die jeweils in den Tarifverträgen gefundenen Kompromisse sowie der innere Zusammenhang der tariflichen Regelungen würden durch das Vermischen der Individualnormen der konkurrierenden Tarifverträge auseinandergerissen. Dadurch entstünden nicht nur Rechtspositionen, die weder von der einen noch der anderen Tarifvertragspartei gewollt waren[667], sondern auch eine Verzerrung des Machtverhältnisses der Tarifvertragsparteien, das sich im jeweils abgeschlossenen Tarifvertrag widerspiegelt.

Die Auflösungsbedürftigkeit der Tarifkonkurrenz von Individualnormen im Sinn der Tarifeinheit ergibt sich im Grunde schon aus der zwingenden Einheit und Widerspruchslosigkeit der Rechtsordnung, wonach eine Kollision von jeweils abschließend gedachten Normen – bei der Tarifkonkurrenz geht es ja gerade um eine solche Normenkollision – aufgelöst werden muß[668]. Schließlich hat sich der Grundsatz der Tarifeinheit im Individualarbeitsverhältnis mittlerweile zu Gewohnheitsrecht verfestigt: Gewohnheitsrecht entsteht durch eine gleichmäßige, über längere Zeit tatsächlich bestehende Übung, die Ausdruck einer sie begleitenden Rechtsüberzeugung ist[669]. Der Grundsatz der Tarifeinheit wird seit der Weimarer Zeit zur Lösung einer Normenkollision im einzelnen Arbeitsverhältnis he-

---

1995, S. 1290 (1291); *Gramm,* AR-Blattei (D), Tarifvertrag XII, C II; *Hohenstatt,* DB 1992, S. 1678 (1679); *Hromadka/Maschmann/Wallner,* Rdnr. 134; *Jacobs,* S. 247; *Junker,* Grundkurs Arbeitsrecht, Rdnr. 560; *Kempen/Zachert,* § 4 TVG Rdnr. 128; *Konzen,* Anm. zu BAG vom 24.9.1975 – 4 AZR 471/74, SAE 1977, S. 56 (61); *Kraft,* RdA 1992, S. 161 (165); *Memminger,* S. 30; MünchArbR-*Löwisch/Rieble,* § 276 Rdnr. 21; *Säcker/Oetker,* ZfA 1993, S. 1 (4); *Stein,* TVR Rdnr. 272; *Waas,* Tarifkonkurrenz, S. 25 ff.; *Wank,* in: Wiedemann, § 4 TVG Rdnr. 277; *Wiedemann/Arnold,* ZTR 1994, S. 399 (402); *Witzig,* S. 26 ff.

665 *Gramm,* AR-Blattei (D), Tarifvertrag XII, C II; *Kraft,* RdA 1992, S. 161 (165); *Mann,* BB 1957, S. 549 (550); MünchArbR-*Löwisch/Rieble,* § 276 Rdnr. 22.

666 *Bieback,* DB 1989, S. 477 (479); *Külp,* S. 46; *G. Müller,* Tarifautonomie, S. 22.

667 *Dutti,* BB 1968, S. 1335 (1337); *Etzel,* NZA 1987, Beil 1., S. 19, *Kraft,* RdA 1992, S. 161 (165); MünchArbR-*Löwisch/Rieble,* § 276 Rdnr. 22.

668 *Fenn,* FS Kissel, S. 213 (236); *Kraft,* FS Zöllner, S. 831 (836); ähnlich *Haußmann,* S. 94; vgl. zur Normenkonkurrenz *Larenz,* S. 268 f.; *Larenz/Canaris,* S. 89.

669 BVerfG vom 28.6.1967 – 2 BvR 143/61, BVerfGE 22, S. 114 (B III 3 a der Gründe); BVerfG vom 14.2.1973 – 2 BvR 667/72, BVerfGE 34, S. 293 (B III 2 der Gründe); BGH vom 19.6.1962 – I ZB 10/61, BGHZ 37, S. 219 (222); *Hübner,* § 3 Rdnr. 37; *Larenz/Canaris* S. 176; Staudinger-*Coing,* Einl. Rdnrn. 232, 239.

rangezogen: Ausgehend von § 2 Abs. 2 TVVO[670], wonach bei der Tarifkonkurrenz zwischen allgemeinverbindlichen Tarifverträgen der Grundsatz der Tarifeinheit galt, wurde in der wissenschaftlichen Diskussion eine allgemeine Kollisionsregel für das Aufeinandertreffen zweier Tarifverträge in einem Arbeitsverhältnis entwickelt. Die Rechtsansicht, daß eine Tarifkonkurrenz im Sinne der Tarifeinheit aufzulösen ist, setzte sich schon in der Weimarer Zeit durch[671]. Die Entstehungsgeschichte des TVG belegt, daß sich an dieser Rechtsauffassung nach Beendigung des Zweiten Weltkriegs nichts geändert hat: Einige Entwürfe zum TVG – wie § 11 des Vorentwurfs des Länderrats vom März 1947 und § 8 des sog. Stuttgarter Entwurfs vom Juli 1948 – enthielten noch ausdrückliche Regelungen zur Tarifkonkurrenz, die von der Anwendung des Grundsatzes der Tarifeinheit ausgingen[672]. In späteren Entwürfen zum TVG und im TVG selbst wurde auf die Regelung der Tarifkonkurrenz verzichtet, da – so die Begründung im Entwurf eines TVG des Gewerkschaftsrats der Vereinigten Zonen – davon ausgegangen wurde, daß wegen der Organisation der meisten Gewerkschaften nach dem Industrieverbandsprinzip die Tarifkonkurrenz nur noch eine geringe Rolle spielen würde[673]. Im übrigen sollte es Wissenschaft und Rechtsprechung übertragen werden, auftretende Tarifkonkurrenzen im Sinne des Prinzips der Tarifeinheit zu entscheiden[674]. Aus alldem ergibt sich, daß der Grundsatz der Tarifeinheit im Arbeitsverhältnis seit jeher als Rechtsgrundsatz anerkannt wurde. Daran hat sich bis heute nichts geändert, wie die ganz herrschende Meinung in Rechtsprechung[675] und Literatur[676] bestätigt. Der Grundsatz der Tarifeinheit im Arbeitsverhältnis ist daher als Gewohnheitsrecht anzuerkennen[677].

---

[670] Abgedruckt bei *Oetker,* in: Wiedemann, Geschichte, Rdnr. 8.

[671] RAG vom 19.1.1929 – RAG 270/28, ARS 5, S. 85 (86); RAG vom 26.1.1929 – RAG 383/28, ARS 5, S. 274 (277); RAG vom 3.5.1930 – RAG 550/29, ARS 9, S. 264 (267); RAG vom 1.7.1931 – RAG 19/31, ARS 12, S. 529 (532 f.); *Anthes,* S. 168 f.; *Becker,* S. 34 f.; *Dechant,* S. 177; *Hueck/Nipperdey,* 1. u. 2. Aufl., S. 253 ff.; *Jacobi,* S. 241; *Molitor,* NzfA 1930, Sp. 213 f.; *Wischmeyer,* S. 32 ff.

[672] Beide Entwürfe abgedruckt bei *Oetker,* in: Wiedemann, Geschichte, Rdnrn. 26, 27.

[673] Unter 3 der Begründung des Entwurfs des Gewerkschaftsrats der Vereinigten Zonen vom 7.9.1948. Abgedruckt bei *Oetker,* in Wiedemann, Geschichte, Rdnr. 33.

[674] Unter 3 der Begründung des Entwurfs des Gewerkschaftsrats der Vereinigten Zonen vom 7.9.1948. Abgedruckt bei *Oetker,* in Wiedemann, Geschichte, Rdnr. 33.

[675] Vgl. etwa BAG vom 29.3.1957 – 1 AZR 208/55, AP Nr. 4 zu § 4 TVG Tarifkonkurrenz; BAG vom 14.6.1989 – 4 AZR 200/89, AP Nr. 16 zu § 4 TVG Tarifkonkurrenz; BAG vom 5.9.1990 – 4 AZR 59/90, AP Nr. 19 zu § 4 TVG Tarifkonkurrenz; BAG vom 22.9.1993 – 10 AZR 207/92, AP Nr. 21 zu § 4 TVG Tarifkonkurrenz (II 4 der Gründe); BAG vom 26.1.1994 – 10 AZR 611/92, AP Nr. 22 zu § 4 TVG Tarifkonkurrenz (II 4 a der Gründe); LAG Niedersachsen vom 14.6.1990 – 14 Sa 1783/89, LAGE Nr. 1 zu § 4 TVG Tarifpluralität (2 a der Gründe); LAG Bremen vom 28.8.1990 – 1 Sa 67/79/90, LAGE Nr. 2 zu § 4 TVG Tarifpluralität (II 5 der Gründe).

[676] Vgl. etwa *Bieback,* DB 1989, S. 477 (479); *Däubler* TVR Rdnr. 1489, *Dutti,* BB 1968, S. 1335 (1336 f.); *Etzel,* NZA 1987, Beil. 1, S. 19; *Fenn,* FS Kissel, S. 213 (236 ff.); *Gerhards,* BB

Rechtsfolge des Grundsatzes der Tarifeinheit im Arbeitsverhältnis ist, daß die Individualnormen eines der kollidierenden Tarifverträge aus dem betroffenen Arbeitsverhältnis verdrängt werden. Für die Zeitdauer der Tarifkonkurrenz besteht ein Anwendungsvorrang eines der kollidierenden Tarifverträge[678]. Tritt der vorrangige Tarifvertrag außer Kraft, entfaltet der verdrängte Tarifvertrag wieder unmittelbare und zwingende Wirkung in dem jeweiligen Arbeitsverhältnis[679]. Die Koalitionsfreiheit des Arbeitnehmers wird durch die zeitweise Verdrängung eines Tarifvertrags nicht verletzt, da ihm der Schutz eines Tarifvertrags erhalten bleibt[680]: Die Koalitionsfreiheit verlangt keinen „doppelten Tarifschutz".

III. Ergebnis

Es können nur die Individualnormen eines Tarifvertrags auf ein Arbeitsverhältnis Anwendung finden. Insoweit gilt der Grundsatz der Tarifeinheit im Arbeitsverhältnis mit der Folge, daß für die Dauer des Bestehens der Tarifkonkurrenz einer der konkurrierenden Tarifverträge aus dem Arbeitsverhältnis verdrängt wird.

1995, S. 1290 (1291); *Gramm,* AR-Blattei (D), Tarifvertrag XII, C II; *Hohenstatt,* DB 1992, S. 1678 (1679); *Hromadka/Maschmann/Wallner,* Rdnr. 134; *Jacobs,* S. 247; *Junker,* Grundkurs Arbeitsrecht, Rdnr. 560; *Kempen/Zachert,* § 4 TVG Rdnr. 128; *Konzen,* Anm. zu BAG vom 24.9.1975 – 4 AZR 471/74, SAE 1977, S. 56 (61); *Kraft,* RdA 1992, S. 161 (165); *Memminger,* S. 30; MünchArbR-*Löwisch/Rieble,* § 276 Rdnr. 21; *Säcker/Oetker,* ZfA 1993, S. 1 (4); *Stein,* TVR Rdnr. 272; *Waas,* Tarifkonkurrenz, S. 25 ff.; *Wank,* in: Wiedemann, § 4 TVG Rdnr. 277; *Wiedemann/Arnold,* ZTR 1994, S. 399 (402); *Witzig,* S. 26 ff.

677 So ausdrücklich auch *D. Gaul,* ZTR 1991, S. 443 (451); *Jacobs,* S. 254; *Konzen,* ZfA 1975, S. 401 (428, Fn. 161); *Kraft,* RdA 1992, S. 161 (165); *Söllner,* § 16 V 2; *Vogg,* Anm. zu BAG vom 20.3.1991 – 4 AZR 455/90, EzA Nr. 7 zu § 4 TVG Tarifkonkurrenz, S. 15; *Witzig,* S. 22.

678 *Wank,* in: Wiedemann, § 4 TVG Rdnr. 299.

679 BAG vom 19.6.1962 – 1 AZR 147/61, AP Nr. 11 zu § 5 TVG (II der Gründe); *Däubler,* TVR Rdnr. 1496; *Wank,* in: Wiedemann, § 4 TVG Rdnr. 299; *Witzig,* S. 29.

680 *Witzig,* S. 28.

§ 12. TARIFEINHEIT BEI KOLLEKTIVNORMEN

Vorab ist klarzustellen, daß Kollektivnormen nur einheitlich für alle Arbeitsverhältnisse eines Betriebs gelten können. Kollektivnormen sind Normen, die aus tatsächlichen oder rechtlichen Gründen nur betriebseinheitlich gelten können[681]. Die Geltung unterschiedlicher Kollektivnormen in verschiedenen Arbeitsverhältnissen scheidet daher schon von der Natur der Sache her aus; wenn überhaupt eine betriebliche Ordnung herbeigeführt werden soll, müssen die Regelungsbereiche der Kollektivnormen betriebseinheitlich geregelt werden[682]. Dementsprechend ist gem. § 3 Abs. 2 TVG auch allein die Tarifgebundenheit des Arbeitgebers für die Geltung der Kollektivnormen im Betrieb – ohne Rücksicht auf die Tarifbindungen der Arbeitnehmer – entscheidend; so wird die betriebseinheitliche Wirkung der Kollektivnormen eines Tarifvertrags garantiert.

Von der Feststellung, daß für alle Arbeitsverhältnisse eines Betriebs die gleichen Kollektivnormen zu gelten haben, ist die Frage zu unterscheiden, ob diese einheitliche betriebliche Ordnung aus den Kollektivnormen zweier Tarifverträge zusammengesetzt werden kann oder ob nur die Kollektivnormen eines Tarifvertrags für einen Betrieb maßgeblich sein können. Eine Kombination der Kollektivnormen der konkurrierenden Tarifverträge scheidet – auch wenn sie einheitlich für alle Arbeitsverhältnisse eines Betriebs erfolgen würde – aus den gleichen Gründen aus, wie schon die Kombination der Individualnormen konkurrierender Tarifverträge: Nach dem Willen der Tarifvertragsparteien sollen die Kollektivnormen jedes Tarifvertrags die betriebliche Ordnung umfassend regeln; auch die Kollektivnormen eines Tarifvertrags stellen eine in sich geschlossene und abschließende Regelung dar, die nicht mit den Kollektivnormen anderer Tarifverträge vermischt werden darf[683]. Die Einheit und Widerspruchslosigkeit der Rechtsordnung verlangen daher die Auflösung der betriebsweiten Normenkollision zwischen den abschließend gedachten Kollektivordnungen unterschiedlicher Tarifverträge. Daneben ist völlig unklar, anhand welcher Kriterien die Kombination der Kollektivnormen verschiedener Tarifverträge stattfinden sollte. Das Günstigkeitsprinzip scheidet hier schon wegen des Charakters der Kollektivnormen aus, denn Kollektivnormen sind – anders als Individualnormen – in aller Regel keinem Günstigkeitsvergleich zugänglich[684].

---

681 Vgl. oben § 3 I 1 a (1).
682 *G. Müller,* Ablösung, S. 53.
683 *Jacobs,* S. 249; *Witzig,* S. 57.
684 *Ganter,* S. 10; *Jacobs,* S. 249; *Reuter,* JuS 1992, S. 105 (109); *Witzig,* S. 57.

Es können daher nur die Kollektivnormen eines Tarifvertrags im Betrieb gelten, auch insoweit gilt der Grundsatz der Tarifeinheit als Kollisionsregel für das Aufeinandertreffen mehrerer Tarifverträge[685]. Der Grundsatz der Tarifeinheit bei der Tarifkonkurrenz von Kollektivnormen darf nicht mit dem umstrittenen Grundsatz der Tarifeinheit im Betrieb verwechselt werden: Während es bei letzterem um die Tarifpluralität in einem Betrieb geht, ohne daß es in den Arbeitsverhältnissen zu einer Normenkollision kommt, gelten bei der Tarifkonkurrenz von Kollektivnormen in jedem einzelnen Arbeitsverhältnis zwei Tarifverträge: Es geht hier also um die betriebsweite Geltung des Grundsatzes der Tarifeinheit im Arbeitsverhältnis.

[685] *Delbos*, S. 134; *Jacobs*, S. 248; *Memminger*, S. 95; *G. Müller*, Ablösung, S. 53; *Waas*, Tarifkonkurrenz, S. 111; *Wiedemann/Stumpf*, § 4 TVG Rdnr. 166; *Witzig*, S. 57 f.

§ 13. Aufspaltung von Tarifverträgen in Individual- und Kollektivnormen

Nachdem festgestellt wurde, daß der Grundsatz der Tarifeinheit sowohl bei der Konkurrenz von Individualnormen als auch bei der Konkurrenz von Kollektivnormen gilt, drängt sich die Frage auf, ob stets nur ein Tarifvertrag in seiner Gesamtheit ein Arbeitsverhältnis gestalten kann oder ob auf ein Arbeitsverhältnis die Individualnormen eines Tarifvertrags und die Kollektivnormen eines anderen Tarifvertrags einwirken können. Die Beantwortung dieser Frage hat entscheidende Bedeutung für die Lösung der Tarifkonkurrenz, wenn Tarifverträge kollidieren, die sowohl Individual- als auch Kollektivnormen enthalten. Eine solche Kollision dürfte der Regelfall sein. Geht man davon aus, daß eine Kombination der Individualnormen eines Tarifvertrags mit den Kollektivnormen eines anderen Tarifvertrags unzulässig ist, würde die betriebsweite Verdrängung der Kollektivnormen eines Tarifvertrags dessen Individualnormen mitreißen. Die Folge wäre, daß die an den verdrängten Tarifvertrag gebundenen Arbeitnehmer hinsichtlich der Individualnormen jeglichen Tarifschutz verlieren. Geht man dagegen von der Zulässigkeit einer Kombination aus, würde die Verdrängung der Kollektivnormen eines Tarifvertrags dessen Individualnormen unberührt lassen; die Arbeitsbedingungen der an diesen Tarifvertrag gebundenen Arbeitnehmer würden im Bereich der Individualnormen weiterhin durch ihren Tarifvertrag gestaltetet werden. Die Kombination der Individualnormen eines Tarifvertrags und der Kollektivnormen eines anderen Tarifvertrags wäre zulässig, wenn nur innerhalb der einzelnen Normengruppen eines Tarifvertrags – Individualnormen auf der einen und Kollektivnormen auf der anderen Seite – ein untrennbarer Zusammenhang besteht. Besteht dagegen ein untrennbarer Zusammenhang zwischen den Normen eines Tarifvertrags in ihrer Gesamtheit – also zwischen seinen Individualnormen und seinen Kollektivnormen – scheidet eine Kombination aus.

I. Meinungsstand

Über die Frage, ob Tarifverträge entlang der Grenze Individualnormen auf der einen Seite und Kollektivnormen auf der anderen Seite aufgespalten werden können, besteht keine Einigkeit. Vereinzelt wird die Möglichkeit der Aufspaltung mit dem Hinweis verneint, daß dann auf ein Arbeitsverhältnis hinsichtlich der verschiedenen Normengruppen mehrere Tarifverträge anzuwenden seien[686]. Das aber könne nicht der Sinn tarifrechtlicher Regelung sein und ließe sich auch nicht mit der aus dem Grundsatz der Tarifeinheit abgeleiteten Forderung vereinbaren, auf

[686] *Delbos*, S. 137.

ein Arbeitsverhältnis nur einen Tarifvertrag anzuwenden[687]. Daneben wird angeführt, daß der gesamte Regelungsinhalt eines Tarifvertrags sich jedenfalls formal als einheitlicher Komplex darstelle; bereits diese formale Einheit eines Tarifvertragswerks gebiete es, einen Tarifvertrag ausschließlich und somit in vollem Umfange zum Zuge kommen zu lassen[688]. Schließlich wird behauptet, die betrieblichen Normen, bei denen es sich im wesentlichen um sog. formelle Arbeitsbedingungen handele, könnten nicht in allen Fällen von den ihnen zugrunde liegenden sog. materiellen Arbeitsbedingungen getrennt werden[689].

Häufiger finden sich Stellungnahmen, in denen davon ausgegangen wird, daß ein Arbeitsverhältnis von den Individualnormen eines Tarifvertrags und den Kollektivnormen eines anderen Tarifvertrags erfaßt werden kann[690]. Begründet wird dies vornehmlich damit, daß die Individual- und Kollektivnormen eines Tarifvertrags grundsätzlich unabhängig voneinander vereinbart würden und sie daher in keinem unlösbaren Zusammenhang (do ut des) stünden[691]. *Waas* verwirft diese Begründung und verweist auf eine Parallele zur Teilnichtigkeit des Tarifvertrags: Die Gesichtspunkte, welche die Aufrechterhaltung der nicht gegen höherrangiges Recht verstoßenden Normen des teilnichtigen Tarifvertrags verlangen, seien ebenso bei der Aufspaltung der tariflichen Regelung in ihren kollektivrechtlichen und in ihren individualrechtlichen Teil zu beachten[692].

II. Stellungnahme

Die Frage, ob Tarifverträge in einen individualrechtlichen und in einen kollektivrechtlichen Teil aufgespalten werden können, läßt sich nicht mit Hinweis auf den Grundsatz der Tarifeinheit im Arbeitsverhältnis beantworten[693]. Eine solche Argumentation ist zirkulär, da der Umfang der Tarifeinheit gerade erst festzustellen ist.

---

687 *Delbos,* S. 137.

688 *G. Müller,* Ablösung, S. 54.

689 *Dutti,* BB 1968, S. 1335 (1338).

690 LAG Niedersachsen vom 14.6.1990 – 14 Sa 1783/89, LAGE Nr. 1 zu § 4 TVG Tarifpluralität (1 und 2 der Gründe); *Jacobs,* S. 249 ff.; *Gorissen,* S. 25; *Memminger,* S. 100 f.; *Merten,* BB 1993, S. 572 (574); *Quander,* S. 268 (Fn. 72 und S. 282); *Schneider,* S. 154 ff.; *Waas,* Tarifkonkurrenz, S. 117 ff.; *Witzig,* S. 58 ff.; wohl auch *Hohenstatt,* DB 1992, S. 1678 (1681); *Reuter,* JuS 1991, S. 1069.

691 *Jacobs,* S. 250; *Merten,* BB 1993, S. 572 (574); *Witzig,* S. 59 ff.

692 *Waas,* Tarifkonkurrenz, S. 120 f.

693 So aber *Delbos,* S. 137.

Auch das Argument der Praktikabilität ist nicht geeignet, die Geltung des Grundsatzes der Tarifeinheit für den gesamten Tarifvertrag zu begründen: Bei einer einheitlichen Behandlung von Individual- und Kollektivnormen würde die betriebsweite Verdrängung der Kollektivnormen eines Tarifvertrags dessen Individualnormen mitreißen. Dadurch verlören zumindest die an den betroffenen Tarifvertrag gebundenen Arbeitnehmer hinsichtlich der Individualnormen jeglichen Tarifschutz; ihre Arbeitsverhältnisse müßten in den Bereichen, die üblicherweise durch Individualnormen geregelt werden, arbeitsvertraglich gestaltet werden. Da gem. § 3 Abs. 2 TVG für die Geltung der Kollektivnormen schon die einseitige Tarifbindung des Arbeitgebers ausreicht, kann die einheitliche Behandlung von Individual- und Kollektivnormen im Extremfall auch dazu führen, daß im Betrieb zwar die Kollektivnormen eines Tarifvertrags gelten, sämtliche Arbeitsverhältnisse im übrigen aber arbeitsvertraglich zu gestalten sind. Die angeführten Situationen sind nicht praktikabler als die Kombination der Individual- und Kollektivnormen verschiedener Tarifverträge[694].

Der Wille der Tarifvertragsparteien kann ebenfalls nicht als Argument für die einheitliche Behandlung von Individual- und Kollektivnormen herangezogen werden. Während eine Kombination von Individualnormen unterschiedlicher Tarifverträge schon ausscheidet, weil dies zur einer tariflichen Regelung führt, die weder im Willen der einen, noch der anderen Tarifvertragspartei irgendeine Grundlage findet[695], gilt bei der Kombination von Individual- und Kollektivnormen unterschiedlicher Tarifverträge etwas anderes: Zwar wollen die Tarifvertragsparteien hinsichtlich der – gem. § 3 Abs. 2 TVG betriebseinheitlich geltenden – Kollektivnormen eine einheitliche betriebliche Ordnung schaffen; hinsichtlich der Gestaltung der Arbeitsverhältnisse durch Individualnormen können und wollen die Tarifvertragsparteien von vornherein nur für die jeweils tarifgebundenen Arbeitnehmer Regelungen treffen[696]. Das heißt zugleich, daß die Kombination der Individual- und Kollektivnormen unterschiedlicher Tarifverträge nicht zu einer Tarifsituation führt, die weder von dem Willen der einen Tarifvertragspartei noch dem der anderen Tarifvertragspartei getragen wird[697].

Die getrennte Behandlung von Individual- und Kollektivnormen setzt voraus, daß sich die beiden Normenarten eindeutig voneinander abgrenzen lassen. Das BAG bezweifelt dies zwar[698], eine Abgrenzung von Individual- und Kollektivnormen

694 *Haußmann,* S. 146.
695 Vgl. oben § 11 II.
696 *Waas,* Tarifkonkurrenz, S. 118.
697 *Waas,* Tarifkonkurrenz, S. 118.
698 BAG vom 20.3.1991 – 4 AZR 455/90, AP Nr. 20 zu § 4 TVG Tarifkonkurrenz (B II 2 a der Gründe).

mag auch tatsächlich nicht immer einfach sein, sie ist aber rechtlich stets möglich[699]. § 3 Abs. 2 TVG erzwingt die Unterscheidung zwischen Individual- und Kollektivnormen, da er – anders als §§ 3 Abs. 1, 4 Abs. 1 S. 1 TVG für Individualnormen – die Geltung der Kollektivnormen allein an die Tarifbindung des Arbeitgebers knüpft. Wäre die Unterscheidung zwischen Individual- und Kollektivnormen nicht möglich, verstieße § 3 Abs. 2 TVG gegen das Gebot der Normenklarheit; ein solcher Verstoß ist aber niemals – auch nicht vom BAG – behauptet worden[700]. Bedenken gegen die getrennte Behandlung von Individual- und Kollektivnormen aus der Existenz sog. „Doppelnormen" – Normen, die zugleich Individual- und Kollektivnorm sind[701] – sind ebenfalls nicht durchschlagend, da sich Doppelnormen in einen inhalts- und einen betriebsbezogenen Teil aufspalten lassen[702]. Eine Doppelnorm besteht nicht aus einer einheitlichen Regelung mit zwei unterschiedlichen Zielrichtungen, sondern aus einer Individual- und einer Kollektivnorm, die allein wegen ihres gemeinsamen Anknüpfungspunkts zusammengefaßt werden[703]. Während der kollektivrechtliche Teil der Doppelnorm auch für die tariflichen Außenseiter gilt, kann der individualrechtliche Teil der Doppelnorm nur für die entsprechend gewerkschaftlich organisierten Arbeitnehmer Geltung entfalten[704].

Die getrennte Behandlung der beiden Normenbereiche Individual- und Kollektivnormen ist bereits im TVG angelegt: Die Tatsache, daß der Gesetzgeber die Tarifgebundenheit an Individual- und Kollektivnormen unterschiedlich ausgestaltet hat, zeigt, daß der Gesetzgeber nicht von einem Grundsatz der Einheitlichkeit von Individualnormen und Kollektivnormen ausgeht[705]. Vielmehr macht insbesondere die Sonderregelung des § 3 Abs. 2 TVG deutlich, daß die Kollektivnormen einen von den Individualnormen getrennten Weg gehen können[706]. Individual- und Kollektivnormen haben einen unterschiedlichen personellen Geltungsbereich; während die Kollektivnormen für alle Arbeitnehmer eines Betriebs unabhängig von ihrer Gewerkschaftszugehörigkeit gelten, erfassen die Individualnormen bekanntlich nur die entsprechend organisierten Arbeitnehmer. Der unterschiedliche Adressatenkreis deutet daraufhin, daß die Kollektivnormen eines Tarifvertrags nicht als Ausgleich für die Individualnormen, sondern unabhängig von dieser Normengruppe vereinbart werden. Daß Individual- und Kollektivnor-

---

[699] Vgl. oben § 3 I 1 a (1).
[700] *Waas,* Tarifkonkurrenz, S. 122.
[701] *Buchner,* S. 71; *Dieterich,* S. 70; *Kempen/Zachert,* § 1 TVG Rdnr. 36.
[702] *Haußmann,* S. 145; *Jacobs,* S. 249 f.; *Witzig,* S. 59 f.
[703] *Jacobs,* S. 250; *Witzig,* S. 60.
[704] *Buchner,* S. 71.
[705] *Haußmann,* S. 146; *Schneider,* S. 155.
[706] *Schneider,* S. 155.

men einen gänzlich unterschiedlichen Charakter haben und daher in aller Regel nicht in einem einheitlichen Sinnzusammenhang stehen, spiegelt sich nicht nur in dem unterschiedlichen personellen Geltungsbereich der beiden Normarten wider: Während der Bereich der Individualnormen durch einen klaren Interessengegensatz von Arbeitnehmer- und Arbeitgeberseite (z. B. bei Lohnforderungen) gekennzeichnet ist, besteht ein solcher Konflikt im Bereich der Kollektivnormen in der Regel nicht, ihnen liegt vielmehr ein gemeinsames Interesse beider Parteien zugrunde (wie z. B. bei Arbeitsschutzregeln)[707]. Die Kollektivnormen regeln die Beziehungen zwischen Arbeitnehmer und Arbeitgeber sowie der Belegschaft untereinander; es geht darum, den Betrieb im gemeinsamen Interesse aller Beteiligten so zu organisieren, daß ein möglichst reibungsloser Betriebsablauf gewährleistet wird[708]. Da die Interessen von Arbeitnehmern und Arbeitgeber bei den Kollektivnormen weitgehend parallel verlaufen, stellen die Kollektivnormen in der Regel kein Verhandlungsmaterial dar, das gegen Zugeständnisse bei den Individualnormen zur Disposition gestellt werden kann[709]. Die Kollektivnormen verhalten sich daher zu der Kompromißlösung im Bereich der Individualnormen grundsätzlich neutral, so daß kein untrennbarer Zusammenhang zwischen Individual- und Kollektivnormen besteht[710].

Selbst wenn man davon ausgeht, daß die Individual- und Kollektivnormen eines Tarifvertrags Teile eines Gesamtkompromisses sind, steht dies einer getrennten Behandlung von Individual- und Kollektivnormen nicht entgegen[711]. Insofern sind die Grundsätze zur Teilnichtigkeit von Tarifverträgen fruchtbar zu machen[712]. Ist ein Teil eines Tarifvertrags nichtig, so ist der Tarifvertrag nur dann insgesamt nichtig, wenn der gültige Teil der Tarifnormen keine eigene rechtliche und wirtschaftliche Bedeutung hat oder die Gesamtregelung ihren Sinn verlieren würde, wenn sich ein Teil als nichtig erweist[713]. Überträgt man diese Grundsätze auf die vorliegende Problematik, zeigt sich, daß die Individualnormen eines Tarifvertrags auch dann für ein Arbeitsverhältnis gelten können, wenn die Kollektivnormen desselben Tarifvertrags aus dem Betrieb verdrängt werden: Denn der Umstand, daß die Individualnormen eines Tarifvertrags auch ohne die Kollektivnormen desselben Tarifvertrags eine eigene rechtliche Bedeutung haben und ihren Sinn nicht

---

[707] *Dieterich,* S. 60; *Jacobs,* S. 250; *Witzig,* S. 64.

[708] *G. Müller,* Tarifautonomie, S. 131.

[709] *Witzig,* S. 64.

[710] *Merten,* BB 1993, S. 572 (574).

[711] *Waas,* Tarifkonkurrenz, S. 118 ff.

[712] *Waas,* Tarifkonkurrenz, S. 120 f. Die Grundsätze zur Teilnichtigkeit von Tarifverträgen folgen wiederum den Grundsätzen zur Teilnichtigkeit von Gesetzen; vgl. *Wiedemann,* in: Wiedemann, § 1 TVG Rdnr. 246.

[713] BAG vom 10.11.1982 – 4 AZR 1203/79, AP Nr. 8 zu § 1 TVG Form; *Wiedemann,* in: Wiedemann, § 1 TVG Rdnr. 246; vgl. auch *Otto/Schwarze,* ZfA 1995, S. 639 (692).

verlieren, bedarf keiner näheren Erläuterung und zeigt sich schon an den unterschiedlichen Anknüpfungspunkten der beiden Normarten, nämlich Individualarbeitsverhältnis auf der einen und Betrieb auf der anderen Seite. Gegen die entsprechende Anwendung der Grundsätze der Teilnichtigkeit eines Tarifvertrags auf die vorliegende Problematik bestehen auch keine Bedenken, da es wertungsmäßig keinen Unterschied macht, ob Teile eines Tarifvertrags nichtig sind, weil sie gegen höherrangiges Recht verstoßen oder ob Teile eines Tarifvertrags nicht anwendbar sind, weil sie mit den Regelungen eines anderen Tarifvertrags kollidieren: In beiden Fällen erfordern es die Gesichtspunkte der Rechtssicherheit und des Vertrauensschutzes, die tariflichen Normen in weitestmöglichem Umfang aufrechtzuerhalten.

Sofern durch die getrennte Behandlung von Individual- und Kollektivnormen der von den Tarifvertragsparteien ausgehandelte Kompromiß geringfügig verschoben wird, ist dies im Interesse des durch Art. 9 Abs. 3 GG gewährleisteten Koalitionspluralismus hinzunehmen: Läßt man es zu, daß ein Arbeitsverhältnis zugleich von den Individualnormen des einen Tarifvertrags und den Kollektivnormen eines anderen Tarifvertrags erfaßt wird, wird jedem Tarifvertrag zu größtmöglicher Geltung verholfen, da die Tarifverträge nur im erforderlichen Mindestumfang verdrängt werden, im übrigen aber weiter gelten können. Mit dieser Rechtsfolge wird jeder Koalition die größtmögliche Entfaltungschance gelassen, sie fördert daher den verfassungsrechtlich garantierten Koalitionspluralismus[714].

Abschließend ist festzuhalten, daß ein Arbeitsverhältnis von den Individualnormen des einen Tarifvertrags und den Kollektivnormen eines anderen Tarifvertrags erfaßt werden kann. Der Grundsatz der Tarifeinheit gilt in diesem Zusammenhang nicht. Das hat zur Folge, daß sich die Lösung der Tarifkonkurrenz von Individualnormen grundsätzlich an Gesichtspunkten, die auf das jeweilige Arbeitsverhältnis bezogen sind, orientieren kann, während die Lösung der Tarifkonkurrenz von Kollektivnormen anhand betrieblicher Gesichtspunkte erfolgen kann.

---

[714] *Jacobs*, S. 250; *Witzig*, S. 56.

VIERTER TEIL. LÖSUNG DER TARIFKONKURRENZ

Nach dem Grundsatz der Tarifeinheit ist die Tarifkonkurrenz auflösungsbedürftig. Der Grundsatz der Tarifeinheit besagt aber nichts darüber, welcher der konkurrierenden Tarifverträge anzuwenden ist. Daher ist im folgenden zu untersuchen, welche Kriterien geeignet sind, den in der Tarifkonkurrenz vorrangigen Tarifvertrag zu ermitteln. Da die Frage, wie eine Tarifkonkurrenz zu lösen ist, nicht im TVG geregelt ist, bewegt man sich hierbei auf dem Feld der Rechtsfortbildung. Die Lösungsansätze müssen daher nicht nur zu sachgerechten Ergebnissen führen, sondern auch eine überzeugende dogmatische Grundlage aufweisen.

§ 14. HERKÖMMLICHE LÖSUNGSGRUNDSÄTZE

Zunächst sind die in Rechtsprechung und Literatur vertretenen Ansätze – die in der Regel keine Rücksicht auf die Unterschiede zwischen Individual- und Kollektivnormen nehmen – auf ihre Tauglichkeit zur Lösung der Tarifkonkurrenz zu untersuchen.

I. Spezialitätsprinzip

Im Zentrum der Diskussion um die Lösung der Tarifkonkurrenz steht das Spezialitätsprinzip: Die Rechtsprechung[715] und der ganz überwiegende Teil der Literatur[716] lösen die Tarifkonkurrenz mit diesem – aus einer Analogie zu dem in der Gesetzeskonkurrenz geltenden Grundsatz „lex specialis derogat legi generali" – hergeleiteten Prinzip. Die Lösung einer Tarifkonkurrenz nach dem Spezialitätsprinzip gewährleiste – so lautet die stets wiederholte Begründung – die Anwendung desjenigen Tarifvertrags, der den Erfordernissen und Eigenarten des Betriebs und der darin tätigen Arbeitnehmer am besten gerecht werde[717]. Als mögli-

---

[715] BAG vom 22.2.1957 – 1 AZR 536/55, AP Nr. 2 zu § 4 TVG Tarifkonkurrenz; BAG vom 24.9.1975 – 4 AZR 471/74, AP Nr. 11 zu § 4 TVG Tarifkonkurrenz; BAG vom 29.11.1978 – 4 AZR 304/77, AP Nr. 12 zu § 4 TVG Tarifkonkurrenz; BAG vom 3.10.1979 – 4 AZR 979/77, AP Nr. 2 zu § 16 BMT-G II mit kritischer Anm. *Herschel*; BAG vom 12.11.1985 – 3 AZR 260/84, AP Nr. 14 zu § 1 BetrAVG Zusatzversorgungskassen (I 2 a der Gründe); BAG vom 14.6.1989 – 4 AZR 200/89, AP Nr. 16 zu § 4 TVG Tarifkonkurrenz; BAG vom 5.9.1990 – 4 AZR 59/90, AP Nr. 19 zu § 4 TVG Tarifkonkurrenz; BAG vom 20.3.1991 – 4 AZR 455/90, AP Nr. 20 zu § 4 TVG Tarifkonkurrenz (B II 2 a der Gründe); BAG vom 26.1.1994 – 10 AZR 611/92, AP Nr. 22 zu § 4 TVG Tarifkonkurrenz (II 4 a der Gründe); BAG vom 20.4.1999 – 1 AZR 631/98, AP Nr. 12 zu § 77 BetrVG 1972: Tarifvorbehalt (II 2 b bb der Gründe); BAG vom 24.1.2001 – 4 AZR 655/99, AP Nr. 173 zu § 1 TVG Tarifverträge: Metallindustrie (I 1 c bb (1) der Gründe); BAG vom 4.4.2001 – 4 AZR 237/00, AP Nr. 26 zu § 4 TVG Tarifkonkurrenz (I 1 d der Gründe); LAG Niedersachsen vom 14.6.1990 – 14 Sa 1783/89, LAGE Nr. 1 zu § 4 TVG Tarifpluralität (1 der Gründe); LAG Bremen vom 28.8.1990 – 1 Sa 67/79/90, LAGE Nr. 2 zu § 4 TVG Tarifpluralität (II 5 a der Gründe).

[716] *Bauer/Meinel*, NZA 2000, S. 181 (182); *Brox/Rüthers*, Rdnr. 294; *Buchner*, FS Schaub, S. 75 (83); *Delbos*, S. 96 ff.; *Gamillscheg*, § 17 III 3 c (3) (a); *Gramm*, AR-Blattei (D), Tarifvertrag XII, C VII; *Henssler*, FS Schaub, S. 311 (331); *Heß*, ZfA 1976, S. 45 (57); *Hromadka/Maschmann/Wallner*, Rdnrn. 139 ff.; *Hueck/Nipperdey*, Bd. II 1, § 33 III 4 b; *Junker*, Grundkurs Arbeitsrecht, Rdnr. 560; *Konzen*, RdA 1978, S. 146 (147); *Memminger*, S. 77 ff.; *Otto*, Rdnr. 460; *Schaub*, AuR 1996, S. 344 (345); *Stein*, TVR Rdnr. 276; Staudinger-*Richardi*, Vorbem. zu §§ 611 ff. BGB Rdnr. 741; *Wank*, in: Wiedemann, § 4 TVG Rdnrn. 288 ff. *Wiedemann/Arnold*, ZTR 1994, S. 399 (408).

[717] Vgl. nur BAG vom 24.9.1975 – 4 AZR 471/74, AP Nr. 11 zu § 4 TVG Tarifkonkurrenz; BAG vom 29.11.1978 – 4 AZR 304/77, AP Nr. 12 zu § 4 TVG Tarifkonkurrenz; BAG vom 20.3.1991 – 4 AZR 455/90, AP Nr. 20 zu § 4 TVG Tarifkonkurrenz (B II 2 a der Gründe);

che Anknüpfungspunkte für die Feststellung der Spezialität sind die Norminhalte und Geltungsbereiche der kollidierenden Tarifverträge zu untersuchen.

1. Norminhalt

Auf den ersten Blick liegt es nahe, zur Ermittlung des vorrangigen Tarifvertrags auf die inhaltliche Spezialität abzustellen, da auch die Auflösung der Gesetzeskonkurrenz nach dem Grundsatz „lex specialis derogat legi generali" – auf den die Lösung der Tarifkonkurrenz nach dem Spezialitätsprinzip Bezug nimmt – an den Norminhalt knüpft. Das hat seinen Grund aber darin, daß bei der Gesetzeskonkurrenz ein einheitlicher Gesetzgeber tätig geworden ist. Bei der Tarifkonkurrenz hingegen konkurrieren die Normen unterschiedlicher Normgeber. Eine inhaltliche Spezialität läßt sich aber sinnvoll nur in einem geschlossenen Normensystem, das ein Normgeber nach den Grundsätzen von Allgemeinem und Besonderem aufgebaut hat, feststellen[718]. An einem solchen geschlossenen Normensystem fehlt es, wenn verschiedene Tarifparteien unabhängig voneinander Regelungen treffen[719]. Zudem setzt die Anwendbarkeit des Spezialitätsprinzips voraus, daß entweder der Tatbestand der spezielleren Norm alle Merkmale der allgemeineren Norm und darüber hinaus noch mindestens ein zusätzliches Merkmal enthält (formale Spezialität), oder daß die Tatbestände zwar an unterschiedliche Merkmale anknüpfen, sich aber aus dem Zweck der Regelung ergibt, daß die eine Regelung die andere verdrängt (Subsidiarität)[720]. Da konkurrierende Tarifverträge verschiedene Zielsetzungen haben und ihre Regelungsintensität von unterschiedlicher Dichte ist und die beteiligten Tarifvertragsparteien jeweils ihren Tarifvertrag zur Geltung bringen wollen, ist weder ein Fall der formalen Spezialität noch der Subsidiarität gegeben.

Die Lösung der Tarifkonkurrenz anhand der inhaltlichen Spezialität der konkurrierenden Tarifverträge würde auch zu praktischen Schwierigkeiten führen: Vorrangig wäre der Tarifvertrag, der die detaillierteren Regelungen enthält. Es ist allerdings kaum möglich, die verschiedenen Regelungen der konkurrierenden Tarifverträge zu gewichten. Das wäre aber für die Lösung der Tarifkonkurrenz unverzichtbar, denn regelmäßig wird nicht einer der konkurrierenden Tarifverträge insgesamt die detaillierteren Regelungen enthalten und der andere Tarifvertrag nur Rahmenbedingungen normieren. Es ist vielmehr davon auszugehen, daß einer

---

Hromadka/Maschmann/Wallner, Rdnr. 139; *Wank,* in: Wiedemann, § 4 TVG Rdnr. 289; *Wiedemann/Arnold,* ZTR 1994, S. 399 (408).

[718] *Hromada/Maschmann/Wallner,* Rdnr. 141.

[719] *Hromada/Maschmann/Wallner,* Rdnr. 141.

[720] *Wank,* S. 115 f.

der kollidierenden Tarifverträge einen Regelungsbereich in Einzelheiten regelt und der andere Tarifvertrag wiederum auf anderen Regelungsgebieten speziellere Regelungen enthält. Die Lösung der Tarifkonkurrenz anhand der Feststellung einer inhaltlichen Spezialität zwischen den konkurrierenden Tarifverträgen scheidet daher aus.

2. Geltungsbereich

Die ganz überwiegende Auffassung beurteilt die Spezialität anhand der Geltungsbereiche der konkurrierenden Tarifverträge. Danach soll der Tarifvertrag vorrangig sein, der dem Betrieb räumlich, betrieblich, fachlich und persönlich am nächsten steht[721]. Spezieller sei derjenige Tarifvertrag, der den engeren Geltungsbereich habe[722]: Der Firmentarifvertrag verdränge den Verbandstarifvertrag, der regionale Tarifvertrag habe Vorrang vor dem überregionalen Tarifvertrag und der fachspezifische Tarifvertrag soll dem fachübergreifenden Branchentarifvertrag vorgehen[723].

Gegen die Lösung der Tarifkonkurrenz anhand des Spezialitätsprinzips wird eingewandt, daß es allenfalls eine beschränkte Zahl von Tarifkonkurrenzen sinnvoll lösen könnte[724]. Offensichtlich ist, daß das Spezialitätsprinzip – und das wird auch von dessen Befürwortern erkannt[725] – zu keiner Lösung führt, wenn die Geltungsbereiche der konkurrierenden Tarifverträge identisch sind[726]. Schwerwiegendere

721 BAG vom 29.11.1978 – 4 AZR 304/77, AP Nr. 12 zu § 4 TVG Tarifkonkurrenz; BAG vom 14.6.1989 – 4 AZR 200/89, AP Nr. 16 zu § 4 TVG Tarifkonkurrenz; BAG vom 20.3.1991 – 4 AZR 455/90, AP Nr. 20 zu § 4 TVG Tarifkonkurrenz (B II 3 der Gründe); *Gamillscheg*, § 17 III 3 c (3); *Gramm*, AR-Blattei (D), Tarifvertrag XII, C VII; *Junker/Wichmann*, NZA 1996, S. 505 (509); *Schaub*, § 203 Rdnr. 58; *Stein*, TVR Rdnr. 276; *Wank*, in: Wiedemann, § 4 TVG Rdnr. 289.

722 BAG vom 12.11.1985 – 3 AZR 260/84, AP Nr. 14 zu § 1 BetrAVG Zusatzversorgungskassen (I 2 a der Gründe); BAG vom 14.6.1989 – 4 AZR 200/89, AP Nr. 16 zu § 4 TVG Tarifkonkurrenz; BAG vom 5.9.1990 – 4 AZR 59/90, AP Nr. 19 zu § 4 TVG Tarifkonkurrenz; *Hromada/Maschmann/Wallner*, Rdnr. 142; *Memminger*, S. 78; *Wiedemann/Arnold*, ZTR 1994, S. 399 (408).

723 BAG vom 20.3.1991 – 455/90, AP Nr. 20 zu § 4 TVG Tarifkonkurrenz (B II 3 der Gründe); BAG vom 26.1.1994 – 10 AZR 611/92, AP Nr. 22 zu § 4 TVG Tarifkonkurrenz (II 5 der Gründe); *Hromadka/Maschmann/Wallner*, Rdnrn. 143 ff.; *Junker*, Grundkurs Arbeitsrecht, Rdnr. 560; *Reuter*, JuS 1992, 105 (108).

724 *Däubler*, TVR Rdnr. 1491; *Kempen/Zachert*, § 4 TVG Rdnr. 129; *Waas*, Tarifkonkurrenz, S. 43.

725 *Hromada/Maschmann/Wallner*, Rdnr. 146; *Junker*, Grundkurs Arbeitsrecht, Rdnr. 560; *Wank*, in: Wiedemann, § 4 TVG Rdnr. 295; *Wiedemann/Arnold*, ZTR 1994, S. 399 (408 f.).

726 *Hromada/Maschmann/Wallner*, Rdnr. 146; *Wiedemann/Arnold*, ZTR 1994, S. 399 (408 f.).

Probleme stellen sich, wenn die Kriterien der Spezialität in Konkurrenz zueinander geraten. In der Regel wird nicht ein Tarifvertrag in jeder Hinsicht (räumlich, betrieblich, fachlich und persönlich) den engeren Geltungsbereich haben. Vielmehr wird regelmäßig einer der konkurrierenden Tarifverträge in der einen Hinsicht und der andere Tarifvertrag in der anderen Hinsicht einen engeren Geltungsbereich haben. Eine Lösung der Tarifkonkurrenz anhand des engeren Geltungsbereichs ist daher nur möglich, wenn es eine Rangfolge der Kriterien gibt, nach der einem der Merkmale des tariflichen Geltungsbereichs der Vorrang gebührt. Wenn zu diesem Problem Stellung genommen wird, so wird dem betrieblichen Geltungsbereich die vorrangige Bedeutung zugemessen[727]. Bei der Tarifkonkurrenz von Kollektivnormen mag es noch angehen, den vorrangigen Tarifvertrag anhand betrieblicher Gesichtspunkte zu ermitteln: Da von der Konkurrenz der Kollektivnormen unterschiedlicher Tarifverträge alle Arbeitnehmer eines Betriebs gleichermaßen betroffen sind, muß eine Lösung gefunden werden, die der Belegschaft insgesamt gerecht wird. Es kann jedoch nicht überzeugen, betriebliche Gesichtspunkte für die Lösung der Tarifkonkurrenz von Individualnormen heranzuziehen. Diese Tarifkonkurrenz betrifft ein konkretes Arbeitsverhältnis, nur für dieses einzelne Arbeitsverhältnis muß eine Lösung gefunden werden. Dabei entscheidend auf betriebliche Gesichtspunkte abzustellen, ist nicht nachvollziehbar[728]. Wenn die Literatur zur Lösung der Tarifkonkurrenz entscheidend auf betriebliche Gesichtspunkte abstellen will, überzeugt das um so weniger, als sie – anders als das BAG – einen Grundsatz der Tarifeinheit im Betrieb ablehnt: Nur wenn man der Auffassung ist, daß in einem Betrieb nur ein Tarifvertrag gelten kann, leuchtet es ein, wenn auch bei der auf das einzelne Arbeitsverhältnis bezogenen Tarifkonkurrenz betriebliche Gesichtspunkte den Ausschlag geben sollen; insofern ist nur die Rechtsprechung des BAG konsequent.

Problematisch ist insbesondere die dogmatische Begründung des Spezialitätsprinzips. Zwar wird das Spezialitätsprinzip von einer großen Mehrheit in Rechtsprechung und Literatur getragen, es reagierte jedoch niemals unangefochten und erfährt gerade in jüngerer Zeit zunehmend Kritik[729]; gewohnheitsrechtliche Anerkennung ist ihm daher zu versagen[730]. Bisweilen wird die Regelung des § 613 a

---

[727] *Delbos,* S. 100; *Hueck/Nipperdey,* Bd. II 1, § 33 III 4 b α; *Memminger,* S. 84; *Nikisch,* § 86 II 5; *Wank,* in: Wiedemann, § 4 TVG Rdnr. 292; *Wiedemann/Arnold,* ZTR 1994, S. 399 (408).

[728] Kritisch zur Lösung der Tarifkonkurrenz von Individualnormen anhand betrieblicher Gesichtspunkte auch *Jacobs,* S. 261; *Reuter,* JuS 1992, S. 105 (109); *Witzig,* S. 75 f.

[729] *Bieback,* DB 1989, S. 477 (480); *Däubler,* TVR Rdnr. 1491, *Jacobs,* S. 260 ff.; *Kempen/Zachert,* § 4 TVG Rdnr. 129; *Löwisch/Rieble,* § 4 TVG Rdnr. 296; MünchArbR-*Löwisch/Rieble,* § 276 Rdnr. 23; *Waas,* Tarifkonkurrenz, S. 42 ff.; *Waas,* ZTR 2000, S. 341 (343); *Witzig,* S. 84 f. Kritisch auch LAG Bremen vom 28.8.1990 – 1 Sa 67/79/90, LAGE Nr. 2 zu § 4 TVG Tarifpluralität (II 5 b der Gründe).

[730] *Jacobs,* S. 260.

Abs.1 S. 3 BGB als Bestätigung des Spezialitätsprinzips angesehen, da der beim Rechtsnachfolger geltende Tarifvertrag in bezug auf dessen Betrieb regelmäßig der speziellere sei[731]. Diese Begründung kann nicht überzeugen, denn die Regelung betrifft allein die besondere Situation beim Betriebsübergang und soll dem Betriebserwerber die Ablösung der Tarifverträge des Rechtsvorgängers erleichtern[732]. Der bisher im Veräußererbetrieb geltende Tarifvertrag wird durch den Tarifvertrag, an den der Betriebserwerber tarifgebunden ist, abgelöst, weil es „dessen" Tarifvertrag ist und nicht, weil es der speziellere ist[733].

Zumeist wird die Anwendung des Spezialitätsprinzips mit einem Hinweis auf den in der Gesetzeskonkurrenz geltenden Satz „lex specialis derogat legi generali" begründet. Das in der Gesetzeskonkurrenz geltende Spezialitätsprinzip ist jedoch nicht auf die Tarifkonkurrenz übertragbar: Der Grund für die Geltung des Spezialitätsprinzips in der Gesetzeskonkurrenz liegt darin, daß ein einheitlicher Gesetzgeber tätig geworden ist, dessen Regelungen in einem Gesamtzusammenhang stehen. Bei der Auflösung der Gesetzeskonkurrenz nach dem Spezialitätsprinzip kann auf den Willen des Gesetzgebers zurückgegriffen werden. Der einheitliche Gesetzgeber gibt mit der Schaffung der spezielleren Norm zu erkennen, daß er einen Tatbestand gesondert regeln will und die allgemeinere Norm für diesen Fall nicht gelten soll. Bei der Tarifkonkurrenz hingegen kann man sich nicht auf den Willen der Normgeber berufen: Die konkurrierenden Tarifverträge sind das Ergebnis verschiedener Normgeber, die in keinerlei Beziehung zueinander stehen, wobei jeder Normgeber gerade seinen Tarifvertrag zur Geltung bringen will. Zudem ist Voraussetzung des methodenrechtlichen Spezialitätsprinzips, daß ein Tatbestand in jeder Hinsicht spezieller ist; es reicht nicht aus, wenn – wie es bei der Tarifkonkurrenz der Regelfall sein dürfte – der Tatbestand nur in einer Hinsicht enger, in anderer Beziehung jedoch weiter ist. Damit fehlt zwischen Gesetzeskonkurrenz und Tarifkonkurrenz die für eine Analogie erforderliche Vergleichbarkeit[734].

Es bleibt die Frage, ob ein eigenständiger tarifrechtlicher Spezialitätsgrundsatz zur Lösung der Tarifkonkurrenz entwickelt werden kann. Der Vorrang des spezielleren Tarifvertrags wird auch damit begründet, daß der speziellere Tarifvertrag den Bedürfnissen des einzelnen Betriebs und seiner Arbeitnehmer am besten gerecht werde; das Spezialitätsprinzip führe zur Anwendung des „sachnäheren" Tarifver-

---

[731] *Hanau,* ArbRdGegw. Bd. 34 (1997), S. 21 (27).
[732] *Jacobs,* S. 260.
[733] *Jacobs,* S. 260.
[734] *Jacobs,* S. 260 f.; *Kempen/Zachert,* § 4 TVG Rdnr. 130; MünchArbR-*Löwisch/Rieble,* § 276 Rdnr. 23; *Waas,* Tarifkonkurrenz, S. 45 f.; *Witzig,* S. 84.

trags [735]. Während ein Tarifvertrag mit einem weiten Geltungsbereich auf unterschiedliche Gegebenheiten einer Vielzahl von Betrieben Rücksicht nehmen und deren möglicherweise unterschiedliche Interessen ausgleichen müsse, könne ein Tarifvertrag mit einem kleineren Anwendungsbereich besser auf die Besonderheiten einzelner Betriebe zugeschnitten werden[736]. Indessen führt der Vorrang des Tarifvertrags mit dem engeren Geltungsbereich keineswegs zwingend zum Vorrang des Tarifvertrags, welcher der geleisteten Arbeit am besten entspricht[737]. Der Geltungsbereich eines Tarifvertrags sagt nicht notwendig etwas darüber aus, wie speziell die Tarifvertragsparteien einzelne Arbeitsverhältnisse geregelt haben[738]: So kann ein Tarifvertrag mit weitem Geltungsbereich feinmaschige und differenzierte Regelungen für die einzelnen Arbeitsverhältnisse treffen, während ein Tarifvertrag mit engem Geltungsbereich nur grob skizzierte Rahmenregelungen enthält[739]. Es mag zwar zutreffen, daß die Tarifvertragsparteien eines Tarifvertrags mit engem Geltungsbereich die Möglichkeit haben, auf die Bedürfnisse der betroffenen Betriebe und Arbeitnehmer besser einzugehen, das heißt aber nicht zugleich, daß sie von dieser Möglichkeit auch Gebrauch machen[740]. Die dem Spezialitätsprinzip zugrundeliegende Prämisse, daß der engere Tarifvertrag stets der angemessenere ist, vermag um so weniger zu überzeugen, als – um überhaupt zu einer Lösung zu kommen – einem Kriterium des tariflichen Geltungsbereichs der Vorrang einzuräumen ist. Warum aber soll der bundesweit geltende Firmentarif (engerer betrieblicher Geltungsbereich) dem betroffenen Arbeitsverhältnis besser gerecht werden, als der lediglich für ein Bundesland Geltung beanspruchende Verbandstarif (engerer räumlicher Geltungsbereich)[741]? Zweifelhaft ist auch, ob ein mehrere Geschäftsfelder umfassender Firmentarif in jedem Fall sachnäher ist als ein auf eine Tätigkeit begrenzter Verbandstarif[742]. Ebenso frag-

---

[735] BAG vom 24.9.1975 – 4 AZR 471/74, AP Nr. 11 zu § 4 TVG Tarifkonkurrenz; BAG vom 14.6.1989 – 4 AZR 200/89, AP Nr. 16 zu § 4 TVG Tarifkonkurrenz; BAG vom 5.9.1990 – 4 AZR 59/90, AP Nr. 19 zu § 4 TVG Tarifkonkurrenz; BAG vom 20.3.1991 – 4 AZR 455/90, AP Nr. 20 zu § 4 TVG Tarifkonkurrenz (B II 3 der Gründe); *Hromadka/Maschmann/Wallner*, Rdnr. 142; *Kraft*, RdA 1992, S. 161 (164); *Schliemann*, NZA 2000, Sonderbeil. 24, S. 24 (30); *Wiedemann/Arnold*, ZTR 1994, S. 399 (408).

[736] *Hromadka/Maschmann/Wallner*, Rdnr. 142.

[737] *Jacobs*, S. 261 f.; *Waas*, Tarifkonkurrenz, S. 47 f.; *Witzig*, S. 85.

[738] *Waas*, Tarifkonkurrenz, S. 47.

[739] *Jacobs*, S. 261; *Witzig*, S. 85.

[740] Diesen Einwand halten *Hromadka/Maschmann/Wallner* Rdnr. 146 auch der Lösung über die Sachnähe der Gewerkschaften und der engeren gemeinsamen Tarifzuständigkeit entgegen, ohne dabei zu erwähnen, daß ihre Lösung demselben Einwand ausgesetzt ist.

[741] LAG Bremen vom 28.8.1990 – 1 Sa 67/79/90, LAGE Nr. 2 zu § 4 TVG Tarifpluralität (II 5 b der Gründe); kritisch insoweit auch *Gamillscheg*, § 17 III 3 c (3).

[742] Zweifeld auch *Buchner*, FS Schaub, S. 75 (83) mit dem Beispiel einer Konkurrenz zwischen einem Firmentarif, der Bauarbeiten, Gerüstbau, Dachdeckerarbeiten und Malerarbeiten erfaßt und einem reinen Dachdeckertarif.

lich ist, ob dem fachspezifischen, aber überregionalen Tarifvertrag stets der Vorrang vor dem regionalen, aber fachübergreifenden Branchentarifvertrag einzuräumen ist[743]. Daß der engere Geltungsbereich nicht das für die Auflösung der Tarifkonkurrenz entscheidende Kriterium sein kann, verdeutlicht auch die Konstellation, in der die Geltungsbereiche zweier konkurrierender Tarifverträge zwar im Verhältnis tarifrechtlicher Spezialität stehen, die Tarifverträge aber abgesehen davon identische Normen enthalten[744]. Nach alldem spricht allenfalls eine Vermutung dafür, daß der Tarifvertrag mit dem engeren Geltungsbereich der „am besten passende" Tarifvertrag ist. Das kann aber nicht zur dogmatischen Begründung des Spezialitätsprinzips ausreichen. In Betracht kommt lediglich ein Rückgriff auf die Natur der Sache. Dann müßte es aber eine Gewähr dafür geben, daß das Spezialitätsprinzip stets zur Anwendung des Tarifvertrags führt, der den spezifischen Bedürfnissen am besten gerecht wird; das ist nicht der Fall.

Das von der herrschenden Meinung angewandte Spezialitätsprinzip führt weder zu sachlich überzeugenden Ergebnissen, noch gibt es für seine Anwendung eine überzeugende dogmatische Grundlage. Dem Spezialitätsprinzip ist daher die Tauglichkeit zur Lösung der Tarifkonkurrenz abzusprechen.

II. Sachnähe der beteiligten Gewerkschaften

Als Modifikation des Spezialitätsprinzips ist der vor allem in der älteren Literatur vorgeschlagene Grundsatz der größeren Sachnähe zu betrachten: Danach soll der Tarifvertrag vorrangig sein, dessen Gewerkschaft näher zur Sache stehe und das stärkere Recht zur Regelung der Arbeitsverhältnisse habe[745]. Sachnäher sei die Gewerkschaft, die nach der Art der erfaßten Betriebe und dem Beruf der bei ihr organisierten Arbeitnehmer das stärkere Recht zur Regelung habe[746]. Von vornherein versagt diese Lösung, wenn die konkurrierenden Tarifverträge von derselben Gewerkschaft abgeschlossen wurden. Vor allem aber kann es nicht zulässig sein, allein auf die Sachnähe der Gewerkschaften abzustellen und die Arbeitgeberseite völlig außer acht zu lassen, da ein Tarifvertrag ein durch zwei gleichwertige Partner ausgehandelter Vertrag ist. Zudem gibt es keine greifbaren Bestimmungsmerkmale anhand derer die Sachnähe einer Gewerkschaft ermittelt werden

[743] Bsp. bei *Däubler,* TVR Rdnr. 1491: Konkurrenz zwischen bundesweitem Schlossertarif und bezirklichem Metalltarif.

[744] *Schneider,* S. 146, *Waas,* Tarifkonkurrenz, S. 48 und Fn. 137.

[745] Für die Konkurrenz von Kollektivnormen *Dieterich,* S. 104; *Gramm,* AR-Blattei (D), Tarifvertrag XII, C IX; *Nikisch,* § 86 II 6; *Wank,* in: Wiedemann, § 4 TVG Rdnr. 292.

[746] *Nikisch,* § 86 II 6.

könnte[747]. Insbesondere kann nicht darauf abgestellt werden, ob die konkurrierenden Tarifverträge von einer Industriegewerkschaft, einer Fachgewerkschaft oder einer christlichen Gewerkschaft abgeschlossen wurden[748]. Denn dies würde zwangsläufig zur Benachteiligung einer der Organisationsformen führen. Da Art. 9 Abs. 3 GG den Gewerkschaften aber das Recht garantiert, ihre Organisationsform frei zu wählen, dürfen ihnen aus dieser Wahl keine Nachteile erwachsen. Die Tarifkonkurrenz kann daher nicht nach der Sachnähe der beteiligten Gewerkschaften aufgelöst werden.

III. Günstigkeitsprinzip

Ein kleiner Teil der Literatur will die Tarifkonkurrenz aufgrund einer inhaltlichen Bewertung der tariflichen Regelungen zugunsten des Tarifvertrags lösen, der in seiner Gesamtheit[749] die für den Arbeitnehmer günstigeren Regelungen enthält[750]. Es widerspreche der „Mindestniveau-Funktion" des Tarifvertrags, wenn durch eine Tarifkonkurrenz ein Rechtsverlust eintrete[751]. Dem Arbeitgeber werde in keinem Fall etwas Unzumutbares angesonnen, da er den günstigeren Tarifvertrag bereits gegenüber anderen Beschäftigten akzeptiert habe[752].

Dem Günstigkeitsprinzip ist mit der herrschenden Meinung die Tauglichkeit zur Lösung der Tarifkonkurrenz abzusprechen[753]. Das Günstigkeitsprinzip des § 4 Abs. 3 Alt. 2 TVG ist auf das Verhältnis verschiedenrangiger Regelungen zugeschnitten und gilt nicht, wenn zwei tarifvertragliche Regelungen konkurrieren: Bei einem Zusammentreffen verschiedener Tarifverträge muß weder eine Übermachtstellung des Arbeitgebers ausgeglichen werden, noch steht der Schutz des Selbstbestimmungsrechts der Arbeitsvertragsparteien zur Debatte. Daß das Günstigkeitsprinzip auf die Kollision verschiedenrangiger Regelungen begrenzt ist, ergibt

---

[747] *Jacobs,* S. 262; *Memminger,* S. 98.

[748] Vgl. auch *Dieterich,* S. 104; a. A. *Gramm,* AR-Blattei (D), Tarifvertrag XII, C IX.

[749] Die Auffassung ist daher nicht mit der Rosinentheorie (vgl. § 11 I)gleichzusetzen.

[750] *Däubler,* TVR Rdnr. 1493; *Konzen,* ZfA 1975, S. 401 (429) für den Fall des Verbandswechsels.

[751] *Däubler,* TVR Rdnr. 1493.

[752] *Däubler,* TVR Rdnr. 1493.

[753] BAG vom 22.2.1957 – 1 AZR 536/55, AP Nr. 2 zu § 4 TVG Tarifkonkurrenz; BAG vom 20.3.1991 – 4 AZR 455/90, AP Nr. 20 zu § 4 TVG Tarifkonkurrenz (B II 5 der Gründe); BAG vom 24.1.2001 – 4 AZR 655/99, AP Nr. 173 zu § 1 TVG Tarifverträge: Metallindustrie (I 1 c bb (1) der Gründe); *Delbos,* S. 83 f.; *Hueck/Nipperdey,* Bd. II 1, § 33 III 3; *Hromadka/Maschmann/Wallner* Rdnr. 135; *Jacobs,* S. 267 f.; *Löwisch/Rieble,* § 4 TVG Rdnr. 166; *Memminger,* S. 72 ff.; *Nikisch,* § 82 I 1; *Waas,* Tarifkonkurrenz, S. 35 ff.; *Wank,* in: Wiedemann, § 4 TVG Rdnr. 283; *Wiedemann/Arnold,* ZTR 1994, S. 399 (406). Zur Begründung vgl. auch oben § 11 I.

sich auch aus der engen Verknüpfung des Günstigkeitsprinzips mit dem Unabdingbarkeitsgrundsatz des § 4 Abs. 1 TVG, wonach Tarifnormen unmittelbare und zwingende Wirkung haben: Um dem Wesen des Tarifvertrags – Mindestarbeitsbedingungen zu sichern – gerecht zu werden, schränkt das Günstigkeitsprinzip die unmittelbare und zwingende Wirkung des Tarifvertrags in der Weise ein, daß zugunsten des Arbeitnehmers von den tariflichen Regelungen abgewichen werden darf. Das Günstigkeitsprinzip ist insoweit als Einschränkung des Unabdingbarkeitsprinzips zu begreifen. Das Unabdingbarkeitsprinzip wiederum kann nicht zwischen zwei Tarifverträgen gelten, da dies darauf hinausliefe, daß Tarifvertragsparteien die Geltung der Normen anderer Tarifvertragsparteien beeinflussen könnten[754]; das Unabdingbarkeitsprinzip normiert nur den Vorrang des Tarifvertrags vor dem Einzelarbeitsvertrag[755]. Kann demnach das Unabdingbarkeitsprinzip nicht bei zwei tarifvertraglichen Regelungen angewendet werden, kann auch das Günstigkeitsprinzip als dessen Einschränkung nicht im Verhältnis zweier Tarifverträge gelten[756].

Die Lösung der Tarifkonkurrenz nach dem Günstigkeitsprinzip kann auch nicht aus einem – von § 4 Abs. 3 Alt. 2 TVG unabhängigen – allgemeinen arbeitsrechtlichen Schutzgedanken abgeleitet werden[757]. Die dem Schutzgedanken zugrunde liegende strukturelle Unterlegenheit des Arbeitnehmers besteht beim Zusammentreffen mehrerer Tarifverträge gerade nicht[758]. Jeder Tarifvertrag bewirkt bereits allein den erforderlichen Schutz des Arbeitnehmers. Der Arbeitnehmerschutzgedanke verlangt nicht, dem Arbeitnehmer den jeweils günstigsten Tarifvertrag zur Seite zu stellen.

Eine Lösung der Tarifkonkurrenz anhand eines Günstigkeitsvergleichs würde darüber hinaus die herkömmlichen Grenzen für die Anwendung des Günstigkeitsprinzips sprengen[759] und ist praktisch nicht durchführbar: Bei der Lösung der Tarifkonkurrenz kann es – wegen der Geltung des Grundsatzes der Tarifeinheit – nur darum gehen, einem Tarifvertrag insgesamt den Vorrang einzuräumen. Schon im Rahmen der herkömmlichen Anwendung des Günstigkeitsprinzips wird ein solcher Gesamtvergleich allgemein abgelehnt[760]. Die komplexen Regelungen heutiger Tarifverträge machen einen objektiven Gesamtvergleich zwischen den Indi-

[754] *Memminger,* S. 74.
[755] *Hueck/Nipperdey,* Bd. II 1, § 33 III 3; *Wiedemann/Arnold,* ZTR 1994, S. 399 (406).
[756] *Memminger,* S. 74.
[757] So aber *Hagemeier,* in: Hagemeier/Kempen/Zachert/Zilius,§ 4 TVG Rdnr. 114.
[758] Vgl. oben § 11 I.
[759] *Waas,* Tarifkonkurrenz, S. 39.
[760] Vgl. nur *Belling,* S. 178 ff.; *Wank,* in: Wiedemann, § 4 TVG Rdnr. 470; *Wlotzke,* S. 83 ff.

vidualnormen verschiedener Tarifverträge zudem unmöglich[761]. Ein Bewertungssystem, das die unterschiedlichen Regelungskomplexe nach ihrer Günstigkeit ordnen kann (Bsp. Vergleich der höheren Lohnbestimmungen eines Tarifvertrags mit den längeren Kündigungsfristen eines anderen Tarifvertrags), ist kaum vorstellbar. Bei Kollektivnormen scheidet ein Günstigkeitsvergleich ebenfalls aus, da eine Entscheidung darüber, welche betriebliche Ordnung für die Gesamtheit der Arbeitnehmer günstiger ist, praktisch unmöglich ist[762]. Dies gilt um so mehr, als Kollektivnormen nicht um so „günstiger" sind, je mehr Rechte und Freiheiten sie den Arbeitnehmern gewähren[763]. Schließlich spricht gegen die Anwendung des Günstigkeitsprinzips zur Lösung der Tarifkonkurrenz, daß die Tarifparteien in einen „Günstigkeitswettbewerb" gedrängt werden würden. Um ihrem Tarifvertrag Geltung zu verschaffen, müßten sie auch entgegen wirtschaftlicher Erfordernisse einen günstigeren Tarifvertrag abschließen[764].

IV. Rang der Tarifvertragsparteien

Vereinzelt wird vorgeschlagen, die Tarifkonkurrenz nach dem Rang der Tarifvertragsparteien aufzulösen[765]. Danach soll der Verbandstarifvertrag Vorrang gegenüber dem Firmentarifvertrag haben; der vom Spitzenverband abgeschlossene Tarifvertrag sei gegenüber dem Tarifvertrag des Mitgliedsverbands vorrangig. Begründet wird diese Ansicht damit, daß der Arbeitgeber durch den Beitritt zum Verband und der Verband durch den Anschluß an den Spitzenverband die Wirkung der vom Verband bzw. vom Spitzenverband abgeschlossenen Tarifverträge gegen sich anerkannt habe. Der Abschluß eigener Tarifverträge stehe dazu im Widerspruch[766]. Dieser Auffassung wäre zuzustimmen, wenn es eine entsprechende Rangordnung zwischen den Tarifvertragsparteien gäbe, wenn also die Wertung des Grundsatzes „Bundesrecht bricht Landesrecht" (Art. 31 GG) auf das Tarifvertragsrecht übertragbar wäre. Die analoge Anwendung dieses Prinzips liegt in gewisser Weise näher als die Lösung der Tarifkonkurrenz anhand der analogen Anwendung des Spezialitätsprinzips, da das Rangprinzip – anders als das Spezialitätsprinzip – nicht von der Konkurrenz der Normen eines einheitlichen Gesetz-

[761] *Etzel,* NZA 1987, Beil. 1, S. 19; *Jacobs,* S. 267; *Kempen/Zachert,* § 4 TVG Rdnr. 134; *Memminger,* S. 75; *Waas,* Tarifkonkurrenz, S. 36; *Wiedemann/Arnold,* ZTR 1994, S. 399 (407).
[762] *Ganter,* S. 10; *Jacobs,* S. 249; *Reuter,* JuS 1992, S. 105 (109); *Witzig,* S. 57.
[763] Vgl. nur das Beispiel von *Reuter,* JuS 1992, S. 105 (109): Raucherlaubnis in der Nähe feuergefährlicher Stoffe.
[764] *Jacobs,* S. 267 f.; *Witzig,* S. 79 f.
[765] *Witting,* BArbBl. 1957, S. 544 (546).
[766] *Witting,* BArbBl. 1957, S. 544 (546).

gebers ausgeht, sondern die Konkurrenz unterschiedlicher Normgeber auflösen soll.

Eine dem Art. 31 GG entsprechende gesetzliche Wertung ist für das Tarifvertragsrecht indessen nicht erkennbar: Nach der Konzeption des TVG gibt es zwischen den Tarifvertragsparteien keine Rangordnung. Die von den verschiedenen Tarifvertragsparteien gesetzten Tarifnormen sind Normen gleichen Ranges[767]. Aus § 2 TVG ergibt sich für keine der dort genannten Tarifvertragsparteien, daß ihre Tariffähigkeit gegenüber der Tariffähigkeit der anderen Tarifvertragsparteien minderwertig sein soll[768]. Der generelle Vorrang der von übergeordneten Verbänden abgeschlossener Tarifverträge würde aber die Tariffähigkeit der Unterverbände herabstufen, da sich deren Regelungsbefugnis auf die Fälle beschränken würde, in denen kein Tarifvertrag eines übergeordneten Verbands existiert[769]. Der Vorrang der von Verbänden oder Spitzenverbänden abgeschlossenen Tarifverträge kann sich auch nicht aus einer entsprechenden satzungsrechtlichen Bestimmung ergeben: Handelt ein Arbeitgeber oder ein Arbeitgeberverband einer solchen Bestimmung zuwider, verletzt er damit zwar verbandsinterne Pflichten, das tarifrechtliche Können wird aber nicht berührt[770]; satzungsrechtliche Weisungen können die Tariffähigkeit der Mitglieder nicht ausschließen[771].

Ebensowenig wie der Grundsatz „Bundesrecht bricht Landesrecht" auf das Tarifvertragsrecht übertragbar ist, kann der Grundsatz „Stadtrecht bricht Landesrecht" auf das Tarifvertragsrecht angewandt werden[772]. Aus dem Rang der Tarifvertragsparteien läßt sich daher auch kein Vorrang des Firmentarifs vor dem Verbandstarif sowie kein Vorrang des Verbandstarifs vor dem Spitzentarif herleiten. Eine Lösung der Tarifkonkurrenz mit Hilfe des Rangprinzips scheidet demnach aus[773].

---

[767] *Delbos,* S. 95 f.; *Hromadka/Maschmann/Wallner,* Rdnr. 138; *Memminger,* S. 65; *Schneider,* S. 131; *Wiedemann/Arnold,* ZTR 1994, S. 399 (407).

[768] Ausführlich dazu § 5 III.

[769] *Wiedemann/Arnold,* ZTR 1994, S. 399 (407).

[770] LAG Bremen vom 1.8.1956 – I Sa 51/56, AP Nr. 1 zu § 4 TVG Tarifkonkurrenz (I der Gründe) mit zustimmender Anm. *Gumpert* (unter 1); *Memminger,* S. 66; *Wank,* in: Wiedemann, § 4 TVG Rdnr. 299; *Wiedemann/Arnold,* ZTR 1994, S. 399 (407); *Witzig,* S. 82.

[771] Vgl. zur Unverzichtbarkeit der Tariffähigkeit § 5 III.

[772] Mißverständlich *Däubler,* TVR Rdnr. 1490; *Kempen/Zachert,* § 4 TVG Rdnr. 129.

[773] BAG vom 22.2.1957 – 1 AZR 426/56, AP Nr. 2 zu § 2 TVG; LAG Bremen vom 1.8.1956 – I Sa 51/56, AP Nr. 1 zu § 4 TVG Tarifkonkurrenz (I der Gründe); *Hromadka/Maschmann/Wallner,* Rdnr. 138; *Hueck/Nipperdey,* Bd. II 1, § 33 III 4 b; *Jacobs,* S. 270; *Memminger,* S. 67; *Nikisch,* § 86 III 4; *Waas,* Tarifkonkurrenz, S. 97 f.; *Witzig,* S. 83.

V. Mehrheitsprinzip

Das Mehrheitsprinzip, wonach – in Anlehnung an die Regelung des § 2 Abs. 2 TVVO – derjenige Tarifvertrag vorrangig sein soll, der die größere Anzahl von Arbeitsverhältnissen in einem Betrieb erfaßt, wird zumeist als ergänzender Lösungsgrundsatz herangezogen[774]. In differenzierenden Betrachtungen wird dem Mehrheitsprinzip für die Konkurrenz von Kollektivnormen auch der Rang eines allein maßgeblichen Kriteriums zur Lösung der Tarifkonkurrenz eingeräumt[775].

Im Hinblick auf die Tarifkonkurrenz von Individualnormen ist wiederum festzustellen, daß es nicht überzeugen kann, die auf das einzelne Arbeitsverhältnis bezogene, „individuelle“ Tarifkonkurrenz anhand betrieblicher Kriterien zu lösen[776]. Für die Lösung der Tarifkonkurrenz im Individualarbeitsverhältnis ist es ohne Belang, wie viele Arbeitnehmer im Betrieb jeweils an die konkurrierenden Tarifverträge gebunden sind. Es muß vielmehr der Tarifvertrag gefunden werden, der gerade für das betroffene Arbeitsverhältnis am besten paßt, das ist aber unabhängig von den Mehrheitsverhältnissen im Betrieb.

Das Mehrheitsprinzip, das zur Lösung der Tarifkonkurrenz auf betriebliche Gesichtspunkte abstellt, kann allenfalls zur Lösung der Tarifkonkurrenz von Kollektivnormen herangezogen werden. Dazu müßte es einen tauglichen Maßstab zur Ermittlung der Mehrheitsverhältnisse geben. Früher wurde angenommen, es sei der Tarifvertrag vorrangig, welcher für die größte Anzahl von Arbeitsverhältnissen Bestimmungen enthalte[777]. Der Umstand, daß eine Gewerkschaft umfangreichere und umfassendere Tarifverträge abschließt, sagt aber nichts über ihre größere Berechtigung oder Sachnähe aus[778]. Im übrigen führt das Abstellen auf die größere Zahl erfaßter Arbeitsverhältnisse bei der Konkurrenz von Kollektivnormen zu keinem Ergebnis, da gem. § 3 Abs. 2 TVG alle im Betrieb geltenden Kollek-

---

[774] *Delbos,* S. 107; *Dieterich,* S. 104; *Fitting/Kaiser/Heither/Engels,* § 77 BetrVG Rdnr. 71; *Gamillscheg,* § 17 III 3 c (3) (c); *Heß,* ZfA 1976, S. 45 (57); *Hromadka/Maschmann/Wallner,* Rdnr. 147; *Hueck/Nipperdey,* Bd. II 1, § 33 III 4 c; *Junker,* Grundkurs Arbeitsrecht, Rdnr. 560; *Küchenhoff,* AuR 1965, S. 33; *G. Müller,* Ablösung, S. 53 ff.; *Otto,* Rdnr. 461; *Wiedemann/Arnold,* ZTR 1994, S. 399 (409).

[775] *Jacobs,* S. 309 f.; *Löwisch/Rieble,* § 4 TVG Rdnr. 303; MünchArbR-*Löwisch/Rieble,* § 276 Rdnr. 29; *Schneider,* S. 169 f.; *Witzig,* S. 104 ff.

[776] Kritisch zur Lösung der Tarifkonkurrenz anhand betrieblicher Gesichtspunkte auch *Reuter,* JuS 1992, S. 105 (109). Daß für die Lösung der Tarifkonkurrenz im einzelnen Arbeitsverhältnis betriebliche Gesichtspunkte nicht maßgeblich sein können, leuchtet um so mehr ein, wenn man sich vor Augen führt, daß es einen Grundsatz der Tarifeinheit im Betrieb nicht gibt.

[777] *Delbos,* S. 107; *Küchenhoff,* AuR 1965, S. 33.

[778] *Dieterich,* S. 104 f.; *Schneider,* S. 170.

tivnormen gleichmäßig für alle Arbeitnehmer eines Betriebs gelten[779]. Es bleibt die Möglichkeit, den vorrangigen Tarifvertrag nach dem gewerkschaftlichen Organisationsgrad der im Betrieb beschäftigten Arbeitnehmer zu bestimmen. Vorrang hat danach der Tarifvertrag derjenigen Gewerkschaft, die im betreffenden Betrieb die meisten Mitglieder hat[780]. Das triftigste Argument für das so verstandene Mehrheitsprinzip ist, daß so im Bereich der Kollektivnormen der Tarifvertrag im Betrieb Anwendung findet, der die größte mitgliedschaftliche Legitimation hat. Da im Bereich der Kollektivnormen in jedem Fall eine für alle Arbeitnehmer einheitliche Regelung getroffen werden muß, ist es unmöglich, für jeden Arbeitnehmer den Tarifvertrag zur Anwendung kommen zu lassen, an den er tarifgebunden ist. Angesichts des Demokratieaspekts ist es sachgerecht, wenn der Tarifvertrag gilt, an den die meisten der betroffenen Arbeitnehmer tarifgebunden sind. Die Gewerkschaft, die eine größere Anzahl von Mitgliedern im Betrieb hat, hat innerhalb dieses Betriebs die größere Legitimation zur Gestaltung der betrieblichen Ordnung, da sie weniger Arbeitsverhältnisse von Außenseitern mitregeln muß[781].

Bedenken gegen die Anwendung des Mehrheitsprinzips werden im Hinblick auf die Chancen von „Minderheitsgewerkschaften" angemeldet: Diese hätten so gut wie nie eine Chance, mit ihrer Tarifpolitik zur Geltung zu kommen[782]. Zuzugeben ist, daß kleine Gewerkschaften mit der Lösung der Tarifkonkurrenz nach dem Mehrheitsprinzip im Bereich der Kollektivnormen eingeschränkt werden. Das gilt aber nur für die Betriebe, in denen es aufgrund der doppelten Tarifbindung des Arbeitgebers zur betriebsweiten Tarifkonkurrenz kommt. In anderen Betrieben können diese Gewerkschaften auch im Bereich der Kollektivnormen die Arbeits- und Wirtschaftsbedingungen gestalten. Vor allem aber sind mitgliedschwache Gewerkschaften aufgrund der Tatsache, daß die Verdrängung der Kollektivnormen ihrer Tarifverträge nicht auch deren Individualnormen mitreißt[783], nicht darin gehindert, im Bereich der Individualnormen – und das ist in der tariflichen Realität wohl der bedeutendere Teil – ihre Tarifpolitik durchzusetzen[784]. Ebensowenig ist der Hinweis auf die Bestimmung des § 3 Abs. 2 TVG – wonach es auf die Tarifbindung der Arbeitnehmer nicht ankommt – ein durchschlagendes Argument

[779] *Däubler,* TVR Rdnr. 1492; *Dieterich,* S. 105; *Jacobs,* S. 309; *Gramm,* AR-Blattei (D), Tarifvertrag XII, C IX; *Witzig,* S. 104.

[780] *Dieterich,* S. 104; *Jacobs,* S. 309; *Gamillscheg,* § 17 III 3 c (3) (c); *Löwisch/Rieble,* § 4 TVG Rdnr. 303; *Mann,* BB 1957, S. 549 (551); *G. Müller,* Ablösung, S. 54; MünchArbR-*Löwisch/Rieble,* § 276 Rdnr. 29; *Nikisch,* § 86 III 6; *Wank,* in: Wiedemann, § 4 TVG Rdnr. 295.

[781] *Witzig,* S. 105.

[782] *Däubler,* TVR Rdnr. 1492.

[783] Der Grundsatz der Tarifeinheit gebietet nicht, daß ein Tarifvertrag stets in seiner Gesamtheit Anwendung findet. Vgl. oben § 13 II.

[784] *Jacobs,* S. 310.

gegen das Mehrheitsprinzip[785]. Die Regelung des § 3 Abs. 2 TVG soll sicherstellen, daß alle Arbeitsverhältnisse eines Betriebs hinsichtlich der Kollektivnormen nur einem Tarifvertrag unterworfen sind und verzichtet aus diesem Grund auf das Erfordernis der beiderseitigen Tarifgebundenheit. § 3 Abs. 2 TVG strebt aber nicht die Lösung einer Tarifkonkurrenz an, so daß aus dieser Norm auch nicht hergeleitet werden kann, daß die Tarifgebundenheit der Arbeitnehmer für die Lösung der Tarifkonkurrenz außer Betracht bleiben muß[786]. Die Lösung der Tarifkonkurrenz unter Rückgriff auf das Mehrheitsprinzip führt aber zu einer gewissen Rechtsunsicherheit: Da in den meisten Betrieben eine gewisse Arbeitnehmerfluktuation herrscht, können sich die Mehrheitsverhältnisse häufig ändern[787]; eine Kontinuität der betrieblichen Ordnung ist damit nicht gewährleistet. Zudem besteht eine gewisse Manipulationsgefahr durch Gewerkschaftseintritte und -austritte, wenn die Tarifkonkurrenz von Kollektivnormen anhand der Zahl der Gewerkschaftsmitglieder aufgelöst wird[788]. Schließlich versagt das Mehrheitsprinzip, wenn dieselbe Gewerkschaft unterschiedliche Tarifverträge mit zwei Arbeitgeberverbänden abgeschlossen hat[789]. Aufgrund dieser Einwände ist das Mehrheitsprinzip zur Lösung der Tarifkonkurrenz von Kollektivnormen nur bedingt tauglich; als allein maßgebliches Kriterium ist es daher nicht anzuwenden.

VI. Prioritätsprinzip

Nach dem Prioritätsprinzip hat der zeitlich früher abgeschlossene Tarifvertrag stets Vorrang vor dem zeitlich nachfolgenden Tarifvertrag[790]. Zwar ließe sich mit Hilfe des Prioritätsprinzips leicht feststellen, welcher Tarifvertrag vorrangig wäre[791]. Es bliebe aber regelmäßig dem Zufall überlassen, welcher Tarifvertrag Vorrang genießt, da die Tarifgeltung ausschließlich von der Schnelligkeit der Tarifvertragsparteien abhinge[792]. Daneben hätte die Anwendung des Prioritätsgrundsatzes zur Folge, daß der ältere Tarifvertrag „bestandsfest" wäre und eine dynamische Tarifentwicklung blockiert werden würde[793]. Anderen Tarifvertragsparteien würde jegliche Möglichkeit genommen, in bereits geregelten Bereichen

---

785 So aber *Delbos,* S. 135; *Haußmann,* S. 146.
786 *Memminger,* S. 99.
787 *Rieble,* Rdnr. 1816; *Schulz,* S. 152 f.
788 *Hromadka/Maschmann/Wallner,* Rdnr. 146.
789 *Jacobs,* S. 311; *Rieble,* Rdnr. 1816.
790 Für die Konkurrenz von Kollektivnormen *G. Müller,* Tarifautonomie, S. 193; hilfsweise *Dietz,* § 47 BetrVG Rdnr. 26; *Fitting/Kaiser/Heither/Engels,* § 77 BetrVG Rdnr. 71; *Gramm,* AR-Blattei (D), Tarifvertrag XII, C IX; *Heß,* ZfA 1976, S. 45 (57).
791 *G. Müller,* Tarifautonomie, S. 193.
792 *Dieterich,* S. 104; *Küchenhoff,* AuR 1965, S. 33; *Mann,* BB 1957, S. 549 (551).
793 *Jacobs,* S. 264.

ihren Tarifvertrag Geltung zu verschaffen, wenn stets der bereits bestehende Tarifvertrag Vorrang hätte[794]. Zumindest in dieser Ausprägung ist der Prioritätsgrundsatz daher nicht geeignet, eine sachgerechte Lösung der Tarifkonkurrenz herbeizuführen[795].

Fraglich ist, ob der Prioritätsgrundsatz ein taugliches Lösungsmodell darstellt, wenn man nicht auf das Datum der Tarifverträge abstellt, sondern auf den Zeitpunkt des Eintritts der beiderseitigen Tarifgebundenheit. Danach soll der Tarifvertrag vorrangig sein, an den eine längere beiderseitige Tarifgebundenheit besteht[796]. Nachdem im geltenden Recht keine Grundlage für die Anwendung des Prioritätsprinzips zu finden sei, die Tarifkonkurrenz aber aufgelöst werden müsse, sei eine gesetzesübersteigende Rechtsfortbildung gerechtfertigt[797]. Der Prioritätsgrundsatz sei in hohem Maße überzeugungskräftig, da sich Arbeitgeber oder Arbeitnehmer nicht „beklagen" könnten, wenn sie am ursprünglich geltenden Tarifvertrag festgehalten würden[798]. Anderen Lösungsgrundsätzen gegenüber sei der Prioritätsgrundsatz vorzugswürdig, weil er zu einer einheitlichen Lösung für alle gleich gelagerten Fälle von Tarifkonkurrenzen führe und weil stets ohne weiteres klar sei, welcher Tarifvertrag Anwendung finde[799].

Eine einheitliche Lösung aller Fallgruppen der Tarifkonkurrenz ist indessen auch mit dem Prioritätsprinzip nicht möglich. Es liegt auf der Hand, daß das Kriterium der beiderseitigen Tarifgebundenheit bei der Tarifkonkurrenz von Kollektivnormen versagt[800]: Denn in diesem Fall kommt es wegen der betriebseinheitlichen Geltung der Kollektivnormen auf die Tarifgebundenheit der Arbeitnehmer nicht an. Vor allem aber kann es nicht auf die Tarifgebundenheit eines einzelnen Arbeitnehmers ankommen. Letztlich sprechen allein Praktikabilitätserwägungen dafür, auf die längere beiderseitige Tarifgebundenheit abzustellen. Eine gesetzesübersteigende Rechtsfortbildung muß aber durch spezifisch rechtliche Kriterien – insbesondere durch allgemeine Rechtsprinzipien – legitimiert werden; bloße Praktikabilitätserwägungen reichen nicht aus[801]. Gegen den Prioritätsgrundsatz ist auch einzuwenden, daß die Arbeitsvertragsparteien stets an die früher bestehende Tarifgebundenheit gebunden blieben; die spätere Entscheidung für einen neuen

---

[794] *Witzig*, S. 81, sieht darin einen Verstoß gegen Art. 9 Abs. 3 GG.
[795] *Delbos*, S. 81; *Hueck/Nipperdey*, Bd. II 1, § 33 III 4 c; *Schneider*, S. 162 f.
[796] *Waas*, Tarifkonkurrenz, S. 99 ff.
[797] *Waas*, Tarifkonkurrenz, S. 101.
[798] *Waas*, Tarifkonkurrenz, S. 99 f.
[799] *Waas*, Tarifkonkurrenz, S. 102.
[800] Das übersieht *Waas*, Tarifkonkurrenz, S. 114.
[801] *Larenz/Canaris*, S. 246 f.

Verband hätte keinerlei Auswirkung. Diese „Perpetuierungsgefahr" wird auch erkannt, an ihr solle man sich aber nicht weiter stören, da es keine gesetzliche Wertung gebe, aus der sich die Vorzugswürdigkeit der jüngeren beiderseitigen Tarifgebundenheit ergibt[802]. Ob dem zuzustimmen ist, ist schon fraglich, da die Arbeitsvertragsparteien mit dem Eintritt in einen neuen Verband ihre Koalitionsfreiheit erneut ausüben; man kann durchaus die Auffassung vertreten, daß diese aktuelle Grundrechtsbetätigung den Vorrang vor der vorangegangen hat. Keinesfalls aber gibt es eine gesetzliche Wertung, wonach stets die ältere Tarifgebundenheit vorrangig ist. Auch in dieser Ausprägung ist das Prioritätsprinzip daher zur Lösung der Tarifkonkurrenz ungeeignet.

VII. Posterioritätsprinzip

Nach dem Posterioritätsprinzip (lex posterior derogat legi priori) würde der zeitlich spätere Tarifvertrag den zeitlich früheren Tarifvertrag verdrängen. Das Posterioritätsprinzip ist zwar zur Lösung von Gesetzeskonkurrenzen geeignet[803], zur Lösung von Tarifkonkurrenzen kann das Posterioritätsprinzip jedoch nicht herangezogen werden[804]. Der entscheidende Unterschied zwischen Gesetzes- und Tarifkonkurrenz liegt darin, daß bei der Gesetzeskonkurrenz Normen eines einheitlichen Normgebers konkurrieren, während es bei der Tarifkonkurrenz gerade zur Kollision von Normen unterschiedlicher Normgeber kommt. Nur bei einem einheitlichen Gesetzgeber ist die Verdrängung der älteren Regelung durch eine neue Regelung gerechtfertigt. Erläßt der Gesetzgeber eine neue Regelung, gibt er damit zum Ausdruck, daß seine bisherige Regelung nicht mehr gelten soll. Dieser Zusammenhang fehlt bei der Tarifkonkurrenz. Hinzu kommt, daß es bei Tarifverträgen unterschiedlicher Tarifvertragsparteien oftmals vom Zufall abhängt, welcher Tarifvertrag zuerst abgeschlossen wird.

Fraglich ist, ob das Posterioritätsprinzip dann zur Lösung der Tarifkonkurrenz geeignet ist, wenn man als Anknüpfungspunkt nicht das Datum der Tarifverträge, sondern den Zeitpunkt des Eintritts der beiderseitigen Tarifgebundenheit der Arbeitsvertragsparteien heranzieht. Vorrang hätte danach der Tarifvertrag, an den die jüngere beiderseitige Tarifgebundenheit besteht. Das Kriterium der jüngeren gemeinsamen Tarifbindung würde zwar einerseits die Anpassung an veränderte Umstände erleichtern und würde auch in vielen Fällen dem Tarifvertrag derjenigen Tarifparteien, für die sich die Arbeitsvertragsparteien zuletzt entschieden ha-

[802] *Waas*, Tarifkonkurrenz, S. 103.
[803] *Wank*, S. 114.
[804] *Becker*, S. 44; *Jacobs*, S. 263; *Mann*, BB 1957, S. 549 (551); *Witzig*, S. 81.

ben, Geltung verschaffen[805]. Andererseits versagt das Kriterium der jüngeren gemeinsamen Tarifbindung bei der Kollektivnormenkonkurrenz. Im Hinblick auf die Erfordernisse der Praktikabilität und der tariflichen Kontinuität führt es zu bedenklichen Ergebnissen. Zudem wäre es nicht selten eine bloße Fiktion anzunehmen, daß der Tarifvertrag, an den die jüngere gemeinsame Tarifbindung besteht, den stärksten Bezug zum betroffenen Arbeitsverhältnis hat. Denn der Zeitpunkt des Eintritts der beiderseitigen Tarifbindung sagt nicht notwendig etwas darüber aus, inwieweit ein Tarifvertrag den Bedürfnissen eines Arbeitsverhältnisses gerecht wird. Auch wenn man als Bezugspunkt den Eintritt der beiderseitigen Tarifgebundenheit wählt, ist das Posterioritätsprinzip grundsätzlich nicht zur Lösung der Tarifkonkurrenz heranzuziehen.

VIII. Autonome Lösung durch die Tarifparteien

Vereinzelt wird angenommen, die Tarifparteien könnten auftretende Tarifkonkurrenzen durch die Aufnahme von Selbstbeschränkungsklauseln selbst lösen[806]. Tatsächlich handelt es sich dabei aber nicht um einen echten Lösungsgrundsatz, da es beim Vorhandensein von Selbstbeschränkungsklauseln gar nicht erst zur Tarifkonkurrenz kommt: Die Tarifparteien schränken den Geltungsbereich ihres Tarifvertrags von vornherein ein, so daß sich die Geltungsbereiche der Tarifverträge nicht überschneiden und eine Tarifkonkurrenz ausscheidet[807]. Bei der Lösung der Tarifkonkurrenz könnte der Wille der Tarifparteien allenfalls maßgeblich sein, wenn man Vorrangklauseln, die für den Fall des Zusammentreffens mit einem anderen Tarifvertrag dem eigenen Tarifvertrag den Vorrang einräumen, für zulässig hielte. Derartige Klauseln sind aber nach allgemeiner Auffassung unzulässig, da sie in die Rechtsetzungsmacht anderer Tarifvertragsparteien eingreifen[808].

Der Wille der Tarifparteien ist zwar im Vorfeld einer Tarifkonkurrenz maßgeblich; die Tarifparteien können durch Selbstbeschränkungsklauseln verhindern, daß Tarifkonkurrenzen entstehen. Als Kriterium zur Lösung der Tarifkonkurrenz kann der Wille der Tarifparteien jedoch nicht herangezogen werden[809].

---

[805] Vgl. *Ehrenwerth,* S. 109 f.

[806] *Hueck/Nipperdey*, Bd. II 1, § 33 III 2 und Fn. 21; vgl. auch *Waas,* Tarifkonkurrenz, S. 28 ff., der das Problem von Selbstbeschränkungs- und Vorrangklauseln ebenfalls bei der Lösung der Tarifkonkurrenz ansiedelt.

[807] Vgl. § 3 I 2 d.

[808] Vgl. § 5 I.

[809] *Jacobs,* S. 264; *Memminger,* S. 70; *Witzig,* S. 77.

IX. Wahlrecht des Arbeitnehmers

Verschiedentlich wird gefordert, dem Arbeitnehmer ein Wahlrecht über den anzuwendenden Tarifvertrag einzuräumen[810]. Dabei ist strittig, ob die einmal getroffene Wahl des Arbeitnehmers grundsätzlich unwiderruflich und nur in den Fällen der §§ 119, 123 BGB anfechtbar ist[811], oder ob der Arbeitnehmer jederzeit seine getroffene Wahl unter Einhaltung einer „Kündigungsfrist“ ändern kann[812].

Unbestreitbarer Vorteil dieses Lösungsansatzes ist, daß ein Wahlrecht des Arbeitnehmers zu einer schnellen und eindeutigen Bestimmung des anzuwendenden Rechts führt, die Lösung also den Geboten der Rechtssicherheit und Rechtsklarheit dienlich ist[813]. Die Lösung der Tarifkonkurrenz mit Hilfe eines Wahlrechts des Arbeitnehmers trägt dem auch der herrschenden Meinung zugrunde liegenden Gedanken Rechnung, daß im Falle einer Tarifkonkurrenz der Tarifvertrag Anwendung finden soll, der dem betroffenen Arbeitsverhältnis am besten gerecht wird; denn der Arbeitnehmer als unmittelbar Betroffener wird einschätzen können, welcher Tarifvertrag der für sein Arbeitsverhältnis geeignete ist.

Da der Arbeitnehmer regelmäßig den Tarifvertrag wählen wird, den er für sich als günstiger empfindet, handelt es sich bei dem Arbeitnehmerwahlrecht quasi um eine „Prozeduralisierung“ des Günstigkeitsprinzips[814]. Das stellt die Eigenständigkeit dieses Lösungsansatzes freilich nicht in Frage[815]. Denn anders als bei der Lösung der Tarifkonkurrenz nach dem Günstigkeitsprinzip ist es bei der Lösung der Tarifkonkurrenz anhand eines Wahlrechts des Arbeitnehmers durchaus möglich, den vorrangigen Tarifvertrag festzustellen, da die Günstigkeit nicht nach objektiven Kriterien, sondern anhand der subjektiven Sichtweise des betroffenen Arbeitnehmers zu beurteilen ist.

Gegen das Arbeitnehmerwahlrecht wird eingewandt, daß es bei der Konkurrenz von Kollektivnormen auf unüberwindliche Schwierigkeiten stoße, da Kollektivnormen nur betriebseinheitlich – also für alle Arbeitnehmer eines Betriebs – gelten können[816]. Zuzugeben ist diesem Einwand zwar, daß ein individuelles Wahl-

---

[810] *Etzel,* NZA 1987, Beil. 1, S. 19 (20); *Hagemeier,* in: Hagemeier/Kempen/Zachert/Zilius, § 4 TVG Rdnr. 114; für den Fall der Doppelmitgliedschaft *Jacobs,* S. 275 f.; ähnlich *Reuter,* JuS 1992, S. 105 (109). Wahlrecht des jeweils anderen Teils; hilfsweise: *Däubler,* TVR Rdnr. 1495 und *Witzig,* S. 94 f., *Merten,* BB 1993, S. 572 (573) hält Wahlrecht für erwägenswert.

[811] *Etzel,* NZA 1987, Beil. 1, S. 19 (20).

[812] *Witzig,* S. 96.

[813] *Stein,* TVR Rdnr. 282.

[814] *Däubler,* TVR Rdnr. 1495.

[815] Anders *Wiedemann/Arnold,* ZTR 1994, S. 399 (409).

[816] *Kempen/Zachert,* § 4 TVG Rdnr. 135; *Wiedemann/Arnold,* ZTR 1994, S. 399 (409).

recht des einzelnen Arbeitnehmers nur bei Individualnormen in Betracht kommt. Das heißt aber nicht zugleich, daß ein Arbeitnehmerwahlrecht bei der Konkurrenz von Kollektivnormen von vornherein ausgeschlossen ist. Es müßte lediglich anders ausgestaltet werden als bei der Konkurrenz von Individualnormen. Bei der Konkurrenz von Kollektivnormen müßte das Wahlrecht der Belegschaft insgesamt bzw. dem Betriebsrat als der Vertretung der Belegschaft übertragen werden[817].

Überzeugen kann die Lösung der Tarifkonkurrenz anhand eines Arbeitnehmerwahlrechts freilich nur, wenn ein Wahlrecht des Arbeitnehmers auch dogmatisch begründet werden kann. *Etzel* ist der Auffassung, daß das Wahlrecht des Arbeitnehmers über eine Analogie zu § 316 BGB legitimiert werden kann[818]. Die vom Arbeitnehmer zu erbringende Leistung sei durch den Arbeitsvertrag bestimmt, während im Tarifvertrag weit überwiegend die dem Arbeitnehmer zustehenden Gegenleistungen als Mindestbedingungen festgelegt seien. Daher sei es gerechtfertigt, dem Arbeitnehmer das Recht einzuräumen, zu bestimmen, welcher Tarifvertrag auf das Arbeitsverhältnis Anwendung finden soll[819]. Tatsächlich enthält der Tarifvertrag aber nicht nur Ansprüche des Arbeitnehmers, sondern begründet in aller Regel auch Rechte des Arbeitgebers, so daß nicht davon die Rede sein kann, daß nur der Umfang der Gegenleistung unbestimmt ist[820]. Die Tarifkonkurrenz betrifft auch nicht den Fall, daß eine Leistung „unbestimmt" ist. Bei der Tarifkonkurrenz geht es vielmehr darum, daß ein Arbeitsverhältnis von mehreren – aber jeweils „bestimmten" – Regelungen erfaßt wird. § 316 BGB gewährt aber kein Wahlrecht zwischen verschiedenen Leistungsinhalten, sondern ermöglicht nur die Konkretisierung einer unbestimmten Leistung[821]. Gegen die analoge Anwendung des § 316 BGB spricht schließlich auch, daß § 316 BGB gerade auf den wichtigsten Fall tarifvertraglicher Rechtsetzung durch Individualnormen – dem Lohn- und Gehaltsanspruch des Arbeitnehmers – nicht anwendbar ist: Die Höhe der geschuldeten Vergütung ergibt sich bei Fehlen einer entsprechenden Parteivereinbarung bereits aus § 612 Abs. 2 BGB, so daß für eine Ermessensentscheidung des Arbeitnehmers insoweit kein Raum bleibt[822].

---

817 *Bieback,* DB 1989, S. 477 (481); *Biedenkopf,* S. 92 f.; *Gorissen,* S. 27; *Rieble,* Rdnr. 1817; vgl. auch Dieterich, S. 103 für den Günstigkeitsvergleich zwischen Tarifvertrag und Betriebsvereinbarung.

818 *Etzel,* NZA 1987 Beil. 1, S. 19 (20).

819 *Etzel,* NZA 1987, Beil. 1, S. 19 (20).

820 *Haußmann,* S. 127; *Stein,* TVR Rdnr. 281 (Fn. 25); *Waas,* Tarifkonkurrenz, S. 41.

821 *Jacobs,* S. 275.

822 *Jacobs,* S. 275, *Waas,* Tarifkonkurrenz, S. 41.

Mit einer Analogie zu § 262 BGB kann ein Wahlrecht des Arbeitnehmers ebenfalls nicht gerechtfertigt werden[823]. Gegen die Analogie spricht zunächst, daß gem. § 262 BGB das Konkretisierungsrecht im Zweifel durch den Schuldner der Leistung ausgeübt wird. Das ist beim Arbeitsentgelt der Arbeitgeber, nicht der Arbeitnehmer[824]. Vor allem aber betrifft die Wahlschuld einen einheitlichen Anspruch alternativen Inhalts, während es sich bei der Tarifkonkurrenz um eine Anspruchskonkurrenz handelt[825].

Zu klären bleibt, ob das Arbeitnehmerwahlrecht mit einem Rückgriff auf das allgemeine Arbeitnehmerschutzprinzip gerechtfertigt werden kann. So wird in der Tat argumentiert, ein Arbeitnehmerwahlrecht sei gerechtfertigt, weil es die Übermachtstellung des Arbeitgebers teilweise kompensieren könne[826]. Es ist indessen zweifelhaft, ob im Fall der Tarifkonkurrenz tatsächlich eine Übermachtstellung des Arbeitgebers besteht. Denn das Arbeitsverhältnis wird auch nach Auflösung der Tarifkonkurrenz von einem Tarifvertrag gestaltet. Der durch die Tarifautonomie angestrebte Arbeitnehmerschutz wird also in jedem Fall gewahrt. Die Kompensation der Vormachtstellung des Arbeitgebers liegt daher bereits in der Tarifgeltung an sich[827]. Dadurch ist das Vertragsgleichgewicht zwischen Arbeitgeber und Arbeitnehmer sichergestellt, es gibt daher keinen Grund, das Vertragsgleichgewicht durch die Einräumung eines Wahlrechts zugunsten des Arbeitnehmers zu verschieben. Das Arbeitnehmerschutzprinzip soll den Arbeitnehmer vor der Übermachtstellung des Arbeitgebers schützen, aber keine Übermachtstellung zu seinen Gunsten herbeiführen. Das Arbeitnehmerwahlrecht läßt sich infolgedessen nicht unter Rückgriff auf das Arbeitnehmerschutzprinzip begründen.

Die Lösung der Tarifkonkurrenz mit Hilfe eines Arbeitnehmerwahlrechts kann schließlich auch nicht mit einem Rückgriff auf die Natur der Sache gerechtfertigt werden[828]. Zur Begründung wird angeführt, daß der Arbeitnehmer im Falle einer Doppelmitgliedschaft dem Arbeitgeber nicht alle bestehenden Mitgliedschaften mitteilen müsse[829] und daher nicht schlechter stehen dürfe, wenn er seine Mitgliedschaften offenlege[830]. Dieser Gedanke kann allenfalls für den Fall der Dop-

---

[823] *Jacobs,* S. 275.
[824] *Jacobs,* S. 275.
[825] *Jacobs,* S. 276.
[826] *Witzig,* S. 94.
[827] *Jacobs,* S. 276.
[828] Anders *Jacobs,* S. 276.
[829] Das ist nach Aussage von *Jacobs,* S. 276 unbestritten; entsprechende Nachweise fehlen allerdings.
[830] *Jacobs,* S. 276.

pelmitgliedschaft des Arbeitnehmers herangezogen werden[831]; keinesfalls kann damit das Arbeitnehmerwahlrecht für andere Konstellationen begründet werden.

Für die Lösung der Tarifkonkurrenz anhand eines Arbeitnehmerwahlrechts gibt es keine überzeugende dogmatische Grundlage. Das Arbeitnehmerwahlrecht führt zudem zur Privilegierung des Arbeitnehmers, obwohl auch er zur Entstehung der Tarifkonkurrenz beigetragen hat. Das gilt insbesondere im Fall der Doppelmitgliedschaft des Arbeitnehmers; aber auch im Fall der Tarifkonkurrenz unter Beteiligung eines allgemeinverbindlichen Tarifvertrags hat der Arbeitgeber nicht mehr als der Arbeitnehmer zur Entstehung der Tarifkonkurrenz beigetragen. Nur auf den ersten Blick wird die Lösung der Tarifkonkurrenz anhand eines Arbeitnehmerwahlrechts dem Gedanken gerecht, daß das individuelle Selbstbestimmungsrecht nur dort durch die Tarifautonomie verdrängt werden soll, wo es der Schutzgedanke der Tarifautonomie erfordert. Denn wenn man mit der Privatautonomie argumentiert, muß man diese beiden Arbeitsvertragsparteien zugestehen; sprich die Lösung in einer arbeitsvertraglichen Vereinbarung zu suchen[832].

X. Ergebnis

Die herkömmlichen Lösungsgrundsätze sind zur Lösung der Tarifkonkurrenz ungeeignet. Sämtliche Vorschläge kranken daran, daß sie einer überzeugenden dogmatischen Grundlage entbehren. Hinzu kommt die Kritik an den einzelnen Lösungsgrundsätzen: Das Spezialitätsprinzip führt entgegen der Annahme der herrschenden Meinung nicht zur Anwendung des sachnächsten Tarifvertrags und stellt zudem auf betriebliche Gesichtspunkte ab, was bei der Tarifkonkurrenz von Individualnormen nicht überzeugen kann. Auf die Sachnähe der beteiligten Gewerkschaften kann nicht abgestellt werden, da so die Arbeitgeberseite völlig außer acht gelassen würde. Die Anwendung des Günstigkeitsprinzips scheitert daran, daß ein für das Günstigkeitsprinzip erforderliches Schutzbedürfnis des Arbeitnehmers fehlt und ein Günstigkeitsvergleich bei den heutigen komplexen Tarifvertragswerken praktisch undurchführbar ist. Da es keine Tarifvertragsparteien unterschiedlichen Ranges gibt, versagt auch das sogenannte Rangprinzip. Das Mehrheitsprinzip kann auf die Tarifkonkurrenz von Individualnormen nicht angewandt werden, da es sich ausschließlich an betrieblichen Gesichtspunkten orientiert. Die zeitlichen Kriterien der Posteriorität und Priorität führen oftmals zu rein zufälligen Ergebnissen. Der Wille der Tarifparteien kann Tarifkonkurrenzen

---

[831] Aber auch das ist zweifelhaft, da es keine schwerwiegenden Bedenken gegen ein Fragerecht des Arbeitgebers nach dem Invollzugsetzen des Arbeitsvertrags gibt; vgl. oben § 8 III 2 a (2).

[832] Dazu zugleich § 15.

zwar verhindern, eine einmal entstandene Tarifkonkurrenz aber nicht rückgängig machen. Die Lösung der Tarifkonkurrenz anhand eines Arbeitnehmerwahlrechts verhilft allein dem Selbstbestimmungsrecht des Arbeitnehmers zur Geltung, läßt aber das Recht des Arbeitgebers völlig außer acht.

§ 15. LÖSUNG DER TARIFKONKURRENZ IM EINZELNEN ARBEITSVERHÄLTNIS

Nur vereinzelt wird vorgeschlagen, die Entscheidung über den in der Tarifkonkurrenz vorrangigen Tarifvertrag den Parteien des Arbeitsverhältnisses zu überlassen[833]. Der auf das von der Tarifkonkurrenz betroffene Arbeitsverhältnis anzuwendende Tarifvertrag soll durch eine gemeinsame Vereinbarung von Arbeitgeber und Arbeitnehmer festgelegt werden[834]. Dabei liegt es auf der Hand, daß dieses Lösungsmodell einer Ergänzung für den Fall bedarf, daß sich die Arbeitsvertragsparteien nicht einigen können. Das führt allerdings nicht zur generellen Untauglichkeit dieses Lösungsansatzes, sondern bewirkt nur, daß für den Fall der Nichteinigung eine Alternativlösung gefunden werden muß[835].

Allen bisher dargestellten Lösungsansätzen ist gemeinsam, daß mit ihnen der Vorrang desjenigen Tarifvertrags erreicht werden soll, welcher der „geeignetere“[836], „sachnähere“[837] oder „am besten passende“[838] ist. Wer aber weiß besser als die vom Tarifvertrag unmittelbar Betroffenen – nämlich die Arbeitsvertragsparteien – welcher Tarifvertrag der für ihr Arbeitsverhältnis geeignete ist ? Für die Lösung der Tarifkonkurrenz durch eine Vereinbarung der Arbeitsvertragsparteien spricht also die Überlegung, daß die Betroffenen am besten wissen, was ihrem und dem beiderseitigen Interesse entspricht[839]. Es liegt daher nahe, den vom Tarifvertrag unmittelbar Betroffenen – und das sind beide Arbeitsvertragsparteien und nicht nur der Arbeitnehmer – die Entscheidung darüber zu überlassen, welcher Tarifvertrag ihr Arbeitsverhältnis regeln soll, statt diese Entscheidung unbeteiligten Dritten oder den Gerichten zu überlassen. Diese These ist allerdings nur zutreffend, wenn sie nicht dem Arbeitnehmerschutzgedanken widerspricht; gerade das wird der individualvertraglichen Lösung der Tarifkonkurrenz vorgehalten: Aufgrund der Vormachtstellung des Arbeitgebers läge es in aller Regel in seiner Hand, den vorrangigen Tarifvertrag zu bestimmen. Eine solche Situation solle die

---

833 *Witzig,* S. 93 ff.; vgl. auch *Reuter,* JuS 1992, S. 105 (109).

834 *Witzig,* S. 94.

835 Auch andere Lösungsgrundsätze sind auf Alternativlösungen angewiesen; so etwa das von der herrschenden Meinung favorisierte Spezialitätsprinzip; vgl. oben § 14 I 2.

836 *Memminger,* S. 99.

837 BAG vom 24.9.1975 – 4 AZR 471/74, AP Nr. 11 zu § 4 TVG Tarifkonkurrenz; BAG vom 14.6.1989 – 4 AZR 200/89, AP Nr. 16 zu § 4 TVG Tarifkonkurrenz; BAG vom 5.9.1990 – 4 AZR 59/90, AP Nr. 19 zu § 4 TVG Tarifkonkurrenz; BAG vom 20.3.1991 – 4 AZR 455/90, AP Nr. 20 zu § 4 TVG Tarifkonkurrenz (B II 3 der Gründe).

838 *Jacobs,* S. 262; *Waas,* Tarifkonkurrenz, S. 47.

839 *Reuter,* JuS 1992, S. 105 (109); *Witzig,* S. 94.

Tarifautonomie aber gerade vermeiden[840]. Das ist indessen nicht richtig. Sinn der Tarifautonomie ist, dem Arbeitnehmer einen tariflichen Schutz zu garantieren, nicht aber die Privatautonomie auch für die Fälle auszuschließen, in denen kein entsprechendes Schutzbedürfnis besteht. Entfaltet – wie auch nach Auflösung der Tarifkonkurrenz – in jedem Fall ein Tarifvertrag seine Schutzwirkung, wird dem Schutzgedanken der Tarifautonomie ausreichend Rechnung getragen. Da jeder Tarifvertrag durch die Verhandlungen und Zugeständnisse gleichwertiger Partner zustande gekommen ist, enthält jeder Tarifvertrag für sich eine Richtigkeitsgewähr. Die Unterlegenheit des Arbeitnehmers ist daher durch die Geltung eines Tarifvertrags ausgeglichen, so daß der Weg zu einer individualvertraglichen Regelung wieder frei ist[841]. Denn die Privatautonomie soll durch die Tarifautonomie nur so weit eingeschränkt werden, wie der Schutz des Arbeitnehmers dies verlangt.

Fraglich ist, ob die Lösung der Tarifkonkurrenz anhand einer gemeinsamen Vereinbarung der Arbeitsvertragsparteien mit der normativen Wirkung des Tarifvertrags vereinbar ist[842]: Mit der Parteivereinbarung könnten die Arbeitsvertragsparteien entgegen der zwingenden Wirkung des Tarifvertrags dessen Geltung in dem Arbeitsverhältnis beseitigen. Da aber nicht beide konkurrierenden Tarifverträge das Arbeitsverhältnis normativ gestalten können und die Konkurrenz aufgelöst werden muß, spricht die normative Wirkung des Tarifvertrags nicht dagegen, die Konkurrenz durch eine Vereinbarung der Arbeitsvertragsparteien zu beseitigen. Denn Grund für die normative Geltung eines Tarifvertrags ist der Schutz des Arbeitnehmers, bei der Tarifkonkurrenz bedarf der Arbeitnehmer dieses Schutzes nicht mehr. Zu berücksichtigen ist auch, daß die konkurrierenden Tarifverträge wirksam zustande gekommen sind und ihre Wirkung erst nach Auflösung der Tarifkonkurrenz für die Dauer der Kollision für das von der Konkurrenz betroffene Arbeitsverhältnis suspendiert wird. Das heißt, daß die in den Tarifverträgen geregelten Ansprüche auch für die von der Tarifkonkurrenz betroffenen Arbeitsverhältnisse zunächst entstanden sind. Sind den Arbeitsvertragsparteien damit eigentlich schon Ansprüche – oder doch zumindest Anwartschaften – entstanden, können diese Rechtsposition nicht mehr einseitig, ohne das Einverständnis der Arbeitsvertragsparteien aufgehoben werden[843]. Das gilt selbstverständlich nicht für den Fall, daß die Tarifvertragsparteien den Tarifvertrag ändern oder einen neuen Tarifvertrag abschließen. Durch die

[840] *Hagemeier,* in: Hagemeier/Kempen/Zachert/Zilius, § 4 TVG Rdnr. 114. Mit diesem Argument schlägt auch *Witzig,* S. 94 für den Fall, daß sich die Arbeitsvertragsparteien nicht einigen können, ein Wahlrecht des Arbeitnehmers vor.

[841] *Witzig,* S. 94.

[842] Zweifelnd *Waas,* Tarifkonkurrenz, S. 41 f.

[843] Vgl. *Wiese,* FS Hilger/Stumpf, S. 703 (704) für die Situation bei konkurrierenden betrieblichen Versorgungsregelungen.

neuen Tarifvertrag abschließen. Durch die Tarifvertragsparteien können die tariflichen Rechte jederzeit geändert werden, bei der Lösung der Tarifkonkurrenz geht es aber darum, daß die tariflichen Rechte von „außen“ beseitigt werden würden.

Schließlich ist der Gedanke, das anzuwendende Recht durch eine Rechtswahl der Vertragsparteien zu bestimmen, der Rechtsordnung – auch für das Arbeitsrecht – nicht fremd ist: Gemeint sind damit die Regelungen der Artt. 27 Abs. 1 und 30 Abs. 1 EGBGB: Die Arbeitsvertragsparteien eines Vertrags mit Auslandsberührung dürfen das maßgebliche Recht nach Maßgabe des Günstigkeitsprinzips selbst bestimmen. Gilt also im Kollisionsrecht das Prinzip der Parteiautonomie, drängt sich die Frage auf, ob diese Wertung nicht auf die Kollision mehrerer inländischer Tarifverträge übertragbar ist. Mit der Beantwortung dieser Frage wird zugleich geklärt, ob es eine dogmatische Grundlage für den Ansatz, die Tarifkonkurrenz durch eine Parteivereinbarung zu lösen, gibt.

I. Vereinbarung der Arbeitsvertragsparteien

Die Tarifkonkurrenz anhand einer Analogie zu den Regeln des Kollisionsrechts zu lösen, ist schon auf den ersten Blick überzeugender als die Lösung der Tarifkonkurrenz anhand einer Analogie zu den Regeln der Gesetzeskonkurrenz. Denn die Prinzipien zur Lösung der Gesetzeskonkurrenz haben ihren Ursprung entweder – wie beim Spezialitäts- und Posterioritätsprinzip – darin, die Konkurrenz der Normen eines einheitlichen Gesetzgebers zu beseitigen oder – wie das Rangprinzip – die Konkurrenz verschiedenrangiger Normen aufzulösen. Bei der Tarifkonkurrenz geht es allerdings – ebenso wie im Kollisionsrecht – um die Konkurrenz der Normen voneinander unabhängiger, aber gleichrangiger Normgeber.

1. Grundsatz der Parteiautonomie gem. Art. 27 EGBGB analog

Erste Voraussetzung für eine analoge Anwendung der Artt. 27 ff. EGBGB ist, daß diese Regelungen überhaupt analogiefähig sind. Das ist zu bejahen: Das Prinzip der Parteiautonomie durchzieht als Grundprinzip das gesamte Kollisionsrecht und gilt gem. Art. 27 Abs. 3 EGBGB auch für Verträge, die abgesehen von der Rechtswahlklausel keinerlei Auslandsberührung aufweisen, also bei sog. „ reinen Inlandsfällen“[844]. Hinzu kommt, daß das Prinzip der Parteiautonomie zwar nicht mit dem im nationalen Privatrecht geltenden Prinzip der Privatautonomie verwechselt werden darf, zwischen beiden Prinzipien aber eine enge Verwandtschaft

[844] MünchArbR-*Birk*, § 250 Rdnr. 5.

besteht und sie auf den gleichen Grundgedanken zurückzuführen sind[845]: Die materiellrechtliche Privatautonomie rechtfertigt sich als Chance, ein Leistungsverhältnis gemäß den individuellen Bedürfnissen der Parteien und damit besser als eine notwendigerweise typisierende generelle Norm regeln zu können. Dementsprechend bietet die Parteiautonomie die Möglichkeit, die für das konkrete Vertragsverhältnis charakteristischen Verknüpfungen zu berücksichtigen[846]. Grundgedanke beider Prinzipien ist also, dem Willen der Parteien Wirkung zu verleihen. Die Artt. 27 ff. EGBGB stellen keine eng begrenzten Ausnahmevorschriften dar, bei denen eine Analogie von vornherein ausscheiden würde[847].

Ein Analogieschluß setzt voraus, daß der zu beurteilende, nicht geregelte Sachverhalt dem in einer gesetzlichen Vorschrift geregelten Fall wertungsmäßig entspricht, so daß es dem positiven Gleichheitssatz entspricht, ihn auch analog zu beurteilen[848]. Die Artt. 27 ff. EGBGB treffen Regelungen für den Fall, daß die Rechtsordnungen verschiedener Staaten kollidieren, bei der Tarifkonkurrenz kollidieren die „Rechtsordnungen" verschiedener Tarifvertragsparteien: Beide Tatbestände zeichnen sich dadurch aus, daß die Regelungen voneinander unabhängiger Normgeber konkurrieren und diese Konkurrenz aufzulösen ist. Grund für die Normierung des Prinzips der Parteiautonomie im Internationalen Arbeitsrecht ist die Erwartung gleichwertigen Schutzes[849]; die Wahlfreiheit beruht darauf, daß mit der Ausschaltung der Schutznormen des einen Rechts die Geltung der Schutznormen des anderen Rechts eingehandelt wird[850]. Vor dem Hintergrund dieses Schutzes ist dem Interesse der Parteien Raum zu geben, die rechtliche Ordnung ihrer Beziehungen selbst in die Hand zu nehmen[851], da sie selbst am besten den besonderen Gegebenheiten ihres Vertrags Rechnung tragen können[852]. Diese Wertung kann auf die Tarifkonkurrenz übertragen werden, da bei der Tarifkonkurrenz ebenfalls gleichrangige und gleichwertige Normen konkurrieren: Durch die Auflösung der Tarifkonkurrenz wird zwar ein Tarifvertrag verdrängt, es bleibt aber in

[845] *Junker,* Internationales Arbeitsrecht im Konzern, S. 52 f.; Soergel-*von Hofmann* Art. 27 EGBGB Rdnr. 5; Staudinger-*Magnus,* Art. 27 EGBGB Rdnr. 23

[846] MünchKomm-*Martiny,* Art. 27 EGBGB Rdnr. 7; Soergel-*von Hofmann* Art. 27 EGBGB Rdnr. 5.

[847] Vgl. *Larenz,* S. 355.

[848] *Kramer,* S. 148 (Die Analogie führt keineswegs immer zu wörtlich identischen Anwendung der analog anzuwendenden Rechtsfolgeanordnung auf den nicht geregelten Fall; die Analogie kann auch zu einer lediglich entsprechenden Anwendung führen [Fn. 497]); *Larenz/Canaris,* S. 202; *Zippelius,* S. 68 f.

[849] MünchKomm-*Martiny,* Art. 27 EGBGB Rdnr. 7.

[850] *Gamillscheg,* ZfA 1983, S. 307 (323, 328).

[851] *Junker,* Internationales Privatrecht, Rdnr. 92

[852] Soergel-*von Hoffmann,* vor Art. 27 EGBGB Rdnr. 20; Staudinger-*Magnus,* Art. 27 EGBGB Rdnr. 23.

jedem Fall die Schutzwirkung eines Tarifvertrags bestehen; die Erwartung gleichwertigen Schutzes wird erfüllt. Dann aber muß der Weg für den Parteiwillen frei sein; die Arbeitsvertragsparteien können gemeinsam entscheiden, welcher Tarifvertrag auf ihr Arbeitsverhältnis anzuwenden ist. Wenn die Arbeitsvertragsparteien schon über die Anwendbarkeit verschiedener Rechtsordnungen gemeinsam entscheiden können und auch die Kollision eines inländischen und eines ausländischen Tarifvertrags durch eine Rechtswahl lösen können[853], muß dies erst recht für die Konkurrenz zwischen mehreren inländischen Tarifverträgen gelten, da der Schutz des zwingenden deutschen Gesetzesrechts in jedem Fall erhalten bleibt. Die beiden Sachverhalte stimmen in den für die rechtliche Bewertung maßgebenden Hinsichten überein, so daß das im Kollisionsrecht geltende Prinzip der Parteiautonomie auf die Lösung der Tarifkonkurrenz übertragbar ist.

2. Keine Einschränkung gem. Art. 30 Abs. 1 EGBGB analog

Nachdem festgestellt wurde, daß zur Lösung der Tarifkonkurrenz grundsätzlich auf eine Analogie zu dem in Art. 27 EGBGB geregelten Prinzip der Parteiautonomie zurückgegriffen werden kann, stellt sich die Frage, ob auch Art. 30 EGBGB – eine Sonderregelung für das Internationale Arbeitsrecht – bei der Lösung der Tarifkonkurrenz zu beachten ist. Art. 30 Abs. 1 EGBGB beschränkt die freie Rechtswahl nach Maßgabe des Günstigkeitsprinzips. Die Übertragung auf die Tarifkonkurrenz erscheint auf den ersten Blick zweifelhaft, weil die Lösung der Tarifkonkurrenz anhand des Günstigkeitsprinzips in der Ausgestaltung des § 4 Abs. 3 Alt. 2 TVG bereits abgelehnt wurde. Dabei ist allerdings zu berücksichtigen, daß das in Art. 30 Abs. 1 EGBGB verankerte Günstigkeitsprinzip nicht mit dem arbeitsrechtlichen Günstigkeitsprinzip zu verwechseln ist. Während das Günstigkeitsprinzip des § 4 Abs. 3 Alt. 2 TVG auf das Verhältnis verschiedenrangiger Normen zugeschnitten ist und ein „vertikaler Günstigkeitsvergleich" stattfindet, regelt das in Art. 30 Abs. 1 EGBGB normierte Günstigkeitsprinzip das Verhältnis der Normen gleichrangiger Normgeber; es findet ein „horizontaler Günstigkeitsvergleich" statt[854]. Das in Art. 30 EGBGB normierte Günstigkeitsprinzip scheidet also nicht schon deshalb zur Lösung der Tarifkonkurrenz aus, weil es auf Normen unterschiedlichen Ranges zugeschnitten ist.

Das Günstigkeitsprinzip des Art. 30 Abs. 1 EGBGB führt im Internationalen Arbeitsrecht zu einer Kombination aus zwingenden Normen der objektiv berufenen

[853] *Junker,* Internationales Arbeitsrecht im Konzern, S. 430 ff.
[854] *Junker,* Internationales Arbeitsrecht im Konzern, S. 254.

Rechtsordnung und Normen des gewählten Rechts[855]. Die analoge Anwendung des Art. 30 Abs. 1 EGBGB auf den Fall der Tarifkonkurrenz würde danach zu einem Normenmix der konkurrierenden Tarifverträge führen, was wegen des Grundsatzes der Tarifeinheit ausgeschlossen ist. Eine analoge Anwendung des Art. 30 Abs. 1 EGBGB auf den Fall der Tarifkonkurrenz wäre daher nur möglich, wenn das Günstigkeitsprinzip in einer Weise ausgelegt werden könnte, die zu einer einheitlichen Anwendung eines der konkurrierenden Tarifverträge führen würde. Da bei der Tarifkonkurrenz – ebenso wie bei der Konkurrenz verschiedener Rechtsordnungen[856] – ein objektiver Gesamtvergleich praktisch undurchführbar ist, bleibt der Gedanke daran, das Günstigkeitsprinzip für die subjektive Einschätzung des Arbeitnehmers zu öffnen, ihm ein Wahlrecht über die anzuwendende Regelung einzuräumen[857]. Den Arbeitnehmer über die Günstigkeit konkurrierender Regelungen entscheiden zu lassen, macht im Kollisionsrecht Sinn; denn im Kollisionsrecht bezieht sich der Günstigkeitsvergleich nur auf die Regelungen innerhalb einer Vergleichsgruppe[858]. In der Tarifkonkurrenz hätte der Arbeitnehmer aber wegen des Grundsatzes der Tarifeinheit zu entscheiden, welcher Tarifvertrag insgesamt der günstigere ist. Dann bliebe aber von der gemeinsamen Rechtswahl der Arbeitsvertragsparteien kaum etwas übrig: Der Arbeitnehmer könnte nach der Einigung mit dem Arbeitgeber entscheiden, daß der andere Tarifvertrag für ihn günstiger ist und die vorherige Einigung der Arbeitsvertragsparteien damit zunichte machen. Das Günstigkeitsprinzip des Art. 30 Abs. 1 EGBGB kann daher auch nicht im Sinne eines Wahlrechts des Arbeitnehmers auf die Tarifkonkurrenz übertragen werden.

Im übrigen wird die Normierung des Günstigkeitsprinzips in Art. 30 Abs. 1 EGBGB bereits für das Internationale Arbeitsrecht heftig kritisiert und als verfehlt betrachtet[859]. Es sei Ausdruck eines „überzogenen Sicherheitsdenkens“[860]. Aufgrund der Gleichwertigkeit der konkurrierenden Rechtsordnungen sei die Anwendung des Günstigkeitsprinzips entbehrlich[861]. Es gibt keinen Grund, das schon im

---

[855] *Gamillscheg,* ZfA 1983, S. 307 (338: „... wird die Rosinentheorie wahre Orgien feiern“); *Heilmann,* S. 104 f.; *Junker,* Internationales Arbeitsrecht im Konzern, S. 104.

[856] *Gamillscheg,* ZfA 1983, S. 307 (339).

[857] Für den direkten Anwendungsfall des Art. 30 EGBGB: *Birk,* RdA 1989, S. 201 (206); *Junker,* Internationales Arbeitsrecht im Konzern, S. 277 ff. Nach *Heinze,* NZA 1991, S. 329 (334 f.); *Joost,* ZfA 1984, S. 173 (183); *Zöllner,* DB 1989, S. 2121 (2126) ist im Anwendungsbereich des § 4 Abs. 3 Alt. 2 TVG jede selbstbestimmte Abweichung vom Tarifvertrag für den Arbeitnehmer günstiger.

[858] *Junker,* Internationales Arbeitsrecht im Konzern, S. 278.

[859] *Gamillscheg,* § 17 III 3 c (2) (d) (Fn. 264); *ders.,* ZfA 1983, S. 307 (337 f.); *Heilmann,* S. 105; *Junker,* Internationales Arbeitsrecht im Konzern, S. 103 f., 436.

[860] *Junker,* Internationales Arbeitsrecht im Konzern, S. 103.

[861] *Gamillscheg,* ZfA 1983, S. 307 (338).

Kollisionsrecht verfehlte Günstigkeitsprinzip auf die Lösung der Tarifkonkurrenz zu übertragen. Bei der Tarifkonkurrenz fehlt es in jedem Fall an einer für die Anwendung des Günstigkeitsprinzips erforderlichen Schutzbedürftigkeit des Arbeitnehmers, da die Auflösung der Tarifkonkurrenz nicht dazu führt, daß der Arbeitnehmer jeglichen Tarifschutz verliert, sondern weiterhin dem Schutz eines Tarifvertrags genießt.

3. Verfahren

Steht damit fest, daß die Arbeitsvertragsparteien den auf ihr Arbeitsverhältnis anzuwendenden Tarifvertrag durch eine gemeinsame Rechtswahl bestimmen können, stellt sich die Frage nach dem „Verfahren" dieser Rechtswahl, also danach wie und wann die Rechtswahl auszuüben ist. Die Rechtswahl kann gem. Art. 27 Abs. 1 S. 2 EGBGB ausdrücklich, aber auch schlüssig erklärt werden. Für die Tarifkonkurrenz ergibt sich daraus die Frage, ob arbeitsvertragliche Bezugnahmeklauseln auf einen Tarifvertrag als eine schlüssige Rechtswahl betrachtet werden können. Die Beantwortung dieser Frage ist von besonderer Bedeutung, da Bezugnahmeklauseln weit verbreitet sind und daher viele Fälle der Tarifkonkurrenz mit ihrer Hilfe – zugunsten des in Bezug genommenen Tarifvertrags – gelöst werden könnten. Hier ist je nach Zeitpunkt der Vereinbarung der Bezugnahmeklausel zu differenzieren: Die gemeinsame Rechtswahl der Arbeitsvertragsparteien ist im Fall der Tarifkonkurrenz nur dann sinnvoll, wenn sie in Kenntnis des Konkurrenzzustandes erfolgt. Daher sind Bezugnahmeklauseln auf einen Tarifvertrag, die vor Eintritt der Tarifkonkurrenz – etwa bei Abschluß des Arbeitsvertrags – vereinbart wurden, nicht als schlüssige Rechtswahl zu betrachten. Nehmen die Arbeitsvertragsparteien aber in Kenntnis der Tarifkonkurrenz eine Bezugnahmeklausel in ihren Arbeitsvertrag auf, handelt es sich hierbei um die schlüssige Ausübung der gemeinsamen Rechtswahl. Die in Art. 27 Abs. 1 S. 3 EGBGB vorgesehene Möglichkeit der Teilverweisung wird schon für den direkten arbeitsrechtlichen Anwendungsfall – das Internationale Arbeitsrecht – heftig kritisiert[862] und ist insbesondere für die Tarifkonkurrenz abzulehnen, da die Teilverweisung entgegen dem Grundsatz der Tarifeinheit dazu führen würde, daß das Arbeitsverhältnis durch zwei Tarifverträge gestaltet würde. Die Arbeitsvertragsparteien können die Regelungen der konkurrierenden Tarifverträge nicht nach ihrem Dafürhalten zusammenfügen, was der Rosinentheorie entspräche, sondern müssen sich für oder gegen die Geltung eines Tarifvertrags in seiner Gesamtheit entscheiden. Die Regelung des Art. 27 Abs. 2 S. 1 EGBGB zum Zeitpunkt der Rechtswahl ist dagegen auf den Fall der Tarifkonkurrenz übertragbar: Danach können die Arbeitsver-

---

[862] Vgl. nur *Gamillscheg*, ZfA 1983, S. 307 (328); *Hickl*, NZA 1987 Beil. 1, S. 12.

tragsparteien eine bereits erfolgte Rechtswahl einvernehmlich wieder ändern und eine zunächst unterlassene Rechtswahl – notfalls noch im Prozeß – nachholen[863]. Dieser Umstand bestätigt, daß die meisten Fälle der Tarifkonkurrenzen durch eine Einigung der Arbeitsvertragsparteien gelöst werden können und eine Alternativlösung in diesen Fällen entbehrlich ist.

4. Ergebnis

Das Prinzip der Parteiautonomie des Art. 27 EGBGB kann wertungsmäßig auf die Tarifkonkurrenz übertragen werden; danach wird der in der Tarifkonkurrenz vorrangige Tarifvertrag grundsätzlich durch eine gemeinsame Vereinbarung der Arbeitsvertragsparteien bestimmt. Die für das Internationale Arbeitsrecht geltende Einschränkung des Art. 30 Abs. 1 EGBGB ist dagegen nicht auf die Tarifkonkurrenz übertragbar. Das Verfahren der gemeinsamen Vereinbarung der Arbeitsvertragsparteien richtet sich nach Art. 27 Abs. 1 S. 2 und Abs. 2 S. 1 EGBGB.

II. Lösung bei fehlender Einigung

Zwar ist davon auszugehen, daß sich die Arbeitsvertragsparteien – auch wegen der Möglichkeit, die Rechtswahl noch im Prozeß nachzuholen – in aller Regel auf die Anwendung eines Tarifvertrags einigen können. Für die Fälle, in denen es dennoch zu keiner Einigung kommt, muß eine Alternative für die Auflösung der Tarifkonkurrenz gefunden werden.

Der auf den ersten Blick naheliegende Gedanke an eine Analogie zu der für das Internationale Arbeitsrecht geltenden objektiven Anknüpfungsregel des Art. 30 Abs. 2 EGBGB erweist sich bei näherer Betrachtung als nicht tragfähig. Die Regelanknüpfungen des Art. 30 Abs. 2 Nr. 1 und 2 EGBGB sind nicht auf den Fall der Tarifkonkurrenz übertragbar: Die Anknüpfung an das Recht des gewöhnlichen Arbeitsorts gem. Art. 30 Abs. 2 Nr. 1 EGBGB paßt nicht, da der von einer Tarifkonkurrenz betroffene Arbeitnehmer seine Tätigkeit gerade innerhalb des Geltungsbereichs beider Tarifverträge verrichtet. Die Regelanknüpfung des Art. 30 Abs. 2 Nr. 2 EGBGB setzt wechselnde Arbeitsorte voraus; darum geht es bei einem von einer Tarifkonkurrenz betroffenen Arbeitsverhältnis aber nicht. Scheidet die Bestimmung des anzuwendenden Rechts anhand der Regelanknüpfungen des Art. 30 Abs. 2 Nr. 1 und 2 EGBGB aus, ist damit zugleich die Bestimmung

[863] *Gamillscheg,* ZfA 1983, S. 307 (317); *Junker,* Internationales Privatrecht, Rdnr. 348; Münch-Komm-*Martiny,* Art. 30 EGBGB Rdnr. 13.

des anzuwendenden Rechts anhand der Ausweichklausel des Art. 30 Abs. 2 a. E. EGBGB ausgeschlossen, da diese voraussetzt, daß das Vertragsstatut zunächst nach Art. 30 Abs. 2 Nr. 1 oder 2 EGBGB objektiv bestimmt werden konnte[864].

Scheidet somit eine Analogie zu Art. 30 Abs. 2 EGBGB aus, bietet sich die analoge Anwendung der objektiven Regelanknüpfung des Art. 28 EGBGB auf die Tarifkonkurrenz an. Die speziellen Vermutungstatbestände der Abs. 3 (Güterbeförderung) und Abs. 4 (Grundstücksverträge) scheiden von vornherein aus. Auch der Vermutungstatbestand des Art. 28 Abs. 2 EGBGB ist nicht auf die Tarifkonkurrenz übertragbar. Zwar läßt sich eine charakteristische Leistung feststellen – die für den Arbeitsvertrag charakteristische Leistung ist die Arbeitsleistung des Arbeitnehmers[865] – die örtliche Anknüpfung paßt aber nicht auf die Fälle der Tarifkonkurrenz. Greift daher keiner der Vermutungstatbestände des Art. 30 Abs. 2 – 4 EGBGB und damit auch nicht die Ausweichklausel des Abs. 5, bleibt die analoge Anwendung der Generalklausel des Art. 28 Abs. 1 S. 1 EGBGB[866]. Danach gilt mangels Rechtswahl der Vertragsparteien das Recht des Staates, mit dem der Vertrag die engsten Verbindungen aufweist. Die engste Verbindung zwischen dem Vertrag und einem Staat ergibt sich aus der Gesamtheit der Umstände des Falls[867]. Übertragen auf den Fall der Tarifkonkurrenz muß also unter Würdigung aller Umstände festgestellt werden, zu welchem Tarifvertrag der Arbeitsvertrag die engste Verbindung aufweist. Die Kriterien, die im Kollisionsrecht zur Ermittlung der engsten Verbindung herangezogen werden, sind überwiegend örtliche Kriterien[868] und daher nicht geeignet, den Tarifvertrag zu ermitteln, der die engsten Verbindungen zu dem von der Tarifkonkurrenz betroffenen Arbeitsverhältnis aufweist. Es bietet sich vielmehr an, zur Ermittlung des vorrangigen Tarifvertrags auf tarifrechtliche Wertungen zurückzugreifen. Dabei ist zugleich zu untersuchen, ob es tarifrechtliche Wertungen gibt, welche der Lösung der Tarifkonkurrenz anhand einer gemeinsamen Rechtswahl der Arbeitsvertragsparteien entgegenstehen.

1. Staatlich veranlaßte Tarifkonkurrenz

Kollidiert ein allgemeinverbindlicher Tarifvertrag mit einem mitgliedschaftlich legitimierten Tarifvertrag, stellt sich die Frage, ob einem dieser Tarifverträge stets

---

[864] Vgl. *Junker,* Internationales Privatrecht, Rdnr. 383; MünchArbR-*Birk,* § 20 Rdnr. 50.

[865] *Junker,* Internationales Arbeitsrecht im Konzern, S. 424.

[866] Vgl. Staudinger-*Magnus,* Art. 28 EGBGB Rdnrn. 27, 31.

[867] Erman-*Hohloch,* Art. 28 EGBGB Rdnr. 9; *Junker,* Internationales Privatrecht, Rdnr. 366; Staudinger-*Magnus,* Art. 28 EGBGB Rdnrn. 31, 35.

[868] Vgl. Erman-*Hohloch,* Art. 28 EGBGB Rdnrn. 10 f.; *Junker,* Internationales Privatrecht, Rdnr. 366; Staudinger-*Magnus,* Art. 28 EGBGB Rdnrn. 40 ff.

der Vorrang gebührt. In der Tat mehren sich die Stimmen, die ausgehend von der Unterscheidung zwischen tarifautonom ausgelöster und staatlich veranlaßter Tarifkonkurrenz eine differenzierte Lösung der Tarifkonkurrenz anstreben[869]. Die herrschende Meinung dagegen löst die Tarifkonkurrenz unabhängig von deren Entstehungsgrund; es gebe weder einen generellen Vorrang des allgemeinverbindlichen noch des mitgliedschaftlich legitimierten Tarifvertrags[870]: Das TVG unterscheide nicht danach, auf welche Weise die Tarifbindung zustande komme. Unabhängig davon, ob ein Tarifvertrag kraft Allgemeinverbindlicherklärung oder kraft Mitgliedschaft in der Tarifvertragspartei gilt, hätten alle Tarifverträge gleiche Geltungskraft[871].

a) Vorrang staatlich angeordneter Tarifgeltung

Vor allem früher wurde die Auffassung vertreten, daß der allgemeinverbindliche Tarifvertrag gegenüber dem kraft Mitgliedschaft geltenden Tarifvertrag vorrangig sei[872]. Zur Begründung wurde angeführt, daß die allgemeinverbindlichen Normen stärkeres Recht darstellten als die einfachen Tarifnormen, und der Zweck der Allgemeinverbindlicherklärung – die Vereinheitlichung der Arbeitsbedingungen für alle Arbeitnehmer eines Tarifgebiets – den Vorrang des allgemeinverbindlichen Tarifvertrags verlange[873]. Heute will allein *G. Müller* dem allgemeinverbindlichen Tarifvertrag stets den Vorrang gegenüber dem mitgliedschaftlich legitimierten Tarifvertrag einräumen[874]. Er hält schon den Abschluß eines mitgliedschaftlich legitimierten Tarifvertrags im Rahmen des Geltungsbereichs eines allgemeinverbindlichen Tarifvertrags für unzulässig – streng genommen entsteht dann schon keine Tarifkonkurrenz – und begründet dies im wesentlichen mit arbeitskampfrechtlichen Erwägungen[875]: Ein Arbeitskampf, der mit dem Ziel verfolgt wird, einen weiteren Tarifvertrag innerhalb des Geltungsbereichs eines allgemeinver-

---

[869] *Jacobs,* S. 291; *Löwisch/Rieble,* § 4 TVG Rdnrn. 296 ff.; MünchArbR-*Löwisch/Rieble,* § 276 Rdnrn. 24 ff.; *G. Müller,* DB 1989, S. 1970 (1972); *Witzig,* S. 87 ff.

[870] BAG vom 19.1.1962 – 1 AZR 147/61, AP Nr. 11 zu § 5 TVG (IV 2 der Gründe); BAG vom 26.10.1983 – 4 AZR 219/81, AP Nr. 3 zu § 3 TVG (I der Gründe); BAG vom 14.6.1989 – 4 AZR 200/89, AP Nr. 16 zu § 4 TVG Tarifkonkurrenz; *Däubler,* TVR Rdnr. 1491 (Fn. 56); *Delbos,* S. 116; *Hueck/Nipperdey,* Bd. II 1, § 33 III 1; *Kempen/Zachert,* § 4 TVG Rdnr. 133; *Memminger,* S. 62 f.; *Schneider,* S. 134 f.; *Wank,* in: Wiedemann, § 4 TVG Rdnr. 294; *Wiedemann/Arnold,* ZTR 1994, S. 399 (408).

[871] *Hromadka/Maschmann/Wallner,* Rdnr. 137.

[872] *Anthes,* bei: Kaskel, S. 166 (172 f.); *Dechant,* S. 179; *Grote,* bei: Kaskel, S. 158 (164 f.) *Hueck,* S. 141; *Kaskel,* S. 44.

[873] *Hueck,* NZfA 1926, Sp. 385 (396).

[874] *G. Müller,* DB 1989, S. 1970 (1972); *ders.,* Tarifautonomie, S. 197 ff.

[875] *G. Müller,* DB 1989, S. 1970 (1971); *ders.,* Tarifautonomie, S. 197.

bindlichen Tarifvertrags abzuschließen, ist nach Auffassung von *G. Müller* unzulässig, weil ein Arbeitskampf unaufhebbar Schäden zeitige, die bei Bestehen eines allgemeinverbindlichen Tarifvertrags nicht hingenommen werden könnten, da in Gestalt des allgemeinverbindlichen Tarifvertrags bereits eine annehmbare oder doch wenigstens vertretbare Ordnung vorliege[876]. Da der Arbeitskampf unzulässig sei, könne das Zustandekommen des freien Tarifvertrags nicht gewährleistet werden, was dazu führe, daß bereits der Abschluß des freien Tarifvertrags unzulässig sei[877].

Schon gegen das von *G. Müller* behauptete Arbeitskampfverbot innerhalb des Geltungsbereichs eines allgemeinverbindlichen Tarifvertrags bestehen erhebliche Bedenken. Mit diesem Arbeitskampfverbot würde die tarifvertragliche Friedenspflicht praktisch auf unbeteiligte Tarifparteien erstreckt werden[878]. Die Bindung dritter Tarifparteien an die Friedenspflicht des allgemeinverbindlichen Tarifvertrags widerspricht aber der klaren Regelung des § 5 Abs. 4 TVG: Zum einen wirkt die Allgemeinverbindlicherklärung gegenüber den bisher nicht tarifgebundenen Arbeitnehmern und Arbeitgebern, nicht aber gegenüber anderen Tarifparteien. Zum anderen erstreckt sich die Allgemeinverbindlicherklärung allein auf den normativen Teil des für allgemeinverbindlich erklärten Tarifvertrags und nicht auf dessen schuldrechtlichen Abreden[879], zu denen die Friedenspflicht unzweifelhaft gehört.

Selbst wenn man das von *G. Müller* angenommene Arbeitskampfverbot für den Geltungsbereich eines allgemeinverbindlichen Tarifvertrags anerkennen würde, ließe sich damit nicht die Unwirksamkeit dennoch abgeschlossener Tarifverträge begründen: Das Arbeitskampfverbot kann weder die Unwirksamkeit von Tarifverträgen, die bereits vor der Allgemeinverbindlicherklärung bestanden haben, noch von Tarifverträgen, die ohne vorherigen Arbeitskampf abgeschlossen wurden, erklären, da in beiden Fällen gar nicht gegen das behauptete Arbeitskampfverbot verstoßen würde[880]. Selbst bei Tarifverträgen, die nach Durchführung eines Arbeitskampfs zustande kommen, würde das von *G. Müller* behauptete Arbeitskampfverbot nicht die Unwirksamkeit dieser Tarifverträge nach sich ziehen; denn

---

876 *G. Müller,* DB 1989, S. 1970 (1971).

877 *G. Müller,* DB 1989, S. 1970 (1971); *G. Müller,* Tarifautonomie, S. 197.

878 *Waas,* Tarifkonkurrenz, S. 60.

879 *Däubler,* TVR Rdnr. 1249; *Koberski/Clasen/Menzel,* § 5 TVG Rdnr. 38; *Wank,* in: Wiedemann, § 5 TVG Rdnr. 157.

880 *Waas,* Tarifkonkurrenz, S. 56.

ein rechtswidriger Arbeitskampf führt gerade nicht zur Unwirksamkeit des Tarifvertrags[881], sondern allenfalls zur Anfechtbarkeit gem. § 123 Abs. 1 BGB[882].

Kann demnach die Begründung *G. Müllers* nicht überzeugen, stellt sich die Frage, ob auf anderem Wege der Vorrang des allgemeinverbindlichen Tarifvertrags hergeleitet werden kann. Das wäre zu bejahen, wenn die Allgemeinverbindlicherklärung gegenüber anderen Tarifverträgen eine zwingende Wirkung hätte. Jedoch ergibt sich schon aus § 5 Abs. 4 TVG, wonach die Rechtswirkung der Allgemeinverbindlicherklärung darauf beschränkt ist, die Tarifgebundenheit auf die tariflichen Außenseiter zu erstrecken, daß die Allgemeinverbindlicherklärung einen Tarifvertrag nicht zu einer stärkeren Rechtsnorm macht. Gegen die Annahme, daß der zuständigen Behörde[883] eine vorrangige Rechtsetzungsmacht zukommt, spricht die Tatsache, daß die Behörde weder das Recht hat, eigene inhaltliche Regelungen festzulegen noch bestehende Regelungen in ihrem Inhalt zu ändern und insbesondere den von den Tarifparteien bestimmten Geltungsbereich keinesfalls erweitern darf[884]. Daneben würde die Annahme, daß der allgemeinverbindliche Tarifvertrag gegenüber anderen Tarifverträgen eine zwingende Wirkung hätte, dazu führen, daß die an dem allgemeinverbindlichen Tarifvertrag unbeteiligten Tarifparteien stärker an diesen Tarifvertrag gebunden wären, als die Tarifparteien, die den allgemeinverbindlichen Tarifvertrag abgeschlossen haben. Denn die Tarifparteien, deren Tarifvertrag für allgemeinverbindlich erklärt worden ist, verlieren nicht die Dispositionsbefugnis über ihren Tarifvertrag, was sich daran zeigt, daß sie den Tarifvertrag jederzeit ändern oder beenden und andere Abmachungen treffen können[885]. Dann ist aber nicht einzusehen, warum dritte Tarifparteien den allgemeinverbindlichen Tarifvertrag bis zu dessen Beendigung gegen sich gelten lassen und ihrerseits an abweichenden Vereinbarungen gehindert sein sollen[886]. Die Allgemeinverbindlicherklärung eines Tarifvertrags kann gegenüber unbeteiligten Tarifparteien keine weitergehende Wirkung haben als gegenüber den Tarifparteien, die den für allgemeinverbindlich erklärten Tarifvertrag abgeschlossen haben. Daraus ergibt sich, daß die an dem allgemeinverbindlichen Ta-

[881] *Waas,* Tarifkonkurrenz, S. 56; vgl. auch *Gamillscheg,* § 17 IV 4 d (3); MünchArbR-*Löwisch/Rieble,* § 253 Rdnr. 7 und § 256 Rdnr. 21.

[882] Zur strittigen Frage, ob ein Tarifvertrag angefochten werden kann, vgl. MünchArbR-*Löwisch/Rieble* § 256 Rdnr. 21 einerseits und *Wiedemann,* in: Wiedemann, § 1 TVG Rdnr. 243 andererseits.

[883] In der Regel ist das der Bundesarbeitsminister (§ 5 Abs. 1 S. 1 TVG). Für einzelne Fälle kann der Bundesarbeitsminister das Recht zur Allgemeinverbindlicherklärung auf die oberste Arbeitsbehörde eines Landes übertragen (§ 5 Abs. 6 TVG).

[884] *Memminger,* S. 62; *Wiedemann/Arnold,* ZTR 1994, S. 399 (408); vgl. auch *Däubler,* TVR Rdnr. 1269; *Gamillscheg,* § 19 4 c (1); *Wank,* in: Wiedemann, § 5 TVG Rdnrn. 56, 60.

[885] *Däubler,* TVR Rdnrn. 1276, 1278; *Hueck/Nipperdey,* Bd. II 1, § 34 II 4; *Nikisch,* § 87 III 3, 4; *Schaub,* § 207 Rdnrn. 25 f.; *Waas,* Tarifkonkurrenz, S. 67; *Wank,* in: Wiedemann, § 5 TVG Rdnrn. 109, 117.

[886] *Waas,* Tarifkonkurrenz, S. 68.

haben. Daraus ergibt sich, daß die an dem allgemeinverbindlichen Tarifvertrag unbeteiligten Tarifparteien nicht daran gehindert sind, eigene Tarifverträge abzuschließen und bereits vor der Allgemeinverbindlicherklärung bestehende Tarifverträge ihre Gültigkeit behalten[887].

Der generelle Vorrang des allgemeinverbindlichen Tarifvertrags gegenüber dem mitgliedschaftlichen Tarifvertrag läßt sich auch nicht aus Sinn und Zweck der Allgemeinverbindlicherklärung herleiten[888]. Zwar wird mit der Allgemeinverbindlicherklärung eine gewisse Vereinheitlichung der Arbeitsbedingungen angestrebt; das ist aber lediglich ein Mittel zum Zweck, um die primären Ziele der Allgemeinverbindlicherklärung – nämlich die Verhinderung von Lohndrückerei und Schmutzkonkurrenz sowie den Schutz der bisher nicht tarifgebundenen Arbeitnehmer[889] – zu erreichen. Die Allgemeinverbindlicherklärung ist vornehmlich darauf gerichtet, die bisher tariflich nicht geregelten Arbeitsverhältnisse zu erfassen[890]. Es geht aber nicht darum, bereits anderweitig tarifgebundene Arbeitsverhältnisse zu regeln, da die Schutzfunktionen der Allgemeinverbindlicherklärung nicht gefährdet sind, wenn feststeht, daß jedenfalls ein Tarifvertrag auf ein Arbeitsverhältnis anzuwenden ist[891]. Die Allgemeinverbindlicherklärung bezweckt keinesfalls, die Mitglieder einer Koalition vom Schutz ihres Tarifvertrags auszuschließen[892].

Die Annahme eines generellen Vorrangs des allgemeinverbindlichen Tarifvertrags ist zudem nicht mit der positiven Koalitionsfreiheit der Parteien des freien Tarifvertrags und ihrer Mitglieder vereinbar[893]. Art. 9 Abs. 3 GG gewährleistet die Tarifautonomie, weil der Verfassungsgeber den Tarifpartnern zutraut, angemessene Arbeitsbedingungen zu erzeugen[894]. Deshalb würde das verfassungsrechtlich gewährleistete Recht der Koalitionen, die Arbeits- und Wirtschaftsbedingungen für ihre Mitglieder zu gestalten, in unverhältnismäßiger Weise beschnitten, wenn ein freier Tarifvertrag im Falle der Tarifkonkurrenz mit einem allgemeinverbind-

---

[887] *Waas,* Tarifkonkurrenz, S. 68.

[888] *Biedenkopf,* S. 91 f.; *Wiedemann/Arnold,* ZTR 1994, S. 399 (408); *Witzig,* S. 88 ff.

[889] BVerfG vom 24.5.1977 – 2 BvL 11/74, BVerfGE 44, S. 322 (A I 3 der Gründe); BVerwG vom 3.11.1988 – 7 C 115.86, AP Nr. 23 zu § 5 TVG (II 4 a der Gründe); *Däubler,* TVR Rdnr. 1244; *Hohenstatt,* DB 1992, S. 1678 (1682); *Kempen/Zachert,* § 5 TVG Rdnrn. 1 f.; *Meik,* S. 186; MünchArbR-*Löwisch/Rieble,* § 268 Rdnr. 6; *Wank,* in: Wiedemann, § 5 TVG Rdnrn. 2 ff.; *Wiedemann/Arnold,* Anm. zu BAG 14.6.1989 – 4 AZR 200/89, AP Nr. 16 zu § 4 TVG Tarifkonkurrenz (unter 2 b); *Wonneberger,* S. 81 ff.

[890] *Meik,* S. 186; *Witzig,* S. 88.

[891] *Wiedemann/Arnold,* ZTR 1994, S. 399 (408); *Witzig,* S. 88.

[892] *Memminger,* S. 63; *Wiedemann/Arnold,* ZTR 1994, S. 399 (408).

[893] Ausführlich zur Koalitionsfreiheit § 9 II.

[894] *Junker/Wichmann,* NZA 1996, S. 505 (509); *Löwisch/Rieble,* § 4 TVG Rdnr. 297.

lichen Tarifvertrag stets zurücktreten müßte[895]. In Bereichen, in denen Tarifverträge regelmäßig für allgemeinverbindlich erklärt werden – etwa im Baugewerbe – würde die Ansicht *G. Müllers* – wonach schon der Abschluß eines Tarifvertrags im Geltungsbereich eines allgemeinverbindlichen Tarifvertrags unzulässig ist – dazu führen, daß der Abschluß zusätzlicher freier Tarifverträge nahezu unmöglich wird. Auch die Koalitionsfreiheit der kraft Mitgliedschaft an den freien Tarifvertrag gebundenen Arbeitnehmer und Arbeitgeber wäre durch einen generellen Vorrang des allgemeinverbindlichen Tarifvertrags beeinträchtigt[896]. Denn nach Art. 9 Abs. 3 GG hat jedes Koalitionsmitglied grundsätzlich einen Anspruch darauf, daß der von seiner Koalition vereinbarte Tarifvertrag auf sein Arbeitsverhältnis Anwendung findet[897].

Scheidet damit ein genereller Vorrang des allgemeinverbindlichen Tarifvertrags gegenüber dem mitgliedschaftlich legitimierten Tarifvertrag aus[898], bleibt die Frage, ob umgekehrt ein genereller Vorrang des mitgliedschaftlich legitimierten Tarifvertrags vor dem allgemeinverbindlichen Tarifvertrag bejaht werden kann.

b) Vorrang mitgliedschaftlicher Legitimation

In der Literatur finden sich zunehmend Stimmen, die von einem generellen Vorrang mitgliedschaftlicher Legitimation gegenüber staatlich angeordneter Tarifgeltung ausgehen[899]. Begründet wird der Vorrang mitgliedschaftlicher Legitimation mit einem Hinweis auf die durch Art. 9 Abs. 3 GG gewährleistete Tarifautonomie, die bei der Verdrängung eines mitgliedschaftlich legitimierten Tarifvertrags durch einen aufgrund staatlicher Anordnung geltenden Tarifvertrag verletzt würde[900]. Die Verdrängung des mitgliedschaftlich legitimierten Tarifvertrags aus dem Arbeitsverhältnis sei auch im Hinblick auf die positive Koalitionsfreiheit der Arbeitsvertragsparteien problematisch, da sie der Früchte ihrer Koalitionsbetätigung

---

[895] *Junker/Wichmann,* NZA 1996, S. 505 (509); *Löwisch/Rieble,* § 4 TVG Rdnr. 297; MünchArbR-*Löwisch/Rieble,* § 276 Rdnr. 24.

[896] *Witzig,* S. 89.

[897] Vgl. § 9 II 1 a (1) (a).

[898] So auch BVerfG vom 24.5.1977 – 2 BvL 11/74, BVerfGE 44, S. 322 (B II 2 e der Gründe); BVerfG vom 15.7.1980 – 1 BvR 24/74 und 439/79, BVerfGE 55, S. 7 (B II 2 c der Gründe); *Biedenkopf,* S. 91 f.; *Gramm,* AR-Blattei (D), Tarifvertrag XII, C IV; *Jacobs,* S. 290; *Memminger,* S. 62; *Nikisch,* § 86 III 4; *Waas,* Tarifkonkurrenz, S. 55 ff.; *Wiedemann/Arnold,* ZTR 1994, S. 399 (408).

[899] *Biedenkopf,* S. 92; *Fenn,* FS Kissel, S. 213 (238, Fn. 113); *Haußmann,* S. 118 ff.; *Jacobs,* S. 291 f.; *Löwisch/Rieble,* § 4 TVG Rdnr. 297; *B. Müller,* NZA 1989, S. 449 (452); *Reuter,* JuS 1992, S. 105 (109); *Rieble,* Rdnr. 1805; *Witzig,* S. 88 ff.; *Zöllner/Loritz,* § 37 V 1 b.

[900] *Rieble,* Rdnr. 1804; *Zöllner/Loritz,* § 37 V 1 b.

beraubt würden[901]. Zuzugeben ist zwar, daß es einen Eingriff in die Tarifautonomie und die Koalitionsfreiheit der Arbeitsvertragsparteien bedeutete, wenn der allgemeinverbindliche Tarifvertrag stets Vorrang vor dem mitgliedschaftlich legitimierten Tarifvertrag hätte. Wird der Vorrang eines der kollidierenden Tarifverträge aber anhand von Kriterien, die unabhängig vom Ursprung der Tarifgeltung die Tarifkonkurrenz zu lösen suchen – etwa durch ein gemeinsames Wahlrecht der Arbeitsvertragsparteien – und ein mitgliedschaftlich legitimierter Tarifvertrag so gleichsam „zufällig" aus einem Arbeitsverhältnis verdrängt, ist das im Hinblick auf die Tarifautonomie unbedenklich. Das gilt um so mehr, wenn man sich vor Augen führt, daß sich die Tarifkonkurrenz lediglich im einzelnen Arbeitsverhältnis abspielt. Wird aus einem einzelnen Arbeitsverhältnis ein tarifautonom geltender Tarifvertrag verdrängt, kann man darin schwerlich einen unverhältnismäßigen Eingriff in die Tarifautonomie erblicken.

Einen gewissen rechtlichen Niederschlag findet die Annahme eines Vorrangs des mitgliedschaftlich legitimierten Tarifvertrags vor der staatlich angeordneten Tarifgeltung in den Regelungen des § 8 Abs. 2 MindArbBedG, des § 613 a Abs. 1 S. 3 BGB und des § 5 Abs. 1 – 3 TVG. Die Mindestarbeitsbedingungen nach dem Gesetz über die Festsetzung von Mindestarbeitsbedingungen wirken gem. § 8 Abs. 1 MindArbBedG zwar wie Tarifverträge, müssen aber gem. § 8 Abs. 2 MindArbBedG tarifvertraglichen Bestimmungen ohne Rücksicht auf die Regeln der Tarifkonkurrenz den Vortritt lassen[902]. Auch die Regelung des § 613 a BGB Abs. 1 S. 3 BGB, wonach die vom Gesetzgeber angeordnete schuldrechtliche Fortgeltung von Tarifverträgen nach § 613 a Abs. 1 S. 2 BGB gegenüber tarifautonom geltenden Tarifverträgen zurücktreten muß, kann als Hinweis auf einen Vorrang der mitgliedschaftlichen Legitimation vor staatlich angeordneter Tarifgeltung begriffen werden[903]. Schließlich deuten auch die engen Verfahrensvoraussetzungen des § 5 Abs. 1 – 3 TVG, die den Ausnahmecharakter der Allgemeinverbindlicherklärung im System des TVG signalisieren, in die Richtung eines grundsätzlichen Vorrangs des tarifautonom geltenden Tarifvertrags[904].

Die Annahme eines grundsätzlichen Vorrangs des mitgliedschaftlich legitimierten Tarifvertrags ist mit dem Zweck der Allgemeinverbindlicherklärung vereinbar: Mit der Allgemeinverbindlicherklärung sollen der Schutz vor Lohndrückerei und Schmutzkonkurrenz sowie die Schaffung angemessener Arbeitsbedingungen für

[901] *Fenn,* FS Kissel, S. 213 (238, Fn. 113); *Witzig,* S. 90.

[902] *Bruhn,* S. 197; *Löwisch/Rieble,* § 4 TVG Rdnr. 298; MünchArbR-*Löwisch/Rieble,* § 276 Rdnr. 25; *Witzig,* S. 89.

[903] *Bruhn,* S. 197 f.; *Löwisch/Rieble,* § 4 TVG Rdnr. 297; MünchArbR-*Löwisch/Rieble,* § 276 Rdnr. 25.

[904] *Jacobs,* S. 291 f.; *Waas,* Tarifkonkurrenz, S. 73.

tarifliche Außenseiter erreicht werden[905]. Da das von einer Tarifkonkurrenz betroffene Arbeitsverhältnis in jedem Fall einer tariflichen Bindung unterliegt, werden diese Zwecke auch ohne den allgemeinverbindlichen Tarifvertrag erreicht. Die Aufgabe, Arbeitsbedingungen zu regeln, obliegt in erster Linie den Koalitionen; nur wenn die Tarifpartner keine angemessene Regelung schaffen, soll die Allgemeinverbindlicherklärung eingreifen[906]. Wenn aber – wie bei der Tarifkonkurrenz – der mitgliedschaftliche Tarifvertrag bereits den mit der Allgemeinverbindlicherklärung bezweckten Schutz gewährleistet, spricht nichts dagegen, dem mitgliedschaftlich legitimierten Tarifvertrag den Vorrang zu überlassen. Eine grundsätzliche Verdrängung des allgemeinverbindlichen Tarifvertrags aus dem Arbeitsverhältnis, für das ein Tarifvertrag kraft mitgliedschaftlicher Legitimation gilt, ist daher mit Blick auf Sinn und Zweck der Allgemeinverbindlicherklärung unbedenklich.

Für den grundsätzlichen Vorrang des mitgliedschaftlich legitimierten Tarifvertrags gegenüber dem allgemeinverbindlichen Tarifvertrags spricht auch, daß der mitgliedschaftlich legitimierte Tarifvertrag grundsätzlich die größere Nähe zum Willen der Betroffenen aufweist[907]: Während der allgemeinverbindliche Tarifvertrag ohne Zutun der Arbeitsvertragsparteien Geltung für ihr Arbeitsverhältnis beansprucht, ist die Tarifbindung an den tarifautonom geltenden Tarifvertrag durch den Verbandsbeitritt von den Arbeitsvertragsparteien selbst gewählt[908].

Gerade wenn man aber mit dem Willen der Arbeitsvertragsparteien argumentiert, ist klarzustellen, daß ein grundsätzlicher Vorrang des mitgliedschaftlich legitimierten Tarifvertrags nicht mit einem generellen – vom Willen der Arbeitsvertragsparteien unabhängigen und stets Geltung beanspruchenden – Vorrang des tarifautonom geltenden Tarifvertrags gleichzusetzen ist. Es gibt keinen Grund dafür, die kraft Mitgliedschaft tarifgebundenen Arbeitsvertragsparteien von vornherein von der Geltung eines allgemeinverbindlichen Tarifvertrags auszuschließen, da sie grundsätzlich von den Rechtswirkungen der Allgemeinverbindlicherklärung erfaßt werden. Zudem kann es gute Gründe geben, sich dem allgemeinverbindlichen Tarifvertrag zu unterwerfen, wenn beispielsweise der allgemeinverbindliche Tarifvertrag Normen über gemeinsame Einrichtungen enthält. Es spricht daher nichts dagegen, den Arbeitsvertragsparteien auch bei der staatlich veranlaßten Tarifkonkurrenz ein gemeinsames Wahlrecht einzuräumen; ihnen also die

---

[905] Vgl. eben unter § 15 II 1 a.

[906] BVerfG vom 24.5.1977 – 2 BvL 11/74, BVerfGE 44, S. 323 (B II 1 b der Gründe). Das BVerfG spricht von der „Normsetzungsprärogative der Koalitionen" und der „subsidiären Regelungszuständigkeit des Staates".

[907] *Reuter,* JuS 1992, S. 105 (109).

[908] *Zöllner/Loritz,* § 37 V 1 b.

Entscheidung zu überlassen, ob auf das Arbeitsverhältnis der tarifautonom geltende Tarifvertrag oder der kraft Allgemeinverbindlicherklärung geltende Tarifvertrag Anwendung finden soll. Der Vorrang des mitgliedschaftlich legitimierten Tarifvertrags besteht daher insoweit, als sich die Arbeitsvertragsparteien nicht für den allgemeinverbindlichen Tarifvertrag entscheiden[909].

2. Tarifautonome Tarifkonkurrenz

Nachfolgend sind die Fallgruppen der Tarifkonkurrenz zu untersuchen, in denen zwei mitgliedschaftlich legitimierte Tarifverträge aufeinandertreffen. Denkbare Fallkonstellationen sind die Konkurrenz eines Firmentarifs mit einem Verbandstarif, die Konkurrenz zweier Verbandstarife sowie die Konkurrenz eines gem. § 3 Abs. 1 TVG mit einem gem. § 3 Abs. 3 TVG geltenden Tarifvertrag.

a) Tarifkonkurrenz unter Beteiligung eines gem. § 3 Abs. 3 TVG geltenden Tarifvertrags

Eine Tarifkonkurrenz kann entstehen, wenn bei bestehender beiderseitiger Tarifgebundenheit ein Arbeitgeber aus einem Arbeitgeberverband austritt und in einen neuen Verband eintritt oder ein Arbeitnehmer die Gewerkschaft wechselt: Gem. § 3 Abs. 3 TVG gilt der Tarifvertrag des alten Verbands fort; der Tarifvertrag des neuen Verbands beansprucht nach § 3 Abs. 1 TVG Geltung. Die wohl herrschende Meinung wendet zur Lösung dieser Fallgruppe die allgemeinen Regeln über die Konkurrenz von Tarifverträgen an: Der Entstehungsgrund sei für die Lösung der Tarifkonkurrenz ohne Belang, auch die aufgrund eines Verbandswechsels entstehende Tarifkonkurrenz sei daher nach dem Spezialitätsprinzip zu lösen[910]. Diese Meinung regiert nicht unangefochten, immer öfter wird davon ausgegangen, daß die Tarifkonkurrenz unter Beteiligung eines gem. § 3 Abs. 3 TVG fortgeltenden Tarifvertrags Besonderheiten aufweise, die eine eigenständige Lösung

---

[909] Der Vorrang des mitgliedschaftlich legitimierten Tarifvertrags gilt gleichermaßen für die Konkurrenz mit einem gem. § 1 Abs. 3 a AEntG geltenden Tarifvertrag. Der theoretisch denkbare Fall einer Konkurrenz mehrerer allgemeinverbindlicher Tarifverträge wird aufgrund der Reichweite der Tarifkonkurrenz – sie entsteht stets für alle Arbeitsverhältnisse eines Betriebs – bei der Lösung der betriebsweiten Tarifkonkurrenz behandelt.

[910] BAG vom 26.10.1983 – 4 AZR 219/81, AP Nr. 3 zu § 3 TVG; BAG vom 22.3.1994 – 1 ABR 47/93, EzA Nr. 10 zu § 4 TVG Geltungsbereich (III 1 c der Gründe); *Buchner,* S. 24; *Feger,* AiB 1995, S. 490 (500 f.); *Gamillscheg,* § 17 I 5 c; *B. Gaul,* NZA 1998, S. 9 (12); *Hanau,* ZfA 1984, S. 453 (460); *Hromadka/Maschmann/Wallner,* Rdnr. 484; *Hueck/Nipperdey,* Bd. II 1, § 33 II, III 1 (Fn. 20); *Schaub,* § 206 Rdnr. 17.

erforderten: Zum Teil wird aus dem Zweck des § 3 Abs. 3 TVG – dem Mißbrauch der privatrechtlichen Gestaltungsfreiheit zu begegnen – ein Vorrang des gem. § 3 Abs. 3 TVG fortgeltenden Tarifvertrags abgeleitet[911]. Andere entnehmen dem Zweck des § 3 Abs. 3 TVG umgekehrt den Vorrang des gem. § 3 Abs. 1 TVG geltenden Tarifvertrags, da § 3 Abs. 3 TVG lediglich einen tariflosen Zustand – die „Flucht aus dem Verband" – verhindern, nicht aber der „Flucht in einen anderen Verband" entgegenwirken solle[912]. Wieder andere meinen, dem Zweck des § 3 Abs. 3 TVG den Vorrang des jeweils günstigeren Tarifvertrags[913] bzw. ein Wahlrecht des Arbeitnehmers[914] oder des jeweils anderen Teils[915] entnehmen zu können.

(1) Vorrang des gem. § 3 Abs. 3 TVG geltenden Tarifvertrags

Die Tatsache, daß § 3 Abs. 3 TVG auch im Falle eines Verbandswechsels die Weitergeltung des bisherigen Tarifvertrags anordnet[916], spricht dafür, dem nach § 3 Abs. 3 TVG fortgeltenden Tarifvertrag den Vorrang einzuräumen. Diese Annahme ist allerdings nur auf den ersten Blick zwingend, da zwei mögliche Konstellationen des Verbandswechsels zu unterscheiden sind: Erstens kann der Verbandswechsel dazu führen, daß – ohne die Anordnung des § 3 Abs. 3 TVG – gar kein Tarifvertrag Geltung beanspruchen würde: Dieser Fall tritt ein, wenn eine der Arbeitsvertragsparteien den Verband wechselt und der Tarifvertrag des neuen

---

[911] *Bieback,* DB 1989, S. 477 (480 f.); *Blank,* S. 77; *Däubler,* NZA 1996, S. 225 (230); *Gorissen,* S. 23 f.; *Kempen/Zachert,* § 3 TVG Rdnr. 36; *B. Müller,* NZA 1989, S. 449 (452); *Oetker,* in: Wiedemann, § 3 TVG Rdnr. 80; *Stein,* TVR Rdnr. 171.

[912] *Bauer/Haußmann,* DB 1999, S. 1114 (1115), *Bruhn,* S. 198 f.; *Dräger,* BB 1970, S. 1141 (1142); *Haußmann,* S. 101 ff.; *Henssler,* FS Schaub, S. 311 (325); *Lieb* Rdnr. 533; *Löwisch/Rieble,* § 4 TVG Rdnr. 301; anders jetzt MünchArbR-*Löwisch/Rieble,* § 276 Rdnr. 35, entscheidend sei die Sachnähe; *Witzig,* S. 92 f.; *Zöllner/Loritz,* § 37 V 1 b.

[913] *Konzen,* ZfA 1975, S. 401 (429).

[914] *Kempen,* in: Hagemeier/Kempen/Zachert/Zilius, § 3 TVG Rdnr. 29.

[915] *Reuter,* JuS 1991, S. 105 (110). § 3 Abs. 3 TVG gilt auch für den Verbandswechsel des Arbeitnehmers; vgl. BAG vom 26.10.1983 – 4 AZR 219/81, AP Nr. 3 zu § 3 TVG; BAG vom 4.4.2001 – 4 AZR 237/00, AP Nr. 26 zu § 4 TVG Tarifkonkurrenz (II 1 c der Gründe); *Däubler,* TVR Rdnr. 299; *Gamillscheg,* § 17 I 5 e; *Hanau/Kania,* DB 1995, S. 1229 (1231); *Hromadka/Maschmann/Wallner,* Rdnr. 477; *Junker,* Grundkurs Arbeitsrecht, Rdnr. 541; *Löwisch/Rieble,* § 3 TVG Rdnrn. 75 f.; *Oetker,* in: Wiedemann, § 3 TVG Rdnr. 46; a. A. *Jacobs,* S. 156.

[916] BAG vom 26.10.1983 – 4 AZR 219/81, AP Nr. 3 zu § 3 TVG; BAG vom 14.6.1994 – 9 AZR 89/93, AP Nr. 2 zu § 3 TVG Verbandsaustritt (III 1 c der Gründe); *Bieback,* DB 1989, S. 477 f.; *Blank,* S. 76; *Bruhn,* S. 220; *Brunssen,* S. 93 ff.; *Däubler,* NZA 1996, S. 225 (230); *Feger,* AiB 1995, S. 490 (499); *B. Gaul,* NZA 1998, S. 9 (11); *Gerhards,* BB 1995, S. 1290; *Jacobs,* S. 159; *Kempen/Zachert,* § 3 TVG Rdnr. 36; *Konzen,* ZfA 1975, S. 401 (426); *Oetker,* in: Wiedemann, § 3 TVG Rdnr. 79.

Verbands wegen fehlender Tarifbindung der anderen Arbeitsvertragspartei keine Anwendung auf das Arbeitsverhältnis findet[917]. In einem solchen Fall ist die in § 3 Abs. 3 TVG angeordnete Fortgeltung des bisherigen Tarifvertrags erforderlich, um einen tariflosen Zustand zu vermeiden. Insoweit muß § 3 Abs. 3 TVG nicht nur vor der „Flucht aus einem Verband", sondern auch vor der „Flucht in einen anderen Verband" schützen. Der Verbandswechsel kann aber bei entsprechender beiderseitiger Tarifgebundenheit zu einer doppelten Tarifbindung eines Arbeitsverhältnisses – eben zur Tarifkonkurrenz – führen[918]. In diesem Fall findet auf das betroffene Arbeitsverhältnis auch ohne die Anordnung des § 3 Abs. 3 TVG ein Tarifvertrag Anwendung, nämlich der Tarifvertrag des neuen Verbands. Da dem Arbeitnehmer bei einer Tarifkonkurrenz unter Beteiligung eines gem. § 3 Abs. 3 TVG fortgeltenden Tarifvertrags stets ein Tarifschutz erhalten bleibt, verlangt der Schutzzweck des § 3 Abs. 3 TVG für diesen Fall des Verbandswechsels nicht den generellen Vorrang des alten Tarifvertrags[919]. Dies gilt zum einen, wenn sowohl der gem. § 3 Abs. 1 TVG als auch der nach § 3 Abs. 3 TVG geltende Tarifvertrag von derselben Gewerkschaft geschlossen wurde. Denn § 3 Abs. 3 TVG soll nicht vor der Tarifpolitik der eigenen Gewerkschaft schützen. Läßt sich die Gewerkschaft auf einen neuen Tarifvertrag mit einem anderen Arbeitgeberverband ein, muß der Arbeitnehmer dies hinnehmen[920]. Nicht anderes gilt auch, wenn unterschiedliche Gewerkschaften beteiligt sind, da es in diesem Fall nur zur Tarifkonkurrenz kommt, wenn der Arbeitnehmer schon Mitglied in beiden Gewerkschaften ist oder ebenfalls den Verband wechselt[921]. Dann gibt der Arbeitnehmer zu erkennen, daß er mit der Geltung des neuen Tarifvertrags einverstanden ist bzw. dessen Geltung wünscht; der Arbeitnehmer muß nicht zusätzlich vor seiner selbst gewählten Tarifbindung geschützt werden; er ist durch die Geltung des neuen Tarifvertrags ausreichend geschützt[922].

Der generelle Vorrang des gem. § 3 Abs. 3 TVG geltenden Tarifvertrags läßt sich aus nicht aus dem klassischen Normzweck des § 3 Abs. 3 TVG herleiten: Die

917 Bsp.: Der Arbeitgeber wechselt zu einem Verband, der mit einer anderen Gewerkschaft einen Tarifvertrag geschlossen hat. Der Arbeitnehmer ist nur Mitglied der Gewerkschaft, die den Tarifvertrag mit dem bisherigen Arbeitgeberverband geschlossen hat.

918 Bsp.: Der Arbeitgeber wechselt zu einem Verband, der mit derselben Gewerkschaft wie der bisherige Arbeitgeberverband einen Tarifvertrag abgeschlossen hat. Oder aber der neue Verband schließt mit einer anderen Gewerkschaft einen Tarifvertrag und der Arbeitnehmer ist Mitglied in beiden Gewerkschaften.

919 *Feger,* AiB 1995, S. 490 (500 f.).

920 *Feger,* AiB 1995, S. 490 (501); *Konzen,* ZfA 1975, S. 401 (429).

921 *Kempen/Zachert,* § 4 TVG Rdnr. 124; *Witzig,* S. 93.

922 *Gamillscheg,* § 17 III 3 c (4); *Hromadka/Maschmann/Wallner,* Rdnr. 481; *Kempen/Zachert,* § 3 TVG Rdnr. 43; *Witzig,* S. 93. In diesem Zusammenhang ist daran zu erinnern, daß die Arbeitnehmer, die nicht an den neuen Tarifvertrag gem. § 3 Abs. 1 TVG gebunden sind, selbstverständlich weiterhin den Schutz des gem. § 3 Abs. 3 TVG geltenden Tarifvertrag genießen.

Vorschrift soll dem Mißbrauch der privatrechtlichen Gestaltungsmöglichkeiten begegnen; die zwingende Wirkung eines Tarifvertrags soll nicht durch einseitige Maßnahmen des Arbeitgebers oder des Arbeitnehmers beendet werden können[923]. Die im Zusammenhang mit einem Verbandswechsel entstehende Tarifkonkurrenz beruht aber nicht allein auf einseitigen Maßnahmen. Offensichtlich ist das beim beiderseitigen Verbandswechsel; wechseln sowohl der Arbeitgeber als auch der Arbeitnehmer den Verband, kann von einer einseitigen Maßnahme nicht die Rede sein. Aber auch wenn nur eine Arbeitsvertragspartei den Verband wechselt, führt nicht der einseitige Verbandsbeitritt, sondern die beiderseitige neue Tarifbindung zur Tarifkonkurrenz[924]. Es kommt nur dann zur Geltung des Tarifvertrags des neuen Verbands, wenn beide Arbeitsvertragsparteien an ihn gebunden sind; dann aber ist die neue Tarifgeltung vom Willen beider Arbeitsvertragsparteien getragen und nicht einseitig manipuliert. Das einzelne Verbandsmitglied muß damit rechnen, daß seine Tarifbindung zu der Geltung der Tarifverträge seines Verbands führt. Durch seine Mitgliedschaft in einem Verband legitimiert das Gewerkschaftsmitglied ebenso wie das Mitglied eines Arbeitgeberverbands jeden Tarifabschluß seines Verbands, unabhängig von dem konkreten Tarifpartner[925]. Schließt beispielsweise eine Gewerkschaft mit verschiedenen Arbeitgeberverbänden unterschiedliche Tarifverträge ab, muß der Arbeitnehmer mit der Geltung jedes dieser Tarifverträge rechnen. Er kann nicht darauf vertrauen, daß nur einer der Tarifverträge Geltung beansprucht; das TVG gewährt keinen Schutz vor den Tarifabschlüssen des eigenen Verbands[926].

Die Annahme eines generellen Vorrang des nach § 3 Abs. 3 TVG geltenden Tarifvertrags würde darüber hinaus zu Wertungwidersprüchen führen. Denn es gibt keinen Grund, warum die Arbeitsvertragsparteien stärker an einen nach § 3 Abs. 3 TVG Geltung beanspruchenden Tarifvertrag gebunden sein sollen, als an einen Tarifvertrag, dem beide Arbeitsvertragsparteien aufgrund aktueller Mitgliedschaft unterstehen. Das wird deutlich, wenn man sich vor Augen führt, daß bei einem Verbandswechsel – bevor es zur Tarifkonkurrenz unter Beteiligung eines gem. § 3 Abs. 3 TVG fortgeltenden Tarifvertrag kommt – während der Austrittsfrist aus dem bisherigen Verband zunächst eine Tarifkonkurrenz zwischen

[923] BAG vom 26.10.1983 – 4 AZR 219/81, AP Nr. 3 zu § 3 TVG (I der Gründe); BAG vom 15.10.1986 – 4 AZR 289/85, AP Nr. 4 zu § 3 TVG; BAG vom 2.12.1992 – 4 AZR 277/92, AP Nr. 14 zu § 3 TVG (B III 3 a der Gründe); *Gerhards,* BB 1995, S. 1290; *Gamillscheg,* § 17 I 5 a (1); *Gorissen,* S. 6; *Henssler,* FS Schaub, S. 311 (325); *Hromadka/Maschmann/Wallner,* Rdnr. 226; *Kempen/Zachert,* § 3 TVG Rdnr. 22; *Koberski/Clasen/Menzel,* § 3 TVG Rdnr. 72; *Konzen,* ZfA 1975, S. 401 (425); *Lieb,* NZA 1994, S. 337; *B. Müller,* NZA 1989, S. 449 (452); *Oetker,* in: Wiedemann, § 3 TVG Rdn. 46; *Stein,* TVR Rdnr. 169.

[924] *Bauer/Haußmann,* DB 1999, S. 1114 (1115); *Haußmann,* S. 105.

[925] *Haußmann,* S. 107.

[926] *Feger,* AiB 1995, S. 490 (501); *Haußmann,* S. 107; *Konzen,* ZfA 1975, S. 401 (429).

zwei gem. § 3 Abs. 1 TVG geltenden Tarifverträgen entsteht. Warum nach Ablauf der Austrittsfrist plötzlich in jedem Fall der gem. § 3 Abs. 3 TVG geltende Tarifvertrag vorrangig sein soll, vermag nicht zu überzeugen. Noch stärker zeigt sich die angesprochene Ungereimtheit, wenn man sich den Fall vorstellt, daß der Arbeitgeber aus seinem Verband austritt, der Verbandstarif gem. § 3 Abs. 3 TVG weiter gilt und der Arbeitgeber einen Firmentarif abschließt. Geht man von einem generellen Vorrang des gem. § 3 Abs. 3 TVG geltenden Tarifvertrags aus, wird der Firmentarif bis zum Ende des alten Verbandstarifs von diesem verdrängt[927]. Würde der Arbeitgeber den Verband hingegen nicht verlassen, wäre nach ganz herrschender Meinung stets der Firmentarifvertrag vorrangig[928]. Der tarifrechtliche Gestaltungsspielraum des Arbeitgebers würde also bei einem generellen Vorrang des gem. § 3 Abs. 3 TVG geltenden Tarifvertrags nach seinem Austritt stärker eingeschränkt als während der Mitgliedschaft, dieser Zweck kann dem § 3 Abs. 3 TVG nicht zugemessen werden[929].

Besteht demnach kein genereller Vorrang des gem. § 3 Abs. 3 TVG geltenden Tarifvertrags, stellt sich die Frage, ob umgekehrt stets der gem. § 3 Abs. 1 TVG Geltung beanspruchende Tarifvertrag vorrangig ist.

(2) Vorrang des gem. § 3 Abs. 1 TVG geltenden Tarifvertrags

Bedenkt man, daß in jedem Fall der Tarifkonkurrenz stets ein Tarifvertrag in dem betroffenen Arbeitsverhältnis seine Schutzwirkung entfaltet und geht man von der Gleichrangigkeit und Gleichwertigkeit aller Tarifverträge aus, ist grundsätzlich nichts dagegen einzuwenden, daß sich der gem. § 3 Abs. 1 TVG geltende Tarifvertrag in der Tarifkonkurrenz durchsetzen kann.

Für den Vorrang des nach § 3 Abs. 1 TVG geltenden Tarifvertrags gegenüber dem nach § 3 Abs. 3 TVG fortgeltenden Tarifvertrag spricht die Tatsache, daß so die aktuellste Entscheidung der Arbeitsvertragsparteien zugunsten eines Verbands respektiert wird[930]. Offenkundig ist das beim gemeinsamen Verbandswechsel der Arbeitsvertragsparteien; der gem. § 3 Abs. 1 TVG geltende Tarifvertrag ist das beiderseits gewollte Tarifwerk. Bei einem einseitigen Verbandswechsel einer Arbeitsvertragspartei kommt es nur dann zur Tarifkonkurrenz, wenn auch die andere Arbeitsvertragspartei an den neuen Tarifvertrag gebunden ist. Beide Arbeitsver-

[927] So *Jacobs,* S. 283.
[928] So auch *Jacobs,* S. 277.
[929] *Oetker,* in: Wiedemann, § 3 TVG Rdnr. 82.
[930] *Haußmann,* S. 111.

tragsparteien legitimieren den gem. § 3 Abs. 1 TVG geltenden Tarifvertrag durch eine aktuelle Mitgliedschaft, während die Tarifbindung mindestens einer Arbeitsvertragspartei – beim beiderseitigen Verbandswechsel sogar beider Arbeitsvertragsparteien – an den gem. § 3 Abs. 3 TVG geltenden Tarifvertrag lediglich kraft fingierter Mitgliedschaft besteht. Aufgrund der beiderseitigen, kraft aktueller Mitgliedschaft geltenden Tarifbindung weist der gem. § 3 Abs. 1 TVG Geltung beanspruchende Tarifvertrag einen engeren Bezug zu dem von der Tarifkonkurrenz betroffenen Arbeitsverhältnis auf. Der gem. § 3 Abs. 1 TVG geltende Tarifvertrag hat gegenüber dem gem. § 3 Abs. 3 TVG geltenden Tarifvertrag die stärkere – weil aktuelle und nicht gesetzlich verlängerte – mitgliedschaftliche Legitimation[931] und muß sich daher in der Tarifkonkurrenz durchsetzen. Der grundsätzliche Vorrang des neuen Tarifvertrags trägt auch dem Gedanken Rechnung, daß auf Veränderungen in der wirtschaftlichen Situation reagiert werden muß; ein Vorrang des gem. § 3 Abs. 3 TVG geltenden Tarifvertrags würde die Anpassung an veränderte Umstände verhindern.

(3) Ergebnis

Die übrigen Lösungsansätze, wonach die Tarifkonkurrenz unter Beteiligung eines gem. § 3 Abs. 3 TVG geltenden Tarifvertrags nach den allgemeinen Lösungsgrundsätzen, dem Günstigkeitsprinzip oder anhand eines Wahlrechts einer Arbeitsvertragspartei gelöst werden soll, scheiden nach den eben gemachten Ausführungen aus. Im übrigen ist das Günstigkeitsprinzip generell zur Lösung der Tarifkonkurrenz untauglich[932]. Auch die Lösung der Tarifkonkurrenz anhand eines einseitigen Wahlrechts kann nicht überzeugen. Von vornherein versagt diese Lösung im Fall des beiderseitigen Verbandswechsels. Ein einseitiges Wahlrecht scheidet aber auch beim Verbandswechsel nur einer Arbeitsvertragspartei aus; denn Grund für die Entstehung der Tarifkonkurrenz ist nicht allein der einseitige Verbandswechsel, sondern die neue beiderseitige Tarifbindung.

Der grundsätzliche Vorrang des gem. § 3 Abs. 1 TVG geltenden Tarifvertrags steht einer gemeinsamen Rechtswahl der Arbeitsvertragsparteien zugunsten des gem. § 3 Abs. 3 TVG geltenden Tarifvertrag nicht entgegen. Denn zum einen werden die Arbeitsvertragsparteien grundsätzlich von den Rechtswirkungen des gem. § 3 Abs. 3 TVG geltenden Tarifvertrags erfaßt, so daß sie nicht generell von der Geltung dieses Tarifvertrags ausgeschlossen werden dürfen. Zum anderen beruht der grundsätzliche Vorrang des gem. § 3 Abs. 1 TVG geltenden Tarifver-

[931] *Löwisch/Rieble,* § 4 TVG Rdnr. 301.
[932] Vgl oben. § 14 III.

trags auf der Annahme, daß dieser einen engeren Bezug zum Willen der Arbeitsvertragsparteien aufweist. Geben die Arbeitsvertragsparteien aber zu erkennen, daß sie die Anwendung des bisher geltenden Tarifvertrags wünschen, besteht dieser engere Bezug zum gem. § 3 Abs. 3 TVG geltenden Tarifvertrag. Die Arbeitsvertragsparteien können sich daher auch für die Geltung dieses Tarifvertrags entscheiden.

b) Sonstige Fälle tarifautonomer Tarifkonkurrenz

Nunmehr muß für die Fallgruppen der tarifautonomen Tarifkonkurrenz, in denen ein Firmentarif mit einem Verbandstarif konkurriert oder zwei Verbandstarife in Konkurrenz zueinander geraten – für den Fall, daß sich die Arbeitsvertragsparteien nicht einigen – eine Lösung gefunden werden. Die Konkurrenz eines Firmentarifs mit einem Verbandstarif kann unter Beteiligung einer oder zweier Gewerkschaften auftreten. Im erst genannten Fall entsteht eine Tarifkonkurrenz, wenn die Gewerkschaft, deren Mitglied der Arbeitnehmer ist, sowohl mit dem Arbeitgeber als auch mit dem Verband des Arbeitgebers jeweils einen Tarifvertrag abgeschlossen hat. Ferner kommt es zur Tarifkonkurrenz, wenn eine Gewerkschaft mit dem Arbeitgeber einen Firmentarif vereinbart hat, eine andere Gewerkschaft mit dem Verband des Arbeitgebers einen Verbandstarif abgeschlossen hat und der Arbeitnehmer Mitglied in beiden beteiligten Gewerkschaften ist (Doppelmitgliedschaft des Arbeitnehmers).

Die Konkurrenz verschiedener Verbandstarife kann in drei Varianten auftreten. Sie entsteht erstens bei einer Doppelmitgliedschaft des Arbeitnehmers, wenn der Arbeitgeberverband des Arbeitgebers zwei Tarifverträge mit verschiedenen Gewerkschaften abgeschlossen hat. Zweitens entsteht eine Tarifkonkurrenz, wenn eine Doppelmitgliedschaft des Arbeitgebers besteht und beide Arbeitgeberverbände Tarifverträge mit der Gewerkschaft, deren Mitglied der Arbeitnehmer ist, abgeschlossen haben. Schließlich kommt es zu einer Tarifkonkurrenz, wenn zwei verschiedene Arbeitgeberverbände mit zwei verschiedenen Gewerkschaften Tarifverträge abgeschlossen haben und eine beiderseitige Doppelmitgliedschaft beider Arbeitsvertragsparteien besteht.

(1) Vorrang der spezielleren gemeinsamen Tarifzuständigkeit

Für diese Fallgruppen der Tarifkonkurrenz ist die speziellere gemeinsame Tarifzuständigkeit bei der Ermittlung des vorrangigen Tarifvertrags maßgeblich[933]. Stellt man entscheidend auf die engste Sachnähe der gemeinsamen Tarifzuständigkeit zu den normierten Rechtsverhältnissen ab, wird gewährleistet, daß der Tarifvertrag Anwendung findet, der die engste Verbindung zu dem von der Tarifkonkurrenz betroffenen Arbeitsverhältnis aufweist[934]. Die Tarifparteien mit der spezielleren gemeinsamen Tarifzuständigkeit können die besonderen Gegebenheiten des betroffenen Arbeitsverhältnisses am besten einschätzen, so daß der von ihnen geschlossene Tarifvertrag der für das Arbeitsverhältnis am besten passende ist. Der Vorrang der spezielleren gemeinsamen Tarifzuständigkeit gewährleistet unabhängig vom Inhalt der konkurrierenden Tarifverträge, daß der sachnähere Tarifvertrag Anwendung findet: Denn der geeignete Tarifvertrag ist nicht derjenige, welcher die speziellsten Regelungen enthält, sondern der Tarifvertrag, dessen Tarifvertragsparteien den engeren Bezug zu den geregelten Arbeitsverhältnissen haben und daher in ihrem Tarifvertrag den besonderen Gegebenheiten am besten Rechnung tragen können.

Danach setzt sich bei der Tarifkonkurrenz zwischen einem Firmentarif und einem Verbandstarif mit jeweils derselben Gewerkschaft der Firmentarifvertrag gegenüber dem Verbandstarifvertrag durch, weil die gemeinsame Tarifzuständigkeit des einzelnen Arbeitgebers mit derselben Gewerkschaft einen stärkeren Bezug zu den Arbeitsverhältnissen hat als die gemeinsame Tarifzuständigkeit der Gewerkschaft mit dem Arbeitgeberverband[935]. Der Vorrang des Firmentarifs, ergibt sich – soweit nur eine Gewerkschaft beteiligt ist – auch aus der inneren Verbindung der beteiligten Tarifvertragsparteien. Tarifpartner beider konkurrierender Tarifverträge ist dieselbe Gewerkschaft. Schließt diese Gewerkschaft einen Verbands- und einen Firmentarif, bringt sie damit zum Ausdruck, daß auf diejenigen ihrer Mitglieder, die in dem betreffenden Betrieb tätig sind, der Firmentarif Anwendung finden soll und nicht der Verbandstarif. Auf Arbeitgeberseite sind zwar verschiedene Tarifvertragsparteien beteiligt, es besteht aber ein Verhältnis zwischen dem einzelnen Arbeitgeber und seinem Verband, welches den Vorrang des Firmentarifs rechtfertigt. Wie beim Günstigkeitsprinzip hat die individuelle Entscheidung des Arbeitgebers Vorrang vor der kollektiven Entscheidung seines Verbands[936].

---

933 *Löwisch/Rieble,* § 4 TVG Rdnrn. 304 ff. ; MünchArbR-*Löwisch/Rieble,* § 276 Rdnrn. 30 ff.

934 *Löwisch/Rieble,* § 4 TVG Rdnr. 305; MünchArbR-*Löwisch/Rieble,* § 276 Rdnr. 31.

935 *Jacobs,* S. 278; *Löwisch/Rieble,* § 4 TVG Rdnr. 306; MünchArbR-*Löwisch/Rieble,* § 276 Rdnr. 32.

936 *Jacobs,* S. 278; *Rieble,* Rdnr. 1619: „Spezieller ist die Marktkompetenz an sich und nicht der Vertrag, den sie zustande bringt".

Entsprechendes gilt bei der Konkurrenz zwischen einem Tarifvertrag einer Spitzenorganisation und dem Tarifvertrag eines Mitgliedsverbands: Die gemeinsame Tarifzuständigkeit des Mitgliedsverbands und dem Vertragspartner ist spezieller als die Tarifzuständigkeit des Spitzenverbands mit dem gleichen Vertragspartner[937].

Die speziellere gemeinsame Tarifzuständigkeit ergibt sich in den beiden genannten Fallgruppen schon aus dem besonderen Verhältnis der beteiligten Tarifvertragsparteien. In den anderen denkbaren Fallgruppen besteht eine solche Verbindung nicht. Das sind die Fälle, in denen entweder der Arbeitnehmer zwei Gewerkschaften angehört, die mit dem Arbeitgeber oder dessen Verband unterschiedliche Tarifverträge abgeschlossen haben, oder der Arbeitgeber verschiedenen Arbeitgeberverbänden angehört, die mit derselben Gewerkschaft einen Tarifvertrag abgeschlossen hat, sowie der wohl nur theoretische Fall der beiderseitigen Doppelmitgliedschaft. In diesen Fallgruppen sind unterschiedliche und voneinander unabhängige Tarifvertragsparteien beteiligt. Das heißt aber nicht, daß eine spezielle gemeinsame Tarifzuständigkeit nicht festgestellt werden kann, sie ist nur auf anderem Wege zu ermitteln. Dabei bietet es sich an, die Sachnähe der beteiligten Tarifvertragsparteien danach zu bestimmen, wie das betroffene Arbeitsverhältnis einzuordnen ist[938]: Maßgebend ist danach die gesamte Ausgestaltung des Arbeitsverhältnisses und insbesondere die Art der von dem betroffenen Arbeitnehmer geleisteten Arbeit.[939]. Konkurriert beispielsweise der Tarifvertrag des Arbeitgeberverbands für das Schlosserhandwerk mit dem Tarifvertrag des Arbeitgeberverbands der Metallindustrie, so hängt die Sachnähe der gemeinsamen Tarifzuständigkeit davon ab, ob das betroffene Arbeitsverhältnis eher handwerklich oder eher industriell einzustufen ist. Kollidiert z. B. ein Tarifvertrag der IG Metall mit einem Tarifvertrag der Dienstleistungsgewerkschaft ver.di, hätte letzterer Tarifvertrag Vorrang, wenn die Tätigkeit des Arbeitnehmers von seiner Einordnung als Angestellter geprägt wird. Der Tarifvertrag der IG Metall wäre vorrangig, wenn die fachliche Ausrichtung den Ausschlag gibt, der Arbeitnehmer also eher mit den Arbeitern der Metallindustrie zu vergleichen ist. So wäre bei einem Verwaltungsangestellten der Tarifvertrag der Dienstleistungsgewerkschaft ver.di maßgeblich; bei einem Schlossermeister hätte der Tarifvertrag der IG Metall Vorrang.

---

937 *Jacobs,* S. 278; *Löwisch/Rieble,* § 4 TVG Rdnr. 306; MünchArb-*Löwisch/Rieble,* § 276 Rdnr. 32.

938 *Löwisch/Rieble,* § 4 TVG Rdnrn. 307 f.; MünchArb-*Löwisch/Rieble,* § 276 Rdnr. 33.

939 Vgl. BAG vom 22.2.1957 – 1 AZR 536/55, AP Nr. 2 zu § 4 TVG Tarifkonkurrenz; da es keinen Grundsatz der Tarifeinheit im Betrieb gibt, kommt es aber nicht auf die Art der überwiegenden Tätigkeit der überwiegenden Zahl der Arbeitnehmer des Betriebs an, sondern auf die Art der Arbeitsleistung des betroffenen Arbeitnehmers.

(2) Vorrang der jüngeren gemeinsamen Tarifbindung

Es darf allerdings nicht übersehen werden, daß es Konstellationen gibt, in denen eine speziellere gemeinsame Tarifzuständigkeit nicht festgestellt werden kann. Gemeint sind damit vor allem die Fälle, in denen ein Tarifvertrag einer christlichen Gewerkschaft mit dem Tarifvertrag einer DGB-Gewerkschaft kollidiert. Trifft beispielsweise ein Tarifvertrag der IG-Metall mit einem Tarifvertrag der CGM zusammen, kann der in der Tarifkonkurrenz vorrangige Tarifvertrag nicht danach bestimmt werden, wie das Arbeitsverhältnis einzuordnen ist, da beide Tarifverträge auf alle Arbeitnehmer der Metallindustrie bezogen sind, die Abgrenzung kann also nicht danach erfolgen, ob das Arbeitsverhältnis eher von der Einordnung des Arbeitnehmers als Angestellter oder eher von der Einordnung als Metallarbeiter geprägt wird. Für diesen Fall der Tarifkonkurrenz führt das Abstellen auf den Zeitpunkt des Eintritts der jüngeren gemeinsamen Tarifbindung zur Anwendung des Tarifvertrags, der die engste Verbindung zu dem betroffenen Arbeitsverhältnis aufweist, da mit diesem Tarifvertrag die aktuellste Entscheidung der Arbeitsvertragsparteien für eine Koalition Beachtung findet. Waren die Arbeitsvertragsparteien beispielsweise zunächst an den von der IG-Metall abgeschlossenen Tarifvertrag gebunden und trat erst danach die beiderseitige Tarifbindung an den von der CGM vereinbarten Tarifvertrag ein, geht letzterer vor.

3. Ergebnis

Einigen sich die Arbeitsvertragsparteien nicht über den anzuwendenden Tarifvertrag, ist gem. Art. 28 Abs. 1 S. 1 EGBGB analog zu ermitteln, welcher Tarifvertrag die engsten Verbindungen zu dem betroffenen Arbeitsverhältnis aufweist. Kollidiert ein allgemeinverbindlicher mit einem mitgliedschaftlich legitimierten Tarifvertrag geht letzterer vor. Trifft ein gem. § 3 Abs. 1 TVG geltender Tarifvertrag mit einem gem. § 3 Abs. 3 TVG Geltung beanspruchenden Tarifvertrag zusammen, so hat der gem. § 3 Abs. 1 TVG geltende Tarifvertrag Vorrang. In den übrigen Fällen der tarifautonomen Tarifkonkurrenz ist der Tarifvertrag vorrangig, dessen Tarifvertragsparteien die speziellere gemeinsame Tarifzuständigkeit aufweisen. Läßt sich eine speziellere gemeinsame Tarifzuständigkeit nicht feststellen, ist der Tarifvertrag vorrangig, an den die jüngere gemeinsame Tarifgebundenheit der Arbeitsvertragsparteien besteht.

III. Zusammenfassung

Die Tarifkonkurrenz von Individualnormen verschiedener Tarifverträge spielt nur in den Arbeitsverhältnissen eine Rolle, in denen eine beiderseitige Tarifgebundenheit beider Arbeitsvertragsparteien an die konkurrierenden Tarifverträge besteht. Es liegt daher auf der Hand, die Konkurrenz anhand von Kriterien aufzulösen, die dem betroffenen Individualarbeitsverhältnis am besten Rechnung tragen. Dem betroffenen Arbeitsverhältnis wird man am besten gerecht, wenn man dem Willen der Arbeitsvertragsparteien die entscheidende Bedeutung zumißt, da die Arbeitsvertragsparteien selbst am besten wissen, welcher Tarifvertrag der für ihr Arbeitsverhältnis geeignete ist. Die Lösung der Tarifkonkurrenz ist daher in einer gemeinsamen Rechtswahl der Arbeitsvertragsparteien gem. Art. 27 EGBGB analog zu suchen. Fehlt eine entsprechende Vereinbarung der Arbeitsvertragsparteien ist gem. Art. 28 Abs. 1 S. 1 EGBGB analog anhand tarifrechtlicher Wertungen zu ermitteln, zu welchem Tarifvertrag das betroffene Arbeitsverhältnis die engsten Verbindungen aufweist.

§ 16. LÖSUNG DER BETRIEBSWEITEN TARIFKONKURRENZ

Eine betriebsweite Tarifkonkurrenz entsteht zum einen, wenn mehrere Tarifverträge kollidieren, die jeweils Kollektivnormen enthalten und zum anderen wenn mehrere allgemeinverbindliche Tarifverträge miteinander konkurrieren. Beide Konstellationen zeichnen sich dadurch aus, daß sie sich stets auf den ganzen Betrieb beziehen; bei der Lösung einer betriebsweiten Tarifkonkurrenz muß daher der betriebliche Bezug berücksichtigt werden. Da Kollektivnormen nur Sinn machen, wenn sie betriebseinheitlich gelten, muß die Lösung der Tarifkonkurrenz auch einheitlich für alle Arbeitsverhältnisse eines Betriebs erfolgen. Zu finden sind daher Lösungswege, welche die Gegebenheiten des Betriebs und die Belange der Belegschaft insgesamt berücksichtigen. Es muß der Tarifvertrag gelten, „der den betrieblichen Bedürfnissen am besten gerecht wird".

I. Vereinbarung der Betriebsparteien

Zu untersuchen ist, ob der für die Tarifkonkurrenz von Individualnormen entwickelte Ansatz einer gemeinsamen Rechtswahl für die Tarifkonkurrenz von Kollektivnormen fruchtbar gemacht werden kann. Eine gemeinsame Vereinbarung der Arbeitsvertragsparteien scheidet freilich wegen der betriebseinheitlichen Geltung der Kollektivnormen aus. Es ist allerdings zu erwägen, Arbeitgeber und Betriebsrat gemeinsam über den vorrangigen Tarifvertrag entscheiden zu lassen[940]. Überträgt man die Entscheidungskompetenz auf den Betriebsrat, wird damit zugleich der dem Mehrheitsprinzip zugrundeliegende Demokratiegedanke und der Gesichtspunkt der Sachnähe berücksichtigt. Der hinter dem Mehrheitsprinzip stehende richtige Gedanke ist, daß der Tarifvertrag im Betrieb gelten soll, der von der Mehrheit der Arbeitnehmer legitimiert wird. Gerade das wird gewährleistet, wenn man dem Betriebsrat über den vorrangigen Tarifvertrag mitentscheiden läßt. Denn der Betriebsrat ist durch eine Wahl aller Arbeitnehmer eines Betriebs demokratisch legitimiert; er repräsentiert die Gesamtheit der von der Kollektivnormenkonkurrenz betroffenen Arbeitnehmer. Bei den Betriebsnormen, die das Verhältnis des Arbeitgebers zur Belegschaft regeln, ergibt sich die Befugnis des Betriebsrats zur Entscheidung über den vorrangigen Tarifvertrag aus seiner Stellung als Repräsentant der Belegschaft. Bei den betriebsverfassungsrechtlichen Normen ergibt sich die Befugnis des Betriebsrats schon daraus, daß die betriebsverfassungsrechtlichen Normen das Verhältnis zwischen Arbeitgeber und Betriebsrat regeln, die Betriebspartner also Adressaten dieser Tarifnormen sind. Aufgrund der

---

[940] *Biedenkopf,* S. 317 f.; *Rieble,* Rdnr. 1817; vgl. auch *Bieback,* S. 477 (481), der ein Wahlrecht des Betriebsrats für möglich hält.

Tatsache, daß der Betriebsrat dem Wohl der Arbeitnehmer und des Betriebs verpflichtet ist (§ 2 Abs. 1 BetrVG) und wegen des unmittelbaren Kontakts des Betriebsrats zu den betroffenen Arbeitnehmern, gewährleistet die Beteiligung des Betriebsrats an der Entscheidung über den vorrangigen Tarifvertrag, daß der Tarifvertrag Anwendung findet, welcher den besonderen Bedürfnissen des Betriebs und der darin tätigen Arbeitnehmer am besten gerecht wird. Die Betriebspartner kennen die besonderen Gegebenheiten des Betriebs besser als unbeteiligte Dritte oder die Gerichte. Es rückt wieder der Gedanke in den Vordergrund, daß die Betroffenen am besten wissen, was ihrem und dem beiderseitigen Interesse entspricht.

Der Betriebsrat kann nur dann über den in der betriebsweiten Tarifkonkurrenz vorrangigen Tarifvertrag mitbestimmen, wenn diese Lösung mit dem Vorrang der tariflichen gegenüber der betrieblichen Normsetzungskompetenz zu vereinbaren ist[941]. *Biedenkopf* ist der Auffassung, daß der Tarifvorrang in diesem Fall nicht gilt: Würde der Tarifvorrang von mehreren Tarifvertragsparteien wahrgenommen, so hebe er sich auf[942]. Dem ist zuzustimmen. Bei der Lösung der betriebsweiten Tarifkonkurrenz durch eine Einigung zwischen Arbeitgeber und Betriebsrat geht es zudem nicht darum, daß die Betriebspartner eigene Kollektivnormen vereinbaren, sondern um die Entscheidung, welche der konkurrierenden tariflichen Kollektivnormen im Betrieb Anwendung finden sollen. Der direkte Anwendungsfall des Tarifvorrangs ist daher nicht betroffen; der Betriebsrat übt keine eigene Normsetzungskompetenz aus, sondern soll nur im Interesse und als demokratisch legitimierter Repräsentant aller Arbeitnehmer mitentscheiden dürfen, welche der konkurrierenden tariflichen Ordnungen die für den Betrieb geeignete ist. Sinn und Zweck des Tarifvorrangs ist die Wahrung der Normsetzungsprärogative der Tarifparteien im Betrieb und der Schutz der Tarifparteien vor dem Betriebsrat als beitragsfreier Ersatzgewerkschaft[943]. Dieser Zweck wird durch eine Einigung der Betriebsparteien über den in der Tarifkonkurrenz vorrangigen Tarifvertrag nicht verletzt, da keine betriebliche Regelung an die Stelle einer tariflichen Regelung tritt, sondern die Ordnung im Betrieb in jedem Fall durch einen Tarifvertrag geregelt wird. Ebenso wie bei der Tarifkonkurrenz im einzelnen Arbeitsverhältnis der Weg zu einer individualrechtlichen Vereinbarung der Arbeitsvertragsparteien wieder frei wird, wird im Bereich der betriebsweiten Tarifkonkurrenz die Möglichkeit einer Vereinbarung zwischen Arbeitgeber und Betriebsrat eröffnet.

---

941 Verneinend *Jacobs,* S. 308; *Witzig,* S. 106.

942 *Biedenkopf,* S. 317 f.; ähnlich *Rieble,* Rdnr. 1817.

943 Däubler/Kittner/Klebe-*Berg,* § 77 BetrVG Rdnr. 62; *Fitting/Kaiser/Heither/Engels,* § 77 BetrVG Rdnr. 61; *von Hoyningen-Huene,* § 11 III 5 c; *Hromadka,* FS Schaub, S. 337 (343 ff.); *Kreutz,* GK-BetrVG § 77 BetrVG Rdnr. 66; *Otto,* NZA 1992, S. 97 (103); *Richardi,* § 77 BetrVG Rdnr. 228; *Wank,* in: Wiedemann, § 4 TVG Rdnr. 550.

In Betrieben ohne Betriebsrat scheidet eine gemeinsame Vereinbarung zwischen Arbeitgeber und Betriebsrat aus. Eine Vereinbarung des Arbeitgebers mit der Belegschaft insgesamt ist praktisch undurchführbar. In betriebsratslosen Betrieben muß daher auf eine gemeinsame Rechtswahl verzichtet werden. Ein kollektiv auszuübendes Wahlrecht der Arbeitnehmer für diese Konstellation kann nicht anerkannt werden. Zum einen gibt es hierfür keine dogmatische Grundlage. Zum anderen ist die Lösung unter völliger Außerachtlassung der Arbeitgeberseite gerade bei den Kollektivnormen, deren Geltung allein von der Tarifbindung des Arbeitgebers abhängt, unzulässig. Die Lösung der Tarifkonkurrenz von Kollektivnormen hat daher in betriebsratslosen Betrieben ausschließlich anhand einer objektiver Anknüpfung – nach den sogleich zu entwickelnden Grundsätzen – zu erfolgen.

II. Lösung bei fehlender Einigung

In der Regel werden sich Betriebsrat und Arbeitgeber darüber einigen können, welcher Tarifvertrag mit seinen Kollektivnormen im Betrieb Anwendung finden soll. Das gilt um so mehr, als bei Kollektivnormen in der Regel kein Interessengegensatz zwischen Arbeitgeber und Arbeitnehmern besteht, sondern ein gemeinsames Interesse aller Beteiligten, den Betrieb so zu organisieren, daß ein möglichst reibungsloser Betriebsablauf gewährleistet wird[944]. Noch seltener als im Bereich der Individualnormen ist daher bei der betriebsweiten Tarifkonkurrenz der Rückgriff auf eine Alternativlösung erforderlich.

1. Staatlich veranlaßte Tarifkonkurrenz

Im Bereich der betriebsweiten Tarifkonkurrenz kann eine staatlich veranlasste Tarifkonkurrenz in zwei Konstellationen auftreten. Erstens kann es zu einer Konkurrenz eines allgemeinverbindlichen Tarifvertrags mit einem mitgliedschaftlich legitimierten Tarifvertrag kommen. Zweitens entsteht eine staatlich veranlaßte, betriebsweite Tarifkonkurrenz, wenn zwei allgemeinverbindliche Tarifverträge in Konkurrenz zueinander geraten.

[944] Vgl. oben § 13 II.

a) Konkurrenz eines allgemeinverbindlichen Tarifvertrags mit einem tarifautonom geltenden Tarifvertrag

Der Vorrang mitgliedschaftlicher Legitimation vor der staatlich angeordneten Tarifgeltung gilt auch für den Bereich der Kollektivnormen[945]: Die Geltung des allgemeinverbindlichen Tarifvertrags ist nicht erforderlich, wenn – wie bei der Tarifkonkurrenz – bereits ein tarifautonom geltender Tarifvertrag die mit der Allgemeinverbindlicherklärung bezweckten Ziele erreicht. Da mit dem tarifautonom geltenden Tarifvertrag angemessene Arbeitsbedingungen geschaffen wurden, bleibt es bei der Normsetzungsprärogative der Koalitionen. Kollidiert in einem Betrieb ein Firmen- oder Verbandstarif mit einem allgemeinverbindlichen Tarifvertrag, gelten daher die Kollektivnormen des Tarifvertrags, den der Arbeitgeber selbst als Tarifpartei abgeschlossen hat bzw. der Tarifvertrag, an den der Arbeitgeber kraft Mitgliedschaft – sei es gem. § 3 Abs. 1 TVG oder gem. § 3 Abs. 3 TVG – gebunden ist.

b) Konkurrenz zweier allgemeinverbindlicher Tarifverträge

Ein allgemeinverbindlicher Tarifvertrag beansprucht – auch hinsichtlich seiner Individualnormen – für alle Arbeitsverhältnisse eines von der Allgemeinverbindlicherklärung erfaßten Betriebs Geltung. Kommt es zur Kollision mehrerer allgemeinverbindlicher Tarifverträge, entsteht daher eine betriebsweite Tarifkonkurrenz. In diesem Fall kann aus dem Geltungsgrund der konkurrierenden Tarifverträge keine Lösung der Tarifkonkurrenz hergeleitet werden. Für diesen Sonderfall der Tarifkonkurrenz ist zu erwägen, den vorrangigen Tarifvertrag nach dem Zeitpunkt der Allgemeinverbindlicherklärung zu bestimmen. Die Anwendung des Posterioritätsprinzips liegt nahe, da beide konkurrierenden Tarifverträge von der zuständigen Behörde für allgemeinverbindlich erklärt wurden, man also von einem einheitlichen „Normgeber" sprechen kann. Es wird nicht übersehen, daß die ursprünglichen Normgeber die Koalitionen sind, welche die für allgemeinverbindlich erklärten Tarifverträge abgeschlossen haben. Der Grund für die Entstehung der betriebsweiten Tarifkonkurrenz ist aber der Akt der Allgemeinverbindlicherklärung. Daher besteht bei der Konkurrenz mehrerer allgemeinverbindlicher Tarifverträge der für die Anwendung des Posterioritätsprinzips erforderliche Zusammenhang zwischen den konkurrierenden Regelungen. Erklärt der Bundesarbeitsminister einen Tarifvertrag für einen Bereich für allgemeinverbindlich, in dem bereits ein anderer Tarifvertrag für allgemeinverbindlich erklärt wurde, gibt

---

945 Vgl. zur Begründung auch oben § 15 II 1.

er damit zu erkennen, daß für den Bereich, in dem die Überschneidung stattfindet, der zuletzt für allgemeinverbindlich erklärte Tarifvertrag Anwendung finden soll.

2. Tarifautonome Tarifkonkurrenz

Auch im Bereich der Kollektivnormen können mehrere mitgliedschaftlich legitimierte Tarifverträge miteinander konkurrieren. Eine tarifautonome, betriebsweite Tarifkonkurrenz entsteht, wenn ein gem. § 3 Abs. 3 TVG geltender Tarifvertrag mit einem Tarifvertrag konkurriert, an den der Arbeitgeber kraft aktueller Mitgliedschaft oder kraft Parteistellung gebunden ist; wenn ein Firmentarif mit einem Verbandstarif kollidiert; wenn zwei Verbandstarife aufeinander treffen und jeweils beide konkurrierenden Tarifverträge Kollektivnormen enthalten.

a) Tarifkonkurrenz unter Beteiligung eines gem. § 3 Abs. 3 TVG geltenden Tarifvertrags

Im Bereich der Tarifkonkurrenz von Individualnormen wurde dem gem. § 3 Abs. 1 TVG geltenden Tarifvertrag ein grundsätzlicher Vorrang gegenüber dem gem. § 3 Abs. 3 TVG fortgeltenden Tarifvertrag eingeräumt[946]. Der Übertragung dieses Vorrangs auf die betriebsweite Tarifkonkurrenz könnte entgegenstehen, daß der Arbeitgeber wegen der Regelung des § 3 Abs. 2 TVG die Änderung der Tarifbedingungen allein in seinen Händen hielte; während es bei der Tarifkonkurrenz von Individualnormen nur bei einer entsprechenden Tarifbindung des Arbeitnehmers zum Tarifwechsel kommt. Der Schutzzweck des § 3 Abs. 3 TVG erfordert dennoch nicht die Anwendung der Kollektivnormen des vom bisherigen Arbeitgeberverband abgeschlossenen Tarifvertrags: Der Verbandswechsel des Arbeitgebers bewirkt im Bereich der Kollektivnormen stets die Geltung der Normen des neuen Verbands, ein tarifloser Zustand wird in jedem Fall vermieden. Auch wenn § 3 Abs. 3 TVG davor schützen soll, daß das bestehende Tarifniveau zuungunsten der Arbeitnehmer verändert wird, besteht diese Gefahr von vornherein nicht, soweit es um Kollektivnormen geht[947]. Denn die Kollektivnormen eines Tarifvertrag sind nicht günstiger oder ungünstiger als die Kollektivnormen eines anderen Tarifvertrags[948]. Ebenso wie bei der Tarifkonkurrenz von Individualnormen ist auch bei der Konkurrenz von Kollektivnormen der Tarifvertrag des neuen Verbands gegenüber dem nach § 3 Abs. 3 TVG fortgeltenden Tarifvertrag vorrangig. Die

---

[946] Vgl. oben § 15 II 2 a.
[947] *Gorissen*, S. 24.
[948] Vgl. *Ganter*, S. 10; *Jacobs*, S. 308; *Reuter*, JuS 1992, S. 105 (109); *Witzig*, S. 57.

Tarifbindung des Arbeitgebers an den Tarifvertrag des neuen Verbands ist aufgrund der aktuellen Mitgliedschaft des Arbeitgebers stärker als die gem. § 3 Abs. 3 TVG lediglich fingierte Mitgliedschaft und Tarifbindung an den Tarifvertrag des bisherigen Arbeitgeberverbands.

b) Sonstige Fälle tarifautonomer Tarifkonkurrenz

Schließlich verbleiben die übrigen Fallgruppen der betriebsweiten, tarifautonomen Tarifkonkurrenz – also die Konkurrenz zwischen Firmen- und Verbandstarifvertrag sowie die Kollision zweier Verbandstarife – zu lösen.

(1) Speziellere gemeinsame Tarifzuständigkeit

Primär ist wiederum auf das Kriterium der spezielleren gemeinsamen Tarifzuständigkeit zurückzugreifen[949]. Freilich kann es bei der Tarifkonkurrenz von Kollektivnormen nicht darauf ankommen, daß sich der Tarifvertrag derjenigen Tarifparteien, die den engsten Bezug zum betroffenen Arbeitsverhältnis haben, durchsetzt. Wegen der betriebsweiten Reichweite der Tarifkonkurrenz von Kollektivnormen muß sich vielmehr der Tarifvertrag derjenigen Tarifparteien durchsetzen, die den engsten Bezug zum betroffenen Betrieb aufweisen.

Im einzelnen gilt folgendes: Kollidiert ein Firmentarif mit einem Verbandstarif und ist dieselbe Gewerkschaft Vertragspartner beider Tarifverträge, so geht der Firmentarif vor. Die gemeinsame Tarifzuständigkeit des Arbeitgebers und der Gewerkschaft hat einen engeren Bezug zu dem von der Tarifkonkurrenz betroffenen Betrieb und der darin tätigen Arbeitnehmer als die gemeinsame Tarifzuständigkeit derselben Gewerkschaft und des Arbeitgeberverbands. Entsprechendes gilt für die gemeinsame Tarifzuständigkeit eines Mitgliedsverbands im Verhältnis zu der des Spitzenverbands mit der anderen Tarifvertragspartei. In den übrigen Fallgruppen der tarifautonomen Tarifkonkurrenz, in denen voneinander unabhängige Tarifvertragsparteien beteiligt sind, ist die engste gemeinsame Tarifzuständigkeit anhand der Einordnung des Betriebs festzustellen. Da bei der Tarifkonkurrenz von Kollektivnormen eine betriebseinheitliche Lösung gefunden werden muß, kann es nicht auf die Art der Arbeitsleistung der einzelnen Arbeitnehmer ankommen. Entscheidend ist vielmehr die den Betrieb prägende Tätigkeit; das ist die Art der Ar-

[949] Vgl. oben § 15 II 2 b.

beit, welche die überwiegende Zahl der Arbeitnehmer im Betrieb leistet[950]. Kollidiert beispielsweise in einem Betrieb, in dem sowohl Spirituosen hergestellt werden als auch der Einkauf und Absatz von Wein betrieben wird, ein Tarifvertrag der Wirtschaftsvereinigung Groß- und Außenhandel mit einem Tarifvertrag des Verbands der Spirituosenfabrikanten, sind die Kollektivnormen der Wirtschaftsvereinigung Groß- und Außenhandel im Betrieb anzuwenden, wenn die überwiegende Zahl der Arbeitnehmer überwiegend im Weinhandel beschäftigt wird und sich eine Minderheit der Arbeitnehmer mit der Herstellung von Spirituosen beschäftigt[951]. Kommt es zur Konkurrenz zwischen einem Tarifvertrag der IG Metall und einem Tarifvertrag der IG Chemie[952], hängt die Tarifgeltung der Kollektivnormen in dem betroffenen Betrieb davon ab, ob die Mehrzahl der Arbeitnehmer im Metallbereich oder im Chemiebereich tätig ist.

(2) Mehrheitsprinzip

Kann eine spezielle gemeinsame Tarifzuständigkeit nicht festgestellt werden – etwa in dem Fall der Kollision eines Tarifvertrags einer christlichen Gewerkschaft mit dem Tarifvertrag einer Industriegewerkschaft – muß ein anderes Vorrangprinzip zur Lösung der Tarifkonkurrenz herangezogen werden. Für diesen speziellen Fall der Tarifkonkurrenz von Kollektivnormen ist davon auszugehen, daß den Bedürfnissen des Betriebs und der darin tätigen Arbeitnehmer derjenige Tarifvertrag am besten gerecht wird, an den die meisten Arbeitnehmer kraft Mitgliedschaft gebunden sind. Insoweit spricht auch eine Vermutung für die Sachnähe der Gewerkschaft, welcher die meisten Arbeitnehmer eines Betriebs angehören. Denn die Gewerkschaft mit den meisten Mitgliedern im Betrieb wird in der Regel den Bedürfnissen der im Betrieb beschäftigten Arbeitnehmer und deren Interessen am besten gerecht werden können; nicht ohne Grund hat die Mehrheit der Arbeitnehmer die Mitgliedschaft in dieser Gewerkschaft gewählt.

III. Zusammenfassung

Die Lösung der Tarifkonkurrenz von Kollektivnormen ist vornehmlich in einer gemeinsamen Vereinbarung von Arbeitgeber und Betriebsrat zu suchen. Nur für

---

950 Vgl. BAG vom 22.2.1957 – 1 AZR 536/55, AP Nr. 2 zu § 4 TVG Tarifkonkurrenz; BAG vom 26.2.1957 – 1 AZR 529/55, AP Nr. 3 zu § 4 TVG Tarifkonkurrenz; BAG vom 14.6.1989 – 4 AZR 200/89, AP Nr. 16 zu § 4 TVG Tarifkonkurrenz.

951 Beispiel nach BAG vom 26.2.1957 – 1 AZR 529/55, AP Nr. 3 zu § 4 TVG Tarifkonkurrenz.

952 Vgl. LAG München vom 29.11.1995 – 5 (7) TaBV 36/92, LAGE Nr. 1 zu § 2 TVG Tarifzuständigkeit.

die seltenen Fälle, in denen keine Einigung stattfindet oder ein Betriebsrat nicht existiert, sind Alternativlösungen heranzuziehen. In diesen Fällen müssen die Kollektivnormen des Tarifvertrags, der die engste Verbindung zu dem Betrieb und der darin tätigen Arbeitnehmer aufweist, Anwendung finden. Danach setzt sich bei der Konkurrenz zwischen einem allgemeinverbindlichen und einem tarifautonom geltenden Tarifvertrag letzterer durch. Kollidieren zwei allgemeinverbindliche Tarifverträge, gelten die Kollektivnormen des Tarifvertrags, der zuletzt für allgemeinverbindlich erklärt wurde. Kollidiert ein gem. § 3 Abs. 3 TVG geltender Tarifvertrag mit einem Tarifvertrag, an den der Arbeitgeber kraft aktueller Mitgliedschaft oder kraft Parteistellung gebunden ist, treten die Kollektivnormen des gem. § 3 Abs. 3 TVG geltenden Tarifvertrags zurück. In den übrigen Fällen der tarifautonomen Tarifkonkurrenz sind die anzuwendenden Kollektivnormen primär anhand der spezielleren gemeinsamen Tarifzuständigkeit der beteiligten Tarifvertragsparteien zu ermitteln. Läßt sich eine speziellere gemeinsame Tarifzuständigkeit nicht feststellen, sind die Kollektivnormen des Tarifvertrags vorrangig, an den die meisten Arbeitnehmer kraft Mitgliedschaft gebunden sind.

ERGEBNISSE

1. Zu unterscheiden sind zwei große Bereiche der Tarifkollision: Die Tarifkollision im einzelnen Arbeitsverhältnis, die als Tarifkonkurrenz bezeichnet wird und die Tarifkollision im Betrieb, die mit dem Begriff der Tarifpluralität beschrieben wird. Die Tarifkonkurrenz setzt voraus, daß zwei von verschiedenen Tarifvertragsparteien vereinbarte Tarifverträge – gleich welchen Regelungsgegenstands – unmittelbar und zwingend auf ein Arbeitsverhältnis einwirken. Das ist der Fall, wenn die Geltungsbereiche der konkurrierenden Tarifverträge das Arbeitsverhältnis erfassen und beide Arbeitsvertragsparteien gem. §§ 3, 4 oder 5 Abs. 4 TVG an die kollidieren Tarifverträge tarifgebunden sind. In allen übrigen Fällen – wie bei der Tarifgeltung kraft arbeitsvertraglicher Bezugnahme – handelt es sich um eine scheinbare Tarifkonkurrenz. Eine Tarifpluralität liegt vor, wenn in einem Betrieb für verschiedene Arbeitsverhältnisse verschiedene Tarifverträge normative Geltung beanspruchen. Die Tarifkollision kann staatlich veranlaßt – das ist der Fall, wenn mindestens einer der konkurrierenden Tarifverträge gem. § 5 Abs. 4 TVG Geltung beansprucht – oder tarifautonom ausgelöst sein; das ist der Fall, wenn beide Tarifverträge kraft Mitgliedschaft in der tarifschließenden Koalition bzw. beim Arbeitgeber kraft Parteistellung gelten.

2. Tarifkollisionen können durch die Aufnahme von Einschränkungsklauseln und durch den Abschluß mehrgliedriger Tarifverträge verhindert werden. Beschränkungen der Tariffähigkeit oder der Tarifzuständigkeit sind nicht zulässig und können Tarifkollisionen nicht vermeiden: Der Beitritt in einen Arbeitgeberverband läßt die Tariffähigkeit des Arbeitgebers unberührt. Gleiches gilt für die Tariffähigkeit eines Verbands, der Mitglied eines Spitzenverbands ist. Die Tarifzuständigkeit der Tarifparteien kann weder durch das Industrieverbandsprinzip als solches noch durch Satzungsbestimmungen von Dachverbänden – wie §§ 15, 16 DGB-Satzung – mit verbindlicher Wirkung nach außen beschränkt werden.

3. Der Grundsatz der Tarifeinheit im Betrieb ist nicht als verbindlicher Rechtsgrundsatz anzuerkennen; die Tarifpluralität ist daher nicht auflösungsbedürftig. Der Grundsatz der Tarifeinheit im Betrieb hat sich weder zu Gewohnheitsrecht verfestigt noch ist er ein Rechtsprinzip mit eigenständiger Normwirkung. Insbesondere ist er nicht durch richterliche Rechtsfortbildung gerechtfertigt. Das Nebeneinander mehrerer Tarifverträge ist der Systematik des TVG immanent, so daß bereits keine Regelungslücke vorliegt. Darüber hinaus scheidet auch eine Lückenausfüllung aus. Die Tarifeinheit im Betrieb läßt sich weder aus einer Analogie zu § 87 Abs. 1 Eingangssatz BetrVG oder zu § 613 a Abs. 1 S. 3 BGB herleiten noch findet sich ein allgemeines Rechtsprinzip, welches die Tarifeinheit im Betrieb rechtfertigen kann. Ebensowenig ist eine gesetzesübersteigende Rechtsfortbildung gerechtfertigt. Praktische Schwierigkeiten begründen keine zwingen-

den Bedürfnisse des Rechtsverkehrs. Die Anwendung nur eines Tarifvertrags in einem Betrieb läßt sich auch nicht mit der Natur der Sache oder mit einem Rückgriff auf ein rechtsethisches Prinzip rechtlich begründen. Schließlich stellen die Organisationsprinzipien des DGB und seiner Mitgliedschaftsgewerkschaften keine ausreichende Rechtsgrundlage für die Anwendung des Grundsatzes der Tarifeinheit im Betrieb dar.

4. Überdies ist der Grundsatz der Tarifeinheit im Betrieb nicht mit der Rechtsordnung vereinbar. Er verstößt sowohl gegen einfaches Gesetzesrecht – die Systematik des TVG und § 5 TVG – als auch gegen Verfassungsrecht (Art. 9 Abs. 3 GG): Die Verdrängung eines Tarifvertrags aus einem Betrieb ist nicht mit der individuellen positiven Koalitionsfreiheit der Arbeitnehmer und Arbeitgeber vereinbar, die kraft Mitgliedschaft bzw. Parteistellung an den verdrängten Tarifvertrag gebunden sind. Ebensowenig ist der Grundsatz der Tarifeinheit im Betrieb mit dem Koalitionspluralismus und der kollektiven Betätigungsfreiheit der Gewerkschaften und Arbeitgeberverbände in Einklang zu bringen, die den verdrängten Tarifvertrag abgeschlossen haben. Der Grundsatz der Tarifeinheit im Betrieb kann daher auch nicht gesetzlich normiert werden.

5. Anzuerkennen ist hingegen der mittlerweile zu Gewohnheitsrecht erstarkte Grundsatz der Tarifeinheit im Arbeitsverhältnis; die Tarifkonkurrenz muß daher aufgelöst werden. Ein Arbeitsverhältnis kann nur von den Individualnormen eines Tarifvertrags geregelt werden. Entsprechend können die Arbeitsverhältnisse eines Betriebs nur einheitlich von den Kollektivnormen eines Tarifvertrags gestaltet werden. Jedoch geht der Grundsatz der Tarifeinheit im Arbeitsverhältnis nicht so weit, daß die ein Arbeitsverhältnis gestaltenden Individualnormen und Kollektivnormen notwendig einem Tarifvertrag entspringen müssen. Ein Tarifvertrag kann entlang der Grenze Individualnormen auf der einen und Kollektivnormen auf der anderen Seite aufgespalten werden. Ein Arbeitsverhältnis kann demnach den Individualnormen eines Tarifvertrags und den Kollektivnormen eines anderen Tarifvertrags unterstehen. Die Möglichkeit der Aufspaltung eines Tarifvertrags in einen individuellen und einen kollektiven Teil hat zur Folge, daß die Lösung der Tarifkonkurrenz von Individualnormen und die Tarifkonkurrenz von Kollektivnormen entsprechend ihren unterschiedlichen Anknüpfungspunkten – Individualarbeitsverhältnis auf der einen und Betrieb auf der anderen Seite – unterschiedlichen Regeln folgen kann.

6. Nach der bisher ganz herrschenden Meinung in Rechtsprechung und Literatur ist die Tarifkonkurrenz in allen auftretenden Varianten nach dem Spezialitätsprinzip zu lösen. Dem Spezialitätsprinzip ist jedoch in Einklang mit einer neueren Strömung in der Literatur die Tauglichkeit zur Lösung der Tarifkonkurrenz abzusprechen. Es ist dogmatisch nicht begründbar und läßt die Besonderheiten der

verschiedenen Fallgruppen der Tarifkonkurrenz außer acht. Auch die übrigen herkömmlichen Lösungsansätze wie Günstigkeits-, Rang-, Mehrheits-, Prioritäts- und Posterioritätsprinzip vermögen nicht zu überzeugen; sie entbehren einer dogmatischen Grundlage und führen nicht zu sachlich überzeugenden Ergebnissen. Die in neuerer Zeit angeregten differenzierten Ansätze wollen für jede Fallgruppe der Tarifkonkurrenz ein anderes Lösungskriterium heranziehen und sind daher in der Praxis schwer umzusetzen.

7. Die Lösung der Tarifkonkurrenz von Individualnormen ist in einer Analogie zum Kollisionsrecht zu suchen. Primär sollen die Arbeitsvertragsparteien gemeinsam über den vorrangigen Tarifvertrag bestimmen. Das ist praktisch leicht handhabbar, verhilft dem Selbstbestimmungsrecht der Arbeitsvertragsparteien zur Geltung und führt – ausgehend von dem Gedanken, daß die Betroffenen am besten wissen, was ihrem und dem beiderseitigen Interesse entspricht – zur Anwendung des geeigneten Tarifvertrags. Nur für den Fall, daß eine Einigung nicht zustande kommt, sind Alternativlösungen für die verschiedenen Fallgruppen der Tarifkonkurrenz erforderlich: Danach gebührt bei einer Tarifkonkurrenz unter Beteiligung eines kraft staatlicher Anordnung geltenden Tarifvertrags (§ 5 Abs. 4 TVG, § 1 Abs. 3 a AEntG) dem mitgliedschaftlich legitimierten Tarifvertrag der Vorrang. Kollidiert ein gem. § 3 Abs. 3 TVG geltender Tarifvertrag mit einem gem. § 3 Abs. 1 TVG geltenden Tarifvertrag, ist letzterer vorrangig. In den übrigen Fällen der tarifautonomen Tarifkonkurrenz ist der vorrangige Tarifvertrag primär anhand der spezielleren gemeinsamen Tarifzuständigkeit der beteiligten Tarifparteien und hilfsweise anhand der jüngeren gemeinsamen Tarifbindung der Arbeitsvertragsparteien zu ermitteln.

8. Die Lösung der Tarifkonkurrenz von Kollektivnormen ist vorrangig in einer gemeinsamen Vereinbarung der Betriebsparteien zu suchen. Nur für den seltenen Fall, daß eine Einigung nicht stattfindet oder ein Betriebsrat nicht besteht, ist auf alternative Lösungsansätze zurückzugreifen. Im einzelnen gilt folgendes: Konkurriert ein kraft staatlicher Anordnung geltender Tarifvertrag mit einem mitgliedschaftlich legitimierten Tarifvertrag, geht letzterer vor. Kollidieren zwei allgemeinverbindliche Tarifverträge, ist der zuletzt für allgemeinverbindlich erklärte Tarifvertrag vorrangig. Bei der Tarifkonkurrenz unter Beteiligung eines gem. § 3 Abs. 3 TVG geltenden Tarifvertrags gilt wiederum der Vorrang des kraft aktueller Mitgliedschaft geltenden Tarifvertrags. In den übrigen Fällen der tarifautonomen Tarifkonkurrenz ist der Tarifvertrag derjenigen Tarifparteien vorrangig, welche die speziellere gemeinsame Tarifzuständigkeit aufweisen. Läßt sich eine speziellere gemeinsame Tarifzuständigkeit nicht feststellen, ist nach dem Mehrheitsprinzip der Tarifvertrag anzuwenden, an den die meisten Arbeitnehmer im Betrieb kraft Mitgliedschaft tarifgebunden sind.

LITERATURVERZEICHNIS

Anthes, Hans-Georg: Tarifkonkurrenz, Hauptfragen des Tarifrechts (Hrsg.: Walter Kaskel), Band 2, Berlin 1927, S. 166 – 173.

Badura, Peter: Staatsrecht, 2. Auflage, München 1996.

Bauer, Jobst-Hubertus / *Haußmann,* Katrin: Tarifwechsel durch Verbandswechsel, DB 1999, S. 1114 – 1117.

Bauer, Thorsten / *Meinel*, Gernod: Vereinheitlichung der Arbeitsbedingungen im Betrieb – Individualrechtliche Lösung statt Grundsatz der Tarifeinheit, NZA 2000, S. 181 – 188.

Becker, Erich: Die Tarifnormen-Kollision, Erlangen, Leipzig 1924.

Belling, Detlev Werner: Das Günstigkeitsprinzip im Arbeitsrecht, Berlin 1984.

Ders.: Die Haftung des Betriebsrats und seiner Mitglieder für Pflichtverletzungen, Tübingen 1990.

Bieback, Karl Jürgen: Tarifrechtliche Probleme des Verbandswechsels des Arbeitgebers, DB 1989, S. 477 – 482.

Birk, Rolf: Die Bedeutung der Parteiautonomie im internationalen Arbeitsrecht, RdA 1989, S. 201 – 207.

Bispinck, Reinhard u. a.: WSI-Tarifhandbuch 2001 (Hrsg.: Wirtschafts- und Sozialwissenschaftliches Institut in der Hans-Böckler-Stiftung) Frankfurt a. M. 2001.

Blank, Michael: Die Tarifzuständigkeit der DGB-Gewerkschaften, Baden-Baden 1996.

Bleckmann, Albert: Staatsrecht II – Die Grundrechte, 4. Auflage, Köln, Bonn, Berlin, München 1997.

Bötticher, Eduard: Die gemeinsamen Einrichtungen der Tarifvertragsparteien, Heidelberg 1966.

Brox, Hans / *Rüthers*, Bernd: Arbeitsrecht, 14. Auflage, Stuttgart 1999.

Bruhn, Claus-Jürgen: Tarifeinheit im Betrieb als Eingriff in die Koalitionsfreiheit, Frankfurt a. M., Berlin, Bern, New York, Paris, Wien 1997.

Brunssen, Michaela: Der Arbeitgeberverbandswechsel, Frankfurt a. M., Berlin, Bern, Bruxelles, New York, Wien 2000.

Buchner, Herbert: Tarifvertragsgesetz und Koalitionsfreiheit, München 1964.

Ders.: Der Umfang tariflicher Abschlußnormen, insbesondere ihre Abgrenzung zu den Normen über betriebliche Fragen, RdA 1966, S. 208 – 210.

Ders.: Möglichkeiten und Grenzen betriebsnaher Tarifpolitik, DB 1970, S. 2025 – 2033.

Ders.: Mitgliedschaft in Arbeitgeberverbänden ohne Tarifbindung, NZA 1994, S. 2 – 12.

Ders.: Wirkliche und vermeintliche Gefährdungen der Tarifautonomie, Festschrift für Otto Rudolf Kissel zum 65. Geburtstag: Arbeitsrecht in der Bewährung (Hrsg.: Meinhard Heinze / Alfred Söllner) München 1994, S. 97 – 117.

Ders.: Die tarifrechtliche Situation bei Verbandsaustritt und bei Auflösung eines Arbeitgeberverbands, RdA 1997, S. 259 – 267.

Ders.: Gemeinsame Anm. zu BAG vom 25.9.1996 – 1 ABR 4/96 und BAG vom 12.11.1996 – 1 ABR 33/96, SAE 1998, S. 258 – 266.

Ders.: Vereinheitlichung tariflicher Strukturen im Unternehmens- und Konzernbereich, Festschrift für Günter Schaub zum 65. Geburtstag: Tarifautonomie für ein neues Jahrhundert (Hrsg.: Monika Schlachter / Reiner Ascheid / Hans-Wolf Friedrich) München 1998, S. 75 – 93.

Bydlinski, Franz: Juristische Methodenlehre und Rechtsbegriff, 2. Auflage, Wien, New York 1991.

Caspar, Richard: Die gesetzliche und verfassungsrechtliche Stellung der Gewerkschaften im Betrieb, Köln, Berlin, Bonn, München 1980.

Danne, Harald Th.: Anm. zu BAG vom 4.9.1996 – 4 AZR 135/95, SAE 1998, S. 107 – 116.

Däubler, Wolfgang: Arbeitskampfrecht mit neuen Konturen? AuR 1992, S. 1 – 8.

Ders.: Tarifvertragsrecht, 3. Auflage, Baden-Baden 1993.

Ders.: Tarifausstieg – Erscheinungsformen und Rechtsfolgen, NZA 1996, S. 225 – 233 .

Däubler, Wolfgang / *Kittner*, Michael / *Klebe*, Thomas: Betriebsverfassungsgesetz, Kommentar für die Praxis, 7. Auflage, Frankfurt am Main 2000.

Dauner-Lieb, Barbara: Anm. zu BAG vom 28.5.1997 – 4 AZR 546/95, SAE 1999, S. 47 – 51.

Dechant, Hans: Der Kollektivvertrag nach österreichischem und deutschem Rechte, Wien, Leipzig, München 1923.

Ders.: Normenkollision im Tarifrecht, ArbR 1924, Sp. 15 – 20.

Delbos, Roland: Tarifkonkurrenz und Tarifeinheit, Würzburg 1970.

Dieterich, Thomas: Die betrieblichen Normen nach dem Tarifvertragsgesetz vom 9.4.1949, Heidelberg 1964.

Dieterich, Thomas / *Hanau*, Peter / *Schaub*, Günter: Erfurter Kommentar zum Arbeitsrecht, 2. Auflage, München 2001.

Dietz, Rolf: Betriebsverfassungsgesetz, 4. Auflage, München, Berlin 1967.

Dörner, Hans-Jürgen: Handbuch zum Arbeitsrecht, Band 6, Gruppe 18, Teilbereich 1: Tarifvertrag (Hrsg.: Wolfgang Leinemann) Neuwied 1996, S. 101 – 258.

Dräger, Jürgen: Tariffragen bei Änderung des Unternehmensgegenstandes durch Beschränkung auf bisherige Nebenbetriebe, BB 1970, S. 1141 – 1142.

Dreier, Horst: Grundgesetz Kommentar, Band I, Art. 1 – 19, Tübingen 1996.

Dutti, Klaus: Tarifgebundenheit bei Verbandswechsel, BB 1968, S. 1335 – 1338.

Ders.: Die Überschneidung der Tarifzuständigkeiten von Industriegewerkschaften, DB 1969, S. 218 – 221.

Dütz, Wilhelm: Arbeitsrecht, 4. Auflage, München 1999.

Ehrenwerth, Otto: Die mehrfache Tarifgebundenheit eines Arbeitsverhältnisses, Weimar 1931.

Engisch, Karl: Einführung in das juristische Denken, 8. Auflage, Stuttgart, Berlin, Köln, Mainz 1983.

Enneccerus, Ludwig / *Nipperdey*, Hans Carl: Allgemeiner Teil des Bürgerlichen Rechts, 15. Auflage, Tübingen 1959.

Esser, Josef: Grundsatz und Norm in der richterlichen Fortbildung des Privatrechts, 2. Auflage, Tübingen 1964.

Etzel, Gerhard: Tarifordnung und Arbeitsvertrag, NZA 1987 Beil. 1, S. 19 – 31.

Ders.: Die Entwicklung des Arbeitsrechts im Jahre 1990, NJW 1991, S. 3191 – 3202.

Ders.: Die Entwicklung des Tarifrechts in der Rechtsprechung des Vierten Senats des Bundesarbeitsgerichts unter Günter Schaub, Festschrift für Günter Schaub zum 65. Geburtstag: Tarifautonomie für ein neues Jahrhundert (Hrsg.: Monika Schlachter / Reiner Ascheid / Hans-Wolf Friedrich) München 1998, S. 173 – 191.

Fabricius, Fritz / *Kraft*, Alfons / *Wiese*, Günther / *Kreutz*, Peter: Betriebsverfassungsgesetz, Band I: §§ 1 – 73 mit Wahlordnungen, Gemeinschaftskommentar, 4. Auflage, Neuwied, Darmstadt 1987.

Fabricius, Fritz / *Kraft*, Alfons / *Wiese*, Günther / *Kreutz*, Peter / *Oetker*, Hartmut: Betriebsverfassungsgesetz, Band I: §§ 1 – 73 mit Wahlordnungen, Gemeinschaftskommentar, 6. Auflage, Neuwied, Kriftel, Berlin 1997; Band II: §§ 74 – 132 mit Kommentierung des BetrVG 1952, Gemeinschaftskommentar, 6. Auflage, Neuwied, Kriftel 1998.

Feger, Sandra: Flucht aus dem Arbeitgeberverband, AiB 1995, S. 490 – 505.

Feichtinger, Peter: Die betriebsverfassungsrechtliche Regelungsbefugnis der Tarifvertragsparteien, Mainz 1975.

Fenn, Herbert: Grundsatz der Tarifeinheit – Zugleich zu Voraussetzungen und Grenzen richterlicher Rechtsfortbildung –, Festschrift für Otto Rudolf Kissel zum 65. Geburtstag: Arbeitsrecht in der Bewährung (Hrsg.: Meinhard Heinze / Alfred Söllner) München 1994, S. 213 – 238.

Fitting, Karl / *Kaiser*, Heinrich / *Heither*, Friedrich / *Engels*, Gerhard/ *Schmidt,* Ingrid: Betriebsverfassungsgesetz, Handkommentar, 20. Auflage, München 2000.

Franzen, Martin: Tarifrechtssystem und Gewerkschaftswettbewerb – Überlegungen zur Flexibilisierung des Flächentarifvertrags, RdA 2001, S. 1 – 10.

Freisler, Roland: Tarifkonkurrenz, NZfA 1923, Sp. 477 – 482.

Flume, Werner: Allgemeiner Teil des Bürgerlichen Rechts, Erster Band, Zweiter Teil: Die juristische Person, Berlin, Heidelberg, New York, Tokyo 1983.

Friedrich, Hans-Wolf: Nachwirkender Tarifvertrag und seine Ablösung durch einen Tarifvertrag eines anderen Arbeitgeberverbandes mit einer anderen Gewerkschaft – eine Fallstudie –, Festschrift für Günter Schaub zum 65. Geburtstag: Tarifautonomie für ein neues Jahrhundert (Hrsg.: Monika Schlachter / Reiner Ascheid / Hans-Wolf Friedrich) München 1998, S. 193 – 203.

Frieges, Holger: Wegfall der Tarifbindung und einzelvertragliche Inbezugnahme, DB 1996, S. 1281 – 1283.

Fuchs, Maximilian: Handbuch des Arbeits- und Sozialrechts, Band V, § 29, Tarifvertragsrecht, (Hrsg.: Manfred Weiss / Alexander Gagel), Stand 7/1997, Baden-Baden.

Gamillscheg, Franz: Ein Gesetz über das internationale Arbeitsrecht, ZfA 1983, S. 307 – 373.

Ders.: Kollektives Arbeitsrecht, Band I: Grundlagen/Koalitionsfreiheit/Tarifvertrag/ Arbeitskampf und Schlichtung , München 1997.

Ganter, Alexander: Die tarifvertragliche Regelung betrieblicher Fragen, Tübingen 1984.

Gast, Wolfgang: Tarifautonomie und die Normsetzung durch Betriebsvereinbarung, Heidelberg 1981.

Gaul, Björn: Die einzelvertragliche Bezugnahme auf einen Tarifvertrag beim Tarifwechsel des Arbeitgebers, NZA 1998, S. 9 – 17.

Gaul, Dieter: Tarifliche Friedenspflicht und Firmentarifvertrag, RdA 1966, S. 172 – 179.

Ders.: Zuständigkeitsregelung und kollektivrechtlicher Gestaltungsraum für Tarifvertragsparteien, ZTR 1991, S. 443 – 455.

Ders.: Der Betriebsübergang, 2. Auflage, Köln 1993.

Gerhards, Thomas: Tarifgebundenheit beim Verbandswechsel des Arbeitgebers, BB 1995, S. 1290 – 1292.

Gorissen, Lars: Der Arbeitgeberverbandswechsel, Frankfurt a. M., Berlin, Bern, Bruxelles, New York, Wien 1999.

Gramm, Hans: Tarifkonkurrenz, AR-Blattei (D) Tarifvertrag XII, Tarifkonkurrenz, Kiel 1969.

Ders.: Rechtsnatur und Haftung des Betriebsrats, AR-Blattei (D), Betriebsverfassung VII, Stuttgart 1975.

Grote, Otto: Tarifkonkurrenz, Hauptfragen des Tarifrechts (Hrsg.: Walter Kaskel), Band 2, Berlin 1927, S. 158 – 165.

Gumpert, Jobst: Anm. zu LAG Bremen vom 1.8.1956 – I Sa 51/56, AP Nr. 1 zu § 4 TVG Tarifkonkurrenz.

Ders.: Rechtsfragen des Firmentarifvertrags, BB 1958, S. 1316 – 1319.

Ders.: Anm. zu BAG vom 19.11.1958 – 1 AZR 109/58, BB 1959, S. 487 – 489.

Hagemeier, Christian / *Kempen*, Otto Ernst / *Zachert*, Ulrich / *Zilius*, Jan: Tarifvertragsgesetz, Kommentar für die Praxis, 2. Auflage, Köln 1990.

Hanau, Peter: Die neuere Rechtsprechung zur gewerkschaftlichen Betätigung im Betrieb, Arbeitsrecht der Gegenwart, Bd. 17 (1980), S. 37 – 56.

Ders.: Die Rechtsprechung des Bundesarbeitsgerichts im Jahre 1983, ZfA 1984, S. 453 – 605.

Ders.: Wie geht es weiter mit § 613 a BGB? Arbeitsrecht der Gegenwart, Bd. 34 (1997), S. 21 –34.

Hanau, Peter / *Kania*, Thomas: Anm. zu BAG vom 20.3.1991 – 4 AZR 455/90, AP Nr. 20 zu § 4 TVG Tarifkonkurrenz.

Dies.: Stufentarifverträge, DB 1995, S. 1229 – 1234.

Dies.: Die Bezugnahme auf Tarifverträge durch Arbeitsvertrag und betriebliche Übung, Festschrift für Günter Schaub zum 65. Geburtstag: Tarifautonomie für ein neues Jahrhundert (Hrsg.: Monika Schlachter / Reiner Ascheid / Hans-Wolf Friedrich) München 1998, S. 239 – 262.

Haußmann, Katrin: Der Verbandswechsel des Arbeitgebers, Frankfurt a. M., Berlin, Bern, Bruxelles, New York, Wien 1997.

Heilmann, Frank Sven: Das Arbeitsvertragsstatut, Konstanz 1991.

Heinze, Meinhard: Tarifautonomie und sogenanntes Günstigkeitsprinzip, NZA 1991, S. 329 – 336.

Ders.: Tarifzuständigkeit von Gewerkschaften und Arbeitgebern/Arbeitgeberverbänden, DB 1997, S. 2122 – 2126.

Heinze, Meinhard / *Ricken,* Oliver: Verbandseintritt und Verbandsauflösung im Spannungsfeld von Tarifeinheit und Tarifpluralität, ZfA 2001, S. 159 – 182.

Hensche, Detlef: Zur Zulässigkeit von Firmentarifverträgen mit verbandsangehörigen Unternehmen, RdA 1971, S. 9 – 17.

Henssler, Martin: Tarifautonomie und Gesetzgebung, ZfA 1998, S. 1 – 40.

Ders.: Unternehmensumstrukturierung und Tarifrecht, Festschrift für Günter Schaub zum 65. Geburtstag: Tarifautonomie für ein neues Jahrhundert (Hrsg.: Monika Schlachter / Reiner Ascheid / Hans-Wolf Friedrich) München 1998, S. 311 – 336.

Hergenröder, Curt Wolfgang: Rechtsgeschäftlicher Betriebsinhaberwechsel, Arbeitsrechts-Blattei, Systematische Darstellungen (500.1.) Würzburg 1999.

Herschel, Wilhelm: Das Tarifvertragsgesetz des Vereinigten Wirtschaftsgebiets, Arbeitsblatt 1949, S. 22 – 25.

Ders.: Zur Entstehung des Tarifvertragsgesetzes, ZfA 1973, S. 183 – 200.

Ders.: Kernbereichslehre und Kodifikationsprinzip in der Tarifautonomie, AuR 1981, S. 265 – 269.

Hess, Harald: Rechtsfragen zum „betriebsnahen" Tarifvertrag unter Berücksichtigung von Tarifpluralitäten, ZfA 1976, S. 45 – 78.

Hess, Harald / *Schlochauer*, Ursula / *Glaubitz*, Werner: Kommentar zum Betriebsverfassungsgesetz, 5. Auflage, Neuwied, Kriftel, Berlin 1997.

Hesse, Konrad: Grundzüge des Verfassungsrechts der Bundesrepublik Deutschland, 20. Auflage, Heidelberg 1995.

Hickl, Manfred: Arbeitsverhältnisse mit Auslandsberührung, NZA 1987, Beil. 1, S. 10 – 18.

Hill, Wolfgang: Die Bedeutung der normativen Wirkung der Regelung von gemeinsamen Einrichtungen der Tarifvertragsparteien, Köln 1970.

Hillebrand, Gerhard: Das Merkmal „Tarifzuständigkeit" als Wirksamkeitsvoraussetzung eines Tarifvertrags, Aachen 1997.

Hillgruber, Christian: Richterliche Rechtsfortbildung als Verfassungsproblem, JZ 1996, S. 118 – 125.

Hohenstatt, Klaus-Stefan: Problematische Ordnungsvorstellungen des BAG im Tarifrecht, DB 1992, S. 1678 – 1683.

Hottgenroth, Ralf: Die Verhandlungspflicht der Tarifvertragsparteien, Baden-Baden 1990.

Hoyningen-Huene, Gerrick von: Die Bezugnahme auf den Tarifvertrag – ein Fall der Tarifbindung, RdA 1974, S. 138 – 152.

Ders.: Die Rolle der Verbände bei Firmenarbeitskämpfen, ZfA 1980, S. 453 – 470.

Ders.: Die Bezugnahme auf einen Firmentarifvertrag durch Betriebsvereinbarung, DB 1994, S. 2026 – 2032.

Ders.: Betriebsverfassungsrecht, 4. Auflage, München 1998.

Hromadka, Wolfgang: Tarifvertrag und Arbeitsverhältnis bei der Ausgründung von Betriebsteilen, DB 1996, S. 1872 – 1879.

Ders.: § 77 Abs. 3 BetrVG und die teilmitbestimmte Betriebsvereinbarung, Festschrift für Günter Schaub zum 65. Geburtstag: Tarifautonomie für ein neues Jahrhundert (Hrsg.: Monika Schlachter / Reiner Ascheid / Hans-Wolf Friedrich) München 1998, S. 337 – 346.

Hromadka, Wolfgang / *Maschmann*, Frank: Arbeitsrecht Band 2, Kollektivarbeitsrecht + Arbeitsstreitigkeiten, 2. Auflage, Berlin, Heidelberg, New York 2001.

Hromadka, Wolfgang / *Maschmann*, Frank / *Wallner*, Franz: Der Tarifwechsel, Tarifvertrag und Arbeitsverhältnis bei Änderung von Verbandsmitgliedschaft, Betriebszweck und Betriebsinhaber, München 1996.

Hübner, Heinz: Allgemeiner Teil des Bürgerlichen Gesetzbuchs, 2. Auflage, Berlin, New York 1996.

Hueck, Alfred: Das Recht des Tarifvertrages, Berlin 1920.

Ders.: Konkurrenz von Gesamtvereinbarungen, NZfA 1926, Sp. 385 – 406.

Ders.: Normen des Tarifvertrags über betriebliche und betriebsverfassungsrechtliche Fragen, BB 1949, S. 530 – 532.

Hueck, Alfred / *Nipperdey*, Hans Carl: Lehrbuch des Arbeitsrechts, Zweiter Band, 1. und 2. Auflage, Mannheim, Berlin, Leipzig 1929.

Dies.: Lehrbuch des Arbeitsrechts; Erster Band, 7. Auflage, Berlin, Frankfurt a. M. 1963; Zweiter Band, Kollektives Arbeitsrecht, Erster Halbband (II / 1), 7. Auflage, Berlin, Frankfurt a. M. 1967; Zweiter Halbband (II / 2), 7. Auflage, Berlin, Frankfurt a. M. 1970.

Isensee, Josef / *Kirchhof*, Paul: Handbuch des Staatsrechts der Bundesrepublik Deutschland, Band I, Grundlagen von Staat und Verfassung, Heidelberg 1987; Band VI, Freiheitsrechte, Heidelberg 1989.

Jacobi, Erwin: Grundlehren des Arbeitsrechts, Leipzig 1927.

Jacobs, Matthias: Tarifeinheit und Tarifkonkurrenz, Berlin 1999.

Ders.: Die Erkämpfbarkeit von firmenbezogenen Tarifverträgen mit verbandsangehörigen Arbeitgebern, ZTR 2001, S. 249 – 257.

Jahnke, Volker: Tarifautonomie und Mitbestimmung, München 1984.

Joost, Detlev: Tarifrechtliche Grenzen der Verkürzung der Wochenarbeitszeit – Das Günstigkeitsprinzip als Schranke der Kollektivmacht –, ZfA 1984, S. 173 – 194.

Junker, Abbo: Internationales Arbeitsrecht im Konzern, Tübingen 1992.

Ders.: Der Flächentarifvertrag im Spannungsverhältnis von Tarifautonomie und betrieblicher Regelung, ZfA 1996, S. 383 – 417.

Ders.: Anm. zu BAG vom 23.10.1996 – 4 AZR 409/95, SAE 1997, S. 169 – 182.

Ders.: Internationales Privatrecht, München 1998.

Ders.: Grundkurs Arbeitsrecht, München 2001.

Junker, Abbo / *Wichmann*, Julia: Das Arbeitnehmer-Entsendegesetz – Doch ein Verstoß gegen Europäisches Recht? NZA 1996, S. 505 – 512.

Kamanabrou, Sudabeh: Die Auslegung und Fortbildung des normativen Teils von Tarifverträgen, Berlin 1997.

Kamlah, Wulf: Bestandsschutz und Ablösung von Kollektivverträgen bei Betriebsübergang, Bonn 1995.

Kania, Thomas: Tarifeinheit bei Betriebsübergang? DB 1994, S. 529 – 534.

Ders.: Tarifbindung bei Ausgliederung und Aufspaltung eines Betriebes, DB 1995, S. 625 – 631.

Ders.: Tarifpluralität und Industrieverbandsprinzip, DB 1996, S. 1921 – 1924.

Ders.: Anm. zu BAG vom 28.5.1997 – 4 AZR 546/95, AP Nr. 26 zu § 4 TVG Nachwirkung.

Ders.: Die arbeitsvertragliche Bezugnahme auf Tarifverträge bei Veränderung der tariflichen Strukturen im Betrieb, NZA 2000, Sonderbeilage zu Heft 3, S. 45 – 50.

Kaskel, Walter: Arbeitsrecht, 3. Auflage, Berlin 1928.

Kempen, Otto Ernst: Betriebsübergang und Tarifvertrag, BB 1991, S. 2006 – 2011.

Kempen, Otto Ernst / *Zachert*, Ulrich: Tarifvertragsgesetz, Kommentar für die Praxis, 3. Auflage, Köln 1997.

Kittner, Michael / *Zwangziger*, Betram: Arbeitsrecht, Handbuch für die Praxis, Frankfurt a. M. 2001.

Knevels, Peter: Offenbarung der Gewerkschaftszugehörigkeit, BB 1965, S. 336 – 338.

Koberski, Wolfgang / *Clasen*, Lothar / *Menzel*, Horst: Tarifvertragsgesetz, 15. Ergänzung – November 1999, Neuwied, Kriftel, Berlin 1999.

Koch, Hartmut: Die Zusatzversorgungskasse des Baugewerbes, München 1994.

Köhler, Helmut: BGB Allgemeiner Teil, 22. Auflage, München 1994.

Koloczek, Bernhard: Leistungsansprüche des einzelnen Arbeitnehmers gegen den Betriebsrat, Würzburg 1982.

Konzen, Horst: Tarifbindung, Friedenspflicht und Kampfparität beim Verbandswechsel des Arbeitgebers, ZfA 1975, S. 401 – 436.

Ders.: Anm. zu BAG vom 24.9.1975 – 4 AZR 471/74, SAE 1977, S. 56 – 62.

Ders.: Tarifeinheit im Betrieb, RdA 1978, S. 146 – 155.

Ders.: Privatrechtssystem und Betriebsverfassung, ZfA 1985, S. 469 – 496.

Ders.: Die Tarifzuständigkeit im Tarif- und Arbeitskampfrecht, Festschrift für Alfons Kraft zum 70. Geburtstag (Hrsg.: Günther Hönn / Horst Konzen / Peter Kreutz) Kriftel, Neuwied 1998, S. 291 – 321.

Kothe, Wolfhard: Anm. zu BAG vom 26.4.1994 – 10 AZR 611/92, SAE 1996, S. 9 – 18.

Kraft, Alfons: Abschied von der „Tarifzuständigkeit" als Wirksamkeitsvoraussetzung eines Tarifvertrags, Festschrift für Ludwig Schnorr von Carolsfeld zum 70. Geburtstag (Hrsg.: Heinrich Hubmann / Heinz Hübner) Köln, Berlin, Bonn, München 1972, S. 255 – 272.

Ders.: Tarifkonkurrenz, Tarifpluralität und der Grundsatz der Tarifeinheit, RdA 1992, S. 161 – 169.

Ders.: Gemeinsame Anm. zu BAG vom 22.09.1993 – 10 AZR 207/92 und BAG vom 26.1.1994 – 10 AZR 611/92, AuR 1994, S. 388 – 392.

Ders.: Einzelvertragliche Bezugnahme auf Tarifverträge, Tarifpluralität und das Prinzip der Tarifeinheit, Festschrift für Wolfgang Zöllner zum 70. Geburtstag, Band II, (Hrsg.: Manfred Lieb / Ulrich Noack / Harm Peter Westermann) Köln, Berlin, Bonn, München 1998, S. 831 – 846.

Kramer, Ernst A.: Juristische Methodenlehre, Basel 1998.

Krichel, Ulrich: Ist der Firmentarifvertrag mit einem verbandsangehörigen Arbeitgeber erstreikbar? NZA 1986, S. 731 – 736.

Kronenberg, Kurt: Die Ausnahmen von der Unabdingbarkeit der Tarifnormen, Borna-Leipzig, 1929.

Küchenhoff, Günther: Echte oder unechte Tarifkonkurrenz? AuR 1965, S. 33 – 36.

Kühne, Hans-Martin: Tarifkonkurrenz und Rechtsprechung des RAG, Köln 1932.

Külp, Bernhard: Der Lohnfindungsprozess der Tarifpartner, Darmstadt 1977.

Kutscher, Stephan: Die Tarifzuständigkeit: Materielle Grenzen der Betätigungsfreiheit und Rechtsfolgen fehlender Regelungsbefugnis, Münster, Hamburg 1993.

Larenz, Karl: Richtiges Recht, Grundzüge einer Rechtsethik, München 1979.

Ders.: Methodenlehre der Rechtswissenschaft, 6. Auflage, Berlin, Heidelberg, New York 1991.

Larenz, Karl / *Canaris*, Claus-Wilhelm: Methodenlehre der Rechtswissenschaft, 3. Auflage, Berlin, Heidelberg, New York 1995.

Larenz, Karl / *Wolf*, Manfred: Allgemeiner Teil des Bürgerlichen Rechts, 8. Auflage, München 1997.

Leinemann, Wolfgang: Handbuch zum Arbeitsrecht, Neuwied 1996.

Ders.: Kasseler Handbuch zum Arbeitsrecht, Band 2, Neuwied, Kriftel, Berlin 1997.

Lieb, Manfred: Geltungsweise und Außenseiterproblematik der Solidarnormen, RdA 1967, S. 441 – 448.

Ders.: Mehr Flexibilität im Tarifvertragsrecht? „Moderne Tendenzen" auf dem Prüfstand, NZA 1994, S. 337 – 342.

Ders.: Arbeitsrecht, 7. Auflage, Heidelberg 2000.

Löwisch, Manfred: Der Einfluß der Gewerkschaften auf Wirtschaft, Gesellschaft und Staat, RdA 1975, S. 53 – 58.

Ders.: Betriebsverfassungsgesetz, 4. Auflage, Heidelberg 1996.

Löwisch, Manfred / *Rieble*, Volker: Tarifvertragsgesetz, Kommentar, München 1992.

Dies.: Tarifvertragliche und arbeitskampfrechtliche Fragen des Übergangs vom Haustarif zum Verbandstarif, Festschrift für Günter Schaub zum 65. Geburtstag: Tarifautonomie für ein neues Jahrhundert (Hrsg.: Monika Schlachter / Reiner Ascheid / Hans-Wolf Friedrich) München 1998, S. 457 – 476.

Mann, Dietrich: Die Konkurrenz von Tarifverträgen, BB 1957, S. 549 – 551.

Martens, Klaus-Peter: Anm. zu BAG vom 19.11.1985 – 1 ABR 37/83, SAE 1987, S. 1 – 11.

Matthes, Hans-Christoph: Der Arbeitgeber als Tarifvertragspartei, Festschrift für Günter Schaub zum 65. Geburtstag: Tarifautonomie für ein neues Jahrhundert (Hrsg.: Monika Schlachter / Reiner Ascheid / Hans-Wolf Friedrich) München 1998, S. 477 – 485.

Maunz, Theodor / *Dürig*, Günter / *Herzog*, Roman: Grundgesetz Kommentar, Band II, Art. 12 – 21, München 2000.

Meik, Frank Andreas: Der Kernbereich der Tarifautonomie, dargestellt am Funktionszusammenhang von Unternehmens-, Betriebs- und Tarifautonomie, Berlin 1987.

Ders.: Zum Problem der Bildung und Entscheidung einer tariflichen Einigungsstelle bei konkurrierenden bzw. gleichlautenden Tarifverträgen, DB 1990, S. 2522 – 2526.

Meissinger, Hermann: Die Tarifhoheit der Fachverbände, DB 1950, S. 303 und 313.

Ders.: Tarifhoheit in der sozialen Selbstverwaltung, RdA 1951, S. 46 – 49.

Ders.: Betriebseinheit und Tarifeinheit, DB 1952, S. 101 – 102.

Memminger, Gerhard: Die Konkurrenz von Tarifverträgen, München 1969.

Merten, Philip: Das Prinzip der Tarifeinheit als arbeitsrechtliche Kollisionsnorm, BB 1993, S. 572 – 579.

Molitor, Erich: Einiges zur Frage der Tarifkonkurrenz, NZfA 1930, Sp. 201 –216.

Moll, Wilhelm: Der Tarifvorrang im Betriebsverfassungsgesetz: Zur Abstimmung betrieblicher und tarifvertraglicher Regelungsmechanismen, Berlin 1980.

Ders.: Kollektivvertragliche Arbeitsbedingungen nach einem Betriebsübergang, RdA 1996, S. 275 – 286.

Müller, Bernd: Tarifkonkurrenz und Tarifpluralität, NZA 1989, S. 449 – 453.

Müller, Gerhard: Ablösung betrieblicher Einheitsregelungen durch Tarifvertrag, Düsseldorf, Frankfurt 1983.

Ders.: Rangverhältnis zwischen allgemeinverbindlichen und dritten Tarifverträgen, DB 1989, S. 1970 – 1973.

Ders.: Die Tarifautonomie in der Bundesrepublik Deutschland, Rechtliche und ethische Grundlagen, Berlin 1990.

Müller-Ehlen, Frank: Der Übergang von Arbeitsverhältnissen im Umwandlungsrecht, Frankfurt a. M., Berlin, Bern, Bruxelles, New York, Wien 1998.

Nikisch, Arthur: Arbeitsrecht, II. Band, Koalitionsrecht, Arbeitskampfrecht und Tarifvertragsrecht, 2. Auflage, Tübingen 1959; III. Band, Betriebsverfassungsrecht, 2. Auflage, Tübingen 1966.

Ders.: Anm. zu BAG vom 19.1.1962 – 1 AZR 147/61, AP Nr. 11 zu § 5 TVG.

Nipperdey, Hans Carl: Anm. zu RAG vom 19.1.1929 – RAG 270/28, ARS 5, S. 84 – 87.

Ders.: Anm. zu RAG vom 3.5.1930 – RAG 550/29, ARS 9, S. 264 – 269.

Oetker, Hartmut: Die Kündigung von Tarifverträgen, RdA 1995, S. 82 – 103.

Ders.: Gemeinsame Anm. zu BAG vom 25.9.1996 – 1 ABR 4/96 und BAG vom 12.11.1996 – 1 ABR 33 /96, AP Nr. 10 und 11 zu § 2 TVG Tarifzuständigkeit.

Ders.: Anm. zu BAG vom 28.5.1997 – 4 AZR 663/95, AP Nr. 6 § 1 TVG Bezugnahme auf Tarifvertrag.

Ders.: Nachwirkende Tarifnormen und Betriebsverfassung, Tarifautonomie für ein neues Jahrhundert, Festschrift für Günter Schaub zum 65. Geburtstag (Hrsg.: Monika Schlachter / Reiner Ascheid / Hans-Wolf Friedrich) München 1998, S. 535 – 556.

Otto, Hansjörg: Personale Freiheit und soziale Bindung, München 1978.

Ders.: Die verfassungsrechtliche Gewährleistung der koalitionsspezifischen Betätigung, Gutachten für die Gewerkschaft ÖTV, Stuttgart 1982.

Ders.: Mitbestimmung des Betriebsrats bei der Regelung von Dauer und Lage der Arbeitszeit, NZA 1992, S. 97 – 112.

Ders.: Tarifautonomie unter Gesetzes- oder Verfassungsvorbehalt, Festschrift für Albrecht Zeuner zum 70. Geburtstag (Hrsg.: Karl August Bettermann / Manfred Löwisch / Hansjörg Otto / Karsten Schmidt) Tübingen 1994, S. 121 – 145.

Ders.: Einführung in das Arbeitsrecht, 2. Auflage, Berlin, New York 1997.

Otto, Hansjörg / *Schwarze*, Roland: Tarifnormen über Gemeinsame Einrichtungen und deren Allgemeinverbindlicherklärung, ZfA 1995, S. 639 – 698.

Otto, Sven-Joachim: Die rechtliche Zulässigkeit einer tarifbindungsfreien Mitgliedschaft in Arbeitgeberverbänden, NZA 1996, S. 624 – 631.

Pieroth, Bodo / *Schlink*, Bernhard: Grundrechte, Staatsrecht II, 16. Auflage, Heidelberg 2000.

Preis, Ulrich: Die Rechtsprechung des BAG im Jahre 1990, ZfA 1992, S. 61 – 196.

Ders.: Grundfragen der Vertragsgestaltung im Arbeitsrecht, Neuwied, Kriftel, Berlin 1993.

Preis, Ulrich / *Steffan*, Ralf: Zum Schicksal kollektivrechtlicher Regelungen beim Betriebsübergang, Festschrift für Alfons Kraft zum 70. Geburtstag (Hrsg.: Günther Hönn / Horst Konzen / Peter Kreutz) Neuwied, Kriftel 1998, S. 477 – 491.

Pröpper, Martin: Die Vereinigung der Vertragsspieler als Gewerkschaft – Ist der Schritt zum Tarifvertragsrecht im deutschen Profifußball vollzogen? NZA 2001, S. 1346 – 1351.

Pulte, Peter: Allgemeinverbindlichkeit des Tarifvertrags, Arbeitsrecht-Blattei, Systematische Darstellungen Tarifvertrag X, Allgemeinverbindlichkeit (1550.10), Duisburg 1992.

Ramrath, Ulrich: Tarifeinheit im Betrieb, ein Eingriff in die Koalitionsfreiheit? Der Arbeitgeber 1997, S. 866 – 867.

Rebmann, Kurt / *Säcker*, Franz Jürgen / *Rixecker*, Roland: Münchener Kommentar zum Bürgerlichen Gesetzbuch; Band 2, Schuldrecht Allgemeiner Teil, §§ 241 – 432 BGB, 3. Auflage, München 1994; Band 4 Schuldrecht Besonderer Teil II, §§ 607 – 704, 3. Auflage, München 1997; Band 10 Einführungsgesetz zum Bürgerlichen Gesetzbuche (Art. 1 – 38) Internationales Privatrecht, 3. Auflage, München 1998.

Reichold, Hermann: Anm. zu BAG vom 22.9.93 – 10 AZR 207/92, SAE 95, S. 17 – 23.

Reuß, Wilhelm: Die Schutz- und Ordnungsfunktion der Gewerkschaften, RdA 1968, S. 410 – 412.

Reuter, Dieter: Anm. zu BAG vom 19.11.1985 – 1 ABR 37/83, AP Nr. 4 zu § 2 TVG Tarifzuständigkeit.

Ders.: Anm. zu BAG vom 20.03.1991 – 4 AZR 455/90, JuS 1991, S. 1069 - 1070.

Ders.: Die problematische Tarifeinheit, JuS 1992, S. 105 – 110.

Ders.: Betriebsverfassung und Tarifvertrag, RdA 1994, S. 152 – 168 .

Ders.: Die Mitgliedschaft ohne Tarifbindung (OT-Mitgliedschaft) im Arbeitgeberverband, RdA 1996, S. 201 – 209.

Richardi, Reinhard: Kollektivgewalt und Individualwille bei der Gestaltung des Arbeitsverhältnisses, München 1968.

Ders.: Betriebsverfassungsgesetz mit Wahlordnung, 7. Auflage, München 1998.

Richardi, Reinhard / *Wlotzke*, Otfried: Münchener Handbuch zum Arbeitsrecht, Band 1, Individualarbeitsrecht I, 2. Auflage, München 2000; Band 2, Individualarbeitsrecht II, 2. Auflage, München 2000; Band 3, Kollektives Arbeitsrecht, 2. Auflage, München 2000.

Rieble, Volker: Anm. zu BAG vom 22.3.1994 – 1 ABR 47/93, EzA Nr. 10 zu § 4 TVG Geltungsbereich.

Ders.: Anm. zu BAG vom 14.6.1994, SAE 1995, S. 75 – 82.

Ders.: Zur neuen Manteltariffähigkeit der Post-Bundesanstalt für die Post-Aktiengesellschaften, Arbeitsgesetzgebung und Arbeitsrechtsprechung, Festschrift zum 70. Geburtstag von Eugen Stahlhacke (Hrsg.: Friedhelm Farthmann/ Peter Hanau / Udo Isenhardt / Ulrich Preis) Neuwied, Kriftel, Berlin 1995, S. 459 – 478.

Ders.: Arbeitsmarkt und Wettbewerb – Der Schutz von Vertrags- und Wettbewerbsfreiheit im Arbeitsrecht – Berlin, Heidelberg, New York 1996.

Ders.: Anm. zu BAG vom 14.12.1999 – 1 ABR 74/98, AP Nr. 14 zu § 2 TVG Tarifzuständigkeit.

Ders.: Der Fall Holzmann und seine Lehren, NZA 2000, S. 225 – 234.

Röder, Gerhard: Die Fortgeltung von Kollektivnormen bei Betriebsübergang gem. § 613 a BGB i.d.F. vom 13.8.1980, DB 1981, S. 1980 – 1983.

Rüthers, Bernd: Nachwirkungsprobleme bei Firmentarifen desselben Arbeitgebers mit verschiedenen Gewerkschaften, Festschrift für Gerhard Müller (Hrsg.: Theo Mayer-Maly / Reinhard Richardi / Herbert Schambeck / Wolfgang Zöllner) Berlin 1981, S. 445 – 457.

Ders.: Richterrecht als Methoden- und Verfassungsproblem, Festschrift für Karl Molitor zum 60. Geburtstag: Sozialpartnerschaft in der Bewährungsprobe (Hrsg.: Franz Gamillscheg / Bernd Rüthers / Eugen Stahlhacke) München 1988, S. 297 – 307.

Säcker, Franz Jürgen: Grundprobleme der kollektiven Koalitionsfreiheit, Düsseldorf 1969.

Säcker, Franz Jürgen / *Oetker*, Hartmut: Grundlagen und Grenzen der Tarifautonomie, München 1992.

Dies.: Tarifeinheit im Betrieb – ein Akt unzulässiger richterlicher Rechtsfortbildung? ZfA 1993, S. 1 – 21.

Salje, Peter: Anm. zu BAG vom 20.3.1991 – 4 AZR 455/90, SAE 1993, S. 74 – 82.

Schaub, Günter: Arbeitsrechts-Handbuch, 9. Auflage, München 2000.

Ders.: Arbeitsrechtliche Formularsammlung und Arbeitsgerichtsverfahren, 6. Auflage, München 1994.

Ders.: Aktuelle Fragen des Tarifvertragsrechts, BB 1995, S. 2003 – 2006.

Ders.: Tarifkonkurrenz und Tarifpluralität, AuR 1996, S. 344 – 347.

Schelp, Günther: Gemeinsame Einrichtungen der Tarifvertragsparteien, Festschrift für Hans Carl Nipperdey zum 70. Geburtstag, Band 2, (Hrsg.: Rolf Dietz / Heinz Hübner) München, Berlin 1965, S. 579 – 607.

Schleusener, Axel Aino: Die Zulässigkeit qualitativer Besetzungsregelungen in Tarifverträgen, Berlin 1997.

Ders.: Anm. zu BAG vom 28.5.1997 – 4 AZR 663/95, SAE 1998, S. 5 – 15.

Ders.: Die Rechtmäßigkeit kampfweiser Durchsetzung von Firmentarifverträgen gegenüber verbandsangehörigen Arbeitgebern, NZA 1998, S. 239 – 244.

Schliemann, Harald: Tarifkollision – Ansätze zur Vermeidung und Auflösung, NZA 2000, Sonderbeilage zu Heft 24, S. 24 – 32.

Schmalz, Dieter: Methodenlehre für das juristische Studium, 2. Auflage, Baden-Baden 1990.

Schmidt, Karsten: Gesellschaftsrecht, 3. Auflage, Köln, Berlin, Bonn, München 1997.

Schmidt-Bleibtreu, Bruno / *Klein*, Franz: Kommentar zum Grundgesetz, 9. Auflage, Neuwied, Kriftel 1999.

Schmidt-Eriksen, Christoph: Tarifvertragliche Betriebsnormen, Baden-Baden 1992.

Schneider, Gisela: Konkurrenz von Tarifverträgen, Tübingen 1974.

Scholz, Rupert: Gemeinsame Anm. zu BAG vom 21.1.1987 – 4 AZR 486/86 und 4 AZR 547/86, AP Nr. 46 und 47 zu Art. 9 GG.

Schulz, Heinz-Jochen: Umfang und Wirkung tariflicher Betriebsnormen, München 1965.

Schulze-Nicolai, Johannes: Kollision von Tarifverträgen, Berlin 1930.

Schwarze, Roland: Der Betriebsrat im Dienst der Tarifvertragsparteien, Berlin 1991.

Seiter, Hugo: Betriebsinhaberwechsel, Schriften zur Arbeitsrecht-Blattei, Stuttgart, Wiesbaden 1980.

Soergel, Hans Theodor / *Siebert*, Wolfgang: Bürgerliches Gesetzbuch mit Einführungsgesetz und Nebengesetzen, Band 4/1, Schuldrecht III/1, (§§ 516 – 651), 12. Auflage, Stuttgart, Berlin, Köln 1998; Band 10, Einführungsgesetz, 12. Auflage, Stuttgart, Berlin, Köln 1996.

Staudinger, Julius von: Kommentar zum Bürgerlichen Gesetzbuch mit Einführungsgesetz und Nebengesetzen, Einleitung zum Bürgerlichen Gesetzbuch, Erstes Buch, Allgemeiner Teil, §§ 1 – 12, Verschollenheitsgesetz, 13. Auflage, Berlin 1995; Zweites Buch, Recht der Schuldverhältnisse, §§ 255 – 292, 13. Auflage, Berlin 1995; Zweites Buch, Recht der Schuldverhältnisse, §§ 611 – 615, 13. Auflage, Berlin 1999; Einführungsgesetz zum Bürgerlichen Gesetzbuche, Art. 1 – 6, 32 – 218, 12. Auflage, Berlin 1985; Einführungsgesetz zum Bürgerlichen Gesetzbuche, Art. 27 – 37, Art. 10, 12. Auflage, 1998

Stebut, Dietrich von: Anm. zu BAG vom 19.3.1986 – 4 AZR 640/84, BAG AP Nr. 49 zu § 613 a BGB.

Stein, Axel: Tarifvertragsrecht, Stuttgart, Berlin, Köln 1997.

Stein, Friedrich / *Jonas*, Martin: Kommentar zur Zivilprozeßordnung, 21. Auflage, Band 3, §§ 253 – 299 a, Tübingen 1997.

Thüsing, Gregor: Die Mitgliedschaft ohne Tarifbindung in Arbeitgeberverbänden, ZTR 1996, S. 481 – 485.

Ders.: Die Erstreikbarkeit von Firmentarifverträgen verbandsangehöriger Arbeitgeber, NZA 1997, S. 294 – 296.

Vogel, Joachim: Juristische Methodik, Berlin, New York 1998.

Vogg, Stefan: Anm. zu BAG vom 20.3.1991 – 4 AZR 455/90, EzA Nr. 7 zu § 4 TVG Tarifkonkurrenz.

Waas, Bernd: Tarifkonkurrenz und Tarifpluralität, Baden-Baden 1999.

Ders.: Tarifvertrag und Betriebsübergang – Die Fortgeltung tarifvertraglicher Regelungen im Fall des Betriebsübergangs gem. § 613 a Abs. 1 S. 2 – 4 BGB, Baden-Baden 1999.

Ders.: Firmentarifvertrag und verbandstarifvertragliche „Meistbegünstigungsklausel", ZTR 2000, S. 341 – 347.

Wank, Rolf: Die Geltung von Kollektivvereinbarungen nach einem Betriebsübergang, NZA 1987, S. 505 – 510.

Ders.: Anm. zu BAG vom 26.1.1994 – 10 AZR 611/92, EzA Nr. 9 zu § 4 TVG Tarifkonkurrenz.

Ders.: Die Auslegung von Gesetzen, Köln, Berlin, Bonn, München 1997.

Wank, Rolf / *Ramrath*, Ulrich: Prozeßvertretung durch Vertreter von Koalitionen nach § 11 ArbGG, NZA 1993, S. 345 – 351.

Wassermann, Rudolf: Kommentar zum Grundgesetz für die Bundesrepublik Deutschland, Reihe Alternativkommentare, Band 1, Art. 1 – 37 GG, 2. Auflage, Neuwied, Frankfurt 1989.

Weiss, Helmut: Koalitionsfreiheit und betriebsnahe Tarifverträge, Düsseldorf 1973.

Weitnauer, Hermann: Zivilrechtliche Grundstrukturen im Betriebsverfasssungsrecht, Festschrift für Konrad Duden zum 70. Geburtstag (Hrsg.: Hans-Martin Pawloski / Günther Wiese / Günther Wüst) München 1977, S. 705 – 718.

Wendeling-Schröder, Ulrike: Anm. zu LAG Niedersachsen vom 12.11.1999 – 3 Sa 780/99, LAGE Nr. 3 zu § 4 TVG Tarifpluralität.

Dies.: Ein oder mehrere Tarifverträge im Betrieb? AuR 2000, S. 339 – 342.

Westermann, Harm Peter: Erman Bürgerliches Gesetzbuch, Band I (§§ 1 – 853) und Band II (§§ 854 – 2385) 10. Auflage, Münster 2000.

Weyand, Joachim: Anm. zu BAG vom 22.11.1988 – 1 ABR 6/87, SAE 1991, S. 319 – 326.

Wiedemann, Herbert: Anm. zu BAG vom 24.9.1975 – 4 AZR 471/74 AP Nr. 11 zu § 4 TVG Tarifkonkurrenz.

Ders.: Arbeitsrechtliche Probleme der Betriebsausgliederung, Festschrift für Hans-Joachim Fleck zum 70. Geburtstag (Hrsg.: Reinhard Goerdeler / Peter Hommelhoff / Marcus Lutter / Herbert Wiedemann) Berlin, New York 1988, S. 447 – 463.

Wiedemann, Herbert / *Arnold*, Markus: Anm. zu BAG vom 14.6.1989 – 4 AZR 200/89, AP Nr.16 zu § 4 TVG Tarifkonkurrenz.

Dies.: Tarifkonkurrenz und Tarifpluralität in der Rechtsprechung des BAG, ZTR 1994, S. 399 – 410 und S. 443 – 448.

Wiedemann, Herbert / *Oetker*, Hartmut / *Wank*, Rolf: Tarifvertragsgesetz mit Durchführungs- und Nebenvorschriften, 6. Auflage, München 1999.

Wiedemann, Herbert / *Stumpf*, Hermann: Tarifvertragsgesetz mit Durchführungs- und Nebenvorschriften, 5. Auflage, München 1977.

Wiedemann, Herbert / *Thüsing*, Gregor: Die Tariffähigkeit von Spitzenorganisationen und der Verhandlungsanspruch der Tarifvertragsparteien, RdA 1995, S. 280 – 287.

Wiese, Günther: Zum Gesetzes- und Tarifvorbehalt nach § 87 Abs. 1 BetrVG, Festschrift 25 Jahre Bundesarbeitsgericht (Hrsg.: Franz Gamillscheg / Götz Hueck / Herbert Wiedemann) München 1979, S. 661 – 680.

Ders.: Wahl des Arbeitnehmers zwischen mehreren betrieblichen Versorgungsregelungen und Bindung an die getroffene Entscheidung, Festschrift für Marie Luise Hilger und Hermann Stumpf (Hrsg.: Thomas Dieterich / Franz Gamillscheg / Herbert Wiedemann) München 1983, S. 703 – 722.

Windbichler, Christine: Arbeitsrecht im Konzern, München 1998.

Wischmeyer, Werner: Die Konkurrenz von Tarifverträgen, Bielefeld 1930.

Witting, U.: Die Tarifkonkurrenz, BArbBl. 1957, S. 544 – 548.

Witzig, Andreas: Der Grundsatz der Tarifeinheit und die Lösung von Tarifkonkurrenzen, Kiel 1992.

Wlotzke, Otfried: Das Günstigkeitsprinzip im Verhältnis des Tarifvertrag *Wiedemann*, Herbert / *Arnold*, Markus es zum Einzelarbeitsvertrag und zur Betriebsvereinbarung, Göttingen 1957.

Wonneberger, Wolfgang: Die Funktionen der Allgemeinverbindlicherklärung von Tarifverträgen, Heidelberg 1992.

Zachert, Ulrich: Firmentarifvertrag als Alternative? NZA 2000, Sonderbeilage zu Heft 24, S. 17 – 23.

Zeuner, Albrecht: Gedanken zum Verhältnis von Richterrecht und Betätigungsfreiheit der Beteiligten, Festschrift 25 Jahre Bundesarbeitsgericht (Hrsg.: Franz Gamillscheg / Götz Hueck / Herbert Wiedemann) München 1979, S. 727 – 744.

Zippelius, Reinhold: Juristische Methodenlehre, 7. Auflage, München 1997.

Zöllner, Wolfgang: Die Rechtsnatur der Tarifnormen nach deutschem Recht, Wien 1966.

Ders.: Die Wirkung der Normen über gemeinsame Einrichtungen der Tarifvertragsparteien, RdA 1967, S. 361 – 370.

Ders.: Die Zulässigkeit einzelvertraglicher Verlängerung der tariflichen Wochenarbeitszeit, DB 1989, S. 2121 – 2126.

Ders.: Veränderung und Angleichung tarifvertraglich geregelter Arbeitsbedingungen nach Betriebsübergang, DB 1995, S. 1401 - 1408.

Zöllner, Wolfgang / *Loritz*, Karl-Georg: Arbeitsrecht, 5. Auflage, München 1998.

Schriften zum Arbeitsrecht und Wirtschaftsrecht

Herausgegeben von Abbo Junker

Band 1 Christoph-N. Lerche: Der Europäische Betriebsrat und der deutsche Wirtschaftsausschuß. Eine vergleichende Analyse der betrieblichen Mitwirkung der Arbeitnehmer vor dem Hintergrund der Globalisierung der Märkte. 1997.

Band 2 Christian Walter Mecke: Zur rechtlichen Verbindlichkeit kollektiver Vereinbarungen in England. 1997.

Band 3 Katja Francke: Die betriebliche Mitwirkung der Arbeitnehmer in Belgien. Unter Berücksichtigung vergleichender Aspekte zum deutschen Betriebsverfassungsrecht. 1997.

Band 4 Christian Schulze: Die Zulässigkeit einstweiliger Verfügungen gegen Betriebsänderungen. 1998.

Band 5 Stefan Miersch: Die Rechtsfolgen mitbestimmungswidriger Maßnahmen für das Arbeitsverhältnis. Eine zivilrechtsdogmatische Untersuchung. 1998.

Band 6 Heike Wegner: Internationaler Verbraucherschutz beim Abschluß von Timesharingverträgen: § 8 Teilzeitwohnrechtegesetz. 1998.

Band 7 Julia Wichmann: Dienstleistungsfreiheit und grenzüberschreitende Entsendung von Arbeitnehmern. 1998.

Band 8 Johann-Volker Peter: Société par actions simplifiée (S.A.S.). Die Vereinfachte Aktiengesellschaft in Frankreich, eine Rechtsform für die Kooperation von Unternehmen. 1999.

Band 9 Sylvia Schnelle: Der Europäische Betriebsrat in Spanien. Zugleich eine Einführung in das spanische Recht der Arbeitnehmervertretung. 1999.

Band 10 Viktoria Bornhagen: Die Zumutbarkeit als Rechtsgedanke im Arbeitsrecht. 1999.

Band 11 Thorsten Schacht: Der Übereilungsschutz beim arbeitsrechtlichen Aufhebungsvertrag. Arbeitnehmerschutz bereits de lege lata? 2000.

Band 12 Marcus Hellmann: Immobilienkauf nach spanischem Recht. 1999.

Band 13 Nicolaus Johannes Ehinger: Die juristischen Personen des öffentlichen Rechts als herrschende Unternehmen. 2000.

Band 14 Alexander Lentz: Das kollektive Arbeitsrecht der Republik Südafrika. Eine Untersuchung mit Bezügen zum deutschen Recht. 2000.

Band 15 Michaela Brunssen: Der Arbeitgeberverbandswechsel. Tarifrechtliche und arbeitskampfrechtliche Konsequenzen. 2000.

Band 16 Morten Petersenn: Das Recht des Grundstückskaufs in Südafrika. 2000.

Band 17 Stefan Krüger: Die umwandlungsrechtliche Haftungsregelung bei der Betriebsaufspaltung und ihre Analogiefähigkeit. 2001.

Band 18 Jürgen Kitzinger: Der GmbH-Geschäftsführer zwischen Arbeits- und Gesellschaftsrecht. Im Blickpunkt: Zuständigkeit der Arbeitsgerichte. 2001.

Band 19 Anja Ruge: Die Lohnersatzansprüche ehemaliger Zwangsarbeiter gegen deutsche Industrieunternehmen. 2001.

Band 20 Michael Knoll: Die Sozialauswahl im Arbeitsrecht. 2001.

Band 21 Britta Albrecht: Mediation im Arbeitsrecht. Individualarbeitsrecht und Betriebsverfassungsrecht. 2001.

Band 22 Annusch Barten: Das System der Arbeitnehmervertretung in Frankreich. 2001.

Band 23 Diane Westera: Der Wiedereinstellungsanspruch nach wirksamer Kündigung. 2001.

Band 24 Kristin Doerlich: Die Tariffähigkeit der Gewerkschaft. Eine Analyse der Mächtigkeitsrechtsprechung des Bundesarbeitsgerichts im Lichte neuerer Erfahrungen. 2002.

Band 25 Tina Witten: Vertragsgestaltung und Gesetzesbindung im Recht der Zeitarbeit. 2002.

Band 26 Martin Hellfeier: Die Leistungszeit im Arbeitsverhältnis. Eine Untersuchung zum Fixschuldcharakter der Arbeitspflicht und zu den Folgen ihrer Nichterfüllung. 2003.

Band 27 Almut Maulshagen: Betriebliche Arbeitskampfregelungen. 2003.

Band 28 Maren Band: Tarifkonkurrenz, Tarifpluralität und der Grundsatz der Tarifeinheit. 2003.

FSC
www.fsc.org
MIX
Papier | Fördert
gute Waldnutzung
FSC® C083411

Kolibri 360 GmbH
Ferdinand-Jühlke-Straße 7
99095 Erfurt, Deutschland
produktsicherheit@kolibri360.de

Druck:
CPI Druckdienstleistungen GmbH
im Auftrag der
Kolibri 360 GmbH
Ferdinand-Jühlke-Str. 7
99095 Erfurt